古代歷史文化研究輯刊

十四編

王明蓀 主編

第8冊

《潛夫論》所反映之東漢流民問題

白品鍵 著

國家圖書館出版品預行編目資料

《潛夫論》所反映之東漢流民問題／白品鍵 著 -- 初版 -- 新北市：
花木蘭文化出版社，2015〔民 104〕
目 2+270 面；19×26 公分
（古代歷史文化研究輯刊 十四編：第 8 冊）
ISBN 978-986-404-316-3（精裝）
1. 流民 2. 東漢
618   104014372

ISBN-978-986-404-316-3

9 789864 043163

古代歷史文化研究輯刊
十四編 第 八 冊   ISBN：978-986-404-316-3

《潛夫論》所反映之東漢流民問題

作　　者　白品鍵
主　　編　王明蓀
總 編 輯　杜潔祥
副總編輯　楊嘉樂
編　　輯　許郁翎
出　　版　花木蘭文化出版社
社　　長　高小娟
聯絡地址　235 新北市中和區中安街七二號十三樓
　　　　　電話：02-2923-1455／傳眞：02-2923-1452
網　　址　http://www.huamulan.tw 信箱 hml 810518@gmail.com
印　　刷　普羅文化出版廣告事業
初　　版　2015 年 9 月
全書字數　241971 字
定　　價　十四編 28 冊（精裝）台幣 52,000 元

《潛夫論》所反映之東漢流民問題

白品鍵　著

作者簡介

白品鍵,臺灣臺中人。國立臺灣大學中國文學系博士,嘗求學於世新大學中文系以及國立中山大學中文系,並入劉文起先生、鮑國順先生、張蓓蓓先生門下受教,乃得觀哲人之風采,睹堂奧之一隅。研究領域主要集中在秦漢時代,尤其關注古代中國的庶民階層如何與士階層以及統治階層互動。著有博士論文《士與漢代文化摶成研究 儒學、吏事與方術的揉合與實踐》,以及〈論耕牛與漢代農業〉、〈王符《潛夫論》版本流傳考〉、〈汪繼培《潛夫論箋》之「道者氣之根也」辯〉等數篇期刊論文。

提　要

　　本文以《潛夫論》所記載為經,以東漢之流民問題為緯,延伸《潛夫論》所記載之史實,比對其他兩漢史料,將《潛夫論》所反映之東漢流民問題作一整體的耙梳。討論的範圍包括了流民問題發生之原因、流民可能之去向與影響,政府、社會如何治理、消化流民問題等,當然也包括了王符針對東漢社會問題所提出之對策。

　　第二章、第三章,乃針對王符及其《潛夫論》之外圍問題作一陳述。先簡述王符之生平、經歷、思想流派,以及《潛夫論》之成書與流傳。次對流民作一釋義,並針對東漢流民之情況作一概述,以時間、區域為主軸,為東漢之流民作一分類。同時比對王符所見之時間、所遊歷之地區,以及王符觀察流民問題所處之視野。

　　流民雖為一社會問題,然其牽涉既廣,因此不能只就東漢社會之情況而論。本文第四章至第六章分別就政治、經濟、社會三大主題討論《潛夫論》所反映之東漢流民問題。其中第四章論及政治之部分,多就官宦擾民、吏治敗壞等作論,並討論流民問題中,政治層面對於其他層面之影響。第五章論及經濟層面,重點論述稅役繁重、貧富差距極端化、平民之本業生計脆弱、末業之畸形發展等,並論經濟問題為直接造成流民問題之關鍵因素。第六章則討論其他社會問題與流民問題之關連性,如豪強問題、社會風俗問題、盜賊問題、羌患問題等。其中羌患問題雖牽涉廣泛,但若將其與流民問題合而觀,則羌患不僅僅為「邊患」,更為東漢王朝之內部社會問題,故與其他社會問題併為一章而論。此外,第四至六章皆於章末論述王符之對策,並檢討其中得失;第五章、第六章並非處理政治問題,故補充說明政府對於經濟、社會問題的反應,以求本論文論述之完整性。

　　第七章為結論,闡釋《潛夫論》反映流民問題所展現之時代價值。《潛夫論》為東漢政府提供了原則性的改革對策,又為一深具份量的原手史料,代表漢代知識份子將關注之心力由學術而轉往國計民生,把批判的目光移向社會百姓等等。

目次

第一章 緒 論

第一節 研究動機

　　中國儒家學說具有強烈的入世思想，因此受儒家思想薰陶之傳統士人，即使窮而獨善其身，亦不忘國計民生之事。莊子云：「身在江海之上，心居乎魏闕之下」《莊子・讓王》，這雖是一句反諷假隱士的話，卻亦可知不得志之士人渴望經世濟民之念頭。值得注意的是，儒家雖主張忠君愛國，亦有「危邦不入，亂邦不居。天下有道則見，無道則隱」《論語・泰伯》的隱士念頭。只是儒者雖隱，仍多關注於百姓社稷，或著書，或講學，入世之精神依舊不變。王符即是此儒者的代表之一，他生於東漢章帝時代，卒於桓帝末年，正好見證了東漢由盛轉衰的過程。從更高的視野的歷史角度來看，中國由兩漢的繁榮轉為魏晉六朝的衰敗，東漢中期以後的種種亂象實表露其徵。而王符處此關鍵之時，將其所見之諸般亂象，包括政治、經濟、社會等問題等，皆一一記錄並加以批判，而成《潛夫論》十卷。故《潛夫論》雖是一本論政性質的著作，然由於其陳述問題範圍之廣，批評亂世用力之深，加之王符並未涉足官場，不但立論客觀，更能由平民百姓之角度出發，故《潛夫論》實為一本兼具史料功能的著作。

　　在東漢王朝後期的各種亂象之中，有兩個造成社會問題的族群特別突出，其一是豪強，其二是流民。此兩族群看似天差地遠，實際上卻關係密切。由於東漢貧富差距極端懸殊，豪強佔據政治、經濟等社會資源，造成國、民皆貧的狀況；而國家的虛耗則使政府無力庇護貧困百姓，一般平民亦因受各

種壓迫而不得不棄土地而流亡，或從事末業，或依附其他豪族，甚至結夥爲盜。無論如何，流民的存在使得各種社會問題更爲嚴重，呈現惡性循環的情況。由於東漢政府在社會問題的控制力上遠不如西漢，因此流民問題實爲東漢王朝覆亡的關鍵因素之一。

　　王符之《潛夫論》亦如實反映了東漢的流民問題，甚而在其他社會問題之中，我們亦可找出流民問題在其中所產生的影響。可惜的是，台灣地區關注於王符研究之學者並不多，雖然致力於兩漢社會的前輩雖不少，然以流民作爲主軸之研究卻寥寥可數，專書僅有羅彤華《漢代的流民問題》〔註1〕而已。另外，在討論各種漢代社會問題的論著之中，雖多引《潛夫論》作爲依據，然依《潛夫論》所載來討論東漢情勢之研究者，亦僅劉師文起之《王符《潛夫論》所反映之東漢情勢》〔註2〕而已。其餘王符研究者，多以思想之探究作爲出發點，或論其哲學、政治思想或經濟思想等，對於兼具史料價值之《潛夫論》而言，殊爲可惜。有鑑於此，本文擬結合《潛夫論》與東漢中晚的流民問題二者，作一深入、具體的討論，一方面可補足東漢後期社會之史的研究，另一方面亦可拓展王符《潛夫論》之研究視野，此亦爲本文作論的兩大研究動機。

第二節　文獻探討

　　有關王符之記載，自范曄《後漢書》稱其：「隱居著書三十餘篇」起，歷代官私目錄多有記載。從各目錄所載卷數來看，王符所著《潛夫論》十卷在宋代以前未有嚴重散佚之情況，不可不謂之難得。〔註3〕宋代以後雖仍存十卷，卻由於傳抄、翻刻之失誤，導致此書「譌奪錯簡，棼如散絲」〔註4〕，文

〔註1〕羅彤華《漢代的流民問題》（臺北：學生書局，1989.12）。
〔註2〕劉師文起《王符〈潛夫論〉所反映之東漢情勢》（台北：文史哲出版社，1995.12）。
〔註3〕《隋書經籍志·子部》：「潛夫論十卷後漢處士王符撰」而隋以下歷代官私書籍著錄亦略同於此，如《舊唐書經籍志·子錄儒家類》、《唐書藝文志·子錄儒家類》、《宋史藝文志·子類儒家類》、《崇文總目·儒家類》、《郡齋讀書志·子部儒家類》、《中興館閣書目·儒家》、《直齋書錄解題·雜家類》……等等，乃至於《四庫全書總目提要·子部儒家類》皆曰王符《潛夫論》十卷，可見《潛夫論》十卷歷千年而無嚴重散佚。諸家著錄除翻閱原史籍外，彭鐸校正之《潛夫論箋》（台北：漢京文化事業出版社，1984年初版）附錄三，頁488，將歷代關於《潛夫論》之著錄加以整理收錄，十分完備，可參看。
〔註4〕王紹蘭語，見胡楚生《潛夫論集釋》（台北：鼎文書局，1979）附錄一所收之

字脫亂極爲嚴重，部分較嚴重之篇章甚至有難以句讀之現象。因此早期研治
《潛夫論》之學者，莫不以文字上之校讎爲要務，其中最具成果者爲清代汪
繼培所著之《潛夫論箋》，不但校正了譌奪之文字，錯亂之篇章亦一一改補移
正，王紹蘭潛夫論箋序云：

> 解謬達恉，傳信闕疑，博訪通人，致精極覈，且能規節信之過而理
> 董之，自稱曰箋，宗鄭申毛之義，意在斯乎！〔註5〕

至此《潛夫論》之校讎功夫已頗具規模，爾後近人彭鐸針對汪氏之《潛
夫論箋》加以校正，增釋補正千有餘條，並於一九七九年合《潛夫論箋》一
同由中華書局出版，爲目前流傳十分廣泛之本子。〔註6〕另外，胡楚生於同年
出版之《潛夫論集釋》〔註7〕一書，蒐羅有關《潛夫論》校讎之前賢識見、古
籍類書，加之以胡氏所撰之《潛夫論校釋》，合《潛夫論箋》一同出版。故《集
釋》之作，後出而精，其收錄之古注類書，引用十分方便，本文亦據《潛夫
論集釋》爲論述引用之底本。

王符之《潛夫論》雖得乾嘉學者以下諸前賢的努力，其校讎之功夫已十
分完備，然而文字校讎功夫之外的研究，起步卻相當的晚。如：金發根〈王
符生卒年歲的考證及潛夫論寫定時間的推論〉〔註8〕，是較早期討論王符生
卒年之文章；韓復智〈東漢大思想家王符之研究（一～三）〉〔註9〕，則概述
了王符的政治思想以及哲學思想，雖非面面俱到，亦包含了王符思想的大部
分重點；賀凌虛〈王符的生平、著作及其基本觀念〉〔註10〕，則討論了王符

　　　王紹蘭〈潛夫論箋敘〉，頁 745。

〔註 5〕〔清〕王紹蘭〈潛夫論箋敘〉，見胡楚生《潛夫論集釋》（台北：鼎文書局，
　　　1979）附錄一，頁 745。

〔註 6〕彭鐸校正之《潛夫論箋》，在台灣由漢京文化事業出版（又稱項淵文化事業），
　　　1984 年初版，仍題爲《潛夫論箋》。其本由北京中華書局於 1979 年出版，後
　　　1985 年重印行此書，並改名爲《潛夫論箋校正》。而台灣漢京文化事業版與北
　　　京中華書局版二書完全相同，惟北京中華書局版之出版說明多了「中華書局
　　　編輯部，1979 年 5 月」等字樣。

〔註 7〕胡楚生《潛夫論集釋》（台北：鼎文書局，1979）。

〔註 8〕金發根〈王符生卒年歲的考證及潛夫論寫定時間的推論〉，載於《中央研究院
　　　歷史語言研究所集刊》第四十本下冊，1969.11。

〔註 9〕韓復智〈東漢大思想家王符之研究〉，載於《國立台灣大學歷史學系學報》第
　　　五、六、七期，1978.06～。

〔註 10〕賀凌虛〈王符的生平、著作及其基本觀念〉，載於《書目季刊》，1978.09。此
　　　文爲賀氏〈王符的政治思想〉一文之節錄，二十餘年後，賀氏數篇研究東漢
　　　政治思想之論文出版爲《東漢政治思想論集》（台北：五南出版社，2002），〈王

之生平、著作以及哲學思想；前述胡楚生《潛夫論集釋》書末附有〈王符思想中一基本觀念「人道曰爲」之解析〉〔註11〕，文中點出了王符「人道曰爲」的中心思想，並依此展開其思想的各層面，胡先生此文可謂一針見血，後多爲王符研究者所接受；劉慧珍〈王符「本末觀」試論〉〔註12〕，由經濟、哲學、以及政治批判的角度討論王符之本末觀；劉師文起〈王符尙賢說析論〉〔註13〕，則具體分析了王符提出尙賢說之緣由，以及東漢時期賢人不得進用之原因，亦深入討論了東漢政治社會背景問題；另外，第三屆漢代文學與思想學術研討會中，有兩篇關於王符之論文發表，分別爲黃湘陽〈王符邊防思想述評〉〔註14〕，此文以《潛夫論》中關於羌患之四篇文章爲中心，討論東漢羌患問題以及王符提出之對策；劉師文起〈王符潛夫論中所展現之平民代言人意識〉〔註15〕，則討論《潛夫論》反映東漢史實之特殊觀點，並肯定王符作爲「平民代言人」著述立說之功。

以上舉例之研究論著，皆爲台灣地區所發表之單篇論文，至於王符之研究專書，則有劉紀華《王符與潛夫論》〔註168〕、黃盛雄《王符思想研究》〔註17〕、徐平章《王符潛夫論思想探微》〔註18〕，以及劉師文起《王符《潛夫論》所反映之東漢情勢》〔註19〕等四本。其中前三本爲綜述性之研究，頗具開創之功；劉師之作較爲晚出，論述則側重於《潛夫論》與東漢情勢之結合，具體討論了東漢政治、經濟、社會、羌患四大主題，故書中論述主軸不僅僅於王符之思想，而是「稽其史實，探其原因，並指陳王符之因應之道，以明其議論前後，條理秩然之脈絡」〔註20〕。由於著重點不同，故劉師此

符的政治思想〉見第三編，頁154。

〔註11〕 胡楚生〈王符思想中一基本觀念「人道曰爲」之解析〉，見《潛夫論集釋》（台北：鼎文書局，1979）附錄三，頁758。

〔註12〕 劉慧珍〈王符「本末觀」試論〉，載於《輔大中研所學刊》，1994.06。

〔註13〕 劉師文起〈王符尙賢說析論〉，見《陳伯元先生六秩壽慶論文集》（台北：文史哲出版社，1994.03）頁83。

〔註14〕 黃湘陽〈王符邊防思想述評〉，《第三屆漢代文學與思想學術研討會論文集》，2000，頁109。

〔註15〕 劉師文起〈王符潛夫論中所展現之平民代言人意識〉，《第三屆漢代文學與思想學術研討會論文集》，2000，頁303。

〔註168〕 劉紀華《王符與潛夫論》（台北：世紀書局，1977.08）。

〔註17〕 黃盛雄《王符思想研究》（台北：文史哲出版社，1982.04）。

〔註18〕 徐平章《王符潛夫論思想探微》（台北：文津出版社，1982.05）。

〔註19〕 劉師文起《王符〈潛夫論〉所反映之東漢情勢》（台北：文史哲出版社，1995.12）。

〔註20〕 劉師文起《王符〈潛夫論〉所反映之東漢情勢》（台北：文史哲出版社，1995.12）。

書實爲王符研究專書中最具特色者。

學位論文方面，近十年有林蘭香《王符《潛夫論》政治理論研究》〔註 21〕、曾潔明《王符《潛夫論》之務本說研究》〔註 22〕、李育靜《《潛夫論》經濟思想研究》〔註 23〕等，各自以不同角度切入研究王符《潛夫論》之思想，對於東漢之社會問題多有著墨，亦爲本文論述之參考。〔註 24〕

由以上舉例可知，台灣地區歷年來王符研究之趨勢，不但由概述性的討論日益深入，所論亦由考據而兼顧義理，又由兼顧義理而綜觀各個層面，是以研究風氣雖不盛，亦能緩慢地累積成果。

相較於台灣地區的研究，對岸研究《潛夫論》之數量則較多，以單篇論文而言，二十世紀末的最後二十年，大陸各大期刊以王符爲主題之研究論文可能有上百篇。在散見諸期刊的王符研究中，《甘肅社會科學》尤其重要，不但言之有物，在數量上亦佔了總數三分之一強。由於甘肅爲王符之故鄉，是以《甘肅社會科學》對推廣王符之研究不遺餘力，同時也成了王符研究之重鎮〔註 25〕。

對岸對於王符研究如此重視，其研究成果亦十分斐然，除《甘肅社會科學之外》，其它期刊亦多有王符研究之重要篇章發表。綜合整理大陸之王符研究，大約可分爲三方面：

其一：考據、版本、校讎或文字訓詁方面。如張覺〈王符《潛夫論》考〉〔註 26〕，此文將王符之生卒年、《潛夫論》之寫作日期以及版本作一詳細考證，頗具參考價值；王鑫義〈關於王符遊學洛陽及其師承問題的初步考察〉〔註 27〕，

〔註 21〕 林蘭香《王符〈潛夫論〉政治理論研究》，輔仁大學中國文學研究所碩士論文，1994.05。
〔註 22〕 曾潔明《王符〈潛夫論〉之務本說研究》，國立台灣師範大學中國文學研究所碩士論文，1996.03。
〔註 23〕 李育靜《〈潛夫論〉經濟思想研究》，國立中正大學中國文學研究所碩士論文，2003.06。
〔註 24〕 較早期以王符爲題的學位論文則有：徐平章《王符潛夫論研究》，政治大學中國文學研究所碩士論文，1974.05。
〔註 25〕 常文昌、王斌學〈20世紀王符思想研究概覽——王符研究匯編前言〉：「1980～1997年，共計發表王符研究論文33篇，超過同期全國所有刊物論文總數的1/3。開闢了「王符研究」欄目，對推動王符研究起了積極的作用。」，該文亦載於《甘肅社會科學》1998，6期。
〔註 26〕 張覺〈王符《潛夫論》考〉，載於《古籍整理研究學刊》，1998，4、5期合刊。此文台灣亦刊於《孔孟月刊》36卷12期，1998.08。
〔註 27〕 王鑫義〈關於王符遊學洛陽及其師承問題的初步考察〉，載於安徽大學學報（哲

則由王符之相關記載推論其遊學洛陽之年紀及其師承，由於王符所經歷之地區對於《潛夫論》所反映之社會問題十分重要，此文亦爲本文之重要參考資料；徐山《潛夫論詞語考釋》〔註28〕，於前人成果之上，徐氏又進一步對《潛夫論》之詞彙加以考釋，對於《潛夫論》之校讎功夫有所斬獲。

其二：哲學思想方面。此類文章爲大陸王符研究之重點，亦爲數量最多者。其中較爲重要者，如：葛榮晉〈王符哲學思想研究〉〔註29〕、羅傳芳〈王符的天人宇宙圖式與社會歷史觀〉〔註30〕，此二者皆爲主張「元氣一元論」者；黃開國〈充滿唯物主義的唯心主義哲學體系〉〔註31〕、郭君銘、彭瀾〈潛夫論的版本分期與王符的道氣思想〉〔註32〕，此二者則是主張「道氣二元論」者。兩派學者各自有其立論根據，至今未有定論。〔註33〕

其三：其他思想等方面。在此類的諸多研究論文中，較爲突出者仍是政

學社會科學版），1988.01。

〔註28〕徐山《潛夫論詞語考釋》爲其博士學位論文，礙於環境使然，筆者未能見得徐氏之完整著作，僅能收得其發表於期刊之部分內容，表列如下：

標　　題	刊　　物	年月/年期
〈潛夫論詞語考釋中的誤用通假問題〉	常熟高專學報	2001.01
〈漢語大辭典有關潛夫論詞語釋義及書証問題〉	常州工學院學報	2001.09
〈潛夫論詞語考釋六則〉	北京青年政治學院學報	2002.03
〈潛夫論詞語考釋中的虛詞問題〉	蘇州大學學報哲學社會科學版	2002.07
〈潛夫論詞語考釋中的非誤字問題〉	古籍整理研究學刊	2002.07
〈潛夫論詞語考釋五則〉	重慶石油高等專科學校學報	2003，2期
〈潛夫論詞語考釋五則〉	青海師專學報教育科學	2003，3期
〈潛夫論詞語考釋中的近義詞並列復詞問題〉	蘇州科技學院學報社會科學	2003.05
〈釋潛夫論中的項領一詞〉	忻州師範學院學報	2004.02

〔註29〕葛榮晉〈王符哲學思想研究〉，載於氏著《儒學精蘊新釋》（濟南：齊魯書社，2002.03），頁251。

〔註30〕羅傳芳〈王符的天人宇宙圖式與社會歷史觀〉，載於《甘肅社會科學》1989.01。

〔註31〕黃開國〈充滿唯物主義的唯心主義哲學體系〉，載於《甘肅社會科學》1989.01。

〔註32〕郭君銘、彭瀾〈潛夫論的版本分期與王符的道氣思想〉，載於《湖南科技大學學報（社會科學版）》2004.09。

〔註33〕參見拙作〈汪繼培《潛夫論箋》之「道者氣之根也」辯〉，載於《中國文學研究》第二十二期，2006.06。

治思想的探討，然所論日漸精細。舉例如楊彥瓶、姚繼榮〈王符法治思想評議〉〔註34〕、李建祥〈王符職官考核思想探略〉〔註35〕等等。政治思想之外，其他如經濟、軍事、本末論、邏輯思想等等，亦在大陸學者的討論範圍之內，可見王符研究之論題有日漸擴張的趨勢。舉例如：宋慧、張弘〈東漢時期工商管理政策與王符的工商管理思想〉〔註36〕、姜國柱〈王符的軍事思想〉〔註37〕、鈕恬〈王符本末論芻議〉〔註38〕、嚴華東〈論王符的邏輯思想及其特點〉〔註39〕等等。

　　除單篇論文之外，王符研究尚有幾本專著出版，如任《甘肅社會學報》主編之王步貴，便有兩本王符研究之專著：《王符思想研究》〔註40〕、《王符評傳》〔註41〕，二書主題了討論不少王符思想，頗具深度。另外，劉文英亦有《王符評傳》〔註42〕出版，亦以王符思想為主軸，主題式的討論。該書另附有崔寔、仲長統之評傳，亦有助於更瞭解東漢中後期之思想。

　　在東漢流民問題方面，台灣雖有不少關於漢代社會之研究，然而以流民為題之專著僅有羅彤華《漢代的流民問題》一書而已，該書引證詳細，論述深入，為本文之重要參考書之一。另外，來自大陸之流民研究亦不多見，安徽人民出版社出版有《中國流民史》〔註43〕三卷，其中古代卷之部分詳述了中國先秦至明清的流民問題，並整理古代流民之共通性、流民之影響及政府之處置流民之措施，條理分明，亦具參考價值。除此之外，池子華著有《流民問題與社會控制》〔註44〕一書，該書雖以近現代之流民為主要討論對象，然論述範圍涵蓋了中國大部分時期，其中討論流民問題之控制模式尤具功力。

〔註34〕楊彥瓶、姚繼榮〈王符法治思想評議〉，載於《青海師範大學學報（社會科學版）》1997，3期。
〔註35〕李建祥〈王符職官考核思想探略〉，載於《甘肅高師學報》2002，4期。
〔註36〕宋慧、張弘〈東漢時期工商管理政策與王符的工商管理思想〉，載於《泰山學院學報》2003.03。
〔註37〕姜國柱〈王符的軍事思想〉，載於《甘肅社會科學》1991.03。
〔註38〕鈕恬〈王符本末論芻議〉，載於《甘肅社會科學》1989.02。
〔註39〕嚴華東〈論王符的邏輯思想及其特點〉，載於《甘肅社會科學》1990.03。
〔註40〕王步貴《王符思想研究》（蘭州：甘肅人民出版社，1987.04）。
〔註41〕王步貴《王符評傳》（西安：陝西人民教育出版社，1993.02）。
〔註42〕劉文英《王符評傳》（南京大學：南京大學出版社，1993.09）。
〔註43〕江立華、孫洪濤《中國流民史（古代卷）》（合肥：安徽人民出版社，2001.06）。
〔註44〕池子華《流民問題與社會控制》（南寧：廣西人民出版社，2001.01）。

　　由於流民爲一重要社會問題，因此以流民爲題之研究雖少，各種討論社
會問題之研究專著、論文卻多提及流民問題，如葛劍雄主編之《中國移民史》
六卷〔註45〕，幾乎即爲一部中國流民史。其他如政治、經濟、土地、賦役、
豪族、邊患、社會風氣等等議題之研究，與流民問題皆密切相關，前輩學者
之研究資料極爲豐富，可參見本文附錄之〈參考書目〉及隨文註釋，這裡不
一一具引。

第三節　研究方法

　　梁啓超曾經多次感慨中國雖有數千年歷史，史籍浩繁，卻多言「帝王之
家譜」：

> 吾黨常言，二十四史非史也！二十四姓之家譜而已。其言似稍過當，
> 然按之作史者之精神，其實際固不誣也。吾國史家，以爲天下者君
> 主一人之天下，故其爲史也，不過敘某朝以何而得之，以何而治之，
> 以何而失之而已……〔註46〕

　　以「天下者君王一人之天下」的標準，面對「以何而得之，以何而治之，
以何而失之」的問題時，自然也會失之偏頗，是以梁任公極力主張歷史當以
「人羣」，或「人類社會」之活動爲主：

> 史者何？記述人類社會賡續活動之體相，校其總成績，求得其因果
> 關係，以爲現代一般人活動之資鑑者也……
>
> 不曰「人」之活動，而曰「人類社會」之活動者：一個人或一般人
> 之食息，生殖，爭鬪，憶念，談話等等，不得謂非活動也；然未必
> 皆爲史蹟。史蹟者也，無論爲一個人獨立所造，或一般人協力所造，
> 要之必以社會爲範圍；必其活動力之運用貫注，能影響及於全社會
> ——最少亦及於社會之一部，然後足以當史之成分……〔註47〕

　　此番話現在看起來，或許某些部分未必正確，然而近世之史家多融社會

〔註45〕葛劍雄主編《中國移民史》六卷（福州：福建人民出版社，1997.07）。本書第
　　　　一卷《導論》、第二卷《先秦至南北朝時期》，與本文關連性較強，爲本文之
　　　　重要參考著作；而第三卷以後依次討論隋唐至民國的流民問題，亦可參看。
〔註46〕梁啓超《新史學・中國之舊史》，收錄於《中國歷史研究法》（台北：里仁書
　　　　局，2000.08），頁4。
〔註47〕梁啓超《中國歷史研究法》（台北：里仁書局，2000.08），頁45。

學於史學之中，卻是不爭的事實。〔註48〕流民問題爲中國歷史上影響深遠之社會問題，而本文以流民問題做爲論述主軸之一，固亦從梁任公之說也。

　　然而一個時代會出現社會問題，絕非來自於單一歷史因素，其中往往錯綜複雜的交織了其他源自不同層面的問題。同樣的，面對像流民這樣一個牽涉廣泛的社會問題，整個時代亦會隨之做出調整，影響所及，甚至政權爲之易主、經濟型態爲之改變、社會階層爲之重組。這樣的影響雖不能全歸之於流民問題，然而誠如流民問題之原因一樣，東漢王朝的崩解，亦非來自於單一歷史因素，背後同樣有龐大且錯綜複雜的原因，而這些造成東漢王朝崩解的因素裡，流民問題顯然爲一極重要的環節。《潛夫論》作爲一反映東漢史實之著作，流民問題固非其主軸，然而論述所及，莫不與流民問題息息相關。自然有探討之必要。

　　故本文以《潛夫論》所記載爲經，以東漢之流民問題爲緯，利用史學方法中的歸納方法、比較方法、綜合方法、分析方法等〔註49〕，延伸《潛夫論》所記載之史實，比對其他兩漢史料，將《潛夫論》所反映之東漢流民問題作一整體的耙梳。討論的範圍包括了流民問題發生之原因、流民可能之去向與影響，政府、社會如何治理、消化流民問題等，當然也包括了王符針對東漢社會問題所提出之對策。爲求本文論述之完整性，部分重要的流民成因或其他相關政治、經濟、社會問題，可能在《潛夫論》裡僅有對現象的批判而未深入檢討其原因及影響，本文亦一一據其他史料詳加討論，一方面以史證《潛夫論》之說，另一方面亦祈能管窺東漢社會問題之一斑。

　　本文第二章、第三章，乃針對王符及其《潛夫論》之外圍問題作一陳述。先簡述王符之生平、經歷、思想流派，以及《潛夫論》之成書與流傳。次對流民作一釋義，並針對東漢流民之情況作一概述，以時間、區域爲主軸，爲東漢之流民作一分類，同時比對王符所見之時間、所遊歷之地區，以及王符觀察流民問題所處之視野。

〔註48〕參見許倬雲〈社會學與史學〉，收錄於氏著《求古編》（台北：聯經出版社，1984.03 再版），頁 619。

〔註49〕史無定法，若非舉出一些方法不可，則科學的史學方法，便在於交互使用歸納、比較、綜合、分析四種方法。杜維運云：「歸納方法、比較方法、綜合方法是史學家最常用的方法，而其效能的發揮，係以分析方法作憑藉。」本文大抵據史學方法而作論，至於史學方法之細節非本文重點，可參見杜維運《史學方法論》（台北：三民書局 2005.03 增訂十六版）。

　　流民雖爲一社會問題，然其牽涉既廣，因此不能只就東漢社會之情況而論。本文第四章至第六章分別就政治、經濟、社會三大主題討論《潛夫論》所反映之東漢流民問題。其中第四章論及政治之部分，多就官宦擾民、吏治敗壞等作論，並討論流民問題中，政治層面對於其他層面之影響。第五章論及經濟層面，重點論述稅役繁重、貧富差距極端化、平民之本業生計脆弱、末業之畸形發展等，並論經濟問題爲直接造成流民問題之關鍵因素。第六章則討論其他社會問題與流民問題之關連性，如豪強問題、社會風俗問題、盜賊問題、羌患問題等。其中羌患問題雖牽涉廣泛，但若將其與流民問題合而觀，則羌患不僅僅爲「邊患」，更爲東漢王朝之內部社會問題，故與其他社會問題併爲一章而論。此外，第四至六章皆於章末論述王符之對策，並檢討其中得失；第五章、第六章並非處理政治問題，故補充說明政府對於經濟、社會問題的反應，以求本論文論述之完整性。

　　第七章爲結論，闡釋《潛夫論》反映流民問題所展現之時代價值，如《潛夫論》爲東漢政府提供了原則性的改革對策，又可作爲一深具份量的原手史料，代表漢代知識份子將關注之心力由學術而轉往國計民生，把批判的目光移向社會百姓等等。

第二章　王符生平及其著作

第一節　王符生平及其思想

關於王符之生平，《後漢書》王符本傳之記載十分簡略，若扣除范曄所錄《潛夫論》五篇之文字，不過二百餘字：

> 王符字節信，安定臨涇人也。少好學，有志操，與馬融、竇章、張衡、崔瑗等友善。安定俗鄙庶孽，而符無外家，爲鄉人所賤。自和、安之後，世務游宦，當塗者更相薦引，而符獨耿介不同於俗，以此遂不得升進。志意蘊憤，乃隱居著書三十餘篇，以譏當時失得，不欲章顯其名，故號曰潛夫論。其指訐時短，討謫物情，足以觀見當時風政，著其五篇云爾……
>
> 後度遼將軍皇甫規解官歸安定，鄉人有以貨得鴈門太守者，亦去職還家，書刺謁規。規臥不迎，既入而問：「卿前在郡食鴈美乎？」有頃，又白王符在門。規素聞符名，乃驚遽而起，衣不及帶，屣履出迎，援符手而還，與同坐，極歡。時人爲之語曰：「徒見二千石，不如一縫掖。」言書生道義之爲貴也。符竟不仕，終於家。《後漢書·王充王符仲長統列傳》〔註1〕

此二段文字雖述及王符之身世、交往、著述旨趣等，但對其生卒、經歷

〔註1〕〔南朝宋〕范曄撰、〔唐〕李賢等注《後漢書》（北京：中華書局，1965.05 初版；2003.08 第 10 次印刷）。下凡引《後漢書》皆從此本。又凡引正史皆用北京中華書局所出版之點校本，不另加注，僅於引文後附篇名卷次，以省繁重。

等事蹟卻無記載,實過於簡略。雖然如此,史料中仍有不少線索可供考述,尤其王符生卒、經歷乃《潛夫論》反映東漢史實之重要參考座標,以下就王符之生卒年與經歷分別論述之。

一、王符之生卒年

王符本傳記載:「少好學,有志操,與馬融、竇章、張衡、崔瑗等友善」,可見王符少時與此四人為友。馬融等四人後皆仕宦,從王符「獨耿介不同於俗」、「不得升進」、「志意蘊憤」的情況來看,王符不應於馬融等四人尚未仕宦之前便憤慨於「不得升進」,則王符年少與四人友善,理當於四人未仕之前。馬融等四人之生卒年、仕宦年據《後漢書》分析如下:

《後漢書‧馬融列傳》云:

> 馬融字季長,扶風茂陵人也,將作大匠嚴之子。為人美辭貌,有俊才。初,京兆摯恂以儒術教授,隱于南山,不應徵聘,名重關西,融從其遊學,博通經籍。恂奇融才,以女妻之。

> 永初二年,大將軍鄧騭聞融名,召為舍人,非其好也,遂不應命,客於涼州武都、漢陽界中。會羌虜飆起,邊方擾亂,米穀踴貴,自關以西,道殣相望。融既飢困,乃悔而歎息,謂其友人曰:「古人有言:『左手據天下之圖,右手刎其喉,愚夫不為。』所以然者,生貴於天下也。今以曲俗咫尺之羞,滅無貲之軀,殆非老莊所謂也。」故往應騭召。四年,拜為校書郎中,詣東觀典校秘書。

> ……年八十八,延熹九年卒于家。遺令薄葬。族孫日磾,獻帝時位至太傅。

從以上記載可得知,馬融年八十八,卒於延熹九年(166),則其當生於章帝建初四年(79)。而永初四年(110)拜校書郎中時,為三十二歲。

關於竇章,《後漢書》云:

> 章字伯向。少好學,有文章,與馬融、崔瑗同好,更相推薦。

> 永初中,三輔遭羌寇,章避難東國,家於外黃。居貧,蓬戶蔬食,躬勤孝養,然講讀不輟,太僕鄧康聞其名,請欲與交,章不肯往,康以此益重焉。是時學者稱東觀為老氏藏室,道家蓬萊山,康遂薦章入東觀為校書郎。

……建康元年，梁后稱制，章自免，卒于家。《後漢書‧竇融列傳》

竇章卒於建康元年（144），其生年無法確切計算，從其少時「與馬融、崔瑗同好」，「更相推薦」來看，其與馬融等人爲友時可能皆爲尚未出仕的青年才俊。竇章永初年間已能「講讀不輟」，年紀不至於太小，應該與馬融相去不遠，可推論竇章入仕爲校書郎時，亦在三十餘歲前後。

關於張衡，《後漢書》云：

張衡字平子，南陽西鄂人也。世爲著姓。祖父堪，蜀郡太守。衡少善屬文，游於三輔，因入京師，觀太學，遂通五經，貫六藝。雖才高於世，而無驕尚之情。常從容淡靜，不好交接俗人。永元中，舉孝廉不行，連辟公府不就……

……安帝雅聞衡善術學，公車特徵拜郎中，再遷爲太史令。遂乃研覈陰陽，妙盡璇機之正，作渾天儀，著靈憲、筭罔論，言甚詳明。

……年六十二，永和四年卒。《後漢書‧張衡列傳》

張衡卒於永和四年（139），年六十二，則其生於章帝建初三年（78）。其於和帝永元年間（89～105）便已經「才高於世」、「孝廉不行，連辟公府不就」，可見張衡二十餘歲便頗有名氣。其於安帝時（107～125）拜郎中，則可推測入仕不至晚於安帝中期才是，推測入仕之時亦爲三十餘歲。

關於崔瑗，《後漢書》云：

瑗字子玉，早孤，銳志好學，盡能傳其父業。年十八，至京師，從侍中賈逵質正大義，逵善待之，瑗因留游學，遂明天官、歷數、京房易傳、六日七分。諸儒宗之。與扶風馬融、南陽張衡特相友好。初，瑗兄章爲州人所殺，瑗手刃報仇，因亡命。會赦，歸家。家貧，兄弟同居數十年，鄉邑化之。

年四十餘，始爲郡吏……

……漢安初，大司農胡廣、少府竇章共薦瑗宿德大儒，從政有跡，不宜久在下位，由此遷濟北相。時李固爲太山太守，美瑗文雅，奉書禮致殷勤。歲餘，光祿大夫杜喬爲八使，徇行郡國，以臧罪奏瑗，徵詣廷尉。瑗上書自訟，得理出。會病卒，年六十六。《後漢書‧崔駰列傳》

崔瑗於順帝漢安初「遷濟北相」，「歲餘」後不久「會病卒」，則其卒年應於漢安二年或三年（143～144）。年六十六，則其生年當於章帝建初三年

（78）。由於崔瑗殺人亡命的緣故，年四十餘始爲郡吏，約爲安帝中後期，是四人之中入仕較晚者。

從以上分析來看，馬融等四人年紀相仿，皆生於章帝建初年間，相去不過二、三年；且皆少好學，於洛陽頗有名氣，除崔瑗因殺人亡命之外，皆於三十餘歲入仕。〈王符傳〉亦稱王符少好學，而與以上四人友善，若王符少馬融等人十餘歲，以此四人之名，王符當從師問學才是，而非與之「友善」。故推論王符之年紀應該與馬融等人相若，亦即生於章帝建初初年。而與四人相交，當於三十餘歲眾人皆未入仕之前。

至於王符之卒年，則比其生年更難斷定。王符傳云皇甫規解官歸家之後曾與王符見面，則王符之卒應晚於皇甫規「後度遼將軍皇甫規解官歸安定」之時。《後漢書・皇甫規傳》記載皇甫規解官歸家有兩次：

> 皇甫規字威明，安定朝那人也……

> 沖質之閒，梁太后臨朝，規舉賢良方正。對策曰：……梁冀忿其刺己，以規爲下第，拜郎中。託疾免歸，州郡承冀旨，幾陷死者再三。遂以詩、易教授，門徒三百餘人，積十四年。後梁冀被誅，旬月之閒，禮命五至，皆不就。

此爲皇甫規第一次歸家，時間爲沖質之間（145～146），此後十四年皇甫規教授詩、易，直至延熹四年秋（161）上疏請伐發羌亂爲止。至於皇甫規第二次歸家，《後漢書》本傳云：

> ……中常侍徐璜、左悺欲從求貨，數遣賓客就問功狀，規終不答。璜等忿怒，陷以前事，下之於吏。官屬欲賦斂請謝，規誓而不聽，遂以餘寇不絕，坐繫廷尉，論輸左校。諸公及太學生張鳳等三百餘人詣闕訟之。會赦，歸家。

> 微拜度遼將軍，至營數月，上書薦中郎將張奐以自代。曰：「臣聞人無常俗，而政有治亂；兵無強弱，而將有能否。伏見中郎將張奐，才略兼優，宜正元帥，以從眾望。若猶謂愚臣宜充軍事者，願乞冗官，以爲奐副。」朝庭從之，以奐代爲度遼將軍，規爲使匈奴中郎將。及奐遷大司農，規復代爲度遼將軍。《後漢書・皇甫張段列傳》

皇甫規「會赦，歸家」，根據《後漢書・孝桓帝紀》之記載，當爲桓帝延熹六年三月之時〔註2〕。之後皇甫規雖薦張奐自代度遼將軍，但皇甫規仍爲使

<hr />

〔註2〕《後漢書・孝桓帝紀》相關之記錄爲：四年六月：「己酉，大赦天下。」六年：

匈奴中郎將，此後始終未曾「歸家」。〔註3〕

　　由於皇甫規歸安定有二次，則其見王符於安定，當於沖質之際後十餘年或延熹六年三月之後至「拜度遼將軍」之時（163～）。由於皇甫規兩次解度遼將軍一職皆未歸家，可推論〈王符傳〉之：「後度遼將軍皇甫規解官歸安定」云云，其「度遼將軍」之官銜，應爲追封，而非稱皇甫規解度遼將軍之官。

　　依此推論王符之卒年，若皇甫規見王符乃「沖質之閒」之後十四年，教授詩、易之時，此時王符約爲七十餘歲，則王符之卒年當晚於沖質之際（145～146）；若皇甫規見王符乃延熹六年三月（163）之後，此時王符應有八十餘歲，則王符之卒年可能更晚。以上兩種推論皆有可能，然〈王符傳〉稱皇甫規歸家乃「後度遼將軍皇甫規解官歸安定」，既稱「解官」，則前者乃舉賢良方正不就，後者爲將有功受陷遇赦，才是眞正解官，是以延熹六年之假設比之前者更爲合理。若王符延熹六年三月尚能拜訪皇甫規，似乎其八十餘歲身體仍十分健壯〔註4〕，則之後應該還有幾年活動時間，其卒年可能與馬融相近，皆爲延熹末年，享年八十餘歲。

「三月戊戌，大赦天下。」八年：「三月辛巳，大赦天下。」延熹四年秋皇甫規討羌有功，其後乃因中常侍陷以餘寇未絕，「坐繫廷尉，論輸左校」，是故皇甫規「會赦，歸家」之時，當於六年三月，延熹四年、延熹八年之大赦，則與皇甫規無關，而四庫提要云：「規解官歸里，據本傳在延熹五年」云云，誤。

〔註3〕　《後漢書・皇甫張段列傳》云皇甫規薦張奐自代度遼將軍後，先爲使匈奴中郎將，張奐延熹九年遷大司農，皇甫規又爲度遼將軍，此後皇甫規多次欲辭官而不可得：「規爲人多意算，自以連在大位，欲退身避第，數上病，不見聽。會友人上郡太守王旻喪還，規縞素越界，到下亭迎之。因令客密告并州刺史胡芳，言規擅遠軍營，公違禁憲，當急舉奏。芳曰：『威明欲避第仕塗，故激發我耳。吾當爲朝廷愛才，何能申此子計邪！』遂無所問。及黨事大起，天下名賢多見染逮，規雖爲名將，素譽不高。自以西州豪桀，恥不得豫，乃先自上言：『臣前薦故大司農張奐，是附黨也。又臣昔論輸左校時，太學生張鳳等上書訟臣，是爲黨人所附也。臣宜坐之。』朝廷知而不問，時人以爲規賢。在事數歲，北邊威服。永康元年，徵爲尚書。」是以任度遼將軍之後，於永康元年徵爲尚書，此後又任弘農太守、護羌校尉等職。直至熹平三年：「以疾召還，未至，卒于穀城，年七十一。」可見自延熹六年三月「會赦，歸家」之後，皇甫規直至卒，皆未能歸安定。

〔註4〕　王符爲安定臨涇人，皇甫規爲安定朝那人。比之朝那，臨涇處涇水下游處約七十公里，王符若能由臨涇往朝那見皇甫規，則可見其八十餘歲體力尤十分強健。即使二人未必居其縣而相距如此之遠，以王符高齡而神智清醒，能主動前往皇甫規之家門，亦非一虛弱老人矣。安定相關地理位置參見譚其驤主編《中國歷史地圖集》（北京：中國地圖出版社，1996.06三刷），第二冊，圖57～58〈涼州刺史部〉。

王符之生卒年歲，如前所推論者，生於章帝建初初年，卒於桓帝延熹末年，則王符之一生正當東漢王朝由盛轉衰之關鍵時期，其所見聞之事，所經歷之地，對於吾輩欲探求之東漢衰亡之史實，自當極具參考價值。〔註5〕然而礙於史料之缺乏，王符所遊歷之處可考者，僅其曾於年少時與馬融等四人相友善而已，從相關傳記可知王符早年應遊學於洛陽，以下便就此點加以論述。

二、王符早年之經歷

《後漢書》提及王符之生平事蹟，與其記載王符之生卒年一樣，都失之簡略。然而從《後漢書》所提供之線索，王符早年之經歷仍可大致拼湊出來。

首先是王符：「少好學，有志操，與馬融、竇章、張衡、崔瑗等友善」之記載，王符與馬融等四人相友善之時間以如前述，而此四人當時可能同時遊學於洛陽。《後漢書・張衡傳》：「衡少善屬文，游於三輔，因入京師，觀太學，遂通五經，貫六藝……」又〈崔瑗傳〉：「年十八，至京師，從侍中賈逵質正大義，逵善待之，瑗因留游學……」東漢特重儒學，其時儒生多能通經，而其中京師洛陽又為全國儒生集中之處。《後漢書》張衡、崔瑗本傳皆載其少年時即曾遊學洛陽，馬、竇二人雖未明言其早年是否遊學於洛陽，然而〈竇章傳〉云其：「少好學，有文章，與馬融、崔瑗同好……」〈崔瑗傳〉亦曰其早年遊學時：「與扶風馬融、南陽張衡特相友好……」可見此四人早期關係密切，時常一同切磋學問。

馬、竇二人是否皆遊學於洛陽呢？〈馬融傳〉云：「初，京兆摯恂以儒術教授，隱于南山，不應徵聘，名重關西，融從其遊學，博通經籍。恂奇融才，以女妻之。」似乎馬融早年應從摯恂遊學於關西，而非與張衡、崔瑗一樣遊學於洛陽才是。然馬融之父馬嚴，於明帝時移居洛陽〔註6〕，而後馬嚴

〔註5〕關於王符之生卒年，前輩學者多有論述，參金發根〈王符生卒年歲的考證及潛夫論寫定時間的推論〉，載於《中央研究院歷史語言研究所集刊》第四十本下冊，1969.11、賀凌虛〈王符的生平、著作及其基本觀念〉，載於《書目季刊》，1978.09、王步貴《王符思想研究》（蘭州：甘肅人民出版社，1987.04）、劉文英《王符評傳》（南京大學：南京大學出版社，1993.09）、劉紀華《王符與潛夫論》（台北：世紀書局，1977.08）、劉師文起《王符〈潛夫論〉所反映之東漢情勢》（台北：文史哲出版社，1995.12）等單篇論文或專書。其中劉紀華、劉師文起皆彙整諸說，並評斷其中優劣，而本文所論大抵與劉師文起之論同。

〔註6〕《後漢書・馬援列傳》云馬嚴：「永平十五年，皇后敕使移居洛陽。」

雖多次離開洛陽爲官，最後仍於洛陽任將作大匠之職〔註7〕。本傳稱馬嚴永元十年卒於家，應該是卒於洛陽，而非其故鄉扶風茂陵。永元十年（98），馬融弱冠，理當送父靈柩回扶風茂陵安葬，且守喪三年。推論於永元十年之前，馬融當與其父同住洛陽，如此方能與同爲十餘歲，年紀相仿之張衡、崔瑗、竇章等青年才俊相友善；其父馬嚴卒後，則返回扶風冒陵老家守喪三年，因京兆與扶風茂陵地理相近，故其後得從摯恂遊學。時馬融二十三歲，正爲適婚之齡，故「恂奇融才，以女妻之」。

　　由此可見馬融等四人年少時皆遊學洛陽，惟馬融於永元十年父喪，故較早離開洛陽，范曄之〈王符傳〉稱王符與此四人友善，理當爲同時，則王符最晚於永元十年之前就已經在洛陽遊學了。

　　王符曾經遊學於洛陽，除由《後漢書》相關傳記推測外，《潛夫論》中對於洛陽觀察之細膩，亦可得知王符應在洛陽待了不少時間：

> 今察洛陽，浮末者什於農夫，虛僞游手者什於浮末。是則一夫耕，百人食之，一婦桑，百人衣之，以一奉百，孰能供之？……〈浮侈〉

> 今京師貴戚，衣服、飲食、車輿、文飾、廬舍，皆過王制，僭上甚矣。從奴僕妾，皆服葛子升越，筩中女布，細緻綺縠，冰紈錦繡。犀象珠玉，虎魄玳瑁，石山隱飾，金銀錯鏤，獐鹿履舄，文組綵　，驕奢僭主，轉相誇詫，箕子所唏，今在僕妾。富貴嫁娶，車軿各十，騎奴侍僮，夾轂節引。富者競欲相過，貧者恥不逮及。是故一饗之所費，破終身之本業。……〈浮侈〉

> 洛陽至有主諧合殺人者，謂之會任之家，受人十萬，謝客數千。又重饋部吏，吏與通姦，利入深重，幡黨盤牙，請至貴戚寵臣，說聽於上，謁行於下。是故雖嚴令、尹，終不能破壞斷絕。……〈述赦〉

　　〈浮侈〉篇中對於洛陽權貴之描述，可謂歷歷在目，若非親自於洛陽觀察所見，豈能得之？由於《潛夫論》全書未曾言及王符到訪洛陽之時間，亦未曾說明其至洛陽之用意，幸賴范曄《後漢書》中寥寥幾句記載，可以推論王符「少好學」之求學、交友，應該就在洛陽。〔註8〕

〔註7〕　〔晉〕司馬彪撰；〔梁〕劉昭注補《後漢書志・百官志》云：「將作大匠一人，二千石。本注曰：『承秦，曰將作少府，景帝改爲將作大匠。掌修作宗廟、路寢、宮室、陵園木土之功，并樹桐梓之類列于道側。』」則將作大匠爲京官無疑。
〔註8〕　關於王符遊學洛陽之相關論文可參見：王鑫義〈關於王符遊學洛陽及其師承

　　然而王符在洛陽停留了多久，是否有過其他事蹟，則極難論斷。馬融等四人大約都在三十歲至四十歲之間「更相薦引」，各自入仕。由於四人皆爲官宦世家，馬融、竇章雖曾經貧困、飢寒一時，卻不影響其仕宦之途。而王符由於少時曾與諸儒相交，可能由此在洛陽獲得一些名聲，但是因爲其「安定俗鄙庶孼，而符無外家，爲鄉人所賤」，故「不得升進」，王符亦從此隱居著書，不再試圖進入官場。最後卒於安定，終生未仕。

　　王符隱居著書至晚年見皇甫規之間，其間五十餘年之經歷皆無法確切得知。但是從〈勸將〉、〈救邊〉、〈邊議〉、〈實邊〉等四篇記載來看，王符對於三輔、并、涼之情勢如此熟悉，則其壯年之時應曾實際走訪羌亂地區，尤其是司隸三輔、西方邊地等羌患嚴重區，而不僅止於故鄉安定一郡：

> 羌始反時，計謀未善，黨與未成，人眾未合，兵器未備，或持竹木枝，或空手相附，草食散亂，未有都督，甚易破也。然太守令長，皆奴怯畏偄不敢擊。故令虜遂乘勝上彊，破州滅郡，日長炎炎，殘破三輔，覃及鬼方。若此已積十歲矣。百姓被害，迄今不止。而癡兒騃子，尚云不當救助，且待天時。用意若此，豈人也哉！〈邊議〉

　　其對於羌患之始末，所使用之武器，乃至於當地太守令長之作爲，形容的極爲具體。王符故鄉安定位處關西，距離三輔不遠，可推論王符多次曾走訪司隸地區，故得親眼目睹當地人民之慘況。

第二節　《潛夫論》成書時間及其流傳

一、《潛夫論》之成書時間

　　《潛夫論》之成書時間，史籍未明，清《四庫全書總目》云：

> 符生卒年月不可考。本傳之末，載度遼將軍皇甫規解官歸里，符往謁見事。規解官歸里，據本傳在延熹五年，則符之著書在桓帝時，故所說多切漢末弊政。惟桓帝時，皇甫規、段熲、張奐諸人屢與羌戰，而其救邊、邊議二篇乃以避寇爲憾，殆以安帝永初五年嘗徙安定、北地郡，順帝永建四年始還舊地，至永和六年又內徙，符安定人，故就其一鄉言之耶？然其謂「失涼州則三輔爲邊，三輔內入則

宏農爲邊，宏農內入則洛陽爲邊，推此以相況，雖盡東海猶有邊」，

則灼然明論，足爲輕棄邊地之炯鑒也。〈子部・儒家類一〉〔註9〕

　　王符之生卒如前述，並非全然不可考。《四庫總目》以《潛夫論》成書於桓帝時，亦失之疏略。依前文所言，王符著書當在馬融等人入仕之後，因「世務游宦，當塗者更相薦引」，而感慨於自己「獨耿介不同於俗，以此遂不得升進」。馬融等人入仕皆在安帝年間，則王符「志意蘊憤，乃隱居著書三十餘篇」亦當在安帝永初之後，此時王符爲三十歲上下。

　　《潛夫論》爲「譏當時失得」之書，故其書中所批評之時政，實可爲本節討論《潛夫論》成書時間之座標。其中最爲明確者，莫過於羌患之記載，《潛夫論》中〈勸將〉、〈救邊〉、〈邊議〉、〈實邊〉等篇章多次提及羌患之事，而此次羌患，即指安帝永初元年（107）之羌患：

> 安帝永初元年夏，遣騎都尉王弘發金城、隴西、漢陽羌數百千騎征西域，弘迫促發遣，群羌懼遠屯不還，行到酒泉，多有散叛。諸郡各發兵徼遮，或覆其廬落。於是勒姐、當煎大豪東岸等愈驚，遂同時奔潰。麻奴兄弟因此遂與種人俱西出塞。先零別種滇零與鍾羌諸種大爲寇掠，斷隴道。時羌歸附既久，無復器甲，或持竹竿木枝以代戈矛，或負板案以爲楯，或執銅鏡以象兵，郡縣畏懦不能制。《後漢書・西羌傳》

　　此次羌患牽連數年，東漢國力爲之虛耗，可說是東漢王朝衰亡關鍵之一。〈實邊〉篇云：

> 前羌始叛，草創新起，器械未備，虜或持銅鏡以象兵，或負板案以類楯，惶懼擾攘，未能相持。一城易制爾，郡縣皆大熾。及百姓暴被狹禍，亡失財貨，人哀奮怒，各欲報讎，而將帥皆怯劣軟弱，不敢討擊，但坐調文書，以欺朝廷。

又〈邊議〉篇云：

> 羌始反時，計謀未善，黨與未成，人眾未合，兵器未備，或持竹木枝，或空手相附，草食散亂，未有都督，甚易破也。然太守令長，皆奴怯畏偄不敢擊。故令虜遂乘勝上彊，破州滅郡，日長炎炎，殘破三輔，覃及鬼方。若此已積十歲矣。百姓被害，迄今不止。而癡

〔註9〕　〔清〕紀昀等撰《四庫全書總目》（北京：中華書局，1965.06 第一版：2003.08 第七刷），上冊，卷九十一，子部儒家類一，頁772。

兒駭子，尚云不當救助，且待天時。用意若此，豈人也哉！

范曄《後漢書》為南朝宋之作品，在記載永初元年爆發之羌患時，明顯吸收了《潛夫論》的記載，可見《潛夫論》此四篇所記載之羌患，為永初元年開始之羌患無疑。

至於確切之時間點，〈邊議〉篇中有「若此已積十歲矣」句，以永初元年（107）推算，則〈邊議〉篇當作於安帝元初三年（116）。除〈邊議〉篇外，論及羌患之餘篇亦有可考之時間座標，如〈勸將〉：

> 軍起以來，暴師五年，典兵之吏，將以千數，大小之戰，歲十百合，而希有功。歷察其敗，無他故焉，皆將不明於變勢，而士不勸於死敵也……

> 前羌始反時，將帥以定令之群，藉富厚之蓄，據列城而氣利勢，權十萬之眾，將勇傑之士，以誅草創新叛散亂之弱虜，擊自至之小寇，不能擒滅，輒為所敗，令遂雲烝起，合從連橫，掃滌并、涼，內犯司隸，東寇趙、魏，西鈔蜀、漢，五州殘破，六郡削跡。此非天之災，長吏過爾。

「軍起以來，暴師五年」理當指稱隨後所述之「前羌始反時」，則〈勸將〉篇當作於永初元年之後五年，即永初五年（111）。

另外，〈救邊〉篇云：

> 乃者，邊害震如雷霆，赫如日月，而談者皆諱之，曰焱并竊盜。淺淺善靖，俾君子息，欲令朝廷以寇為小，而不蚤憂，害乃至此，尚不欲救。諺曰：「痛不著身言忍之，錢不出家言與之。」假使公卿子弟有被羌禍，朝夕切急如邊民者，則競言當誅羌矣。今苟以己無慘怛冤痛，故端坐相仍，又不明修守禦之備，陶陶閒澹，臥委天聽。羌獨往來，深入多殺，己乃陸陸，相將詣闕，諧辭禮謝，退云（無）狀，會坐朝堂，則無憂國哀民懇惻之誠，苟轉相顧望，莫肯違止，日晏時移，議無所定，己且須後。後得小安，則恬然棄忘。旬時之閒，虜復為害，軍書交馳，羽檄狎至，乃復怔忪如前。若此以來，出入九載，庶曰式臧，覆出為惡，佪佪潰潰，當何終極……

「若此以來，出入九載」，為總結「乃者，邊害震如雷霆」之說，而邊害即指「羌禍」。以永初元年推算九年，則〈救邊〉篇當作於元初二年（115）。〈實邊〉篇較無可考之時間座標，然而《潛夫論》從〈勸將〉以下四篇，皆

論羌患之事，文理連成一氣，其寫定時間不應距離太久。〈實邊〉之篇旨在於批判朝廷迫邊民內徙之事：

> 且夫士重遷，戀慕墳墓，賢不肖之所同也。民之於徙，甚於伏法。伏法不過家一人死爾。諸亡失財貨，奪土遠移，不習風俗，不便水土，類多滅門，少能還者。代馬望北，狐死首丘，邊民謹頓，尤惡內留。雖知禍大，猶願守其緒業，死其本處，誠不欲去之極。太守令長，畏惡軍事，皆以素非此土之人，痛不著身，禍不及我家，故爭徙郡縣以內遷。

邊民內徙，於永初羌亂而言，當爲永初五年（111）：

> 五年春，任尚坐無功徵免。羌遂入寇河東，至河內，百姓相驚，多奔南度河。使北軍中候朱寵將五營士屯孟津，詔魏郡、趙國、常山、中山繕作塢候六百一十六所。

> 羌既轉盛，而二千石、令、長多內郡人，並無守戰意，皆爭上徙郡縣以避寇難。朝廷從之，遂移隴西徙襄武，安定徙美陽，北地徙池陽，上郡徙衙。百姓戀土，不樂去舊，遂乃刈其禾稼，發徹室屋，夷營壁，破積聚。《後漢書・西羌傳》

此次邊民內徙，至順帝永建四年（129）才得回舊地〔註10〕。〈實邊〉篇若與〈勸將〉（作於永初五年（111））、〈救邊〉（作於元初二年（115））、〈邊議〉（作於元初三年（116））三篇約略同時，則亦當撰於安帝永初五年至順帝永建四年之間，從四篇文理一脈相成來看，或許寫作時間亦在元初年間。

〔註10〕邊民還徙舊地之事，見《後漢書・西羌傳》：「（永建）四年，尚書僕射虞詡上疏曰：『臣聞子孫以奉祖爲孝，君上以安民爲明，此高宗、周宣所以上配湯、武也。禹貢雍州之域，厥田惟上。且沃野千里，穀稼殷積，又有龜茲鹽池以爲民利。水草豐美，土宜產牧，牛馬銜尾，群羊塞道。北阻山河，乘阨據險。因渠以溉，水春河漕。用功省少，而軍糧饒足。故孝武皇帝及光武築朔方，開西河，置上郡，皆爲此也。而遭元元無妄之災，衆羌內潰，郡縣兵荒二十餘年。夫棄沃壤之饒，損自然之財，不可謂利；離河山之阻，守無險之處，難以爲固。今三郡未復，園陵單外，而公卿選懦，容頭過身，張解設難，但計所費，不圖其安。宜開聖德，考行所長。』書奏，帝乃復三郡。使謁者郭璜督促徙者，各歸舊縣，繕城郭，置候驛。」另外，順帝永和年間羌患又起，亦曾於永和六年（141）內徙邊民，《後漢書・西羌傳》：「（永和）五年夏，且凍、傅難種羌等遂反叛，攻金城，與西塞及湟中雜種羌胡大寇三輔，殺害長吏。」「（六年）秋，諸種八九千騎寇武威，涼部震恐。於是復徙安定居扶風，北地居馮翊……」此次內徙距離永初羌患三十餘年，其間又有令民還回之事，〈實邊〉篇所云固非此事也。

除此之外，尚有寫定時間可考之篇章，如〈考績〉中有「聖漢踐祚，載祀四八」句，劉文英云：

> 《考績第七》曰：「聖漢踐祚，載祀四八」漢代開國為公元前 206 年，歷經「四八」三百二十年，應是公元 114 年。即安帝元初元年。由於「四八」是取其整數，本篇之寫作絕不晚於公元 124 年，及安帝延光三年。〔註11〕

其說頗是，則〈考績〉篇寫定日期當為元初元年（114）前後十年之間，此說亦符合《潛夫論》之寫作時期為王符三十歲之後。

除此之外可考者尚有〈志氏姓〉篇：「太后崩後，群姦相參，競加譖潤，破壞鄧氏，天下痛之。」此太后當指鄧太后。鄧太后崩於安帝永寧二年（121）〔註12〕，則此篇當寫於安帝永寧二年之後。〔註13〕

另外，〈敘錄〉篇：

> 邊既遠門，太守擅權。臺閣不察，信其姦言，令壞郡縣，毆民內邊。
>
> 今又丘荒，慮必生心。故敘實邊第二十四。

此為〈實邊〉篇之篇旨。〈敘錄〉篇本當寫於諸篇之後，故劉文英據此推論《潛夫論》全書當於順帝永建四年（129）令內徙邊民返鄉之前就已經全部完成了。然〈敘錄〉篇本為敘各章之篇旨，〈實邊〉篇既無述及永建四年之事，〈敘錄〉不加記載亦為合理範圍。反證則可從〈述赦〉篇中窺知：

> 今不顯行賞罰以明善惡，嚴督牧守以擒姦猾，而反數赦以勸之，其文常曰：「謀反大逆不道諸犯，不當得赦皆除之，將與士大夫灑心更始。」歲歲灑之，然未嘗見姦人冗吏，有肯變心悔服稱詔者也。

順帝陽嘉三年（134）詔曰：

> 昔我太宗，丕顯之德，假于上下，儉以恤民，政致康乂。朕秉事不明，政失厥道，天地譴怒，大變仍見。春夏連旱，寇賊彌繁，元元

〔註11〕劉文英《王符評傳》（南京大學：南京大學出版社，1993.09），頁 27。

〔註12〕《後漢書·孝安帝紀》：「（建光元年）三月癸巳，皇太后鄧氏崩。」又《後漢書·皇后紀》：「永寧二年二月，寢病漸篤，乃乘輦於前殿，見侍中、尚書，因北至太子新所繕宮。……三月崩。在位二十年，年四十一。合葬順陵。」永寧二年即建光元年（121），改元於是年秋，〈安帝紀〉：「秋七月己卯，改元建光，大赦天下。」則鄧太后崩之前尚未改元。

〔註13〕《潛夫論》中〈考績〉、〈勸將〉等五篇，歷來考證其年代者不少，如金發根、王步貴、劉文英、劉紀華、劉師文起等人皆有論述，本文多從其說。相關之單篇論文或專書詳見前注所引。

被害，朕甚愍之。嘉與海內洗心更始。其大赦天下，自殊死以下謀
反大逆諸犯不當得赦者，皆赦除之。《後漢書・孝順孝沖孝質帝紀》

兩文對比，則王符之「其文常曰：……」明顯指順帝之詔而言，則〈述赦〉當作於順帝陽嘉三年（134）之後〔註14〕。若此，則《潛夫論》有可能遲至永建四年尚未全部定稿。

綜合以上諸篇之考證，可彙整如下表：

附表一：潛夫論諸篇寫定時間推測表

篇　名	推測寫定之時間		《潛夫論》相關段落	備　註
〈考績〉	安帝	元初元年（114）前後十年之間	聖漢踐祚，載祀四八……	劉文英：「漢代開國為公元前206年，歷經「四八」三百二十年，應是公元114年。」
〈勸將〉	安帝	永初五年（111）	軍起以來，暴師五年……	西羌傳：「安帝永初元年夏……先零別種滇零與鍾羌諸種大為寇掠，斷隴道。時羌歸附既久，無復器甲，或持竹竿木枝以代戈矛，或負板案以為楯，或執銅鏡以象兵，郡縣畏懦不能制。」
〈救邊〉	安帝	元初二年（115）	乃者，邊害震如雷霆，赫如日月，而談者皆諱之……若此以來，出入九載	
〈邊議〉	安帝	元初三年（116）	羌始反時，……若此已積十歲矣。百姓被害，迄今不止。	
〈實邊〉	安帝	永初五年（111）至順帝永建四年（129）之間	……民之於徙，甚於伏法。伏法不過家一人死爾。諸亡失財貨，奪土遠移，不習風俗，不便水土，類多滅門，少能還者。代馬望北，狐死首丘，邊民謹頓，尤惡內留……	西羌傳：「羌既轉盛，而二千石、令、長多內郡人，並無守戰意，皆爭上徙郡縣以避寇難。朝廷從之……」
〈志氏姓〉	安帝	永寧二年（121）之後	太后崩後，群姦相參，競加謵潤，破壞鄧氏，天下痛之。	皇后紀：「永寧二年二月，寢病漸篤，乃乘輦於前殿，見侍中、尚書……三月崩。」

〔註14〕此說見劉師文起《王符〈潛夫論〉所反映之東漢情勢》（台北：文史哲出版社，1995.12），頁11。

| 〈述赦〉 | 順帝 | 陽嘉三年（134）之後 | ……其文常曰：「謀反大逆不道諸犯，不當得赦皆除之，將與士大夫灑心更始。」 | 順帝陽嘉三年詔：「嘉與海內洗心更始。其大赦天下，自殊死以下謀反大逆諸犯不當得赦者，皆赦除之。」 |

　　除此諸篇，餘皆難以考證。《潛夫論》全書對於發生於桓帝時期之黨錮之禍一字未題，黨錮之禍雖爲桓靈之際最爲嚴重，然而推源其始，梁冀殺害清流人士李固、杜喬即有跡可尋。或許此時《潛夫論》已成書，若如此，則《潛夫論》當於桓帝即位（147）初年之前便已寫定。然此推論略顯證據不足，且王符雖卒於延熹六年之後，而晚年不復著書，亦爲人之常情。另外，黨錮初始既發生於王符晚年，而李膺等下獄死，政府佈告天下逮捕黨人則爲桓帝延熹十年之事，其時王符或已卒矣〔註15〕。故以《潛夫論》未見黨錮之禍而推定其成書年代，實無甚必要，暫且備爲一說。〔註16〕

二、《潛夫論》之版本

　　從王符本傳皇甫規「素聞符名」來看，王符一無家世背景，二無顯赫官宦資歷，所謂「符名」的來由，其一可能來自於少時遊學洛陽，與馬融、竇章、張衡、崔瑗等互相標榜；其二則當來自於著書立說。此二者當有相輔相成之功。《潛夫論》當中較早寫定的幾篇，如前述之〈勸將〉、〈救邊〉等，當時王符可能還在洛陽，因此能藉由當時諸清流名士手抄流傳。如此則《潛夫論》成書之後，甚至尙未成書，便在東漢時代流傳了。此後，自〈隋書・經籍志〉以下，歷代官司目錄皆有著錄，且其十卷未有明顯散佚，此爲吾輩研究《潛夫論》之幸也。

　　今傳本《潛夫論》，當以北京圖書館所藏黃丕烈士禮居舊藏明刊本爲最早，此本並有黃丕烈跋云：

> 潛夫論以此本爲最古，明人藏弃率用此。余舊藏本爲沈與文、吳岫所藏。馮己蒼所藏，即從此出。中有缺葉，出馮抄之後所補，故取馮抄校之，已多歧異。頃從坊間購此，首尾完好，適五柳主人應他

〔註15〕梁冀殺李固等乃桓帝建和元年事（147）；李膺等下獄死則爲延熹九年十二月事（166），事見《後漢書・李杜列傳》、《後漢書・陳王列傳》、《後漢書・黨錮列傳》、繫年見《後漢書・孝桓帝紀》。黨錮之禍牽甚多，不一一具引。

〔註16〕以黨錮之禍回推《潛夫論》成書年代下限者有劉紀華、劉師文起，詳見前注所引相關書目。

人之求，遂留此輚彼。丙寅夏莌圃識。〔註17〕

此本筆者礙於環境使然，未能親見，殊爲可惜。而黃丕烈所謂「余舊藏本爲沈與文、吳岫所藏。馮己蒼所藏，即從此出」云云，可知馮舒（字己蒼，號默庵）亦藏有《潛夫論》。馮舒所藏之潛夫論，後爲錢曾述古堂所藏，輾轉至民國時期，由上海商務印書館影印《四部叢刊》出版，故此本十分容易見到。此本書末並有馮舒之跋：

> 戊子六月，得沈與又〔註18〕所藏宋版翻刻本，因命工印抄。此書謬誤頗多，無從改定，借筆點定一次，殊失句讀，後之讀者勿哂。七月初三日，默庵老人書。〔註19〕

又錢曾於馮舒之後又跋云：

> 潛夫論時本不可讀，此乃印抄宋本者，馮己蒼詳識於其末，校對亦精，需珍之。〔註20〕

馮舒之抄本雖爲一清初抄本〔註21〕，理當晚於黃丕烈所藏本，然黃丕烈之藏本亦有據馮舒所抄本所補者。且馮舒景抄之仿宋翻刻本，保留了不少宋本的特色，可見抄工頗精，或可將其與原底本宋版翻刻本之明刊本等而視之，今人胡楚生之《潛夫論集釋》，即以此本爲底本作校讎。

除此之外，現存常見之明刊本尚有：

1、明萬曆胡維新輯刊之《兩京遺編》本

2、明萬曆程榮所輯之《漢魏叢書》本

3、明萬曆何允中《廣漢魏叢書》本。

清本除前述之錢曾述古堂所藏馮己蒼景抄宋版翻刻本之外，尚有刊本數種，舉其中較爲重要者如：

1、清乾隆于敏中等所輯《摛藻堂四庫全書薈要》本

2、清乾隆《四庫全書》本

3、清乾隆王謨輯刊《增訂漢魏叢書》本

〔註17〕引文據彭鐸校正之《潛夫論箋》（台北：漢京文化事業出版社，1984年初版）書末附錄轉引，附錄二，頁487。

〔註18〕「沈與又」當作「沈與文」。

〔註19〕〔東漢〕王符《潛夫論》十卷，錢曾述古堂本，書末跋，見《四部叢刊子部》（台北：台灣商務印書館重印，1965），第76冊。

〔註20〕〔東漢〕王符《潛夫論》十卷，錢曾述古堂本，書末跋，見《四部叢刊子部》（台北：台灣商務印書館重印，1965），第76冊。

〔註21〕馮舒跋云：「戊子六月」爲清順治五年（1648）。

4、清嘉慶陳春輯《湖海樓叢書》本

清刊本固不止於此，以上四本清刊本爲較重要也較容易見到的，台灣多有出版印行〔註22〕，亦由此可見《潛夫論》從明代以來流傳之廣。在諸清刊本中，最重要者即爲《湖海樓叢書》所印行之汪繼培《潛夫論箋》了。汪箋本《潛夫論》之重要性已如前所述，而清亡之後所印行之《潛夫論》亦多依此本重刊，則汪繼培不可不爲潛夫論之功臣。〔註23〕

另外，台灣國家圖書館藏有日本天明七年（1787 年，清乾隆五十二年）浪華六藝堂之《潛夫論》刊本，刊行之時代稍早於汪繼培之作箋，卷末有奧田園繼跋云：「刊行之初，問予字異同，因訪求數本兼合讎照，亦復費力矣」〔註24〕，浪華六藝堂本爲民初詩人蔣智由於 1917 年購於日本〔註25〕，當是日本流傳之《潛夫論》善本。

民國之後，拜影印技術進步之所賜，《潛夫論》流傳更爲容易，此階段刊行之《潛夫論》所重者乃校讎、注釋之功，故彭鐸校正之《潛夫論箋校正》、胡楚生《潛夫論集釋》最受重視，凡以王符爲題之學術研究，莫不以此二本爲底本。其餘尚有不少較爲普及之翻譯、注釋本，如台灣三民書局所出版之《新譯潛夫論》〔註26〕，貴州人民出版社所出版之《潛夫論全譯》〔註27〕等等。

〔註22〕〔清〕乾隆于敏中等輯《摛藻堂四庫全書薈要》（台北：世界書局，1988）、〔清〕乾隆紀昀等輯《文淵閣四庫全書》（台北：台灣商務印書館，1983～1986）、〔清〕乾隆王謨輯《增訂漢魏叢書》（台北：大化出版社，1983）、〔清〕嘉慶陳春輯《湖海樓叢書》（台北：藝文印書館，據原刻本影印之《百部叢書集成》第796冊，1966）。

〔註23〕關於潛夫論之版本及流傳，參見拙作〈王符《潛夫論》版本流傳考〉，載於《世新中文研究集刊》第七期，2011.07。其它版本考證之文章，可另參見胡楚生《潛夫論集釋》（台北：鼎文書局，1979）凡例第三條、嚴靈峰《周秦漢魏諸子知見書目》（台北：正中書局，1975）卷六〈潛夫論知見書目〉、張覺《王符〈潛夫論〉考》（孔孟月刊，1998.08）。

〔註24〕見《潛夫論》（日本天明七年（1787）浪華六藝堂刊本，現藏台灣國家圖書館），卷末跋。

〔註25〕《潛夫論》（日本天明七年（1787）浪華六藝堂刊本，現藏台灣國家圖書館），卷首序下署云：「丁巳春旅日本時購得之 蔣智由」。

〔註26〕彭丙成譯注《新譯潛夫論》（台北：三民書局，1998.05）。

〔註27〕張覺譯注《潛夫論全譯》（貴陽：貴州人民出版社，1990.10）。

第三章　東漢流民概述

第一節　流民釋義

　　所謂流民，表面上之意涵十分容易瞭解，然而要為流民下一明確之定義，卻十分困難。原因在於流民既非一特定社會階層，其組成也不是來自特定族群，流民之行為沒有某一固定模式可循，而兩漢政府之政策法律對於流民而言，也往往無著力之處。事實上，正是因為流民屬於一種非穩定的社會組成份子，流民才更難與以定義界說。

　　東漢中期以前，政府面對流民問題時，往往將流民與「無名數」並置，《後漢書》：

> 明帝永平十二年(69)：賜天下男子爵，……流民無名數欲占者人一級。
>
> 章帝建初三年(78)：賜爵，……民無名數及流民欲占者人一級。
>
> 和帝永元八年(96)：賜天下男子爵，……民無名數及流民欲占者一級。
>
> 安帝元初元年(114)：賜民爵，……民脫無名數及流民欲占者人一級。
>
> 順帝陽嘉元年(126)：賜爵，……民無名數及流民欲占著者人一級。
>
> 〔註1〕

　　名數即戶籍〔註2〕，而無名數即無戶籍，或丟棄原戶籍流亡之人。流民與

〔註1〕以上分別見《後漢書》〈顯宗孝明帝紀〉、〈肅宗孝章帝紀〉、〈孝和孝殤帝紀〉、〈孝安帝紀〉、〈孝順孝沖孝質帝紀〉。

〔註2〕《漢書》顏師古注：「名數，謂戶籍也」見〈高帝紀〉、〈萬石衛直周張傳〉、〈匡張孔馬傳〉；又云「脫亡名數，謂不占戶籍也。」見〈王子侯表〉。

無名數之意義本不相同，然而流民多為脫離戶籍流亡他鄉之人，兩者指稱十分接近。故《後漢書》無名數常與流民合稱，如「流民無名數」，或「流人無名數」，可見對東漢政府而言，兩者所代表之問題是一樣的。

　　相對於其他時代，漢代對於戶籍之掌控還算有力，出土文獻證實了漢代戶籍制度深入鄉里之中，可見政府對於社會的控制頗為有效。〔註3〕然而漢代政府的控制力似乎隨著時間而消退，從王莽至光武時，已經可以看出政府受制於豪強，對於百姓之戶口、土地已經無法如西漢時期那樣強力控制。光武帝曾經企圖整理王莽亂後之戶口土地，竟激起豪族叛亂，百姓嗟怨：

　　（建武十三年）（37）是時，天下墾田多不以實，又戶口年紀互有增減。十五年（39），詔下州郡檢覈其事，而刺史太守多不平均，或優饒豪右，侵刻羸弱，百姓嗟怨，遮道號呼。《後漢書・朱景王杜馬劉傅堅馬列傳》

　　（建武十六年）（40）秋九月，河南尹張伋及諸郡守十餘人，坐度田不實，皆下獄死。郡國大姓及兵長、群盜處處並起，攻劫在所，害殺長吏。郡縣追討，到則解散，去復屯結。青、徐、幽、冀四州尤甚。冬十月，遣使者下郡國，聽群盜自相糾擿，五人共斬一人者，除其罪。吏雖逗留回避故縱者，皆勿問，聽以禽討為效。其牧守令長坐界內盜賊而不收捕者，又以畏懦捐城委守者，皆不以為負，但取獲賊多少為殿最，唯蔽匿者乃罪之。於是更相追捕，賊並解散。徙其魁帥於它郡，賦田受稟，使安生業。自是牛馬放牧，邑門不閉。《後漢書・光武帝紀》

　　光武帝欲檢覈土地戶口，卻引起郡國大姓「攻劫在所，害殺長吏」，可見所謂「墾田多不以實」之原因乃在於這些豪強私自佔有了大片土地。而光武帝面對郡國大姓之群盜，竟不能出兵鎮壓，僅能「遣使者下郡國，聽群盜自相糾擿」，亦可見東漢初年政府對豪強之妥協。更有甚者，豪強兼併土地、隱匿戶口，政府亦非強力加以打擊，刺史太守甚至「優饒豪右，侵刻羸弱」，可

〔註3〕〔日〕池田溫於《中國古代籍帳制度研究》（台北：弘文館出版社，1985.11）中，考核了文獻以及敦煌居延漢簡、鄭里廩簿等資料，認為：「以整體而論，漢代戶口的掌握率，可以認為較之六朝隋唐時期為高，連同貲產登錄評價的普遍性實施加在一起，成為舊中國統治之基礎的戶籍掌握，已在前漢時代強有力的實現了。從前漢末期和王莽時代已降，制度的鬆弛毋寧成了問題，迨至後漢中期以後，衰落變質的現象，就更顯著起來了。」

見政府不論是意圖打擊郡國大姓，或是優饒豪右，其度田不實、戶籍檢覈不彰，受害者都是百姓。

　　光武帝雖然對豪族多番妥協，然而仍維持著一定社會控制力，對於豪強之打擊也有一定之成效〔註4〕。到了東漢中期，政府對於墾田、戶籍之控制力就更低了：

> （殤帝延平元年）（106）七月庚寅，敕司隸校尉、部刺史曰：「夫天降災戾，應政而至。間者郡國或有水災，妨害秋稼。朝廷惟咎，憂惶悼懼。而郡國欲獲豐穰虛飾之譽，遂覆蔽災害，多張墾田，不揣流亡，競增戶口，掩匿盜賊，令姦惡無懲，署用非次，選舉乖宜，貪苛慘毒，延及平民……」《後漢書・孝和孝殤帝紀》

　　漢代對於官吏之考課中，以戶口、墾田是否增加最為重要，因此地方官吏往往隱匿百姓流亡問題不報，同時又虛報戶口、田地，是以東漢政府之戶口名數，到了中後期有脫漏者，有虛報者，誤差之大，幾不可信。再加上漢代豪強常有隱匿流亡人口之事，政府雖對隱匿處以重罰，卻未必有實效〔註5〕，由新莽至東漢，隱匿逃亡似乎只有更加嚴重，乃至於殤帝時，「掩匿盜賊」已為明目張膽之事了。脫離戶籍者，雖本身即為犯法，但是在豪強的隱匿之下，這些隱匿人口越發不受政府控制。〔註6〕

　　推察隱匿人口之原因，由於漢代賦役制度以人身為主，比之田賦，漢民所付出之人頭稅與徭役多得多，不但名目眾多，稅額亦高。一般百姓若無力付出繁重之賦役，隱匿家中需賦稅之人口是極為自然之事。東漢之人口數量極難估算，其原因除了政府效能不彰之外，戶口隱匿成為普遍現象更是關鍵〔註7〕。這些無名數的隱匿人口，往往必須在政府每年案比算民〔註8〕時逃亡，由此亦

〔註4〕參見薩孟武《中國社會政治史（一）》（台北：三民書局，1998.10 增訂七版），頁 350；又高敏〈度田鬥爭與光武中興〉，收錄於《秦漢魏晉南北朝史論考》（北京：中國社會科學出版社，2004.07）。

〔註5〕《後漢書・梁統列傳》：「……武帝值中國隆盛，財力有餘，征伐遠方，軍役數興，豪桀犯禁，姦吏弄法，故重首匿之科，著知從之律，以破朋黨，以懲隱匿。」可見漢代有懲罰隱匿之罪，此隱匿除犯法逃亡者之外，應亦包括了隱匿流民。

〔註6〕漢律亡失已久，史籍多無記載，然而考古文獻卻適時的補足了這個部分，參考曹旅寧《張家山漢律研究》（北京：中華書局，2005.08）。

〔註7〕隱匿人口對於研究東漢人口之困難，可參見葛劍雄主編《中國人口史》（上海：復旦大學出版社，2002.12），第一卷：導論、先秦至南北朝時期，頁 399。

〔註8〕案比算民即政府統計名數之制度，本文將於第四章第二節略述之。

可見無名數與流民關係之密切。

然而「無名數」與「流民」雖然本質上頗爲類似，其所指稱還是有相當的差別的。《漢書》記載武帝時之流民：

> 元封四年（～107），關東流民二百萬口，無名數者四十萬，公卿議欲請徙流民於邊以適之。上以爲（石）慶老謹，不能與其議，乃賜丞相告歸，而案御史大夫以下議爲請者。慶慚不任職，上書曰：「臣幸得待罪丞相，疲駑無以輔治。城郭倉廩空虛，民多流亡，罪當伏斧質，上不忍致法。願歸丞相侯印，乞骸骨歸，避賢者路。」

> 上報曰：「間者，河水滔陸，泛濫十餘郡，隄防勤勞，弗能隄塞，朕甚憂之。是故巡方州，禮嵩嶽，通八神，以合宣房。濟淮江，歷山濱海，問百年民所疾苦。惟吏多私，徵求無已，去者便，居者擾，故爲流民法，以禁重賦……。」《漢書·萬石衛直周張傳》

此段之流民與無名數不但分而論之，其記載之口數亦不相同，〔註9〕可見至少西漢時此二者是有分別的，推論可能是漢政府案比名數之後發現有一百六十萬口脫籍流亡，相較於流民總數有兩百萬口，則尚有四十萬口是本無名數者。〔註10〕西漢時代雖亦有流民問題，卻沒有如東漢一樣將無名數列入賜爵對象，由此可知西漢時代對於名數掌握能力較強，對流民問題、無名數問題也因此較能有效控制。到了東漢，由於流民與無名數眾多，加上豪強居中作梗，政府無法確知戶籍之情況，其社會控制之方法便只能依賴賜爵這種消極的手段了。〔註11〕

對於政府而言，無名數與流民皆爲無法控制之無賦役人民，然而就經濟層面而言，部分爲了逃稅而成爲無名數之隱匿人口，雖於政府無戶口登記，

〔註9〕 元封四年之關東流民記載，《史記·萬石張叔列傳》作「關東流民二百萬口、無名數百四十萬」，與《漢書》「無名數者四十萬」異文。從西漢時代的狀況來看，若當時有無名數一百四十萬之多，則非但人口總數將膨脹至難以估計，與西漢時代戶口統計較爲確實的推論亦有抵觸，故此處之異文以《漢書》較爲合理，班固著《漢書》當依西漢之名籍簿校正《史記》之誤也。參見拙作〈漢代「無名數」、「流民」釋義〉，載於《第十五屆南區七校中文所研究生論文發表會論文集》（台南：國立成功大學中國文學研究所，2006.04.29）。

〔註10〕關於流民、無名數之區別以及元封四年此條資料之相關討論，參見拙作〈漢代「無名數」、「流民」釋義〉，載於《第十五屆南區七校中文所研究生論文發表會論文集》（台南：國立成功大學中國文學研究所，2006.04.29）。

〔註11〕關於兩漢之賜爵制度之演變，參見高敏〈論兩漢賜爵制度的歷史演變〉，收錄於《秦漢史論稿》（台北：五南出版社，2002.08）。

仍然停留在家鄉擁有一定之生產力。也就是說，不同於因戰亂、飢荒而遠離家鄉之流民，某些無名數除了逃避賦役之外，其實與一般安土重遷之百姓差不多。由於「名數」乃古代國家徵斂賦稅、調發力役、組織軍隊之措施，因此「無名數」乃一具有政治意義之名詞，流民之本質爲一社會問題，與政治問題固然關係密切，然而單純以「無名數」來定義流民，除略嫌不足之外，亦不能由此瞭解流民之意涵。

從流民之生成原因來看，其中有因天災而成流民者，如：

> 是時（明帝）州郡災旱，百姓窮荒，望行部，道見飢者，裸行草食，五百餘人，（王望）愍然哀之，因以便宜出所在布粟，給其稟糧，爲作褐衣。《後漢書·劉趙淳于江劉周趙列傳》

或因戰禍者，如：

> 明年（安帝永初五年）（111），安定、北地、上郡皆被羌寇，穀貴人流，不能自立。《後漢書·班梁列傳》

或因牛畜疾疫者，如：

> （章帝建初元年）（76）詔曰：「比年牛多疾疫，墾田減少，穀價頗貴，人以流亡。《後漢書·肅宗孝章帝紀》

吏治不佳雖未必在短時間內引起大規模之流民潮，然而因吏治敗壞而成流民者卻不在少數，《潛夫論·愛日》有云：「郡縣既加冤枉，州司不治，令破家活，遠詣公府。公府不能照察眞僞，則但欲罷之以久困之資⋯⋯」可見吏治對於百姓生計之影響。若有良吏，則流民問題可大爲抒解，如光武帝時期之循吏衛颯：

> 吏事往來，輒發民乘船，名曰「傳役」。每一吏出，傜及數家，百姓苦之。（衛）颯乃鑿山通道五百餘里，列亭傳，置郵驛。於是役省勞息，姦吏杜絕。流民稍還，漸成聚邑，使輸租賦，同之平民。《後漢書·循吏列傳》

由此可知吏治對於流民問題之影響。

以上諸例，雖然流民出現之原因皆不相同，但是其中有若干共同點。以經濟活動的角度而言，流民往往是因爲外力因素，無法維持原本正常的生活而形成。此外力因素來源不一，天災、戰禍、疾疫、惡吏等等都有可能，除直接影響之外，亦有可能間接使糧食價格飛漲，導致「穀貴人流」。百姓之經濟活動無法繼續，自然必須另外尋找出口，成爲流民是十分自然的選擇。

〔註12〕

以「經濟活動被破壞而離鄉背井」來定義流民，可以說是經濟層面的定義，相對於政治層面以「尚失戶籍之無名數」來定義，此一定義顯然更為符合流民的實況。然而流民問題當為一社會問題，而非經濟問題，以經濟之角度看待流民固無不可，某些層面卻不能顧及。以流民所造成之後果而言，《後漢書》記載較為明確者如盜賊：

> （桓帝）永興元年（153），河溢，漂害人庶數十萬戶，百姓荒饉，流移道路。冀州盜賊尤多，故擢（朱）穆為冀州刺史。《後漢書·朱樂何列傳》

又如與國家財政虛耗互為因果：

> （桓帝延熹六年）（163）（陳）蕃上疏諫曰：「……夫安平之時，尚宜有節，況當今之世，有三空之厄哉！田野空，朝廷空，倉庫空，是謂三空。加兵戎未戢，四方離散，是陛下焦心毀顏，坐以待旦之時也。豈宜揚旗曜武，騁心輿馬之觀乎！……今失其勸種之時，而令給驅禽除路之役，非賢聖恤民之意也……」《後漢書·陳王列傳》

> （桓帝延熹九年）（陳）蕃因上疏極諫曰：「又青、徐炎旱，五穀損傷，民物流遷，茹菽不足。而宮女積於房掖，國用盡於羅紈，外戚私門，貪財受賂，所謂『祿去公室，政在大夫』……」《後漢書·陳王列傳》

流民為求溫飽，落草為寇是最快速的方法，因此荒年多盜賊，與流民實一體之兩面。而政府賦稅收入之來源既成流民，國庫之支出又要鎮壓盜賊，又要撫卹流民，入不敷出的結果便造成「三空之厄」〔註13〕。而流民既然無法依賴政府，只好多依附豪強，更使得豪強勢力變本加厲，形成一種惡性循環。流民是不穩定的、流動的、多數時候具有破壞性的組成份子，流民的出現代表政府控制力量之不足，尤其災荒、戰亂、或出現疾疫時，政府對於社會的控制力量一旦減弱，大批的流民潮便會出現，嚴重者便會激起大規模的盜賊作亂。由此看來，流民問題可說是社會崩潰前的警訊。〔註14〕

〔註12〕由於流民必須尋找經濟生活的重建，而農業等本業又極為脆弱，因此東漢末業畸形發展與流民尋覓出口有莫大關係，第五章將再詳述。

〔註13〕《後漢書·陳王列傳》：「（桓帝延熹六年）（163）（陳）蕃上疏諫曰：『……況當今之世，有三空之厄哉！田野空，朝廷空，倉庫空，是謂三空。加兵戎未戢，四方離散，是陛下焦心毀顏，坐以待旦之時也……』」。

〔註14〕流民所具有的不穩定、流動、破壞性的特質，可以用金觀濤、劉青峰所論之

綜合以上針對不同角度對流民做出更加精確的定義，則流民之意涵可以分為三個層次：

1、政治上，流民為脫離政府控制之人口（無名數），是既不能負擔國家收入，還另外需要政府安撫賑濟的對象。

2、經濟上，流民為受外力因素（天災、人禍、疾疫等），無法從事正常之經濟生產活動者。

3、社會結構上，流民為一流動的，不穩定的，甚至具有破壞性的組成份子。

有了對於流民較為明確的定義，部分與流民類似之情況便可以作一釐清了。如前述之「無名數」，若因天災人禍而遠離家鄉，故當在本文流民的討論範圍之內；然若只是單純地逃避賦役，其實際上仍在本鄉成為豪強地主隱匿戶口之佃農，這些無名數在經濟上依舊從事原有之正常生產活動，社會結構上亦非流動不穩定之組成份子，此「無名數」就不在流民的範圍之內。

除此之外，許多看似非流民的社會組成，其本質卻與流民無異。如亡命：

> （光武帝建武）七年春正月丙申，詔中都官、三輔、郡、國出繫囚，非犯殊死，皆一切勿案其罪。見徒免為庶人。耐罪亡命，吏以文除之。《後漢書·光武帝紀》

李賢注云：

> 耐，輕刑之名。前書音義曰：「一歲刑為罰作，二歲刑已上為耐。」耐音乃代反。亡命謂犯耐罪而背名逃者。今吏為文簿，記其姓名而除其罪，恐遂逃不歸，因失名籍。

可見亡命若無「除其罪」，「遂逃不歸，因失名籍」，則亦為無名數，如此亡命既無法於家鄉從事經濟生產，而犯罪逃亡亦為社會之不穩定份子，雖然與因飢荒而群起流移就食之流民不同，然亡命實質上亦為流民之一份子。

另外，還有徙民所造成的流民，兩漢常見的徙民，可分為兩種不同情況，

「無組織力量」來表示。其代表著一種對於原本穩定結構的破壞性：「我們將某種社會結構在維繫自身穩定的調節過程中，所釋放出來的對原結構有瓦解作用，其本身又不代表新組織的那種力量，稱為無組織力量。」金觀濤、劉青峯雖未單獨討論流民問題，將本文所數之流民問題鑲入其論述體系中卻十分吻合。參金觀濤、劉青峯《興盛與危機——論中國社會超穩定結構》（台北：風雲時代出版社，2000.04 初版二刷）。

一種是徙富豪，此種以秦、西漢爲多，如：

> （昭帝始元三年）（～84）秋，募民徙雲陵，賜錢田宅。……（四年春）徙三輔富人雲陵，賜錢，戶十萬。《漢書·昭帝紀》

此種徙民在於充實新設內地郡縣。徙富人較無經濟上之困難，亦無因被徙而成爲流民之問題，富人反因此處在政府的監控之下，故徙富豪與流民無關。然而另外一種徙民便不同了，此種徙民爲徙邊區，或由內地而往邊區，或由邊區而往內地。兩漢之間，徙民邊區的事例不少，以下舉東漢爲例：

> （明帝永平八年）（65）詔三公募郡國中都官死罪繫囚，減罪一等，勿笞，詣度遼將軍營，屯朔方、五原之邊縣；妻子自隨，便占著邊縣；父母同產欲相代者，恣聽之。《後漢書·顯宗孝明帝紀》

> （章帝建初七年）（82）詔天下繫囚減死一等，勿笞，詣邊戍；妻子自隨，占著所在；父母同產欲相從者，恣聽之；有不到者，皆以乏軍興論。《後漢書·肅宗孝章帝紀》

> （安帝延光二年）（123）詔郡國中都官死罪繫囚減罪一等，詣敦煌、隴西及度遼營《後漢書·孝安帝紀》

徙邊區者幾乎皆爲罪犯，此種徙民極容易於途中逃亡，則其與亡命無差。另外，徙邊民於內地，或令以徙內地之邊民回歸舊地者，如安帝時期有兩度徙邊民入內，永初五年（111）：

> （安帝永初五年）（111）羌既轉盛，而二千石、令、長多內郡人，並無守戰意，皆爭上徙郡縣以避寇難。朝廷從之，遂移隴西徙襄武，安定徙美陽，北地徙池陽，上郡徙衙。百姓戀土，不樂去舊，遂乃刈其禾稼，發徹室屋，夷營壁，破積聚。《後漢書·西羌傳》

順帝永建四年（129）又遷回：

> （永建）（129）四年，尚書僕射虞詡上疏曰：『……』書奏，帝乃復三郡。使謁者郭璜督促徙者，各歸舊縣，繕城郭，置候驛。《後漢書·西羌傳》

隨後順帝永和六年（140）又遷入內：

> （順帝永和五年）（140）夏，且凍、傅難種羌等遂反叛，……（六年）秋，諸種八九千騎寇武威，涼部震恐。於是復徙安定居扶風，北地居馮翊。《後漢書·西羌傳》

三十年間，前後數遷，然而「百姓戀土，不樂去舊」，強迫爲之的結果是

造成了大量之無名數以及流民。此種遷徙使得邊地一帶處處流民，王符之《潛夫論》對於這種遷徙嚴厲批判：

> 民之於徙，甚於伏法。伏法不過家一人死爾。諸亡失財貨，奪土遠移，不習風俗，不便水土，類多滅門，少能還者。……民既奪土失業，又遭蝗旱飢匱，逐道東走，流離分散，幽、冀、兗、豫，荊、揚、蜀、漢，飢餓死亡，復失太半。邊地遂以丘荒，至今無人。《潛夫論·實邊》

由此可見徙民所造成之流民潮有多可觀，這些流動中的人口，東漢政府對其控制力極爲薄弱，徙民的流民問題與西漢相比顯得更爲嚴重：西漢徙民邊區是爲了消化內地流民，而東漢徙民卻是製造邊區流民；另一方面，西漢之徙民有助於政府對邊地的強力控制，而東漢正好相反，徙民往往肇因於政府的棄邊之議。由此可知東漢的徙民政策與流民之密切關係。〔註15〕

除徙華夏漢民之外，外族進入華夏之後對於漢民族所產生的衝擊，可能與流民無異。首先就政治控制層面來說，進入華夏地界之外族，極難將之納入戶籍體系，而外族一旦受到欺壓，往往群起抵抗或逃出塞外，以羌族爲例：

> ……（章帝建初）（77）二年夏，迷吾遂與諸眾聚兵，欲叛出塞。《後漢書·西羌傳》

> ……（元和三年）（86）傅育不欲失信伐之，乃募人鬥諸羌胡，羌胡不肯，遂復叛出塞，更依迷吾。《後漢書·西羌傳》

羌族與漢族因生活習慣大不相同，因此雜居便頗多紛爭，此亦爲羌人屢次爲患之原因：

> 建武九年（33），隗囂死，司徒掾班彪上言：「今涼州部皆有降羌，羌胡被髮左衽，而與漢人雜處，習俗既異，言語不通，數爲小吏黠人所見侵奪，窮恚無聊，故致反叛。夫蠻夷寇亂，皆爲此也……」《後漢書·西羌傳》

除此之外，羌族之經濟活動爲山牧季移，屬半農半游牧的經濟型態，此與固定於一處實行農業爲主、畜牧爲輔之漢人完全不同。而游牧之型態亦使

〔註15〕西漢時代徙民於邊，舉例如《後漢書·武帝紀》：「（武帝元狩）四年冬，有司言關東貧民徙隴西、北地、西河、上郡、會稽凡七十二萬五千口，縣官衣食振業，用度不足，請收銀錫造白金及皮幣以足用。」關於兩漢徙民之情況與影響，可參見葛劍雄主編《中國移民史》（福州：福建人民出版社，1997.07），第一卷、第二卷。

得政府無法將其與編戶齊民一同管理：

> 所居無常，依隨水草。地少五穀，以產牧為業。其俗氏族無定，或
> 以父名母姓為種號。十二世後，相與婚姻，父沒則妻後母，兄亡則
> 納釐嫂，故國無鰥寡，種類繁熾。不立君臣，無相長一，強則分種
> 為酋豪，弱則為人附落，更相抄暴，以力為雄。殺人償死，無它禁
> 令。《後漢書·西羌傳》

這種生活習慣一旦進入漢人生活圈，難免「習俗既異，言語不通」，而地
方官吏更加之歧視與打壓，漢羌衝突於是縣縣不絕。

從方才所定義的流民意義來看羌族，其游牧生活之型態使其居無定所，
故無戶籍可言；從經濟的角度來說，羌族山牧季移的經濟型態與漢族之農牧
業大不相同，而游牧民族進入原本以農業為主的關中地區，則勢必與漢人爭
奪農地的使用方式，對於定居的漢族農牧業而言，游牧顯然是不正常的經濟
活動；而羌漢之間的衝突，甚至游牧民族常見的以搶奪作為生計之一的作法，
更是社會上隨時可能爆發的不穩定因子〔註16〕。從《後漢書·西羌傳》及其
他傳記的相關記載來看，若撇開種族問題不談，東漢時期開始由涼州大批進
入關中地區的羌人，其本質上實與漢人之流民無異。

除了羌族之外，東漢時代的匈奴亦有類似的狀況。但由於匈奴原本擁有
政治組織，為較為特殊的游牧民族，在南下入塞之後，中央政府較有集中管
理之可能，且匈奴文化較高，漢化程度較快，因此東漢時代匈奴所產生之社
會問題遠不若羌族問題來的嚴重：

> 前漢末，匈奴大亂，五單于爭立，而呼韓邪單于失其國，攜率部落，
> 入臣於漢。漢嘉其意，割并州北界以安之。於是匈奴五千餘落入居
> 朔方諸郡，與漢人雜處。呼韓邪感漢恩，來朝，漢因留之，賜其邸
> 舍，猶因本號，聽稱單于，歲給綿絹錢穀，有如列侯。子孫傳襲，
> 歷代不絕。其部落隨所居郡縣，使宰牧之，與編户大同，而不輸貢
> 賦。多歷年所，户口漸滋，彌漫北朔，轉難禁制。後漢末，天下騷
> 動，群臣競言胡人猥多，懼必為寇，宜先為其防。《晉書·四夷列傳·
> 北狄匈奴傳》

〔註16〕關於古代羌族游牧之生活形態，社會結構等資料，參見王明珂《華夏邊緣
　　　 ——歷史記憶與族群認同》（台北，允晨文化，2001.5 初版三刷），第四章、
　　　 第八章。

　　從「與編戶大同，而不輸貢賦」來看，可知匈奴比之羌族，在「與漢人雜處」之適應上來的比較快。然亦可知其雖入居中國許久，卻始終沒有被納入中國之戶籍制度，加上東漢時期匈奴仍保持游牧習慣，一旦天下騷動，政府控制力減弱，依舊會造成社會問題。東漢時期匈奴反叛之事常有，隨手舉例如：

　　（順帝永和）（140）五年夏，南匈奴左部句龍王吾斯、車紐等背畔，率三千餘騎寇西河，因復招誘右賢王，合七八千騎圍美稷，殺朔方、代郡長史。

　　（順帝）漢安元年秋（142），吾斯與莫羅臺耆、且渠伯德等復掠并部

　　（桓帝）延熹元年（158），南單于諸部並畔，遂與烏桓、鮮卑寇緣邊九郡，以張奐為北中郎將討之，單于諸部悉降。

　　靈帝崩（189），天下大亂，單于將數千騎與白波賊合兵寇河內諸郡。

　　時民皆保聚，鈔掠無利，而兵遂挫傷。《後漢書・南匈奴列傳》

　　而匈奴之政治組織在東漢時代逐漸衰微〔註17〕，使匈奴單于亦無力維繫其部眾之行為。東漢政府對於匈奴雖較為熟悉，卻往往不能阻止其反覆反叛，著名的蔡琰故事即為如此〔註18〕。再加上游牧經濟使然，則匈奴與羌族一樣，雖名為外患問題，實際上與流民無異。〔註19〕

　　漢朝境內外族之為流民，非特由境外移入境內之異族而已，原本居於中國境內的非農耕社會族群，也同樣可稱之為流民，清代王夫之《讀通鑑論》云：

　　流民之名，自晉李特始。春秋所書戎狄，皆非塞外荒遠控弦食肉之族也，及所據橫亙交午於中國之谿山林谷，遷徙無恆，後世為流民、為山寇、皆是也。……其後以郡縣圍繞，羈縻而附之版圖之餘。而人於餘地，無以居之；地餘於人，因而不治，遂以不務耕桑，無有

〔註17〕匈奴政治組織之衰亡可參見謝劍〈匈奴政治制度的研究〉，《中央研究院歷史語言研究所集刊》第四十本，下冊。

〔註18〕《後漢書・列女傳》：「興平中，天下喪亂，（蔡）文姬為胡騎所獲，沒於南匈奴左賢王，在胡中十二年……」參見拙作〈悲憤詩史事考〉，《中山大學研究生學術論文集》第四期，2006.06。

〔註19〕匈奴游牧經濟中，本有以掠奪作為生計基礎此項，見王明珂〈匈奴的游牧經濟：兼論游牧經濟與游牧社會政治組織的關係〉，《中央研究院歷史語言研究所集刊》第六十四本，第一分，1993.3。

定業而爲流民，相沿數千年而不息。〔註20〕

王夫之亦將戎狄等非農耕民族視爲流民，由此可知不論是本生存於華夏境內之戎狄，或由境外徙入華夏之諸胡者，這些存在於漢朝社會的境內外族，由於不受政府控制，經濟型態與社會風俗又與漢人生活大異，實際上皆可視之爲流民。

綜合以上所云，流民除因天災人禍流亡他鄉之流民之外，尚可包括亡命者、進入關中、華北之外族，或本存在於中國境內的蠻夷等等，至於流民轉變成爲僱傭、徒附、或於進入城市從事末業等等，將於此後幾章分別討論之。

第二節　東漢流民之分佈

流民爲不受控制之人民，而東漢時代距今已遠，史料之記載又十分簡略，因此精確地掌握東漢流民之分佈是不可能的。儘管如此，《後漢書》及其他史籍仍提供了不少關於流民之相關線索，這些線索雖然不能精確的計算東漢流民之分佈，但是粗略的依時間以及區域分析還是可行的。

在討論王符《潛夫論》所反映之流民問題之前，勢必要先瞭解王符所見之東漢情勢爲何時何地，而論述王符所見之東漢情勢爲何時何地之前，又必須先勾勒出東漢流民之整體大概，方能由大而小的抓出其中範圍。以下粗略的爲東漢流民之分佈，作時間上以及區域上的分類。

一、東漢流民分期

從上一節之論述可知，流民出現的頻率標示出了政府控制力的強弱、一般平民之貧富、以及社會的安定程度。流民湧現雖不能完全責之於政府，然而政府之施政及行政效率，卻是流民問題能否即時解決或提早預防的最大因素，因此政府之強弱與否，亦可作爲流民問題嚴重與否之參照。

由東漢諸帝政治上之分野討論東漢之流民問題，可將東漢之流民大略分爲四個階段：

1、兩漢之際至光武帝初年

東漢光武帝雖建號於公元 25 年，即建武元年，然而當時正值新莽王朝結

〔註20〕〔清〕王夫之《讀通鑑論‧晉惠帝三》（北京：中華書局，1975.07），中冊，頁 315。

束，群雄紛起，天下大亂之際。天下既多戰亂，加上王莽對外政策失策，匈奴等外患於北疆虎視眈眈，時而南下劫掠，因此流亡無數。隗囂於公元 23 年兩漢之際時，起兵於西北，痛指王莽之亂政曰：

> 移檄告郡國曰：「……既亂諸夏，狂心益悖，北攻強胡，南擾勁越，西侵羌戎，東摘濊貊。使四境之外，並入爲害，緣邊之郡，江海之瀕，滌地無類。故攻戰之所敗，苛法之所陷，飢饉之所夭，疾疫之所及，以萬萬計。其死者則露屍不掩，生者則奔亡流散，幼孤婦女，流離係虜。此其逆人之大罪也。」《後漢書‧隗囂公孫述列傳》

此雖爲檄文，然考之史籍，其所指多爲事實，「死者則露屍不掩，生者則奔亡流散，幼孤婦女，流離係虜」等等情況，雖未必爲皆爲王莽所害，但是兵禍所造成之流民慘況卻描述的相當眞實。此時類似之流民記載又如：

> （更始二年）（24）（馮）衍因以計說（鮑）永曰：「……眾彊之黨，橫擊於外，百僚之臣，貪殘於內，元元無聊，飢寒並臻，父子流亡，夫婦離散，廬落丘墟，田疇蕪穢，疾疫大興，災異蜂起。於是江湖之上，海岱之濱，風騰波涌，更相駘藉，四垂之人，肝腦塗地，死亡之數，不啻太半，殃咎之毒，痛入骨髓，匹夫僮婦，咸懷怨怒。……」
>
> 《後漢書‧桓譚馮衍列傳》

此兩筆資料皆未言及地區，此時流民之現象或許爲全國性的。再者，由於天下大亂，各地豪強多擁兵割據，未能得到豪族保護之流民，只好轉變成爲盜賊，因此無名盜賊紛起：

> 王莽末年，天下大旱，蝗蟲蔽天，盜賊群起，四方潰畔。《東觀漢記》
> 〔註21〕

> （建武四年）（28）乃命弇與建義大將軍朱祐、漢忠將軍王常等擊望都、故安西山賊十餘營，皆破之。《後漢書‧耿弇列傳》

> （建武）四年（28），詔（耿）純將兵擊更始東平太守范荊，荊降。進擊太山濟南及平原賊，皆平之。《後漢書‧任李萬邳劉耿列傳》

> （建武）八年（32），潁川桑中盜賊群起，（張）宗將兵擊定之。後青、冀盜賊屯聚山澤，宗以謁者督諸郡兵討平之。十六年（40），琅邪、北海盜賊復起，宗督二郡兵討之，乃設方略，明購賞，皆悉破散，

────────

〔註21〕見《後漢書‧宗室四王三侯列傳》注引。

於是沛、楚、東海、臨淮群賊懼其威武，相捕斬者數千人，青、徐震慄。《後漢書·張法滕馮度楊列傳》

匈奴等外患又伺機入寇：

光武初，烏桓與匈奴連兵為寇，代郡以東尤被其害。居止近塞，朝發穹廬，暮至城郭，五郡民庶，家受其辜，至於郡縣損壞，百姓流亡。《後漢書·烏桓鮮卑列傳》

匈奴入河東，中國未安，米穀荒貴，民或流散。《後漢書志·天文志上》

這種戰亂所造成的流民現象，雖然隨著光武帝剪除群雄而逐漸好轉，然而要等到建武九年（33）滅隗囂、建武十一年冬（35）滅公孫述之後，天下復歸於一統，中國內部的戰亂真正才告一段落，東漢政府方能全力賑濟流民。

因此，東漢從光武帝建號之後，仍然延續了新莽末年之動亂長達十餘年之久，這段時間裡的流民問題，雖隨著光武帝控制範圍變大而能得到局部性的解決，但大抵上仍然是十分嚴重的。

2、光武帝中後期、明帝、章帝時期

東漢自從天下復歸於一統之後，流民問題便得到極大的緩和，光武帝建武十三年（37）之後，幾乎沒有因戰亂而產生之流民潮。少數幾個見於史籍的流民問題，亦能得到適當的解決：

吏事往來，輒發民乘船，名曰「傳役」。每一吏出，傜及數家，百姓苦之。（衛）颯乃鑿山通道五百餘里，列亭傳，置郵驛。於是役省勞息，姦吏杜絕。流民稍還，漸成聚邑，使輸租賦，同之平民。《後漢書·循吏列傳》

此時東漢的官僚體系尚稱清明，多能撫卹流亡，安定社會，就算是遇上了水旱災荒，產生的地區性流民問題亦能得到處理：

是時（明帝）州郡災旱，百姓窮荒，望行部，道見飢者，裸行草食，五百餘人，（王望）愍然哀之，因以便宜出所在布粟，給其稟糧，為作襦衣。《後漢書·劉趙淳于江劉周趙列傳》

在政府大力安頓百姓生活，改善流民問題的這個階段，較為值得注意的是建初年間牛疫所引發的流民問題：

建初元年（76）春正月，詔三州郡國：「方春東作，恐人稍受稟，往來煩劇，或妨耕農。其各實覈尤貧者，計所貸并與之。流人欲歸本

者，郡縣其實稟，令足還到，聽過止官亭，無雇舍宿。長吏親躬，
無使貧弱遺脫，小吏豪右得容姦妄。詔書既下，勿得稽留，刺史明
加督察尤無狀者。」

（建初元年）（76）丙寅，詔曰：「比年牛多疾疫，墾田減少，穀價頗貴，
人以流亡。方春東作，宜及時務。……」

（建初四年）（79）冬，牛大疫。《後漢書・肅宗孝章帝紀》

比較兩次關於牛疫的記載，中央政府既然注意到了牛疫與流民之關係，
雖一時無法解決牛隻病死的問題，對於流亡問題則相對的較有經驗，「詔三州
郡國」之詔書針對流民、貧農的諸般措施，應該就是針對牛疫所引發之問題
而來的。從建初四年一樣發生牛疫卻無其他流民之相關記載來看，建初四年
的牛疫可能沒有再度發生嚴重的流亡問題了。

無論如何，牛疫影響生產力，造成穀價上揚，農民生活困難，並進而影
響整體國家財政，卻是不爭的事實。章帝元和年間下詔：

（元和元年）（84）二月甲戌，詔曰：「王者八政，以食為本，故古者急
耕稼之業，致耒耜之勤，節用儲蓄，以備凶災，是以歲雖不登而人
無飢色。自牛疫已來，穀食連少，良由吏教未至，刺史、二千石不
以為負。其令郡國募人無田欲徙它界就肥饒者，恣聽之。到在所，
賜給公田，為雇耕傭，賃種餉，貰與田器，勿收租五歲，除筭三年。
其後欲還本鄉者，勿禁。」《後漢書・肅宗孝章帝紀》

章帝時期對於牛疫以及農民生活之觀念以及措施都是十分正確的，章帝
時東漢地方政府尚有效率，因此對於流民之控制頗有成效。然而由「令郡國
募人無田欲徙它界就肥饒者，恣聽之」來看，當時應有零星之流民主動前往
寬鄉重新開始生活。由於漢代原則上禁止百姓自由遷徙，章帝此詔等於承認
這些流民遷徙之合法性，同時又加之不少遷徙上的優惠。故此政策不但能夠
抒解牛疫地區農業生產力不足的狀況，同時能夠增加農地開墾，解決流民、
飢民問題，可見章帝政府對於一般平民百姓生活頗為瞭解，故能針對問題做
出反應。

除了牛疫以及少數因災荒所造成的流民之外，光武帝平天下之後，歷經
明帝、章帝三朝的努力，整體而言社會是相當安定的。而東漢政府對於農事
的關注，水利的建設，更帶來了明帝時期幾次的豐年。〔註22〕由於社會安定，

〔註22〕明帝永平九年至十二年為歷史有載大豐收的幾年，〈顯宗孝明帝紀〉記載了

加上政府鼓勵生育，明章兩帝在位時可考的人口數竟足足成長了一倍之多：

附表二：光武、明、章三帝時期戶口統計表〔註23〕

皇帝／年度	公元	戶 數	戶數成長比	口 數	口數成長比
光武帝中元二年	57	4,279,634	100.00%	21,007,820	100.00%
明帝永平十八年	75	5,860,573	136.94%	34,125,021	162.44%
章帝章和二年	88	7,456,784	174.24%	43,356,367	206.38%

　　三十年間戶口倍增，應不只是單純的人口增長，其中應該有半數以上是來自於流民重新登記戶籍。從戶口上來看，兩漢之際因戰亂所產生的大量流民，在明章之治時明顯地得到抒解，而政府措施之成效，亦在掌握名數一事上表現出來。

3、和帝、安帝、順帝時期

　　和帝在位的時候，東漢社會由盛轉衰。雖然此時對外征伐屢屢獲勝，對內亦延續明章時期安定社會之政策，然而《後漢書》記載流民之次數與範圍卻明顯多於前朝，尤其和帝永元十年（98）之後，流民現象更轉為嚴重：

〔註23〕　永平九年：「是歲，大有年。」；永平十年：「夏四月戊子，詔曰：『昔歲五穀登衍，今茲蠶麥善收，其大赦天下。方盛夏長養之時，蕩滌宿惡，以報農功。百姓勉務桑稼，以備災害。吏敬厥職，無令怨懟。』」；永平十二年：「是歲，天下安平，人無徭役，歲比登稔，百姓殷富，粟斛三十，牛羊被野。」從明帝之勤政推論，此三年之豐年當非歌功頌德之語。另外，水利之建設也為百姓之生活提供了更大的保障，永平十三年王景治黃河「脩渠築隄，自滎陽東至千乘海口千餘里」，此後黃河長期安流，也為百姓之生活提供了不少保障與助益。王景治河事見《後漢書·循吏列傳》。至於黃河安流之根本原因，歷來皆歸功於王景，然而，亦有論其未必與王景之水利工程有關者，參見譚其驤〈何以黃河在東漢以後會出現一個長期安流的局面〉，收錄於葛劍雄、華林甫主編之《歷史地理研究》（武漢：湖北教育出版社，2004.01），頁138。見梁方仲《中國歷代戶口、田地、田賦統計》（上海：上海人民出版社，1980.08）頁20～21。東漢時期之戶籍數字問題重重，頗多矛盾之處，此處引三斷代之數字為較無問題者，相關之史料見《後漢書志》〈郡國志一〉劉昭注引《帝王世記》、〈郡國志五〉劉昭注引伏無忌所記，其他晚出之戶口數字當沿襲自此，如《通典·食貨七》、《通志·食貨略》、《東漢會要》、《文獻通考》等。本表依梁方仲整理之數字引。關於東漢戶口數字之問題，可參見高敏〈關於東漢戶口總數之謎〉，收錄於《秦漢史論集》（台北：五南出版社，2002.08 台灣初版），頁422；馮承基〈伏無忌所記東漢戶口數字之檢討〉，《大陸雜誌》第27卷2期，1963，頁43。勞榦〈兩漢戶籍與地理之關係〉，收錄於《勞榦學術論文集甲編》（台北：藝文印書館，1976.10 初版），上冊，頁1。

（永元十二年）（100）詔貸被災諸郡民種糧。賜下貧、鰥、寡、孤、獨、
不能自存者，及郡國流民，聽入陂池漁采，以助蔬食。

（永元十二年）（100）三月丙申，詔曰：「比年不登，百姓虛匱。京師
去冬無宿雪，今春無澍雨，黎民流離，困於道路。

（永元十四年）（102）賑貸張掖、居延、敦煌、五原、漢陽、會稽流民
下貧穀，各有差。

（永元十五年）（103）詔流民欲還歸本而無糧食者，過所實稟之，疾病
加致醫藥；其不欲還歸者，勿強。《後漢書・孝和孝殤帝紀》

　　從永元十四年（102）之賑貸之範圍來看，此時流民不但包括了北邊之張
掖、居延、敦煌、五原，西北之漢陽，還包括了東南方之會稽，加上永元十
二年（100）京師「黎民流離，困於道路。」足見流民問題擴及全中國了。以
政策面來看，和帝時期與明章時期一樣，皆能視流民之情況給予賑貸或種糧、
醫藥等良政，但是殤帝時之記載則暴露出了此時期中央政府的無力：

（殤帝延平元年）（106）秋七月庚寅，敕司隸校尉、部刺史曰：「夫天降
災戾，應政而至。閒者郡國或有水災，妨害秋稼。朝廷惟咎，憂惶
悼懼。而郡國欲獲豐穰虛飾之譽，遂覆蔽災害，多張墾田，不揣流
亡，競增戶口，掩匿盜賊，令姦惡無懲，署用非次，選舉乖宜，貪
苛慘毒，延及平民。刺史垂頭塞耳，阿私下比，『不畏于天，不愧于
人』。假貸之恩，不可數恃，自今以後，將糾其罰。二千石長吏其各
實覈所傷害，為除田租、芻稿。」《後漢書・孝和孝殤帝紀》

　　殤帝在位不足一年，由此段記載可知地方官吏之失職，從和帝時期便已
經開始了。然而和帝時期儘管天災不斷，政府效能低落，但竇憲伐北匈奴大
獲全勝，此時期無外患之侵擾，邊疆堪稱安定，內政腐敗並未造成巨大的危
害。安帝時期不然，永初年間爆發了極為嚴重的羌患，加上處理不當，使羌
患緜緜不絕：

（永初二年）（108）會羌虜飆起，邊方擾亂，米穀踊貴，自關以西，道
殣相望。《後漢書・馬融列傳》

（永初五年）（111）安定、北地、上郡皆被羌寇，穀貴人流，不能自立。
《後漢書・班梁列傳》

　　羌患加上天災、蝗災等，東漢王朝因此陷入了內憂外患之中：

（永初五年）（111）羌既轉盛，而二千石、令、長多內郡人，並無守戰
意，皆爭上徙郡縣以避寇難。朝廷從之，遂移隴西徙襄武，安定徙
美陽，北地徙池陽，上郡徙衙。百姓戀土，不樂去舊，遂乃刈其禾
稼，發徹室屋，夷營壁，破積聚。時連旱蝗飢荒，而驅蹙劫略，流
離分散，隨道死亡，或棄捐老弱，或爲人僕妾，喪其太半。《後漢書·
西羌傳》

（永初二年）（108）時遭元二之災，人士荒飢，死者相望，盜賊群起，
四夷侵畔。《後漢書·鄧寇列傳》

東漢政府本欲將羌民徙入內地就近監視，並作爲以夷制夷之胡兵的來
源，沒想到弄巧成拙，羌民受不了漢人過度的徵調力役、軍役，因而群起反
叛。朝廷既不能安內，更無法攘外，而羌患在內地爲禍，製造了更多的流民
問題。盜賊使一般百姓被迫流亡，而流民因飢寒之故，又不得不聚結爲盜，
流民與盜賊更陷入了惡性循環之中。

到了順帝時期，情況更加惡化，羌民時叛時降，政府顧此失彼，連軍隊
都失去控制：

自永和羌叛，至乎是歲，十餘年閒，費用八十餘億。諸將多斷盜牢
稟，私自潤入，皆以珍寶貨略左右，上下放縱，不恤軍事，士卒不
得其死者，白骨相望於野。《後漢書·西羌傳》

此時東漢政府已經無力對流民實行有效的賑濟撫卹了，因此不僅僅是西
邊亂事不絕，其他地區亦流亡不絕：

（順帝永建六年）（131）詔曰：「連年災潦，冀部尤甚。比蠲除實傷，瞻
恤窮匱，而百姓猶有棄業，流亡不絕。疑郡縣用心息惰，恩澤不宣。
易美『損上益下』，書稱『安民則惠』。其令冀部勿收今年田租、芻
稿。」《後漢書·孝順孝沖孝質帝紀》

昔永和之末，綱紀少弛，頗失人望。四五歲耳，而財空戶散，下有
離心。馬免之徒乘敝而起，荊揚之閒幾成大患。《後漢書·朱樂何列傳》

由和帝時政府控制力急速衰退，乃至於安、順時期包括邊患等各種亂事
的爆發，流民問題遂遍佈全國，已達難以收拾的地步。

4、桓帝、靈帝、獻帝時期

安帝以來流民問題日趨嚴重，由於政府無力賑濟，各地盜賊於是風起雲

湧：

> （桓帝永興元年）（153）郡國三十二蝗。河水溢。百姓飢窮，流冗道路，
> 至有數十萬戶，冀州尤甚。《後漢書‧孝桓帝紀紀》

> 永興元年（153），河溢，漂害人庶數十萬戶，百姓荒饉，流移道路。
> 冀州盜賊尤多，故擢（朱）穆爲冀州刺史。《後漢書‧朱樂何列傳》

後漢書此二記載爲同一事，更是流民轉變爲盜賊的佐證。桓帝時，流民問題與盜賊問題，再加上邊疆之戰亂，拖垮了整個東漢的生產能力，因此有所謂「三空之厄」：

> （桓帝延熹六年）（163）（陳）蕃上疏諫曰：「……況當今之世，有三空之
> 厄哉！田野空，朝廷空，倉庫空，是謂三空。加兵戎未戢，四方離
> 散，是陛下焦心毀顏，坐以待旦之時也……」《後漢書‧陳王列傳》

百姓無法自處，政府無力賑濟，此時若有良吏能撫盜賊賑流亡，流民往往群起歸附：

> （永興二年）（154）時太山賊公孫舉僞號歷年，守令不能破散，多爲坐
> 法。尚書選三府掾能理劇者，乃以（韓）韶爲嬴長。賊聞其賢，相戒
> 不入嬴境。餘縣多被寇盜，廢耕桑，其流入縣界求索衣糧者甚眾。
> 韶愍其飢困，乃開倉賑之，所稟贍萬餘戶。主者爭謂不可。韶曰：「長
> 活溝壑之人，而以此伏罪，含笑入地矣。」太守素知韶名德，竟無
> 所坐。《後漢書‧荀韓鍾陳列傳》

> 是時徐兗二州盜賊群輩，高密在二州之郊，（第五）種乃大儲糧蓄，
> 勤屬吏士，賊聞皆憚之，桴鼓不鳴，流民歸者，歲中至數千家。《後
> 漢書‧第五鍾離宋寒列傳》

從以上兩條資料可以得知，其一：盜賊與流民實一線之隔，是以「寇盜」多引起「飢困」，且「其流入縣界求索衣糧者甚眾」，流民的「求索」很容易便轉爲盜賊，此時若有能安撫盜賊的良吏，便會吸引大量的流民前往歸附；其二：賑濟盜賊在漢代是違法的，因此韓韶可能「以此伏罪」，由此可見政府對於盜賊之流民本質認識不清，更拿不出眞正有效的處理方式；其三：韓韶一小小「嬴長」〔註24〕，竟能「所稟贍萬餘戶」，幾乎可以爲一郡之總人口，足見亂世之中，流民歸附於豪強之情況。

〔註24〕李賢注云：「嬴，縣」。

靈帝之後，由於大批流民長期無法消化，因此招致張角聚眾反叛，成為天下震動之黃巾之亂：

> 初，鉅鹿張角自稱「大賢良師」，奉事黃老道，畜養弟子，跪拜首過，符水咒說以療病，病者頗愈，百姓信向之。角因遣弟子八人使於四方，以善道教化天下，轉相誑惑。十餘年閒，眾徒數十萬，連結郡國，自青、徐、幽、冀、荊、楊、兗、豫八州之人，莫不畢應。遂置三十六方。方猶將軍號也。……中平元年（184），大方馬元義等先收荊、楊數萬人，期會發於鄴。……所在燔燒官府，劫略聚邑，州郡失據，長吏多逃亡。旬日之間，天下嚮應，京師震動。《後漢書·皇甫嵩朱儁列傳》

由於流民遍佈全國，黃巾黨人除了原「十餘年閒，眾徒數十萬」之外，於發動前夕尚可輕易的「收荊、楊數萬人」，可見流民為數之眾。起事之後，各地流民、盜賊紛紛響應，亦以黃巾為號，大者二三萬，小者不減數千，爾後張角等主力雖迅速被滅，但這些小股的盜賊蔓延開來，「後遂彌漫，不可復數」〔註25〕，直到東漢滅亡。

由於黃巾之亂與流民關係密切，因此張角等人雖死，若流民問題不能解決，則以黃巾自號之盜賊便不能平定。當時有識之士早在張角起事之前就有觀察到這一點，而提早提出保護流民之建言：

> 先是黃巾帥張角等執左道，稱大賢，以誑燿百姓，天下繈負歸之。（楊）賜時在司徒，召掾劉陶告曰：「張角等遭赦不悔，而稍益滋蔓，今若下州郡捕討，恐更騷擾，速成其患。且欲切敕刺史、二千石，簡別流人，各護歸本郡，以孤弱其黨，然後誅其渠帥，可不勞而定，何如？」陶對曰：「此孫子所謂不戰而屈人之兵，廟勝之術也。」賜遂上書言之。《後漢書·楊震列傳》

> 時鉅鹿張角偽託大道，妖惑小民，（劉）陶與奉車都尉樂松、議郎袁貢連名上疏言之，曰：「聖王以天下耳目為視聽，故能無不聞見。今張角支黨不可勝計。前司徒楊賜奏下詔書，切敕州郡，護送流民，

〔註25〕 見《三國志·魏書·二公孫陶四張傳》，〈張燕傳〉裴松之注引《九州春秋》曰：「張角之反也，黑山、白波、黃龍、左校、牛角、五鹿、羝根、苦蝟、劉石、平漢、大洪、司隸、緣城、羅市、雷公、浮雲、飛燕、白爵、楊鳳、于毒等各起兵，大者二三萬，小者不減數千。靈帝不能討，乃遣使拜楊鳳為黑山校尉，領諸山賊，得舉孝廉計吏。後遂彌漫，不可復數。」

會賜去位，不復捕錄。唯會赦令，而謀不解散。四方私言，云角等竊入京師，覘視朝政，烏聲獸心，私共鳴呼。州郡忌諱，不欲聞之，但更相告語，莫肯公文。宜下明詔，重募角等，賞以國土。有敢回避，與之同罪。」帝殊不悟，方詔陶次第春秋條例。明年，張角反亂，海內鼎沸……《後漢書‧杜欒劉李劉謝列傳》

黃巾之亂之源，本爲流民問題，楊賜、劉陶之建言雖未能直接從解決流民根本生存問題入手，至少對於張角等亂首不失爲先聲奪人之法。黃巾起事之後，政府不瞭解餘黨之流民本質，故始終無法平亂。更有甚者，黃巾賊亂既爲盜賊，所到之處，其破壞往往形成更多流民：

而（劉）虞務存寬政，勸督農植，開上谷胡市之利，通漁陽鹽鐵之饒，民悅年登，穀石三十。青、徐士庶避黃巾之難歸虞者百餘萬口，皆收視溫恤，爲安立生業，流民皆忘其遷徙。《後漢書‧劉虞公孫瓚陶謙列傳》

值得注意的是，這些因大規模盜賊而流亡他鄉之流民，已經未必是一般貧民小農了，而是擴及所有百姓，包括士族、無法自保的豪族等。至此東漢王朝氣數已盡，獻帝時東漢政府名存實亡，群雄並起，直到進入了三國時代。

二、東漢流民分區

東漢建都洛陽，與西漢相比，不但政治重心東移，連帶的使得國家之經營重心離開關中。此一轉變，不僅僅是國家經營方針改變而已，更連帶使東漢之國力受西北邊區所拖累，錢賓四先生云：

西漢承秦而都關中，長安爲全國之頭目，東方的文化、經濟不斷向西輸送，使與西方武力相凝合，而接著再從長安相西北伸展。西漢的立國姿態，常是協調的、動的、進取的。光武中興，關中殘破，改都洛陽，從此東方的經濟、文化不免停滯，不再向西移動；而西方武力失其營衛，亦不免轉弱。東、西方人口密度不調節，社會經濟易生動搖，正如在一端極熱、一端極冷的不協調空氣下激起了大旋風，東漢國運遂於東方的饑荒與西方的變畔兩種勢力衝盪下斷送。東漢的立國姿態，可以說常是偏枯的、靜的、退守的。《國史大綱》〔註26〕

〔註26〕錢穆《國史大綱》（台北：台灣商務印書館，1995.7 修訂三版），上冊，頁 192。

　　錢先生之說頗具見地，而實際上東漢亦如錢先生所言，整體之國運偏向退守，西北之邊患果然成爲東漢覆亡之重要關鍵。然而東漢之建都關東，對於東南方的開發卻遠比西漢來的有力；而放鬆對西北邊之防禦，甚至幾度棄邊內徙，雖造成了關中地區胡漢雜處，戰亂頻繁，但是對於因過渡開發而水患頻繁的黃河而言，卻也是水患得以舒緩的關鍵因素。〔註27〕整體而言，東漢建都洛陽有利有弊，就長遠之影響而言，中國之經濟重心逐漸南移，亦從東漢之開發南方，與東漢末年流民大量往南方移動揭開序幕。

　　然而就流民問題言之，兩漢之間的區域發展雖不甚相同，流民問題與區域發展之關連性卻甚不明顯，流民肇始之因恐怕還是在於政府控制力之軟落，以及豪族兼併土地之現象。最明顯的例子是東漢雖定都關東洛陽，東漢關東之流民問題卻未必減輕於西漢時代，可見區域發展之重心亦不能抒解當時的流民問題。

　　由於流民問題之區域性質較小，以下論述之流民分區，便不細分各州各郡之流民數量，而是粗略的以西北、東北，以及南方三個方向，來探討其中流民之差異性與關連性。

1、西北邊區、關中

　　此區以西北邊區之涼州、并州之大部分，以及關中盆地之三輔、弘農爲主，大抵包括了函谷關以西之黃河流域。

　　西北邊區、關中地區之流民問題，與東漢漠視西域、准許羌民內徙關中關係密切。前者造成了西北一帶動盪不安，後者則造成關中地區極不穩定，直接成爲東漢中期以後西北邊區與關中流民潮出現之主因。

　　東漢都洛對其國運最大的影響，便在於對西北邊區的漠視。由於洛陽遠避敵寇，京師諸王公貴戚難免出現苟安心理，因此東漢時代幾乎放棄對於西域的經營，除非情況嚴重，這才想辦法開通西域。然而經營西域乃安定西北邊疆之重要手段，東漢對於西域雖有鞭長莫及之嘆，有時亦不得不略加整頓，因此有「三絕三通」〔註28〕之過程，此亦見東漢朝廷西域政策之反覆不定。〔註29〕

〔註27〕見譚其驤〈何以黃河在東漢以後會出現一個長期安流的局面〉，收錄於葛劍雄、華林甫主編之《歷史地理研究》（武漢：湖北教育出版社，2004.01），頁138。

〔註28〕《後漢書・西域傳》：「自建武至于延光，西域三絕三通。」。

〔註29〕放棄西域之議從光武帝時代便是如此，《後漢書・西域傳》云：「王莽篡位，

從史料記載來看，放棄、或刻意忽略西域，對於關中地區是十分危險的：

> （安帝）延光二年（122），敦煌太守張璫上書陳三策，以爲：「……今北虜已破車師，勢必南攻鄯善，棄而不救，則諸國從矣。若然，則虜財賄益增，膽勢益殖，威臨南羌，與之交連。如此，河西四郡危矣。河西既危，不得不救，則百倍之役興，不訾之費發矣。議者但念西域絕遠，邮之煩費，不見先世苦心勤勞之意也。方今邊境守禦之具不精，内郡武衛之備不脩，敦煌孤危，遠來告急，復不輔助，内無以慰勞吏民，外無以威示百蠻。蹙國減土，經有明誡。」《後漢書·西域傳》

張璫之說並非先見之明，安帝永初爆發嚴重之羌亂，便是肇因於對羌民之徵調太過，反而激起關中地區縣縣不絕的動亂

> 安帝永初元年（107）夏，遣騎都尉王弘發金城、隴西、漢陽羌數百千騎征西域，弘迫促發遣，群羌懼遠屯不還，行到酒泉，多有散叛。諸郡各發兵徼遮，或覆其廬落。於是勒姐、當煎大豪東岸等愈驚，遂同時奔潰。麻奴兄弟因此遂與種人俱西出塞。先零別種滇零與鍾羌諸種大爲寇掠，斷隴道。《後漢書·西羌傳》

羌患加上政府處置不當，尤其以棄邊影響最大。與西漢相比，東漢時并州、涼州、及司隸三輔等地戶口大減，涼州以北地郡及王符之故鄉安定郡爲例、并州以上黨、朔方郡爲例，再加上司隸三輔地區，其兩漢之間人口增減如下表：

> 貶易侯王，由是西域怨叛，與中國遂絕，並復役屬匈奴。匈奴斂稅重刻，諸國不堪命，建武中，皆遣使求内屬，願請都護。光武以天下初定，未遑外事，竟不許之。」後明帝對西域稍加整頓，章帝時又覆放棄：「章帝不欲疲敝中國以事夷狄，乃迎還戊己校尉，不復遣都護。二年，復罷屯田伊吾，匈奴因遣兵守伊吾地。」和帝時竇憲伐匈奴、班超通西域，是東漢治理西域最積極的時候，然而和帝之後，又因路途遙遠，鞭長莫及而放棄西域：「及孝和晏駕，西域背畔。安帝永初元年，頻攻圍都護任尚、段禧等，朝廷以其險遠，難相應赴，詔罷都護。自此遂棄西域。北匈奴即復收屬諸國，共爲邊寇十餘歲。」此次放棄西域，直到班勇再議通西域之時，已經間接引起羌亂大起了。

附表三：兩漢西北關中地區七郡人口增減表〔註30〕

		西漢之人口數	東漢之人口數	東漢增減之數	東漢所餘百分比
		平帝元始二年（2）	順帝永和五年（140）		
涼州	北地	206,423	18,637	-187,796	9%
	安定	133,908	29,060	-107,818	22%
并州	西河	681,060	20,838	-660,222	3%
	朔方	154,404	7,843	-146,561	5%
三輔	京兆尹	772,490	285,574	-486,916	37%
	左馮翊	846,328	145,195	-701,133	17%
	右扶風	836,070	93,091	-742,979	11%

　　兩漢郡國大小不一，此表除京兆尹之外，其餘差異不大。京兆尹東漢時之管轄面積包括不少原西漢弘農郡之轄土，然而京兆尹雖然面積增大，人口總數依舊僅有西漢四成不到。若依西漢時三輔之轄土換算人口，則東漢三輔之總人口恐怕未及西漢之二成。〔註31〕這些失去的戶口絕大部分因東漢棄邊政策而內徙，而棄邊政策又往往伴隨著外患而出現。因此東漢西北邊疆之徙民政策與西漢大不相同，東漢多為避寇亂而內徙邊民，既不能解決外患，又增加了流民之數量：

> （永初五年）（111）羌既轉盛，而二千石、令、長多內郡人，並無守戰意，皆爭上徙郡縣以避寇難。朝廷從之，遂移隴西徙襄武，安定徙美陽，北地徙池陽，上郡徙衙。百姓戀土，不樂去舊，遂乃刈其禾稼，發徹室屋，夷營壁，破積聚。時連旱蝗飢荒，而驅蹙劫略，流

〔註30〕所引數據見勞榦〈兩漢戶籍與地理之關係〉、〈兩漢郡國面積之估計及口數增減之推測〉，二文具見《勞榦學術論文集甲編》（台北：藝文印書館，1976.10初版），上冊，頁1及頁37；又梁方仲《中國歷代戶口、田地、田賦統計》（上海：上海人民出版社，1980.08），此書亦引針對勞榦氏之數據，唯勞榦氏計算錯誤之處，梁氏並一一加以改正，見頁28。

〔註31〕京兆尹西漢時期之面積僅有8599平方公里，然每公里平均人口達79.4人，而東漢時期京兆尹面積擴展為15003平方公里，每公里平均人口僅19.0人。由於京兆尹土地面積差距過大，東漢比之西漢所增加之土地，不如原先所有之轄區人口密度高，西漢時弘農郡人口密度僅11.6人，若依平均人口比較，則東漢之京兆尹可能被較廣之土地面積稀釋平均人口數，故本表以人口總數作比較，更可見東漢時期三輔面積變大而人口變少之情況。

離分散，隨道死亡，或棄捐老弱，或爲人僕妾，喪其太半。《後漢書‧
西羌傳》

　　關中地區與西北邊區之流民，多與外族爲患有關，其中或許伴隨著旱蝗
飢荒，然而相形之下，還是外族寇亂最爲嚴重。尤其羌患，實爲此區流民問
題之根源。前述安帝時期之流民，其中論及嚴重之羌患問題，皆爲本區所發，
足見此區羌亂對於東漢之影響。

3、關東、東北邊區

　　漢人習稱之關東，只包括淮水以北、函谷關以東之地區，不包括荊、揚
之長江流域。因此關東區當爲冀、青、徐、豫、兗、司隸地區東部，本文這
裡再加上東北邊區之幽州。

　　東漢時期關東之發展，理當更勝於前代，然而實際上卻未必如此。以西
漢關東人口較高的汝南、潁川、陳留，再加上東漢京師所在之河南、河內爲
例，見其每平方公里人口數如下表：

附表四：兩漢關東、東北五郡土地人口增減表〔註32〕

	西漢之土地面積	每公里人口數	東漢之土地面積	每公里人口數	平均人口之增減
	西漢平帝元始二年（2）		東漢順帝永和五年（140）		
河南	11,250	155.0	11,250	89.8	-65.2
河內	18,270	58.0	18,270	43.8	-14.2
汝南	37,097	70.0	34,470	60.9	-9.1
潁川	10,710	207.0	11,070	129.8	-77.2
陳留	10,890	139.0	9,036	96.2	-42.8

　　此處所引之郡國轄地大抵變化不大。東漢雖定都洛陽，然而洛陽所在之
河南尹平均人口數卻較西漢減少了 65.2 人；河南、河內地區兩漢未有土地轄
區上的變化，然而平均人口數卻足足少了 79.4 人；潁川郡靠近三河，爲兩漢
時期關東人口密度較高者，東漢之平均人口數亦較西漢少了 77.2 人。東漢對
於戶口之掌控力不如西漢，前面已經提過了，然而京師重地，東漢可掌握之

〔註32〕東漢河南爲京師所在，稱河南尹。此表之土地面積、平均人口數見勞榦〈兩
　　　　漢戶籍與地理之關係〉、〈兩漢郡國面積之估計及口數增減之推測〉、梁方仲《中
　　　　國歷代戶口、田地、田賦統計》，如前注。

戶口不增反減，可見表示關東地區無名數之多；此表所列乃順帝時期之數字，桓帝以下之戶口資料史籍未載，東漢末年天下大亂，關東地區流民逃竄，可以想見靈帝時期關東地區政府無法掌控之人口應該更多。

然而關東地區政府效能不彰，卻未必表示東漢政府未對關東地區多加關注，從政府稟貸措施來看，東漢對於關東之百姓流民，應是最爲關心的。羅彤華云：

> 就《後漢書・本紀》來看，漢政府的稟貸措施中，若別除地區指稱含混不明者，凡提及關東州郡者計二十八次，三輔、弘農者僅三次，北及西北邊區有十二次，南及西南邊區有七次。關東不但是政府最常稟貸之處，自然災害尤爲稟貸原因中最常發生者，天災對關東民生之傷害已是不言可喻。〔註33〕

關東之天災未必多於其他地區，政府之稟貸措施一方面凸顯了關東地區貧民、流民之眾，另一方面也顯示出了東漢政府對於關東地區地區的關注〔註34〕。然而關東地區之流民多來自於災荒與盜賊，而盜賊又往往來自於災荒所產生之飢民，因此關東區之流民問題多來自於自然災害：

> （和帝永元十二年）（100）三月丙申，詔曰：「比年不登，百姓虛匱。京師去冬無宿雪，今春無澍雨，黎民流離，困於道路。朕痛心疾首，靡知所濟……」〈孝和孝殤帝紀〉

> （桓帝）永興元年（153），河溢，漂害人庶數十萬戶，百姓荒饉，流移道路。冀州盜賊尤多，故擢（朱）穆爲冀州刺史。《後漢書・朱樂何列傳》

天災加上政府控制力銳減，關東地區雖無如關中那般直接受到外患侵襲，但東漢末年國庫空虛，對關東災民賑濟能力幾乎喪失殆盡，因此盜賊大作。黃巾之亂之後，盜賊與流民互爲因果，已如前述，而黃巾之亂尤爲關東流民之根源，其影響所及，不止於一般貧民百姓：

〔註33〕羅彤華對於流民之分區與本文不同，然其統計東漢之稟貸有同一次分別計入數區者，亦有因指稱不明而略知不計者，然而其所統計本針對關東而爲之，故未就本文分區重新計算而直引羅氏之統計數字。見氏著《漢代的流民問題》（台北：學生書局，1989.12），頁36。

〔註34〕《後漢書》對於非京師所發爭之災荒，往往僅記之曰：郡國若干如何如何，東漢時期黃河下游相對安穩，則其他天災之分佈未必集中於關東地區，而稟貸多集中於關東，當爲政府政策使然。東漢災荒資料多見於《後漢書志・五行志》；另可參考陳業新《災害與兩漢社會研究》（上海：上海人民出版社，2004.04）。

舊幽部應接荒外，資費甚廣，歲常割青、冀賦調二億有餘，以給足
之。時處處斷絕，委輸不至，而（劉）虞務存寬政，勸督農植，開上
谷胡市之利，通漁陽鹽鐵之饒，民悅年登，穀石三十。青、徐士庶
避黃巾之難歸虞者百餘萬口，皆收視溫恤，爲安立生業，流民皆忘
其遷徙。虞雖爲上公，天性節約，敝衣繩履，食無兼肉，遠近豪俊
夙僭奢者，莫不改操而歸心焉。《後漢書·劉虞公孫瓚陶謙列傳》

青、徐士庶避難者百餘萬口，其中自然包括有無力自保之士人與豪族，
而推其根本，亦惟災荒頻繁與政府無能造成黃巾之亂也。另外，此條資料值
得注意的是，劉虞所在之幽州，爲中國之東北邊區，此處亦有一些外患問題：

（中平初年）後車騎將軍張溫討賊邊章等，發幽州烏桓三千突騎，
而牢稟逋懸，皆畔還本國。

東北邊區之烏桓與西北邊區之羌族一樣，都有役使外族過當之問題。然
而烏桓爲患遠不如羌患爲烈，東漢前期烏桓多半與漢人相安無事，直至安帝
時始有零星亂事，而東漢政府與烏桓作戰，亦勝多敗少。中平四年（187）張
純與烏桓聯合作亂，是東漢時期東北邊疆較爲嚴重之亂事：

（中平）四年（187），（張）純等遂與烏桓大人共連盟，攻薊下，燔
燒城郭，虜略百姓，……純又使烏桓峭王等步騎五萬，入青冀二州，
攻破清河、平原，殺害吏民。朝廷以虞威信素著，恩積北方，明年，
復拜幽州牧。虞到薊，罷省屯兵，務廣恩信。《後漢書·劉虞公孫瓚陶謙
列傳》

（中平）五年（188），以劉虞爲幽州牧，虞購募斬純首，北州乃定。
《後漢書·烏桓鮮卑列傳》

劉虞既平幽州，又能招撫流亡，因此東漢末年天下大亂，東北邊區在幾
個豪傑的強力控制下〔註35〕，反而相對安定，不但吸引了關東百餘萬口流民
前往歸之，與西北邊區之羌亂相比，更是大不相同。

4、南部地區

南部地區範圍頗大，包括了所有長江流域的精華區段，如長江中、下游

〔註35〕劉虞之後，公孫瓚曾引起數年兵禍，又不恤百姓，《後漢書·劉虞公孫瓚陶謙
　　　列傳》：「是時旱蝗穀貴，民相食。瓚恃其才力，不恤百姓……」此爲獻帝初
　　　平至建安初年之事，後袁紹、曹操對於安定北邊皆有貢獻。見《後漢書·烏
　　　桓鮮卑列傳》。

之荊、揚，長江上游之益州，再加上更南之交州。

　　長江流域之氣候、生產條件俱較北方來的優越，然而西漢以前，江、淮開發較遲，故《史記》時稱楚越地區為「地廣人希」〔註36〕。東漢以後，南方地區人口大部分都有顯著之成長。以荊州之零陵、長沙；揚州之豫章；益州之巴、蜀為例，兩漢人口差異如下表：

附表五：兩漢南部地區五郡人口增減表〔註37〕

	土地面積	西漢平帝元始二年（2）		東漢順帝永和五年（140）		東漢人口總數之增減	東漢平均人口數之增減
		人口總數	每公里人口數	人口總數	每公里人口數		
零陵	59,778	157,578	2.3	1,001,578	16.8	+844,000	+14.5
長沙	75,510	217,685	3.1	1,059,372	14.0	+841,687	+10.9
豫章	174,960	351,965	2.0	1,668,906	9.5	+1,316,941	+7.5
巴	135.900	708,148	5.2	1,086,049	8.0	+377,901	+2.8
蜀	24,210	913,681	51.4	1,350,476	55.8	+436,795	+4.4

　　由上表可以得知，南方地區在東漢時代仍然維持著人口的成長，尤其荊、揚兩州，戶口之成長更為明顯。由於南方地區人口不甚稠密，而且氣候溫暖濕潤，作物容易生長，再加上長江不易發生水患，因此南方地區「無飢饉之患」。相對於北方容易因天災、外患而產生大批流民，南方更加適合農業發展及居住。〔註38〕然雖如此，漢代由於邊防之需要，徙民多往北方而去，

〔註36〕《史記‧貨殖列傳》：「楚越之地，地廣人希，飯稻羹魚，或火耕而水耨，果隋蠃蛤，不待賈而足，地埶饒食，無飢饉之患……」。

〔註37〕由於長江流域人口土地比相對較小，僅觀察平均人口數無法明顯感受兩漢之人口成長，故又加入人口總數、人口總數之增減以為參照，則可知南部地區戶口之成長。另外需要說明的是：兩漢之郡國轄地有些微改變，然而總體面積變化在兩位數以內，故此表僅舉東漢之土地面積為例，所列西漢人口均依東漢郡國轄地作調整。另外，東漢分蜀郡為蜀郡及蜀郡屬國，合二者計算則與西漢之蜀郡大略相同，本表所列之「蜀」即合二者而言之。土地面積數據均為推估，因此每公里人口數當有相當落差，然亦可看出人口發展之趨勢。此表數據見勞榦〈兩漢戶籍與地理之關係〉、〈兩漢郡國面積之估計及口數增減之推測〉、梁方仲《中國歷代戶口、田地、田賦統計》，梁氏並整理有〈後漢對前漢淮漢以南各郡國口數的比較〉一表，其所列數據更為詳細，可參看。勞榦、梁方仲書如前注。

〔註38〕〈孝安帝紀〉：（永初元年）調揚州五郡租米，贍給東郡、濟陰、陳留、梁國、

鮮少主動遷徙一般平民百姓於南方州郡，多是流放罪人以及遷徙南蠻，可見政府對於南方人口之發展不甚重視。因此兩漢時代南方人口之成長，可以視爲人民自發性的移動，以及南方相對安定富庶所帶來的自然成長。

　　人民自發性的移往南方地區，其中來自北方的流民應佔多數。流民由關東往荊、揚以及由關中往漢中、巴蜀，一方面由於原居住地戰亂以及惡劣環境之推力，另一方面由於南方地區相對較爲安定以及溫暖環境之拉力，造成了南方地區之人口數倍成長。〔註 39〕由於遷徙之新住民多爲流民或一般百姓，又因生活可以自足，東漢中期以前江淮以南：「無凍餓之人，亦無千金之家。」之情況應該沒有多大改變。

　　然而由於南方爲流民、亡命聚集之處，加上楚地民風剽悍，因此荊、揚雖無北方出現因飢荒、外患之大規模動亂，盜賊民變出現之頻率卻很高。統計安帝以下至黃巾之亂前夕七十餘年之民變約有四十次，其中荊、揚地區便佔了二十二次之多〔註 40〕，雖然此盜賊與與西北混雜外族之大規模動亂不同，但亦可見荊、揚民變之多了。羅彤華分析南方地區民變之原因云：

　　這固然導源於官吏的貪贓徵斂，侵枉小民，郡縣的稅收失平，苛求

下邳、山陽。」李賢注云：「五郡謂九江、丹陽、廬江、吳郡、豫章也。揚州領六郡，會稽最遠，蓋不調也。」可見安帝時期之揚州產米已經足以供給其他地區。

〔註39〕萬劍雄分析移民之型態有兩種，一爲生存型，一爲發展型；前者爲求生存而外移，是以遷出地之推力爲主，後者爲求發展而外移，是以遷入地之拉力爲主；西漢至東漢中期以前南方較爲安定，而北方天災人禍不斷，若流民由北而南移動，是生存型與發展型兼而有之。萬氏之說見氏編之《中國移民史》（福州：福建人民出版社，1997.07），第一卷，頁 48。

〔註40〕安帝以下民變次數得之於鄒紀萬之統計。羅彤華將鄒紀萬所統計之〈安帝以下民變表〉，與余英時所統計之〈兩漢之際各地豪傑起事表〉作綜合比較，統計荊、揚地區之民變佔全國民變總數之百分比，得到兩漢之際荊、揚地區民變佔全國 10.34%，而安帝以下七十餘年則佔全國 55%。然而余英時之統計未列姓名不可考者、其事淹沒無聞不甚可考者、不具獨立性者；鄒紀萬之統計則多列姓名、人數皆不詳者，又不列北部地區爲禍最劇之羌亂，亦有民變而漏收者。以南北差距而言，南方少豪族，盜賊起事而淹沒姓名十分正常，甚而史書不載都是十分合理的；而余氏之表本就豪族起事而作，與鄒紀萬統計民變之立場不同。因此筆者以爲依此二表比較荊、揚地區之民變數量百分比，其基準點是不公平的。見鄒紀萬《兩漢土地問題研究》（台北：國立台灣大學出版委員會，文史叢刊之五十八，1981.06 初版），頁 163～166；余英時〈東漢政權之建立與士族大姓之關係〉，收錄於《中國知識份子階層史論（古代篇）》（台北：聯經出版社，1980.08），頁 131；羅彤華《漢代的流民問題》（台北：學生書局，1989.12），頁 43。

無度，還因爲南方境界曠遠，討補不易，故亡命者常至此處避禍，使該地的社會秩序難以建立。再加上收聚各方流人，又與蠻夷錯居，風俗甚爲雜駁，衝突自然難免。荊揚之地民性較強悍……能逃至南邊的流民亡命者大致應較強壯，故貪吏若有觸怒失平之舉，在悍勇民風的助導下，極易激起民變。南邊人口的持續成長，卻與民變高居全國之冠成一顯明對照，大批流民的蜂擁而至，對二者均有相當的催化作用。〔註41〕

此說甚是。由於荊、揚二州多流民、盜賊，因此此二者往往互爲因果。且若遷入之流民多過於荊、揚可消化之人數，則即使是荊州亦有需要救濟之時：

（永建二年）（127）詔稟貸荊、豫、兗、冀四州流冗貧人，所在安業之；疾病致醫藥。《後漢書·孝順孝沖孝質帝紀》

可見較爲富庶之荊州，亦有需要政府稟貸的時候。然而荊、揚之流民盜賊畢竟與北方不同，其肇始之因往往與天災、飢荒無關，而源由於民風勇悍、吏治之腐敗，故盜賊、蠻夷作亂往往殺官吏洩恨，之後不可收拾，則又會抄掠百姓，《後漢書》記載了安帝中後期荊南、交州一帶南蠻動亂：

安帝元初二年（115），澧中蠻以郡縣徭稅失平，懷怨恨，遂結充中諸種二千餘人，攻城殺長吏。……又零陵蠻羊孫、陳湯等千餘人，著赤幘，稱將軍，燒官寺，抄掠百姓。州郡募善蠻討平之。《後漢書·南蠻西南夷列傳》

（安帝元初三年）（116）蒼梧、鬱林、合浦蠻夷反叛，二月，遣侍御史任逴督州郡兵討之……（三月）赦蒼梧、鬱林、合浦、南海吏人爲賊所迫者。《後漢書·孝安帝紀》

由於南方地區經濟較爲富庶，蠻夷又無經濟因素必須抄掠，而楚地民風強悍，遇事則發，故荊、揚二州實爲觀察東漢政治腐敗所引起盜賊流民最好地區，尤其黃巾亂後，荊、揚盜賊風起雲湧，足見東漢地方吏治之腐敗。

另外，荊、揚相對於關東，算是比較安定的地區，而益州相較於荊、揚，則又顯得穩定。由於巴蜀土地肥沃，物產豐盛，加上形勢險要，因此在其他地區有亂事之時往往能居事外自保。安帝以下，發於益州之民變僅有兩件，相對於其他地區，益州顯見長期穩定。中平元年黃巾之亂爆發，張角之勢力

〔註41〕見羅彤華《漢代的流民問題》（台北：學生書局，1989.12），頁43。

亦難進入益州，直至中平五年才因馬相破壞了長期的安定。〔註42〕

　　益州是東漢較能維持穩定與富庶的地區，關中、西北邊區之流民往往因此南下，而東漢末年幾個割據勢力如張魯、劉焉等，也頗能安撫流亡，故益州之於其他地區之動亂是十分特出的。

第三節　潛夫論反映流民問題之界定

　　以上所概述東漢之流民問題，雖企圖對流民問題有一整體的介紹，卻亦不免失之簡略。然而本文意圖論述之流民問題，乃側重於《潛夫論》所反映之狀況，亦即王符寫作《潛夫論》時所處之時間與地點，因此在將論述目標鎖定範圍之前，不得不先略述東漢整體之流民問題。

　　在對流民問題簡單概述之後，現在可以綜合前說，將王符《潛夫論》反映流民問題作一界定，並說明以下數章談論流民問題之範圍了。

一、《潛夫論》反映流民問題之時間

　　先就較為容易之《潛夫論》所言之時間論之。第二章第二節本文曾論及潛夫論之成書時間，大約在安帝永初初年開始到順帝陽嘉三年之後，此為可考之潛夫論成書年代。由於《潛夫論》大部分篇章乃反映當時政治、經濟、社會等現象，因此《潛夫論》所反映之流民問題，亦當以此時為主。然而《潛夫論》開始寫作之前之史實，若王符得以見聞之，雖當時王符仍未開始寫作《潛夫論》，亦當有所反映。如第二章所論及之洛陽遊學時期，此時王符還在求學階段，《潛夫論》當尚未開始寫作；又《潛夫論》所述之東漢情勢，王符理當先有所見聞，經過一段時間沈澱並形成見解，而後方有寫作之事，如述及羌患之事云：「軍起以來，暴師五年」〈勸將〉，其寫作〈勸將〉篇雖為安帝永初五年，實際上所反映之史實卻是永初元年之事。因此論述《潛夫論》所反映之東漢情況與論述《潛夫論》之成書時間不同，前者所界定之時間範圍當稍稍提前。如果《潛夫論》寫作時間約在安帝初年的話，以王符的生於章帝建初年間推論，《潛夫論》反映王符親眼所見之史實應當至少包括和帝時代，

〔註42〕《後漢書・劉焉袁術呂布列傳》：「是時益州賊馬相亦自號「黃巾」，合聚疲役之民數千人，先殺綿竹令，進攻雒縣，殺郗儉，又擊蜀郡、犍為，旬月之間，破壞三郡。馬相自稱「天子」，眾至十餘萬人，遣兵破巴郡，殺郡守趙部。州從事賈龍，先領兵數百人在犍為，遂糾合吏人攻相，破之……」。

而王符所聽聞之事，則可能包含整個兩漢，甚至更早。不過《潛夫論》之內容多爲批評時政，從《潛夫論》本身之內容來看，《潛夫論》並未論及新莽、漢初時的流民問題，故本文論述之時間範圍前端可從和帝時代開始，若有需要則前溯至明章時代。

至於範圍的後端，《潛夫論》一書並未有後人竄入之痕跡，則當以《潛夫論》完成作爲其反映時代之最後界線。然而流民狀況之改變並非一朝一夕，現可考《潛夫論》之成書時間可能於順帝時期，東漢末年流民問題最大改變點在於黃巾之亂，若順帝末年、桓帝時之流民現象有助於瞭解前朝之流民現象，亦可引之加以佐證。故本文論述之時間範圍後端當以順帝時代爲止，若有需要則往後延伸至桓靈時代。

二、《潛夫論》反映流民問題之區域

時間界定好了，則尚有區域性的問題。由於王符之可考之經歷十分簡略，故此處討論區域性亦十分模糊，將較能夠確定者論述如下。

王符爲安定人，晚年亦回歸安定，另外前面論及王符之經歷時，曾經考證過王符遊學洛陽之早年經歷，故王符活動之區域至少包括了安定與洛陽兩地。除此之外，王符對於羌患有十分生動的描述，或者描寫羌民叛亂實況，如歷歷在目：

> 羌始反時，計謀未善，黨與未成，人眾未合，兵器未備，或持竹木枝，或空手相附，草食散亂，未有都督，甚易破也。然太守令長，皆奴怯畏愞不敢擊。故令虜遂乘勝上彊，破州滅郡，日長炎炎，殘破三輔，覃及鬼方。若此已積十歲矣。百姓被害，迄今不止。〈邊議〉

又或者描寫百姓受官吏之欺壓之感受：

> 又放散錢穀，殫盡府庫，乃復從民假貸，彊奪財貨。千萬之家，削身無餘，萬民匱竭，因隨以死亡者，皆吏所餓殺也。其爲酷痛，甚於逢虜。寇鈔賊虜，忽然而過，未必死傷。至吏所搜索剽奪，游踵塗地，或覆宗滅族，絕無種類；或孤婦女，爲人奴婢，遠見販賣，至令不能自活者，不可勝數也……〈實邊〉

又或者描述政府使百姓遷徙之痛苦

> 民之於徙，甚於伏法。……太守令長，畏惡軍事，皆以素非此土之人，痛不著身，禍不及我家，故爭郡縣以內邊。至遣吏兵，發民禾

稼，發徹屋室，夷其營壁，破其生業，彊劫驅掠，與其內入，捐棄
羸弱，使死其處。當此之時，萬民怨痛，泣血叫號，誠愁鬼神而感
天心。〈實邊〉

或描述羌患區流民之慘況：

然小民謹劣，不能自達闕廷，依官吏家，迫將威嚴，不敢有摯。民
既奪土失業，又遭蝗旱飢饉，逐道東走，流離分散，幽、冀、兗、
豫，荊、揚、蜀、漢，飢餓死亡，復失太半。邊地遂以丘荒，至今
無人。原禍所起，皆吏過爾。〈實邊〉

《潛夫論》對於西北邊區描述之詳細，可以肯定他應該是親眼所見的。
而以上皆為永初羌亂之描述，《後漢書》記載永初羌患之發生地及戰禍所在
地，幾乎皆圍著安定郡之四周展開，南及益州，北亂并州，東寇三輔，西斷
隴道，若王符能知「羌始反時」之實況，則王符應在羌禍延及并州三輔時，
便已在涼州——尤其是漢陽以西之地——目睹了羌亂初始的狀況。〔註43〕

除此之外，王符對於徙民之慘狀描述十分痛切，永初五年徙民政策造成
「遂移隴西徙襄武，安定徙美陽，北地徙池陽，上郡徙衙。」〔註44〕《後漢書‧
西羌傳》，若假設當時王符身處安定，其親眼見徙民慘劇自然不在話下。若王符
當時不在安定，從遷徙的路線看起來，其在三輔更能看見循不同路徑內徙而
來的流民。從王符之行文看來，其所云：「至遣吏兵，發民禾稼，發徹屋室，
夷其營壁，破其生業，彊劫驅掠，與其內入，捐棄羸弱，使死其處。」等句，
為邊郡之景，而「破州滅郡，日長炎炎，殘破三輔，覃及鬼方。」等句，則
為邊郡與三輔皆殘破之像，推論王符可能隨著流民避難至司隸地區，故能同
時掌握邊郡與內地之情勢。

王符對於司隸地區應該頗為熟悉，除了上引「殘破三輔」之外，尚有更
多間接證據，如王符對於洛陽之議邊言論亦頗為熟悉：

乃者，邊害震如雷霆，赫如日月，而談者皆諱之，曰焱并竊盜。淺

〔註43〕《後漢書‧西羌傳》：「安帝永初元年夏，遣騎都尉王弘發金城、隴西、漢陽
羌數百千騎征西域，弘迫促發遣，群羌懼遠屯不還，行到酒泉，多有散叛。……
先零別種滇零與鍾羌諸種大為寇掠，斷隴道。時羌歸附既久，無復器甲，或
持竹竿木枝以代戈矛，或負板案以為楯，或執銅鏡以象兵，郡縣畏懦不能制。
冬，遣車騎將軍鄧騭，征西校尉任尚副，將五營及三河、三輔、汝南、南陽、
潁川、太原、上黨兵合五萬人，屯漢陽。」可見羌患之始，漢軍事以漢陽為
根據地，而羌患亦集中於漢陽以西，至於羌患蔓延開來，則是永初二年之事。
〔註44〕見附圖一。

淺善靖，俾君子怠，欲令朝廷以寇爲小，而不蚤憂，害乃至此，尚不欲救。〈救邊〉

前羌始反，公卿師尹咸欲捐棄涼州，卻保三輔，朝廷不聽。後羌遂侵，而論者多恨不從惑議。余竊笑之，所謂媾亦悔，不媾亦有悔者爾，未始識變之理。〈救邊〉

今邊陲搔擾，日放族禍，百姓晝夜望朝廷救己，而公卿以爲費煩不可。徒竊笑之，是以晏子「輕困倉之蓄而惜一杯之饙」何異？〈邊議〉

王符未必能夠在羌患時期來往於洛陽與涼州，其得知洛陽之言論若非羌患之前，即爲永初五年（111）徙民之後。王符少時曾遊學洛陽，此時羌患尚未全面爆發，而徙民之論當爲永初元年（107）之後，則王符可能不只一次前往洛陽。從漢代之交通來看，從安定到洛陽不論水路、陸路，皆必須通過司隸地區，如此則因交通之故，沿途所經之三輔、弘農、三河等地之情景，王符理當盡收眼底。〔註45〕

綜合以上，可考之《潛夫論》反映東漢情勢地區，應爲涼州地區、司隸地區。《潛夫論》未提及匈奴、鮮卑爲患，可能其足跡未達并州、關東北部，對於關東地區嚴重之自然災害，亦未有針對政府賑濟措施之批評，亦可能其行止於洛陽，未有進一步的東行。

由以上之分析，則《潛夫論》所反映之東漢區域，當以涼州、司隸爲主，亦即關中、西北地區的大部分。由於王符之經歷無法斷言，因此其他地區與羌禍有關或可能來自於王符所聽聞者，亦在範圍之內，如：

往者羌虜背叛，始自涼、并，延及司隸，東禍趙、魏，西鈔蜀、漢，
五州殘破，六郡削跡，周迴千里，野無孑遺，寇鈔禍害，晝夜不止，
百姓滅沒，日月焦盡。……〈救邊〉

則本文之討論範圍可視情況擴大至益州、關東部分地區。

下一章起，本文將分不同面相討論《潛夫論》所反映之流民問題。另外，《潛夫論》言及全國共通之論點，如吏治、本末業之生產等，由於其與地區性無關，下章開始之論述舉證，當不限於此處所論之區域。

〔註45〕漢代交通可參考勞榦〈論漢代陸運與水運〉，收錄於《勞榦學術論文集甲編》（台北：藝文印書館，1976.10 初版），上冊，頁 605；譚宗義《漢代國內陸路交通考》（香港：新亞研究所，新亞研究所專刊，1967.12）；譚其驤主編；中國社會科學院主辦《中國歷史地圖集》（北京：中國地圖出版社，1982.10），第二冊。

三、平民百姓之社會觀察

討論《潛夫論》反映東漢史實，除了界定其時間、區域之外，尚有一點十分值得注意的，即王符之觀察角度是從平民出發的，此處《潛夫論》與《後漢書》等正史史料頗有不同。劉師文起稱王符之《潛夫論》具有平民代言人之意識，並稱所謂平民代言人當具有若干條件，如：

1、出身平民階層

2、代表全民爭取民眾應有之福祉

3、代表全民抨擊剝奪全民福祉之邪惡勢力

4、代表全民規劃政經之理想藍圖

此四大項王符不但一一具備，其《潛夫論》更力圖展現這種平民百姓之代言意識〔註46〕。本文所討論之流民，其組成絕大部分爲底階層之貧民百姓，王符寫作《潛夫論》，亦以一介平民之身分觀察、批判了東漢時期的流民現象，則《潛夫論》所反映之東漢流民問題，正是王符其平民代言人意識之展現。

然而流民不僅僅包括底階層之貧民百姓而已，黃巾之亂後，無力自保之豪門士族事實上也無從選擇的四處流亡。《潛夫論》對於士族之流亡現象論述較少〔註47〕，此除了《潛夫論》反映之時間較無這方面問題之外，亦爲王符所選擇之觀察角度使然。本文討論《潛夫論》所反映之流民問題時，最主要之對象仍以一般百姓爲主，若有需要，則視情況加入豪門之流民加以佐證。

〔註46〕 見劉師文起〈王符潛夫論中所展現之平民代言人意識〉，《第三屆漢代文學與思想學術研討會論文集》（台北：政治大學主辦，2000）。

〔註47〕 〈實邊〉篇中有：「又放散錢穀，殫盡府庫，乃復從民假貸，彊奪財貨。千萬之家，削身無餘，萬民匱竭，因隨以死亡者，皆吏所餓殺也。其爲酷痛，甚於逢虜。」等句，其中既言千萬之家，則當指原豪門大族，則《潛夫論》亦非完全不論豪族之流民問題，只是此處以豪族淪落做爲平民百姓之參照，亦不失王符平民代言人之立場也。

附圖一：東漢永初五年（111）邊郡內徙路線圖

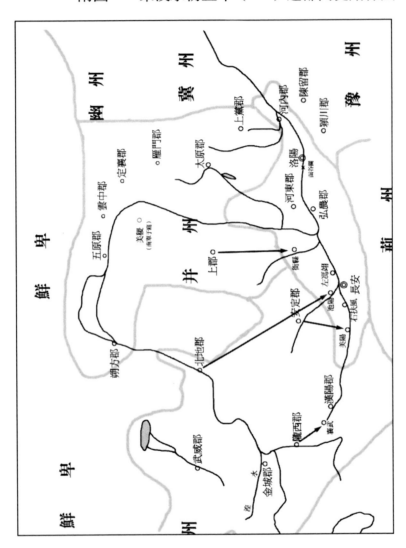

第四章 《潛夫論》反映造成東漢流民問題之政治因素

　　東漢政治上的諸多弊病，未必與流民直接相關，蓋流民乃不受控制之基層人民，而東漢政治上最嚴重的兩大問題：外戚、宦官，則為上層貴族之事；政治上，中央政府裡各派人馬的爭權奪利，或皇帝大權旁落等等，與小老百姓之生活並不相干，即使有，也僅限於京師一帶。然而，東漢之流民雖為一社會問題，但是其產生的原因十分複雜，推其源頭，則人治不彰實與流民之產生息息相關。本章討論流民問題之政治因素，並不打算全面探討東漢之政治問題，而是側重於與流民相關之政治現象。

　　中央政府的部分，僅就其控制力衰退，以及京師地區王侯貴戚之問題討論；其次討論地方吏治，流民產生之政治因素多來自於地方吏治之敗壞，因此此節重點討論吏治敗壞之原因，包括官吏貪、漫、酷之現象及其之原因與影響等。這些問題或來自於中央政府之政策，或來自於制度層面之問題，然而對於流民來說，這些政治問題在地方吏治上所產生之影響是最為直接的，故將其挪至地方吏治之討論範圍內，以凸顯本文流民問題之論述主軸。再論非常態性質之赦宥制度。王符雖大力抨擊赦宥頻繁之惡，然赦宥實具有安撫流亡與破壞吏治之兩面性，故獨列一節討論之。

第一節　中央政府的腐敗

　　東漢最上層之中央政府腐敗，與最下階層之流民問題看似關係不大，然

而由於中央政府無能，其對於社會控制的能力也會喪失，王侯貴戚更成為社會亂源之一，以下便分述之。

一、政府控制力衰退之現象

　　東漢政府控制力衰退的原因，與西漢時代興起之豪門士族頗有關係。西漢時期曾經藉由打擊地方豪傑、富人，並利用察舉制度的建立以及地方官吏的籍貫限制等措施，加強中央對社會的控制。此系列政策使西漢時代出現了整合地方社會秩序與政府政治權力的士大夫階級，中央之控制能力並得以深入地方社會之中〔註1〕。然而士大夫階級很快的轉變為世姓豪族，東漢政權便賴世姓豪族而建立〔註2〕。由於豪族在地方上的勢力盤根錯節，再加上世姓豪族官僚化進入政治權力之中〔註3〕，東漢政府遂失去打擊、控制世姓豪族的立場，政府反受世姓豪族所掌握，則士大夫階級又成為妨礙政府控制社會的因素。

　　政府控制力衰退之現象，可以由政府之官吏、法令運作是否順暢窺知，王符曰：

> 是故民之所以不亂者，上有吏；吏之所以無姦者，官有法；法之所以順行者，國有君也；君之所以位尊者，身有義也。義者君之政也，法者君之命也。人君思正以出令，而貴賤賢愚莫得違也，則君位於上，而民氓治於下矣。人君出令而貴臣驕吏弗順也，則君幾於弒，而民幾於亂矣。〈衰制〉

　　王符此段說明了其政治理想：由君而法，由法而吏，由吏而民，是一套中央集權的權力運作方式。東漢初年光武帝明帝、章帝時期，君、法運作尚稱順暢，因此雖然稱不上吏無姦、民不亂，但已可謂之「治世」了：

> 皇太子見帝勤勞不怠，承閒諫曰：「陛下有禹湯之明，而失黃老養性之福，願頤愛精神，優游自寧。」帝曰：「我自樂此，不為疲也。」

〔註1〕　見許倬雲〈西漢政權與社會勢力的交互作用〉，收錄於氏著《求古編》（台北：聯經出版社，1984.03再版），頁453。

〔註2〕　參見楊聯陞〈東漢的豪族〉，見《清華學報》11卷4期，1936；余英時〈東漢政權之建立與士族大姓之關係〉，收錄於《中國知識份子階層史論（古代篇）》（台北：聯經出版社，1980.08），頁109。

〔註3〕　參見劉增貴《漢代豪族研究——豪族的士族化與官僚化》（台北：台灣大學歷史研究所博士論文，1985）。

雖身濟大業，兢兢如不及，故能明慎政體，總攬權綱，量時度力，
舉無過事。退功臣而進文吏，戢弓矢而散馬牛，雖道未方古，斯亦
止戈之武焉。《後漢書·光武帝紀》

　　光武帝勤於政事，平息戰亂，還能夠「退功臣而進文吏」，可見光武帝能
夠有效控制吏治。而明、章時期，范曄有十分中肯的評論：

論曰：明帝善刑理，法令分明。日晏坐朝，幽枉必達。內外無倖曲
之私，在上無矜大之色。斷獄得情，號居前代十二。故後之言事者，
莫不先建武、永平之政。而鍾離意、宋均之徒，常以察慧為言，夫
豈弘人之度未優乎？《後漢書·顯宗孝明帝紀》

論曰：魏文帝稱「明帝察察，章帝長者」。章帝素知人厭明帝苛切，
事從寬厚。感陳寵之義，除慘獄之科。深元元之愛，著胎養之令。
奉承明德太后，盡心孝道。割裂名都，以崇建周親。平傜簡賦，而
人賴其慶。又體之以忠恕，文之以禮樂。故乃蕃輔克諧，群后德讓。
謂之長者，不亦宜乎！《後漢書·肅宗孝章帝紀》

　　從以上三帝之作為來看，不論是明帝的「法令分明」，或是章帝的「事從
寬厚」，皆代表政府能夠針對時局而對法令有所修正，從而利用法令來做到控
制官吏無姦，使百姓安居不亂。

　　東漢初期，政府對於國家社會的控制力還算有力，然而從和帝時期開
始，雖然對外征伐頗有斬獲，百姓戶口頗見滋長，但政府的法令已經「頗有
弛張」：

論曰：自中興以後，逮于永元，雖頗有弛張，而俱存不擾，是以齊
民歲增，闢土世廣。偏師出塞，則漠北地空；都護西指，則通譯四
萬。《後漢書·孝和孝殤帝紀》

　　「齊民歲增」、「闢土世廣」等等，表面上東漢國力仍維持不墜，但是內
部行政效率的減退，政府法令逐漸向失威信等，卻使得社會弊端發芽，流民
問題也從和帝時期再度出現。到了安帝時期，政府控制力急速減退之狀況就
更加明顯了，范曄曰：

論曰：孝安雖稱尊享御，而權歸鄧氏，至乃損徹膳服，克念政道。
然令自房帷，威不逮遠，始失根統，歸成陵斁。遂復計金授官，移
民逃寇，推咎台衡，以答天眚。既云哲婦，亦「惟家之索」矣。《後
漢書·孝安帝紀》

　　將此段對照王符所言，「權歸鄧氏」、「令自房帷」，則知君令不行；「計金授官」，則吏治多姦，再加上移民逃寇之政策失當，百姓焉能不亂？若此，則從安帝開始，政府控制力已經幾乎喪失殆盡，東漢雖離亡朝還有一段時日，但是社會弊病叢生，百姓生活毫無保障。

　　政府之控制力減弱，最明顯的指標，即為流民的產生〔註4〕。以東漢之羌患與內徙邊民一事為例，王符云：

　　……太守令長，畏惡軍事，皆以素非此土之人，痛不著身，禍不及我家，故爭郡縣以內邊。至遣吏兵，發民禾稼，發徹屋室，夷其營壁，破其生業，彊劫驅掠，與其內入，捐棄羸弱，使死其處。當此之時，萬民怨痛，泣血叫號，誠愁鬼神而感天心。然小民謹劣，不能自達關廷，依官吏家，迫將威嚴，不敢有摯。民既奪土失業，又遭蝗旱飢匱，逐道東走，流離分散，幽、冀、兗、豫、荊、揚、蜀、漢，飢餓死亡，復失太半。邊地遂以丘荒，至今無人。〈實邊〉

　　對於流民之社會控制，池子華將其分為三部曲，即控制流民之生成、控制流民之流動、控制流民之影響，前、中、後三階段〔註5〕。以羌患而言，政府非但沒有做到控制流民生成、流動之責，反而助長其勢，聽任來自內郡之地方官吏內徙邊民：

　　羌既轉盛，而二千石、令、長多內郡人，並無守戰意，皆爭上徙郡縣以避寇難。朝廷從之，遂移隴西徙襄武，安定徙美陽，北地徙池陽，上郡徙衙。百姓戀土，不樂去舊，遂乃刈其禾稼，發徹室屋，夷營壁，破積聚。時連旱蝗飢荒，而驅蹙劫略，流離分散，隨道死亡，或棄捐老弱，或為人僕妾，喪其太半。《後漢書·西羌傳》

　　徙民之慘況，朝廷政策之失誤，由王符與范曄之記載可得知政府完全無

─────────

〔註4〕池子華云：「……流民問題是困擾中國的一大社會問題，流民越軌生存方式的負面影響可以波及政治、經濟、社會乃至於思想文化等各個領域，那麼，如何解決流民問題，便成為歷代統治者必須面對的一個難題。流民問題是一個巨大的社會系統工程，需要動用整個社會的力量加以調節與控制，尋找出解決問題的合理方案。……流民，從理論上講，是社會控制的客體或對象，統治者是社會控制的主體，通過控制指令對流民實施控制……」見氏著《流民問題與社會控制》（南寧：廣西人民出版社，2001.01），頁142。

〔註5〕見池子華《流民問題與社會控制》（南寧：廣西人民出版社，2001.01），第五章〈流民問題的控制模式〉。池子華所論縱貫歷代，舉證亦遍及各朝。然而流民問題歷代以來未有多大改變，不論是流民之性質或是政府之舉措，其歷經千年而多有共通性，池子華所云之社會控制三部曲，亦可謂放諸歷代而皆準。

法控制流民之生成。姑且不論徙民政策的失當，羌患之所以出現，乃因政府無法協調羌、漢雜處所帶來的衝突〔註6〕，因此致使羌人被「吏人豪右所徭役，積以愁怨」，此為東漢政府無力控制流民生成的關鍵之處。

流民因羌患與徙民而大起，政府卻僅能安撫邊地之豪強：

> 永初四年（110），羌胡反亂，殘破并、涼，大將軍鄧騭以軍役方費，事不相贍，欲棄涼州，并力北邊，……（虞）詡聞之，乃說李脩曰：「竊聞公卿定策當棄涼州，求之愚心，未見其便。先帝開拓土宇，劬勞後定，而今憚小費，舉而棄之。涼州既棄，即以三輔為塞；三輔為塞，則園陵單外。此不可之甚者也。諺曰：『關西出將，關東出相。』觀其習兵壯勇，實過餘州。今羌胡所以不敢入據三輔，為心腹之害者，以涼州在後故也。其土人所以推鋒執銳，無反顧之心者，為臣屬於漢故也。若棄其境域，徙其人庶，安土重遷，必生異志。如使豪雄相聚，席卷而東，雖賁、育為卒，太公為將，猶恐不足當禦。議者喻以補衣猶有所完，詡恐其疽食侵淫而無限極。棄之非計。」脩曰：「吾意不及此。微子之言，幾敗國事。然則計當安出？」詡曰：「今涼土擾動，人情不安，竊憂卒然有非常之變。誠宜令四府九卿，各辟彼州數人，其牧守令長子弟皆除為冗官，外以勸屬，荅其功勤，內以拘致；防其邪計。」脩善其言，更集四府，皆從詡議。於是辟西州豪桀為掾屬，拜牧守長吏子弟為郎，以安慰之。《後漢書・虞傅蓋臧列傳》

虞詡在一片棄邊聲浪中能夠正確判斷棄邊之失，已屬難得，然而其針對涼州流民之建議，卻僅僅及於豪傑與牧守長吏子弟，而真正需要救助之貧民百姓，卻沒有一套能夠妥善安輯流民的措施。由羌患與徙民之事可知，一則政府對於流民之認識不清，二則可推論政府已經無力控制奔散之流民，諸般安撫、賑濟流民的手段皆無從著手，只能對於豪強加以安撫，以免其「豪雄

〔註6〕　東漢羌漢衝突發生的主要原因，推其根本，乃在於生存空間的擠壓。參見管東貴〈漢代的羌族（上、下）〉，見《食貨月刊》第一卷1、2期，1969；又王明珂《華夏邊緣——歷史記憶與族群認同》（台北，允晨文化，2001.5初版三刷），第四章、第八章。由於羌人向東發展，漢人向西膨脹，造成羌漢雜處，而二族之生活習慣，經濟來源又頗不相同，故衝突在所難免。而東漢政府無力管理，不以華夏文化融合異族，反放任豪右徭役羌民，又時有棄邊之意，則是其控制力衰退之證明。

相聚，席卷而東」。

　　東漢政府控制力衰退，未能對於流民問題加以控制，此由羌患與徙民之事可以得知。由於中央政府不能將其控制力向下延伸至各級地方政府，因此連帶使得朝廷不能清楚瞭解各項百姓民生切身相關之事。諸如名數的掌握、各級官吏之選舉與考課、地方吏治之管理等等，中央政府若非舉措失當，就是無能為力：

> （殤帝延平元年）（106）七月庚寅，敕司隸校尉、部刺史曰：「夫天降災
> 戾，應政而至。閒者郡國或有水災，妨害秋稼。朝廷惟咎，憂惶悼
> 懼。而郡國欲獲豐穰虛飾之譽，遂覆蔽災害，多張墾田，不揣流亡，
> 競增戶口，掩匿盜賊，令姦惡無懲，署用非次，選舉乖宜，貪苛慘
> 毒，延及平民……」《後漢書·孝和孝殤帝紀》

　　此詔書可說是東漢政府承認地方郡國不受控制的表現。東漢的政治亂象，可以分為各種層面：以中央政府內部來說，皇權不能有效利用外戚與宦官，反而受二者所制，是皇權無法控制其他勢力；以全國之政治來說，中央政府之法令不能有效管理，導致選舉考課不公，吏治敗壞，是朝廷無法控制其地方政府；以官吏與百姓來說，官吏徇私擾民，不能掌握轄地之戶口，甚至發生社會問題時只能聽任流民逃竄，則是地方政府無法控制其管轄之百姓〔註7〕。東漢由內而外，由上而下，各種弊病叢生，如殤帝詔書所列舉之數十項，推源其始，則皆可歸之於中央政府之無能也。

　　本文在第三章已經討論過「名數」的問題，地方政府因中央控制力不足所延伸的各種政治問題，本章將於第二節擇與流民相關者討論之。

〔註7〕 本節所稱之地方政府，與中央集權、地方分權作比較之地方政府略有不同。
　　　 本節論述地方政府，是由政府控制社會之角度切入，故中央與地方之關係乃
　　　 在於：中央朝廷能否藉由貫徹法令來控制地方社會；而一般論及地方政府時，
　　　 往往以權力架構的角度切入，故中央與地方之關係乃在於中央集權與地方分
　　　 權。兩者的差異在於，以權力架構的方向來說，地方分權雖然削弱的中央政
　　　 府的力量，但地方政府若能強而有力實施法令，依舊能夠達到控制社會的目
　　　 的；而以控制社會的方向來說，地方社會是否控制，與政府的權力架構沒有
　　　 必然之關係。東漢末年朝廷威信盡失，天下大亂，然而幽州、荊州、益州等
　　　 四方州郡，往往因地方政府能撫卹流亡而達到較強之社會控制，即為一例。
　　　 兩漢中央集權與地方分權之關係，參見錢穆《中國歷代政治得失》（台北：東
　　　 大圖書公司，1993.09 九版），第一講；嚴耕望《中國地方行政制度史·甲部
　　　 ——秦漢地方行政制度》（台北：中央研究院歷史語言研究所，專刊之四十五
　　　 A，1990.05 三版）。

二、王侯貴戚亂政擾民

秦漢時代打擊諸侯封建政權十分成功。在西漢中葉之後，諸侯王之實權已在郡守之下〔註8〕；東漢時代，對於諸侯的禁制更甚。三國之諸葛恪對於兩漢諸侯權力之變化說道：

> （諸葛）恪上牋諫曰：「……昔漢初興，多王子弟至於太彊，輒為不軌，上則幾危社稷，下則骨肉相殘，其後懲戒，以為大諱。自光武以來，諸王有制，惟得自娛於宮內，不得臨民，干與政事，其與交通，皆有重禁，遂以全安，各保福祚。此則前世得失之驗也。……」

> 《三國志・吳書・吳主五子傳》

東漢王侯不得「干與政事」，其身份地位與漢初相差甚遠，在編戶齊民的政策下，東漢初年政府控制力尚可時，王侯甚至不能保護自己的賓客：

> （光武帝建武二十八年）（52）詔郡縣捕王侯賓客，坐死者數千人。

> 《後漢書・光武帝紀》

東漢王侯雖然沒有實權，然而自西漢推恩眾建以來，諸侯王之數目與日俱增，此措施雖有效的使諸侯之影響力大為降低，卻也養成了數量極為龐大之王侯群〔註9〕。這些諸侯王大多無功於漢，能得王侯之位，率皆襲祖考之爵位；而其他權臣子弟貴戚，亦賴先人庇蔭，尸位素餐，不事生產，乃至於生活驕奢無比。王符對於這些王侯貴戚有很深刻的批評：

> 當今列侯，率皆襲先人之爵，因祖考之位，其身無功於漢，無德於民，專國南面，臥食重祿，下殫百姓，富有國家，此素餐之甚者也。

> 〈三式〉

> 自春秋之後，戰國之制，將相權臣，必以親家。皇后兄弟，主婿外孫，年雖童妙，未脫桎梏，由藉此官職，功不加民，澤不被下而取侯，多受茅土，又不得治民效能以報百姓，虛食重祿，素餐尸位，而但事淫侈，坐作驕奢，破敗而不及傳世者也。〈思賢〉

諸侯貴戚尸位素餐，無功受祿卻又奢侈浪費，原為上層社會常見之事，若僅僅於此，則這些貴戚們未必會引發社會問題。然而東漢王侯貴戚既多，

〔註8〕《漢書・元帝紀》：「（初元）三年春，令諸侯相位在郡守下。」

〔註9〕錢大昭《後漢書補表・自序》：「……得諸侯王六十一人，王子侯三百四十四人，功臣侯三百七十九人，外戚恩澤侯八十九人，宦者侯七十九人，偶有異同，加辯證焉。」共九百五十二人，錢氏此《表》見《二十五史補編》（台北：開明書店，1959），第二冊，頁1848。

其中難免良莠不齊，王符對於這種情況有正反兩面的評價。較能潔身自愛之
諸侯貴戚者，則曰：

> 今諸侯貴戚，或曰敕民慎行，德義無違，制節謹度，未嘗負責，身
> 絜規避，志屬青雲。

這些德義無違之王侯恐怕只是少數，藉王侯貴戚之位欺負百姓的，所在
多有，王符曰：

> 或既欺負百姓，上書封租，願且償責，此乃殘掠官民，而還依縣官
> 也，其誣罔慢易，罪莫大焉。〈斷訟〉

王侯貴戚若能安分守己，其尸位素餐亦無損於社會秩序；但是若欺負百
姓、殘掠官民，致使社會失序，這些貴戚們難辭其咎，如竇憲之家族、兄弟：

> 憲既平匈奴，威名大盛，……由是朝臣震懾，望風承旨。而（竇）
> 篤進位特進，得舉吏，見禮依三公。（竇）景為執金吾，（竇）瓌光
> 祿勳，權貴顯赫，傾動京都。雖俱驕縱，而景為尤甚，奴客緹騎依
> 倚形埶，侵陵小人，強奪財貨，篡取罪人，妻略婦女。商賈閉塞，
> 如避寇讎。有司畏懦，莫敢舉奏。太后聞之，使謁者策免景官，以
> 特進就朝位。瓌少好經書，節約自修，出為魏郡，遷潁川太守。《後
> 漢書·竇融列傳》

竇景、竇瓌皆竇憲之兄弟，竇瓌「身絜規避」，然而竇景卻「殘掠官民」。
除此之外，王侯擾民尚有大興土木一項：

> （中山簡王焉）立五十二年，永元二年薨。……是時竇太后臨朝，
> 竇憲兄弟擅權，太后及憲等，東海出也，故睦於焉而重於禮，加賵
> 錢一億。詔濟南、東海二王皆會。大為修冢塋，開神道，平夷吏人
> 冢墓以千數，作者萬餘人。發常山、鉅鹿、涿郡柏黃腸雜木，三郡
> 不能備，復調餘州郡工徒及送致者數千人。凡徵發搖動六州十八郡，
> 制度餘國莫及。《後漢書·光武十王列傳》

因王侯而大興土木，徵發搖動六州十八郡，擾民之甚，由此可見。除竇
憲家族外，梁冀亦為貴戚亂政之例證：

> （梁）冀用（孫）壽言，多斥奪諸梁在位者，外以謙讓，而實崇孫氏
> 宗親。冒名而為侍中、卿、校尉、郡守、長吏者十餘人，皆貪叨凶
> 淫，各遣私客籍屬縣富人，被以它罪，閉獄掠拷，使出錢自贖，貲
> 物少者至於死徙。扶風人士孫奮居富而性吝，冀因以馬乘遺之，從

貸錢五千萬，奮以三千萬與之，冀大怒，乃告郡縣，認奮母爲其守
臧婢，云盜白珠十斛、紫金千斤以叛，遂收考奮兄弟，死於獄中，
悉沒貲財億七千餘萬。《後漢書‧梁統列傳》

孫壽爲梁冀之妻，其依梁冀亂政擾民之事，已不需多言。在這般亂政之
下，富人爲躲避梁冀之豪奪財產，想必是舉家逃亡。梁冀之禍害，不僅僅於
富人而已，對於一般百姓，騷擾更甚：

其四方調發，歲時貢獻，皆先輸上第於冀，乘輿乃其次焉。吏人齎
貨求官請罪者，道路相望。冀又遣客出塞，交通外國，廣求異物。
因行道路，發取伎女御者，而使人復乘埶橫暴，妻略婦女，毆擊吏
卒，所在怨毒。《後漢書‧梁統列傳》

冀又起別第於城西，以納姦亡。或取良人，悉爲奴婢，至數千人，
名曰「自賣人」。《後漢書‧梁統列傳》

其或妻略婦女，毆擊吏卒、或取良人以爲奴婢等惡行，勢必對於小民之
生命財產有所威脅；而納姦亡之舉，更是破壞國家法令，危害社會秩序的行
爲。因此王符對此種貴戚頗多批評：

且夫列侯皆剖符受策，國大臣也，雖身在外，而心在王室。宜助聰
明與智賢愚，以佐天子。何得坐作奢僭，驕育負責，欺枉小民，淫
恣酒色，職爲亂階，以傷風化而已乎？〈三式〉

……是故世主之於貴戚也，愛其嬖媚之美，不量其材而授之官，不
使立功自託於民，而苟務高其爵位，崇其賞賜，令結怨於下民，縣
罪於惡，積過既成，豈有不顚隕者哉？此所謂「子之愛人，傷之而
已」哉！〈思賢〉

王侯貴戚之擾民，還不僅於此。王符曰：

洛陽至有主諧合殺人者，謂之會任之家，受人十萬，謝客數千。又
重饋部吏，吏與通姦，利入深重，幡黨盤牙，請至貴戚寵臣，說聽
於上，謁行於下。是故雖嚴令、尹，終不能破壞斷絕。〈述赦〉

這些專事殺人之徒，與惡吏、貴戚相結合，上下通姦，於國家則破壞政
府法令之威信，於百姓則身家無所保障，終日提心吊膽。此亦爲京師洛陽之
事，再加上前述梁冀於城西納姦亡之舉，則王侯貴戚亂政擾民之事，又添一
例。

除此之外，這些貴戚們之奢侈浪費，表面上雖與下階層之百姓、流民問

題無關，然若從經濟的角度來看，則過渡的奢侈浪費，亦爲農桑等本業之巨大負擔，王符云：

> 其後京師貴戚，必欲江南檽梓豫章梗柟；邊遠下土，亦競相倣傚。夫檽梓豫章，所出殊遠，又乃生於深山窮谷，經歷山岑，立千步之高，百丈之谿，傾倚險阻，崎嶇不便，求之連日然後見之，伐斫連月然後訖，會眾然後能動擔，牛列然後能致水，油漬入海，連淮逆河，行數千里，然後到雒。工匠雕治，積累日月，計一棺之成，功將千萬。夫既其終用，重且萬斤，非大眾不能舉，非大車不能輓。東至樂浪，西至敦煌，萬里之中，相競用之。此之費功傷農，可爲痛心！〈浮侈〉

貴戚爲了私人的享受，花費人力物力甚巨，百姓配合貴戚之需要，往往必須捨棄原有之本業，即所謂「費功傷農」云云。由於有能力奢侈浪費之豪強不僅僅是王侯貴戚，因此此一問題若放在「中央政府腐敗」之條目底下來談，其論述不能括其全面。故豪強之奢侈與平民、貧民百姓在經濟上的關係，本文將於第五章討論經濟因素時更詳細的討論；而此扭曲之社會風氣與流民問題之關係，則將於第六章討論社會問題時加以論述。

第二節　地方吏治敗壞無能

地方吏治的敗壞，是東漢流民發生的根本原因之一，其爲禍更甚於天災賊寇。中國早有積貯備荒的觀念，若逢天災，以民間之存糧與政府之倉儲加以應付，未必會造成飢荒與流民問題〔註10〕，仲長統云：「蓄積誠多，則兵寇

〔註10〕中國儲蓄觀念起源甚早，《管子・牧民》：「凡有地牧民者，務在四時，守在倉廩。國多財，則遠者來，地辟舉，則民留處；倉廩實，則知禮節；衣食足，則知榮辱；……不務天時，則財不生；不務地利，則倉廩不盈……」可知先秦時代倉廩之受重視。漢代重農，對於積貯備荒亦十分重視，《漢書・食貨志》記載賈誼上說文帝：「……古之治天下，至孅至悉也，故其畜積足恃。……漢之爲漢幾四十年矣，公私之積猶可哀痛。失時不雨，民且狼顧；歲惡不入，請賣爵、子。既聞耳矣，安有爲天下阽危者若是而上不驚者……」政府國策如此，學術思想對於儲蓄備荒之觀念更爲完整，《淮南子・主術訓》：「夫天地之大，計三年耕而餘一年之食，率九年而有三年之畜，十八年而有六年之積，二十七年而有九年之儲，雖淹旱災害之殃，民莫困窮流亡也。」見〔東周〕管子等編撰；〔清〕戴望校正《管子校正》（台北：世界書局，諸子集成），頁1；〔西漢〕劉安等編撰；何寧集釋《淮南子集釋》（北京：中華書局，1998.10）

水旱之災不足苦也」〔註11〕，此言甚是。盜賊作亂，若政府保護百姓之措施
妥當，則可將其傷害減至最低。然而若吏治敗壞，惡吏非但不能保護百姓，
反而更趁亂掠奪，其傷害比盜賊更大。王符描述羌患之情形曰：

> 又放散錢穀，殫盡府庫，乃復從民假貸，彊奪財貨。千萬之家，削
> 身無餘，萬民匱竭，因隨以死亡者，皆吏所餓殺也。其爲酷痛，甚
> 於逢虜。寇鈔賊虜，忽然而過，未必死傷。至吏所搜索剽奪，游踵
> 塗地，或覆宗滅族，絕無種類；或孤婦女，爲人奴婢，遠見販賣，
> 至令不能自活者，不可勝數也。〈實邊〉

王符所言，極爲眞實，惡吏爲禍甚於羌寇，可見東漢中期吏治敗壞之情
況。

東漢吏治敗壞的原因甚多，以官吏貪贓爲例，爲吏者之所以貪贓，恐怕
與兩漢吏俸微薄脫離不了關係。西漢時代，官俸微薄已經頗受批評，因此有
建議增加官俸者：

> 張敞、蕭望之言曰：『夫倉廩實而知禮節，衣食足而知榮辱，今小吏
> 俸率不足，常有憂父母妻子之心，雖欲潔身爲廉，其勢不能。請以
> 什率增天下吏俸。』宣帝乃益天下吏俸什二。〔註12〕

地方官吏之俸祿不足以養家活口，乃至於「有憂父母妻子之心」，官吏
怎能不貪〔註13〕？西漢時代，政府對於官俸過低尚有認識，因此漢惠帝、
宣帝皆有酌量增加官俸的政策〔註14〕；東漢初年明帝也有賞賜官吏俸祿的

中冊，頁 684。

〔註11〕仲長統《昌言‧損益篇》，見《後漢書‧王充王符仲長統列傳》。

〔註12〕此記載不見於班固《漢書》，見杜佑《通典‧職官典第十七》（北京：中華書
　　　局，1988.12）引應劭《漢官儀》。另外，亦可參見應劭《漢官儀》（四庫備要
　　　本）之輯本，卷上，頁 24。

〔註13〕《鹽鐵論‧疾貪》對於官吏貪污亦有辯論，其中賢良所主張者，亦爲官俸太
　　　低：「賢良曰：『古之制爵祿也，卿大夫足以潤賢厚士，士足以優身及黨，庶
　　　人爲官者，足以代其耕而食其祿。今小吏祿薄，郡國縣役，遠至三輔，粟米
　　　貴，不足相贍。常居則匱於衣食，有故則賣畜粥業。非徒是也，縣使相遣，
　　　官庭攝追，小計權吏，行施乞貸，長吏侵漁，上府求之縣，縣求之鄉，鄉
　　　安取之哉？語曰：「貨賂下流，猶水之赴下，不竭不止。」今大川江河飲巨海，
　　　巨海受之，而欲豀谷之讓流潦；百官之廉，不可得也。夫欲影正者端其表，
　　　欲下廉者先之身。故貪鄙在率不在下，教訓在政不在民也。』」見〔漢〕桓寬
　　　編著：王利器校注《鹽鐵論校注》（北京：中華書局，1992.07），上冊，頁 414。

〔註14〕西漢增地方官吏俸祿者有惠帝、宣帝兩次：《漢書‧惠帝紀》詔曰：「吏所以
　　　治民也，能盡其治則民賴之，故重其祿，所以爲民也。今吏六百石以上父母

紀錄〔註15〕。兩漢政府高階官吏與低階官吏之薪俸差距極大，西漢最高階之三公與最低階之地方佐吏月俸比率大約 100：1，歷經幾次調整，東漢則降爲43：1略少。〔註16〕以地方官吏之俸祿而言，東漢相對西漢略有增加，光武帝詔：

> （建武）二十六年（50）春正月，詔有司增百官奉。其千石已上，減
> 於西京舊制；六百石已下，增於舊秩。《後漢書·光武帝紀》

現存西漢官吏之月俸並不完整〔註17〕，然而由光武帝詔可得知，東漢縣令以下之低階官員，其月俸相對於西漢時代已經有所提高〔註18〕，雖然如此，地方小吏之薪俸仍極爲微薄，自給尚不足，更枉論奉養父母妻子。東漢崔寔對於當時小吏之薪俸之微薄有一記載：

> 夫百里長吏，荷諸侯之任，而食監門之祿。請舉一隅，以率其餘：
> 一月之祿，得粟二十斛，錢二千。長吏雖欲崇約，猶當有從者一人，
> 假令無奴，當復取客。客庸一月千，芻膏肉五百，薪炭鹽菜又五百，

妻子與同居，及故吏嘗佩將軍都尉印將兵及佩二千石官印者，家唯給軍賦，他無有所與。」不但增俸，還有減賦之優惠。《漢書·宣帝紀》神爵三年秋八月詔曰：「吏不廉平則治道衰。今小吏皆勤事，而奉祿薄，欲其毋侵漁百姓，難矣。其益吏百石以下奉十五。」惠帝與宣帝皆以地方小吏爲增俸之目標。另外，成帝時亦有增官俸：《漢書·成帝紀》：「益大司馬、大司空奉如丞相。」則成帝之增俸爲中央政府之大官，其對象與惠帝、宣帝時有所不同。

〔註15〕《後漢書·顯宗孝明帝紀》永平四年春詔曰：「……比再得時雨，宿麥潤澤。其賜公卿半奉。有司勉遵時政，務平刑罰。」明帝之賜俸與西漢之增俸性質不同，蓋賜俸乃因得時雨，並非常態，而西漢之增俸當爲定制。另外，順帝時左雄亦有奏請加俸，《後漢書·左周黃列傳》：「（左）雄又奏徵海內名儒爲博士，使公卿子弟爲諸生。有志操者，加其俸祿。」然左雄之議未見〈順帝紀〉，順帝時期尚有減俸之舉，左雄加俸之言可能未被採納。

〔註16〕黃惠賢、陳鋒主編《中國俸祿制度史》（武漢：武漢大學出版社，2005.05），頁55。

〔註17〕顏師古注《漢書·百官公卿表》所列之數據不可信，王鳴盛《十七史商榷》（台北：藝文印書館，1964，據清光緒廣雅書局原刻本影印）卷34〈官俸〉條已有明辨。然西漢之月俸仍然可以由《史記》、《漢書》以及出土文獻如《居延漢簡》之相關資料拼湊出西漢官吏月俸之大概，見勞榦〈關於漢代官俸的幾個推測〉，收錄於氏著《勞榦學術論文集甲編》（台北：藝文印書館，1976.10初版），下冊，頁1037；黃惠賢、陳鋒主編《中國俸祿制度史》（武漢：武漢大學出版社，2005.05），頁36～50。

〔註18〕東漢官吏等秩見《後漢書志·百官志》，另可參見嚴耕望《中國地方行政制度史·甲部——秦漢地方行政制度》（台北：中央研究院歷史語言研究所，專刊之四十五A，1990.05三版）。

二人食粟六斛，其餘財足給馬，豈能供冬夏衣被、四時祠祀、賓客

升酒之費乎？況復迎父母致妻子哉！〔註19〕

　　所謂百里長吏即爲地方之縣令長〔註20〕，《後漢書志・百官志》劉昭注引

荀綽《晉百官表》注曰：「漢延平中（106）……三百石月錢二千，米十二斛。

二百石月錢一千，米九斛。百石月錢八百，米四斛八斗。」米二十斛換算成

粟大約十二斛〔註21〕，則崔寔所述當爲三百石等級之地方官吏。延平爲殤帝

年號，則崔寔之例爲安帝以前之制度，而三百石之地方官吏，其薪俸之微薄

如此，更何況三百石以下之二百石、百石、百石以下等屬吏？崔寔云客庸一

月尙有千錢以及膳食若干，東漢百石以下官吏有斗食、佐史兩級，爲縣之屬

吏，是日常與百姓最密切接觸者，其俸額更不如客庸之一月千錢〔註22〕。如

此微薄之薪俸，無怪乎地方小吏逮到機會便搜索剝奪，彊劫驅掠了。

　　東漢原本定制之薪俸已然如此，安帝之後還多次減俸、絕俸。如安帝永

初四年（110）、順帝漢安二年（143）、桓帝延熹四年、五年（161、162）皆減

官俸〔註23〕，而桓帝延熹年間內憂外患，國庫空虛，因此有「詔無事之官權

〔註19〕　崔寔《政論》，見〔清〕嚴可均輯《全後漢文》（《全上古三代秦漢三國六朝文》
　　　　　第二冊，台北：世界書局，1968.08 三版），卷四十六，頁八。

〔註20〕　《後漢書志・百官志》：「每縣、邑、道，大者置令一人，千石：其次置長，
　　　　　四百石：小者置長，三百石」。

〔註21〕　《居延漢簡》110・14：「粟一斗得米六升」，又《九章算經・粟米》：「今有粟
　　　　　一斗，欲爲糲米。問得幾何？荅曰：爲糲米六升。」，又《說苑・辨物》：「度
　　　　　量權衡以……千二百黍爲一龠，十龠爲一合，十合爲一升，十升爲一斗，十
　　　　　斗爲一石。」勞榦編《居延漢簡》（台北：中央研究院歷史語言研究所，專刊
　　　　　21 圖版之部 1960；專刊 40 考釋之部，1985）；〔晉〕劉徽；〔唐〕李淳風等釋
　　　　　《九章算經》（上海：上海古籍出版社，續修四庫全書子部天文算法類 1041），
　　　　　頁 270；〔西漢〕劉向；左松超集證《說苑集證》（台北，國立編譯館，2001.04），
　　　　　下冊，頁 1140；另可參考勞榦〈居延漢簡考證・邊郡生活〉，收錄於氏著《勞
　　　　　榦學術論文集甲編》（台北：藝文印書館，1976.10 初版），上冊，頁 398。

〔註22〕　《後漢書志・百官志》：「百官受奉例：……一百石奉，月十六斛。斗食奉，
　　　　　月十一斛。佐史奉，月八斛。凡諸受奉，皆半錢半穀。」東漢官吏受奉半錢
　　　　　半穀，劉昭注引荀綽《晉百官表》注未列斗食與佐史，以一斛百錢換算，則
　　　　　斗食不過與客庸同，佐史則低於客庸。一斛百錢非以當時之物價換算，可能
　　　　　爲東漢定半錢半穀之固定算法，見黃惠賢、陳鋒主編《中國俸祿制度史》（武
　　　　　漢：武漢大學出版社，2005.05），頁 55。半錢半穀之說頗多爭議，本文暫從
　　　　　黃氏、陳氏之說。

〔註23〕　《後漢書・孝安帝紀》永初四年：「詔減百官及州郡縣奉各有差」；《後漢書・
　　　　　孝順孝沖孝質帝紀》漢安二年：「甲辰，減百官奉。丙午，禁沽酒，又貸王、
　　　　　侯國租一歲。」《後漢書・孝桓帝紀》延熹四年：「減公卿以下奉，貸王侯半租。

絕奉，豐年如故」的政策〔註24〕。地方官吏薪俸微薄則難生廉潔之心，此點西漢時期政府便已知曉。宣帝曾經有詔曰：「吏不廉平則治道衰。今小吏皆勤事，而奉祿薄，欲其毋侵漁百姓，難矣。」〔註25〕而東漢政府竟倒行逆施，以減俸、絕俸來抒解財政困難，〈孝桓帝紀〉李賢注引東觀漢記曰：

> （延熹五年）（162）以京師水旱疫病，帑藏空虛，虎賁、羽林不任事者住寺，減半奉。

東漢政府不知從根本上改善吏政，反而謀奪官吏之薪俸，此舉無異於飲鴆止渴。官俸本已不足官吏生活，遇亂事政府又加以減俸、假俸，則地方官吏不免趁亂抄寇百姓家產。前引王符所言，羌患之時，地方太守令長之謀奪財產，直比羌寇更為厲害，而吏兵之於羌人，更有過之而無不及：

> 太守令長，畏惡軍事，皆以素非此土之人，痛不著身，禍不及我家，故爭郡縣以內邊。至遣吏兵，發民禾稼，發徹屋室，夷其營壁，破其生業，彊劫驅掠，與其內入，捐棄羸弱，使死其處。當此之時，萬民怨痛，泣血叫號，誠愁鬼神而感天心。〈實邊〉

東漢後期之政論家，對於官吏俸祿不足以供養多有批評，並多主張厚祿以絕貪欲，崔寔云：

> ……今所使分成權、御民人、理獄訟、幹府庫者，皆群臣之所為，而其奉祿甚薄，仰不足以養父母，俯不足以活妻子。父母者，性所愛也，妻子者，性所親也，所愛所親，方將凍餒，雖冒刃求利，尚猶不避，況可令臨財御眾乎？是所謂渴馬守水，餓犬護肉，欲其不侵，亦不幾矣！〔註26〕

仲長統亦曰：

> 奉祿誠厚，則割剝貿易之罪乃可絕也；蓄積誠多，則兵寇水旱之災不足苦也。……夫選用必取善士。善士富者少而貧者多，祿不足以供養，安能不少營私門乎？從而罪之，是設機置阱以待天下之君子

占賣關內侯、虎賁、羽林、緹騎營士、五大夫錢各有差。」延熹五年：「八月庚子，詔減虎賁、羽林住寺不任事者半奉，勿與冬衣；其公卿以下給冬衣之半。」延熹五年：「假公卿以下奉。又換王侯租以助軍糧，出濯龍中藏錢還之。」

〔註24〕《後漢書·孝桓帝紀》延熹三年：「丁亥，詔無事之官權絕奉，豐年如故。」

〔註25〕《漢書·宣帝紀》神爵三年秋八月詔。

〔註26〕崔寔《政論》，見〔清〕嚴可均輯《全後漢文》（《全上古三代秦漢三國六朝文》第二冊，台北：世界書局，1968.08 三版），卷四十六，頁八。

也。〔註27〕

　人之貪欲，未必因厚祿而消，然而祿不足以供養，卻是「設機置阱以待天下之君子」。王符對於俸祿問題亦有類似的言論，不同之處在於，王符並未直言增加俸祿，而是主張政府當禮賢有數，視其位而給其祿：

> 是以先聖籍田有制，供神有度，奉己有節，禮賢有數，上下大小，貴賤親疏，皆有等威，階級衰殺，各足祿其爵位，公私達其等級，禮行德義。〈班祿〉

> 官政專公，不慮私家；子弟事學，不干財利，閉門自守，不與民交爭，而無飢寒之道，而不陷；臣養優而不隘，吏愛官而不貪，民安靜而強力，此則太平之基立矣。〈班祿〉

　王符由正面主張「臣養優而不隘，吏愛官而不貪」，與仲長統等由負面批判「祿不足以供養，安能不少營私門乎？」，其理一也。吏治敗壞致使百姓流亡，或結夥為盜，殺官吏以洩恨，而政府為了鎮壓盜匪，乃至於國庫空虛，由於中央政府控制力衰退，在無法開源的情況下，只好利用減俸、絕俸減少開支，而此舉是令地方吏治更加惡化，百姓流亡更甚，而形成此惡性循環之局面。

　吏治之敗壞，在於貪、慢、酷三個方面，貪吏之外，地方官吏為官為求財利，自然怠慢於原該處理之政務，此為慢吏。對於這種情況，王符曰：

> 今者刺史、守相，率多怠慢，違背法律，廢忽詔令，專情務利，不卹公事。細民冤結，無所控告，下土邊遠，能詣闕者，萬無數人，其得省治，不能百一。郡縣負其如此也，故至敢延期，民日往上書。此皆太寬之所致也。〈三式〉

　吏治之怠慢，雖然不會引起嚴重的流民問題或民變，然而缺乏效率的政府，卻使地方法治無法落實。農民為了訴訟疲於奔命，無法維持正常的經濟生活。因此王符對於地方政府之司法訴訟程序頗為關注：

> 今則不然。萬官撓民，令長自衒，百姓廢農桑而趨府庭者，非朝晡不得通，非意氣不得見，訟不訟輒連月日，舉室釋作，以相瞻視，辭人之家，輒請鄰里應對送餉，比事訖，竟亡一歲功，則天下獨有受其饑者矣，而品人俗士之司典者，曾不覺也。

〔註27〕仲長統《昌言‧損益篇》，見《後漢書‧王充王符仲長統列傳》。

今自三府以下，至於縣道鄉亭，及從事督郵，有典之司，民廢農桑
而守之，辭訟告訴，及以官事應對吏者，一人之日，廢十萬人，人
復下計之，一人有事，二人獲餉，是爲日三十萬人離其業也。以中
農率之，則是歲三百萬口受其饑也。然則盜賊何從消，太平何從作？
〈愛日〉

地方官吏怠慢既有之訴訟，尚屬小事，其對無罪之小民苛察無比，無罪
生事，令更多百姓進入漫長無效率之訴訟程序之中，才是問題的根本。王符
曰：

今則不然，令長守相不思立功，貪殘專恣，不奉法令，侵冤小民。
州司不治，令遠詣闕上書訟訴。〈考績〉

兩漢酷吏爲害，對於小民之傷害更勝怠慢。東漢明帝時期吏治苛察，章
帝即位之初，陳寵即上疏請章帝「濟之以寬」：

……是時承永平故事，吏政尚嚴切，尚書決事率近於重。（陳）寵以
帝新即位，宜改前世苛俗。乃上疏曰：「……往者斷獄嚴明，所以威
懲姦慝，姦慝既平，必宜濟之以寬。陛下即位，率由此義，數詔群
僚，弘崇晏晏。而有司執事，未悉奉承，典刑用法，猶尚深刻。斷
獄者急於箠格酷烈之痛，執憲者煩於詆欺放濫之文，或因公行私，
逞縱威福。……」帝敬納寵言，每事務於寬厚。其後遂詔有司，絕
鈷鑽諸慘酷之科，解妖惡之禁，除文致之請讞五十餘事，定著于令。
是後人俗和平，屢有嘉瑞。《後漢書·郭陳列傳》

章帝雖然意圖務於寬厚，然而漢法繼承秦法，其刑酷烈由來已久〔註28〕。
章帝能關注吏治，已屬難得，然未必能一舉扭轉吏治苛察之風〔註29〕，是以

〔註28〕 漢律亡佚已久，然 1983 年底到 1984 年初，湖北江陵張家山 247 號漢墓出土
了千餘片漢簡，其中便有久佚之漢律，可補文獻資料記載之不足。張家山漢
簡所記載之漢律，與睡虎地秦簡中的秦律頗多相同，高敏云：「漢初法律同秦
律有直接的繼承關係，這無論在立法精神方面，還是在刑名、執法機構、下
級小吏名稱、計贓定罪的等級及多用十一的倍數等方面，都有明顯的反
映……」漢律繼承秦律，其後雖頗刪苛法，然並未有大規模之法律改革活動，
是以到了東漢明帝時仍有酷吏苛法之害。參見高敏〈漢初法律係全部繼承秦
律說——讀張家山漢簡《奏讞書》札記〉，收錄於氏著《秦漢魏晉南北朝史論
考》（北京：中國社會科學出版社，2004.07），頁 76；曹旅寧《張家山漢律研
究》（北京：中華書局，2005.08）。

〔註29〕 兩漢吏政風多苛刻，可由西漢末年尹賞臨終戒子之言窺知，《漢書·酷吏列
傳》：「（尹賞）數年卒官。疾病且死，戒其諸子曰：『丈夫爲吏，正坐殘賊免，

建初五年（80）、元和元年（84），都還在下詔糾舉惡吏為害：

> （建初五年）（80）三月甲寅，詔曰：「孔子曰：『刑罰不中，則人無所措手足。』今吏多不良，擅行喜怒，或案不以罪，迫脅無辜，致令自殺者，一歲且多於斷獄，甚非為人父母之意也。有司其議糾舉之。」《後漢書·肅宗孝章帝紀》

> （元和元年）（84）秋七月丁未，詔曰：「……自往者大獄已來，掠考多酷，鉆鑽之屬，慘苦無極。念其痛毒，怵然動心。書曰『鞭作官刑』，豈云若此？宜及秋冬理獄，明為其禁。」《後漢書·肅宗孝章帝紀》

　　章帝政務以寬和為上，尚且難收實效，東漢中期以後，吏治苛暴之情況更為嚴重，和、殤時期亦有類似之詔書：

> （和帝永元十二年）（100）三月丙申，詔曰：「……數詔有司，務擇良吏。今猶不改，競為苛暴，侵愁小民，以求虛名，委任下吏，假執行邪。是以令下而姦生，禁至而詐起。巧法析律，飾文增辭，貨行於言，罪成乎手，朕甚病焉……」《後漢書·孝和孝殤帝紀》

> （殤帝延平元年）（106）秋七月庚寅，敕司隸校尉、部刺史曰：「……今姦惡無懲，署用非次，選舉乖宜，貪苛慘毒，延及平民。刺史垂頭塞耳，阿私下比……」《後漢書·孝和孝殤帝紀》

　　東漢酷吏為患，《後漢書·酷吏列傳》中如周紆便是：「刻削少恩」、「嚴酷」、「專任刑法」，雖然為人公正不阿，但仍因其酷烈而被稱為「苛慘失中」；又黃昌「拜宛令，政尚嚴猛，好發姦伏。人有盜其車蓋者，……悉收其家，一時殺戮。」與周紆一樣，有因過渡嚴苛而受牢獄之災的紀錄；〈酷吏列傳〉中最為殘忍好殺的，莫過於王吉，其本傳云：

> 專選剽悍吏，擊斷非法。若有生子不養，即斬其父母，合土棘埋之。凡殺人皆磔屍車上，隨其罪目，宣示屬縣。夏月腐爛，則以繩連其骨，周遍一郡乃止，見者駭懼。視事五年，凡殺萬餘人。其餘慘毒刺刻，不可勝數。郡中惴恐，莫敢自保。

　　酷吏為害鄉里之程度，由王吉「視事五年，凡殺萬餘人」可見一斑！

　　吏之為患，絕非貪、慢、酷擇一而已，而是兼而有之，除貪財力之外，定罪之時酷，訴訟之時慢，令小民無所措手足。酷吏苛暴，百姓動輒得咎；

追思其功效，則復進用矣。一坐軟弱不勝任免，終身廢棄無有赦時，其羞辱甚於貪汙坐臧。慎毋然！』」。

慢吏不恤公事，百姓求告無門；再加上貪吏務利，則訴訟之事，遂落入富人
豪強與惡吏手中，一般平民百姓毫無與之抗衡的能力。王符對於這類事有詳
細的陳述：

> 以贏民與豪吏訟，其勢不如也。是故縣與部并，後有反覆，長吏坐
> 之，故舉縣排之於郡。以一人與一縣訟，其勢不如也。故郡與縣并，
> 後有反覆，太守坐之，故舉郡排之於州。以一人與一郡訟，其勢不
> 如也。故州與郡并，而不肯治，故乃遠詣公府爾。公府不能察，而
> 苟欲以錢刀課之，則貧弱少貨者終無以曠旬滿祈。豪富饒錢者取客
> 使往，可盈千日，非徒百也。治訟若此，爲務助豪猾而鎮貧弱也，
> 何冤之能治？非獨鄉部辭訟也。武官斷獄，亦皆始見枉於小吏，終
> 重冤於大臣。怨故未雠，輒逢赦令，不得復治，正士懷冤結而不得
> 信，猾吏崇姦究而不痛坐。郡縣所以易侵小民，而天下所以多饑窮
> 也。〈愛日〉

吏治敗壞至於擾民過甚，甚至可激起民變，東漢中後期南方地區民風剽
悍，往往起而殺官吏，便是實例〔註30〕。蓋南方生活容易，地廣人稀，起事
之後可逃入山澤寬鄉之間成爲流寇；北方地區不然，民叛之後則毫無退路，
故多爲流民前往他鄉就食。百姓是否起而作亂，與民風、生活地區有關，而
吏政之敗壞卻不分地區，原因除前述官吏俸祿過低之外，官吏多劣之由，與
政府察舉、考課不公有莫大關係；至於治安之所以難以維持秩序，則朝廷赦
宥過多實難辭其咎。

漢代官吏的仕進，多由察舉、辟除而來，其餘尚有皇帝徵召、任子、納
貲等途徑。其得仕進之依據，雖混雜了部分考試制度，然大部分還是以選舉
制度爲主，先選後考〔註31〕。選舉制度之始，乃由大一統政府需要賢才而來，

〔註30〕 見本文第二章第二節第四項〈南方地區〉所述。
〔註31〕 漢代的仕進制度包含了選舉（察舉、辟除等）與考試（對策、課試等）兩大
系統，而以選舉爲主，先選後考，考試乃爲量才錄用之依據，與隋唐以後科
舉制度完全不同。舉王符所處之和帝時代爲例，《後漢書·孝和孝殤帝紀》：「（永
元六年）丙寅，詔曰：『……思得忠良之士，以輔朕之不逮。其令三公、中二
千石、二千石、内郡守相舉賢良方正、能直言極諫之士各一人。昭巖穴，披
幽隱，遣詣公車，朕將悉聽焉。』帝乃親臨策問，選補郎吏。」皇帝親臨策
問之目的，在於從被選爲賢良方正、能直言極諫之士中量才選補郎吏。另外，
太學亦有考試之制度，然而進入太學，或爲博士、或爲博士弟子，亦必須先
經過選舉，再視情況加以考試，《後漢書·儒林列傳》：「戴憑字次仲，……年
十六，郡舉明經，徵試博士，拜郎中。」而博士弟子進入太學，亦由選舉產

因此初始並非制度：

> （漢高帝十一年）（～196）詔曰：「……賢士大夫有肯從我游者，吾能尊顯之。布告天下，使明知朕意。御史大夫昌下相國，相國酇侯下諸侯王，御史中執法下郡守，其有意稱明德者，必身勸，爲之駕，遣詣相國府，署行、義、年。有而弗言，覺，免。年老癃病，勿遣。」
> 《漢書・高帝紀》

> （文帝二年）（～178）上曰：「……令至，其悉思朕之過失，及知見思之所不及，　以告朕。及舉賢良方正能直言極諫者，以匡朕之不逮。
> 因各飭其任職，務省繇費以便民。……」《史記・孝文本紀》

此求賢之法後來漸漸制度化，成爲定時、定員、分科之察舉制度，兩千石以上之官吏有舉賢才之責，不舉才者罪〔註32〕。察舉之科目繁多，有舉孝廉、茂材、賢良方正、文學、明經等等，西漢時代之察舉，每歲各郡國舉孝廉二人，至東漢和帝時，則改爲依人口比例選〔註33〕，因此察舉所得之人數

生，再借由課試分第，此爲太學設置之制度，兩漢皆然，見《漢書・儒林傳》：「（公孫）弘爲學官，悼道之鬱滯，乃請曰：「……太常擇民年十八以上儀狀端正者，補博士弟子。……一歲皆輒課，能通一藝以上，補文學掌故缺：其高第可以爲郎中，太常籍奏。即有秀才異等，輒以名聞。其不事學若下材，及不能通一藝，輒罷之，而請諸能稱者……」兩漢察舉與考課不分，已仕者亦可再被察舉，其仕進制度十分複雜多元，未能一一詳列，參考勞榦〈漢代察舉制度考〉，收錄於氏著《勞榦學術論文集甲編》（台北：藝文印書館，1976.10初版），上冊，頁629；嚴耕望《中國地方行政制度史・甲部——秦漢地方行政制度》（台北：中央研究院歷史語言研究所，專刊之四十五Ａ，1990.05三版），第十、十一、十二章：陳蔚松《漢代考選制度》（武漢：崇文書局，2002.04）；黃留珠《秦漢仕進制度》（西安：西北大學出版社，1985.07）。

〔註32〕察舉有定時、定員、分科之制，亦有不定時、不定員的推舉。各級地方長官得自行辟署屬吏，且多用本郡人，與分科之察舉制度不同系統，然亦可視爲一選舉制度。參見嚴耕望《中國地方行政制度史・甲部——秦漢地方行政制度》（台北：中央研究院歷史語言研究所，專刊之四十五Ａ，1990.05三版）；陳蔚松《漢代考選制度》（武漢：崇文書局，2002.04）；黃留珠《秦漢仕進制度》（西安：西北大學出版社，1985.07）。

〔註33〕《漢書・武帝紀》：「元光元年冬十一月，初令郡國舉孝廉各一人。」由於成效不彰，於是漢武帝又再度下詔：「元朔元年冬十一月，詔曰：『……其與中二千石、禮官、博士議不舉者罪。』有司奏議曰：『……在上位而不能進賢者退，此所以勸善黜惡也。今詔書昭先帝聖緒，令二千石舉孝廉，所以化元元，移風易俗也。不舉孝，不奉詔，當以不敬論。不察廉，不勝任也，當免。』奏可。」則此時選舉制度已經成形。東漢和帝和元四、五年間，對於選舉之員額有所改革，《後漢書・孝和孝殤帝紀》：「時大郡口五六十萬舉孝廉二人，小郡口二十

量不少。然而選舉制度無一公正客觀的標準，多以名聲爲判斷標準，故欲爲官者莫不求名，乃至於虛情造假，結黨竊名。王符云：

> 夫志道者少友，逐俗者多儔。是以舉世多黨而用私，競比質而行趨華。貢士者，非復依其質幹，準其材行也，直虛造空美，掃地洞説。擇能者而書之，公卿刺史掾從事，茂才孝廉且二百員。歷察其狀，德侔顏淵、卜、冉，最其行能，多不及中。誠使皆如狀文，則是爲歲得大賢二百也。然則災異曷爲譏？此非其實之效。〈實貢〉

> 今多務交游以結黨助，偷世竊名以取濟渡，夸末之徒，從而尚之，此逼貞士之節，而眩世俗之心者也。養生順志，所以爲孝也。今多違志儉養，約生以待終，終沒之後，乃崇飾喪紀以言孝，盛饗賓旅以求名，誣善之徒，從而稱之，此亂孝悌之眞行，而誤後生之痛者也。〈務本〉

東漢士人標榜氣節，一方面與政府推廣儒術有關，然之所以全國士人多以氣節標榜，其原因則乃仕進制度使然。以孝廉舉仕，其科目便充滿了儒家以孝治天下的意味，然而一般人爲了致仕，故以各種手段奪取孝廉之名聲，對於儒家崇孝道反而是一種傷害。王符云「違志儉養，約生以待終，終沒之後，乃崇飾喪紀以言孝，盛饗賓旅以求名」，實不誣也。東漢末年有俗諺云：「舉秀才，不知書；察孝廉，父別居；寒素清白濁如泥，高第良將怯如雞〔註34〕。」可見察舉制度已經失去了原有提倡儒家學術之美意。《後漢書》中記載了許荊之祖父許武以手段求名聲之實例，可爲證之：

> 許荊字少張，會稽陽羨人也。祖父武，太守第五倫舉爲孝廉。武以二弟晏、普未顯，欲令成名，乃請之曰：「禮有分異之義，家有別居

萬并有蠻夷者亦舉二人，帝以爲不均，下公卿會議。（丁）鴻與司空劉方上言：『凡口率之科，宜有階品，蠻夷錯雜，不得爲數。自今郡國率二十萬口歲舉孝廉一人，四十萬二人，六十萬三人，八十萬四人，百萬五人，百二十萬六人。不滿二十萬二歲一人，不滿十萬三歲一人。』帝從之。」其後，又對邊郡地區之員額有所增加：「（永元十三年）詔曰：『幽、并、涼州戶口率少，邊役眾劇，束脩良吏，進仕路狹。撫接夷狄，以人爲本。其令緣邊郡口十萬以上歲舉孝廉一人，不滿十萬二歲舉一人，五萬以下三歲舉一人。』」參見嚴耕望《中國地方行政制度史·甲部——秦漢地方行政制度》（台北：中央研究院歷史語言研究所，專刊之四十五 A，1990.05 三版）；陳蔚松《漢代考選制度》（武漢：崇文書局，2002.04）；黃留珠《秦漢仕進制度》（西安：西北大學出版社，1985.07）。

〔註34〕葛洪《抱朴子·外篇·審舉》（台北：世界書局，諸子集成）卷十五，頁 127。

之道。」於是共割財產以為三分，武自取肥田廣宅奴婢強者，二弟
所得並悉劣少。鄉人皆稱弟克讓而鄙武貪婪，晏等以此並得選舉。
武乃會宗親，泣曰：「吾為兄不肖，盜聲竊位，二弟年長，未豫榮祿，
所以求得分財，自取大譏。今理產所增，三倍於前，悉以推二弟，
一無所留。」於是郡中翕然，遠近稱之。《後漢書·循吏列傳》

　　許武用心機手段，為其弟求名得選舉，其出發點並非二弟之禮讓也；而
其後又「會宗親」，將「理產所增，三倍於前，悉以推二弟」，更得到遠近之
稱許。許武得名之原因究竟是真心孝悌，還是源自機巧詭詐，實令人感到可
疑。然而不論其孝悌之行是發自內心亦或是發自名利，至少許武尚有實際孝
悌之行為，漢代選官制度最嚴重的弊端，乃在於權門請託，營司舞弊，王符
曰：

今當塗之人，既不能昭練賢鄙，然又劫於貴人之風指，脅以權勢之
屬託，請謁闐門，禮贄輻輳，迫於目前之急，則且先之。此正士之
所獨蔽，而群邪之所黨進也。〈本政〉

　　由於選舉制度缺乏一公正公平之標準，政府亦無拿出手段杜絕營私，故
權貴當塗多以親信、弟子、同黨囑託舉主，因此舉「孝廉」、「賢良方正」遂
成條目，選出之人僅具名目而無孝廉之實質。東漢之郎顗云：

……今選舉皆歸三司，非有周召之才，而當則哲之重，每有選用，
輒參之掾屬，公府門巷，賓客填集，送去迎來，財貨無已。其當遷
者，競相薦謁，各遣子弟，充塞道路，開長姦門，興致浮偽，非所
謂率由舊章也。《後漢書·郎顗襄楷列傳》

　　權門請託之嚴重者，乃至於地方官自選屬吏，竟求一而不得，《後漢書》
記載東漢中葉之田歆便是如此：

時河南尹田歆外甥王諶，名知人。歆謂之曰：「今當舉六孝廉，多得
貴戚書命，不宜相違，欲自用一名士以報國家，爾助我求之。」明
日，諶送客於大陽郭，遙見茂，異之。還白歆曰：「為尹得孝廉矣，
近洛陽門下史也。」歆笑曰：「當得山澤隱滯，迺洛陽吏邪？」諶曰：
「山澤不必有異士，異士不必在山澤。」歆即召茂於庭，辯詰職事。
茂辭對有序，歆甚知之，召署主簿，遂舉孝廉，辟太尉府，舉高第。
《後漢書·張王种陳列傳》

　　漢代地方官可自行辟署屬吏，然而權貴干涉選舉，竟至於使地方官欲「自

用一名士以報國家」皆不容易，由此可知漢代選舉制度之敗壞。此段資料還顯示出了東漢舉材往往求之於山澤的習慣，求隱士本為召賢，然而士人以隱士之名圖謀終南捷徑，亦為選風敗壞之事實，田歆與王諶之對話，適為東漢選舉之最大諷刺。

權貴干涉選舉，若真能舉用親近之賢才，亦不失為國舉材之德。然實際上卻非如此，權貴於選舉之中安插親信，有才德者往往不被晉用，而多擇能報恩，易於控制之少年。此問題早在東漢初年明帝在位時樊儵便有諫言：

> ……（樊儵）上言郡國舉孝廉，率取年少能報恩者，耆宿大賢多見
> 廢棄，宜敕郡國簡用良俊。《後漢書·樊宏陰識列傳》

由於被選者並非真有德有才之士，而是能利於當塗貴戚之人，故其出仕之初，心即不正，又如何能認真安輯百姓，撫慰流亡？選舉變成各豪強貴戚競爭之場所，而非為國舉材之制度，是以選舉名實不符之情況，極為嚴重〔註35〕。王符云：

> 群僚舉士者，或以頑魯應茂才，以桀逆應至孝，以貪饕應廉吏，以
> 狡猾應方正，以諛諂應直言，以輕薄應敦厚，以空虛應有道，以罷
> 闒應明經，以殘酷應寬博，以怯弱應武猛，以愚頑應治劇，名實不
> 相副，求貢不相稱。富者乘其材力，貴者阻其勢要，以錢多為賢，
> 以剛強為上。凡在位所以多非其人，而官聽所以數亂荒也。〈考績〉

《後漢書》中，對於選舉提出批評者不少，如順帝時左雄曰：

> 漢初至今，三百餘載，俗浸彫敝，巧偽滋萌，下飾其詐，上肆其殘。
> 典城百里，轉動無常，各懷一切，莫慮長久。謂殺害不辜為威風，
> 聚斂整辦為賢能，以理己安民為劣弱，以奉法循理為不化。《後漢書·
> 左周黃列傳》

對照王符之言，可知有識之士所見略同也。東漢選舉之敗壞，一言以蔽之，可謂「名實不相副，求貢不相稱」，所得非人，政府豈能不敗壞，吏治豈得清明？由於選舉制度弊端嚴重，左雄便曾經提出改革之法，主張限制察舉者之年齡，必須年滿四十歲，其主張曾經獲得順帝支持。〔註36〕左雄對於選

〔註35〕邢義田云：「東漢仕宦不只是德行、才能和學識的角逐，也意味著財富、家族勢力和政治關係的競爭。」其說是也。若以東漢中後期之情況而論，由於所舉之人，率多非賢，則為國舉材之意日消，而豪強貴戚競爭之味日濃也。參見邢義田〈東漢孝廉之身分背景〉，收錄於氏著《秦漢史論稿》（台北：東大圖書出版社，1987.06），頁145，注引文見頁192。

〔註36〕《後漢書·左周黃列傳》：「（左）雄又上言：『郡國孝廉，古之貢士，出則宰

舉之事頗爲關注，史稱其改革之後：「自是牧守畏慄，莫敢輕舉。迄于永憙，察選清平，多得其人〔註37〕。」然而東漢選舉之宿疾太深，豪強貴戚之勢力盤根錯節，絕非左雄一人之力可能扭轉的，以年齡限制來說，邢義田統計左雄任尚書令以後順帝時期舉孝廉而年齡可考者五人，其中四十歲以上的只有一人，四十左右的一人，四十以下的三人，而順帝以後至於漢末，舉孝廉而年齡可考者有二十二人，其中年紀不足四十者多達二十人，四十歲以上者僅僅只有兩位，由此懸殊之比例可知年齡限制之改革僅爲具文而已，並未具效力。〔註38〕

除左雄之外，約略同時亦有「禁侍中、尚書、中臣子弟不得爲吏察孝廉」〔註39〕的限制，比起年齡限制來恐怕更不具效力。如曹操身爲中常侍之後，而以二十歲之齡舉孝廉〔註40〕；史弼拒絕中常侍侯覽之請託，竟被誣陷下獄，幸得有人行賄於侯覽，才免於一死〔註41〕。中常侍之勢盛如此，其禁文固毫無效力可言。此與東漢中央政府軟弱，朝廷之威信不足，致使法令無法下達

民，宣協風教。若其面牆，則無所施用。孔子曰「四十不惑」，禮稱「強仕」。請自今孝廉年不滿四十，不得察舉，皆先詣公府，諸生試家法，文吏課牋奏，副之端門，練其虛實，以觀異能，以美風俗。有不承科令者，正其罪法。若有茂才異行，自可不拘年齒。』帝從之，於是班下郡國。」

〔註37〕《後漢書・左周黃列傳》。

〔註38〕邢義田〈東漢察舉孝廉的年齡限制〉，收錄於氏著《秦漢史論稿》（台北：東大圖書出版社，1987.06），頁121。

〔註39〕《後漢書・李杜列傳》：李固曰「又詔書所以禁侍中、尚書、中臣子弟不得爲吏察孝廉者，以其秉威權，容請託故也。而中常侍日月之側，聲埶振天下，子弟祿仕，曾無限極。雖外託謙默，不干州郡，而諂僞之徒，望風進舉。今可爲設常禁，同之中臣。」

〔註40〕《三國志・魏書・武帝紀》：「……桓帝世，曹騰爲中常侍大長秋，封費亭侯。養子嵩嗣，官至太尉，莫能審其生出本末。嵩生太祖。……年二十，舉孝廉爲郎，除洛陽北部尉，遷頓丘令，微拜議郎。」

〔註41〕《後漢書・吳延史盧趙列傳》：「（史）弼爲政特挫抑彊豪，其小民有罪，多所容貸。遷河東太守，被一切詔書當舉孝廉。弼知多權貴請託，乃豫敕斷絕書屬。中常侍侯覽果遣諸生齎書請之，并求假鹽稅，積日不得通。生乃說以它事謁弼，而因達覽書。弼大怒曰：『太守忝荷重任，當選士報國，爾何人而僞詐無狀！』命左右引出，楚捶數百，府丞、掾史十餘人皆諫於廷，弼不對。遂付安邑獄，即日考殺之。侯覽大怒，遂詐作飛章下司隸，誣弼誹謗，檻車徵。吏人莫敢近者，唯前孝廉裴瑜送到崤澠之閒，大言於道傍曰：『明府摧折虐臣，選德報國，如其獲罪，足以垂名竹帛，願不憂不懼。』弼曰：『「誰謂茶苦，其甘如薺。」昔人刎頸，九死不恨。』及下廷尉詔獄，平原吏人奔走詣闕訟之。又前孝廉魏劭毀變形服，詐爲家僮，瞻護於弼。弼遂受誣，事當棄市。劭與郡人賣郡邸，行賂於侯覽，得減死罪一等，論輸左校。」

有關。無怪乎朝廷改革不有實效，反隨時推移而變本加厲。桓帝時楊秉之言，可以為證：

> （延熹）五年（162）冬，（楊秉）代劉矩為太尉。是時宦官方熾，任人及子弟為官，布滿天下，競為貪淫，朝野嗟怨。秉與司空周景上言：「內外吏職，多非其人，自頃所徵，皆特拜不試，致盜竊縱恣，怨訟紛錯。舊典，中臣子弟不得居位秉執，而今枝葉賓客布列職署，或年少庸人，典據守宰，上下忿患，四方愁毒。可遵用舊章，退貪殘，塞災謗。《後漢書·楊震列傳》

順帝時所詔之「舊典」無法實行，桓帝時中常侍為禍更為劇烈，楊秉欲「尊用舊章」僅是重申已成具文之法，自然未能改變東漢內外政治之敗壞。

仕進制度之改革不行，代表無新進之良官、良吏。除此之外，東漢尚有考課不公之弊，則代表良吏不得晉升，惡吏反得青雲之情勢。王符云：

> 是故大人不考功，則子孫惰而家破窮；官長不考功，則吏怠傲而姦宄興；帝王不考功，則直賢抑而詐偽勝。故書曰：「三載考績，黜陟幽明。」蓋所以昭賢愚而勸能否也。〈考績〉

> 尚書不以責三公，三公不以讓州郡，州郡不以討縣邑，是以凶惡狡猾易相冤也。侍中、博士諫議之官，或處位歷年，終無進賢嫉惡拾遺補闕之語，而貶黜之憂。〈考績〉

> 聖漢踐祚，載祀四八，而猶未者，教不假而功不考，賞罰稽而赦贖數也。〈考績〉

漢代選舉與考課不分，經察舉而為吏者，可再次經由察舉而升遷〔註42〕。這種考課制度與選舉有同樣弊病，自不待言。另外，漢代對官吏的管理，可略分為積極方面的上計制度與消極方面的監察制度，前者主動調查地方官吏之政績如何，而後者則消極調查地方官吏是否有徇私不法之舉。兩者如能順利運作，則漢代之吏治當清明而有效率。實則不然，尤其東漢中後期，上計制度瀕臨崩毀，而監察官又轉變為行政官，權柄大於郡國守相，其苛察之甚，反令吏民畏懼，以下分述之。

〔註42〕 參見嚴耕望《中國地方行政制度史·甲部——秦漢地方行政制度》（台北：中央研究院歷史語言研究所，專刊之四十五Ａ，1990.05 三版）；陳蔚松《漢代考選制度》（武漢：崇文書局，2002.04）；黃留珠《秦漢仕進制度》（西安：西北大學出版社，1985.07）。

漢代統計戶口名數，謂之案比，其時在八月，故又稱八月算人、八月案比等〔註43〕。各縣統計名數之後，九月、十月秋冬之際，則要連同墾田數量、錢穀入出，盜賊多少等，一同往郡國呈報，而郡國再遣上計吏向中央呈報。此統計、呈報之工作，就稱之為上計〔註44〕。《後漢書志・百官志》注引：

> 胡廣曰：「秋冬歲盡，各計縣戶口墾田，錢穀入出，盜賊多少，上其集簿。丞尉以下，歲詣郡，課校其功。功多尤為最者，於廷尉勞勉之，以勸其後。負多尤為殿者，於後曹別責，以糾怠慢也。諸對辭窮尤困，收主者，掾史關白太守，使取法。丞尉縛責，以明下轉相督敕，為民除害也。明帝詔書不得僇辱黃綬，以別小人吏也。」《後漢書志・百官志》注引

由於上計關係國家稅收，因此漢代頗重視此制度，由縣上計之上計簿，為郡國考課屬縣之依據，而由郡國上計之文書，則為丞相三公考課郡國之依據，是則上計制度實為漢代考課之主體。考課之優劣稱為殿最，功多者為最，負多者為殿，官吏課最者得以升遷，而課殿者則家以免黜。由於考課制度是以戶口、墾田、錢穀、盜賊數量為主，故官吏往往隱瞞流民問題不報，對於一般賦稅之百姓又苛暴以求稅役。〔註45〕

由案比、上計制度為基準之考課制度立意雖不差，實行起來卻易生弊病，因此造成好官吏仕途多舛，慢酷之吏卻因此升遷的狀況。尤其災害發生、盜

〔註43〕《後漢書・孝安帝紀》李賢注曰：「東觀記曰：『方今八月案比之時。』謂案驗戶口，次比之也。」《後漢書志・禮儀》中：「仲秋之月，縣道皆案戶比民。」《後漢書・皇后紀》：「漢法常因八月算人。」漢代案比以查核、變更名數之身份為主，其舉行的地點較難推斷，邢義田以為以縣之面積與人口，將全縣男女老幼集中於縣廷之可能性較小，且漢代地方官權較大，案比在縣或在鄉不無可能由各郡自行斟酌。參見邢義田〈漢代案比在縣或在鄉？〉（台北：中央研究院歷史語言研究所集刊，第六十本，第二分，1989.06），頁451。王毓銓〈「民數」與漢代封建政權〉，收錄於華世出版社編《中國社會經濟史參考文獻》（台北：華世出版社，1984.10），頁223。

〔註44〕秦漢上計制度之演變，可參見嚴耕望《中國地方行政制度史・甲部——秦漢地方行政制度》（台北：中央研究院歷史語言研究所，專刊之四十五A，1990.05三版），第八章；韓連琪〈漢代的戶籍和上計制度〉，《文史哲》（濟南：山東人民出版社），1978年3期。

〔註45〕漢代之考課制度，史書記載不詳，其考課之項目除戶口、墾田、錢穀、盜賊四項，尚有兵役、徭役、司法等雜項。由於王符未嘗為官，故對於考課之具體內容無從描述起，本文故略而不談，相關研究參見廖伯源〈漢代考課制度雜考〉，收錄於氏著之《秦漢史論叢》（台北：五南出版社，2003.05），頁127。

賊起事之時，更是考課制度難以實行的時候。在西漢時代便有好官吏險些被罷之事：

> （兒）寬既治民，勸農業，緩刑罰，理獄訟，卑體下士，務在於得人
> 心；擇用仁厚士，推情與下，不求名聲，吏民大信愛之。寬表奏開
> 六輔渠，定水令以廣溉田。收租稅，時裁闊狹，與民相假貸，以故
> 租多不入。後有軍發，左內史以負租課殿，當免。民聞當免，皆恐
> 失之，大家牛車，小家擔負，輸租繈屬不絕，課更以最。《漢書・公孫
> 弘卜式兒寬傳》

從兒寬幾項施政方針來說，其為政如其名，與民寬厚，是兩漢難得之好官。然而其針對民情所設計之政策，卻換來了「以負租課殿，當免」的窘境。正面論之，以租稅考課會造成如兒寬這般狀況；以反面論之，災害、流亡發生之時，墾田、戶口、租稅皆會有所短少，而飢民難免聚而為盜，地方官吏為保住官位，自然隱匿盜賊之事，而虛報墾田戶口了。故殤帝時有詔曰：

> （延平元年）（106）閒者郡國或有水災，妨害秋稼。朝廷惟咎，憂惶悼
> 懼。而郡國欲獲豐穰虛飾之譽，遂覆蔽災害，多張墾田，不揣流亡，
> 競增戶口，掩匿盜賊，令姦惡無懲，署用非次，選舉乖宜，貪苛慘
> 毒，延及平民。《後漢書・孝和孝殤帝紀》

基層之案比、上計制度漸次失去作用，其影響除政府掌握社會之能力衰退之外，官吏之考課亦失其準則。東漢中後期，東漢官僚系統的考課制度已經難已有實效了。王符云：

> 今群臣之不試也，其禍非直止於誣、闇、疑、惑而已，又必致於怠
> 慢之節焉。〈考績〉

> 今則不然，令長守相不思立功，貪殘專恣，不奉法令，侵冤小民。
> 州司不治，令遠詣闕上書訟訴。尚書不以責三公，三公不以讓州郡，
> 州郡不以討縣邑，是以凶惡狡猾易相冤也。侍中、博士諫議之官，
> 或處位歷年，終無進賢嫉惡拾遺補闕之語，而貶黜之憂。〈考績〉

> ……正士懷冤結而不得信，猾吏崇姦宄而不痛坐。郡縣所以易侵小
> 民，而天下所以多饑窮也。〈愛日〉

考課失實，造成官吏無法因其良莠而升黜，此問題並非僅基層而已，下至縣邑，上達尚書盡皆如此。誠如前述，選拔人才之選舉制度名實不符，鑑定官吏之考課制度又不能發揮作用，而這些制度的敗壞皆非一隅，而是東漢

政治整體的腐敗，其中尤以地方吏治之敗壞對百姓影響最大，所造成的流民
問題也最明顯。地方吏治之清濁，漢代有立意甚佳的地方監察制度，原本能
做為中央對地方官吏的監督，亦在東漢腐敗之風下失去對惡吏制衡之效。

　　漢代地方監察制度支援可上追自秦代的監察御史〔註46〕，然而監察制度
之完成，則為漢武帝元封五年之置十三州刺史。漢初，御史、丞相皆有監察
之權，二者所出之史並非專任，且權力不集中，督察亦無定域，故績效未著。
武帝時期內外功業鼎盛，而監察制度亦在此時完成，可謂完成中央集權的重
要步驟〔註47〕。刺史之職，即為地方監察的工作，《後漢書志·百官志》劉昭
注引蔡質《漢儀》云：

> 蔡質漢儀曰：「詔書舊典，刺史班宣，周行郡國，省察治政，黜陟能
> 否，斷理冤獄，以六條問事，非條所問，即不省。一條，強宗豪右，
> 田宅踰制，以強陵弱，以眾暴寡。二條，二千石不奉詔書，遵承典
> 制，倍公向私，旁詔守利，侵漁百姓，聚斂為姦。三條，二千石不
> 卹疑獄，風厲殺人，怒則任刑，喜則任賞，煩擾苛暴，剝戮黎元，
> 為百姓所疾，山崩石裂，妖祥訛言。四條，二千石選署不平，苟阿
> 所愛，蔽賢寵頑。五條，二千石子弟怙恃榮勢，請託所監。六條，
> 二千石違公下比，阿附豪強，通行貨賂，割損政令。諸州刺史初除，
> 比諸持板揖不拜。」《後漢書志·百官志》注引

　　刺史的主要工作為「黜陟能否，斷理冤獄」，兩漢刺史為六百石秩之官，
官小權重〔註48〕，六條雖不多，卻皆為與百姓、選舉制度相關之事；六條之
外，即不省察，故監察制度僅監察而不干預，各郡國守長仍有充分之治權。
尤其刺史所監察之對象是地方豪強與兩千石之郡國太守，有抑制豪強士族之
任用私人之意，故本應頗能發揮澄清地方吏治、改善選舉不公之效果。然而
實際上卻非如此，西漢末年刺史之權漸擴，往往干預郡國之治權：

> 是時，成帝初即位，（薛）宣為中丞，執法殿中，外總部刺史，上疏

〔註46〕秦之前為封建制度，未有郡縣，無所謂地方政府與地方監察制度也，黃帝立四
　　　　監、夏為九州牧、殷周八命曰牧等，其制與秦漢之中央集權不同，故不並論。
　　　　見杜佑《通典·職官第十四》（北京：中華書局，1988.12），第一冊，頁883。
〔註47〕參見勞榦〈兩漢刺史制度考〉，收錄於氏著之《勞榦學術論文集甲編》（台北：
　　　　藝文印書館，1976.10初版），上冊，頁477；嚴耕望《中國地方行政制度史·
　　　　甲部——秦漢地方行政制度》（台北：中央研究院歷史語言研究所，專刊之四
　　　　十五Ａ，1990.05三版），第九章。
〔註48〕《後漢書志·百官志》：「外十二州，每州刺史一人，六百石。」

曰：「……臣竊伏思其一端，殆吏多苛政，政教煩碎，大率咎在部刺

史，或不循守條職，舉錯各以其意，多與郡縣事，至開私門，聽讒

佞，以求吏民過失，譴呵及細微，責義不量力。郡縣相迫促，亦內

相刻，流至眾庶……」上嘉納之。《漢書·薛宣朱博傳》

　　西漢末年曾經短暫地將刺史改爲州牧，刺史由原本的監察官變爲行政
官；光武帝建武十八年雖廢州牧而復置刺史，然刺史之權仍過於地方郡國，
尤其東漢中葉以後，郡守之權益弱，社會控制力減低，州刺史更得伸張其權
職。安帝以下，刺史集行政、軍事權於一身〔註49〕，東漢雖至靈帝時代才正
式將州刺史又改爲州牧〔註50〕，然最遲至安帝時，州刺史實際上已經是地方
的最高行政長官了，監察之任務，早已被其行政權掩蓋。

　　州刺史威權過大，成爲漢代第一級的行政機構，則非但失去了原立意之
監察任務，反染上郡縣吏治之貪、慢、酷等弊病，王符云：

今則不然，令長守相不思立功，貪殘專恣，不奉法令，侵冤小民。

州司不治，令遠詣闕上書訟訴。〈考績〉

今者刺史、守相，率多怠慢，違背法律，廢忽詔令，專情務利，不

卹公事。細民冤結，無所控告，下土邊遠，能詣闕者，萬無數人，

其得省治，不能百一。郡縣負其如此也，故至敢延期，民日往上書。

此皆太寬之所致也。〈三式〉

　　王符將刺史、守相連用，代表王符已將刺史等同於地方行政人員了，故
其批判地方吏政，實包括了原爲監察制度下的刺史在內。「州司不治」云云，
更表明州司乃更高級的行政機構。王符不在官場，對於州、郡國、縣、鄉之
分別並未細究，然東漢吏治之敗壞，由州以下實爲一體，刺史未盡其監察之

〔註49〕東漢中葉刺史權力之擴張，可舉數例爲證。如行政權之擴張，和帝永元十年
　　　詔曰：「防溝渠，所以順助地理，通利壅塞。今廢慢懈弛，不以爲負。刺史、
　　　二千石其隨宜疏導。勿因緣妄發，以爲煩擾，將顯行其罰。」又安帝永初元
　　　年敕司隸校尉、冀并二州刺史曰：「民訛言相驚，棄捐舊居，老弱相攜，窮困
　　　道路。其各敕所部長吏，躬親曉喻。若欲歸本郡，在所爲封長檄；不欲，勿
　　　強。」刺史權涉溝渠事，又得頒佈中央詔令，其權與地方行政首長無異。刺
　　　史又得軍事權，如安帝建光元年：「幽州刺史馮煥率二郡太守討高句驪、穢貊，
　　　不克。」又順帝永建元年：「鮮卑犯邊。庚寅，遣黎陽營兵出屯中山北界。告
　　　幽州刺史，其令緣邊郡增置步兵，列屯塞下。」又桓帝延熹三年：「荊州刺史
　　　度尚討長沙蠻，平之。」尤以上諸例皆見於《後漢書》諸帝之本紀，由此可
　　　知東漢刺史集軍政大權於一身，已超出監察官甚多矣。

〔註50〕《後漢書·孝靈帝紀》：「（中平五年）是歲，改刺史，新置牧。」

責，反與郡縣令長一同腐化。

　　刺史威權比之郡縣令長更大，轄地更廣，故更不得吏民歡迎。种暠爲涼州刺史，甚得百姓歡心，竟令宮中太后頗爲感慨，可見當時刺史不得親愛之一斑：

　　　　……涼州羌動，以（种）暠爲涼州刺史，甚得百姓歡心。被徵當遷，
　　　　吏人詣闕請留之，太后歎曰：「未聞刺史得人心若是。」乃許之。《後
　　　　漢書・張王种陳列傳》

　　州刺史不能澄清吏治，行監察之實，則東漢之吏治更加腐敗。加之以東漢對邊境的漠視，無視於漢人與異族之間的摩擦，不更用心整理吏政，反聽任州郡吏人豪右欺壓羌民，則邊境一帶吏治更差。《潛夫論》所言多西北之事，所云之「坐調文書，以欺朝廷」、「放散錢穀，殫盡府庫」、「其爲酷痛，甚於逢虜」等，皆爲東漢地方吏治敗壞之實證。羌患之發生，雖可歸咎於漢羌二族之差異，然中央、地方政府之腐敗，更是其爆發大規模動亂的遠因及近果。

　　黃巾之亂後州刺史又改爲州牧，此後地方群雄割據，不受中央政府管轄，此雖爲王符所未見之後話，然地方吏治敗壞，百姓無法自處，流民四起，盜賊大作，州牧因亂事而掌握更大的軍政大權，東漢朝廷於群雄之間風雨飄搖，最後亦亡於最大的割據政權。此間過程歷時雖久，亦爲有因果可循之事也，而其中看似無害之流民，亦與王符一樣，正處於治與亂之中界上：治則復爲良民、亂則起爲盜賊；向前看則爲光武、明、章之治世，向後走則入靈、獻、三國之亂世，其中消息，實可深思。

第三節　赦宥頻繁

　　所謂赦宥，乃政府針對犯法之人所行的恩賜，而流民脫離名數，本身即爲犯法，因此大赦天下多少能誘使流民重入戶籍，對於抒解流民問題有一定的效果。漢代大赦之原因，較常見者不外乎政治號召、救苛法之弊病與安定社會等三種。〔註51〕漢高祖與光武帝開國之後，幾乎每年都頒佈大赦詔，即

〔註51〕除此之外，尚有象徵皇權、應災異之警、補國家財政之需，以及以罪人從軍
　　　　戍邊之用等。關於赦宥之功能，參見陳宗乞《兩漢赦宥制度考察》（台北：台
　　　　灣大學歷史學研究所碩士論文，指導教授：韓復智，1993.06）；杜欽《漢代大
　　　　赦制度試釋》（台中：東海大學歷史學研究所碩士論文，指導教授：廖伯源，
　　　　1993.06）。二書所論，不盡相同，可互相參看。

為政治號召之功能，此與本文主旨無關，暫且不論。〔註52〕而其餘二者，則多少與流民相關，以下簡略分述之。

先論救苛法之弊病，漢代律令繁多，百姓常動輒得咎，加上貪酷吏推波助瀾，因此常有刑多獄滿的狀況。《漢書·刑法志》云：

> 至成帝河平中，復下詔曰：「……今大辟之刑千有餘條，律令煩多，百有餘萬言，奇請它比，日以益滋，自明習者不知所由，欲以曉喻眾庶，不亦難乎！於以羅元元之民，天絕亡辜，豈不哀哉……」
>
> 今漢道至盛，歷世二百餘載，考自昭、宣、元、成、哀、平六世之間，斷獄殊死，率歲千餘口而一人，耐罪上至右止，三倍有餘。……今郡國被刑而死者歲以萬數，天下獄二千餘所，其冤死者多少相覆，獄不減一人，此和氣所以未洽者也。

吏治與律法為兩個不同層面的問題，兩漢之吏政有治有壞，然漢律繼承自秦法，其繁多之弊，雖歷經多次減省而始終積弊難改，此為兩漢共通之問題。後漢初年對於刑法宜重宜輕，顯然選擇了後者，然皇帝好意之減省，反使律法缺乏威信。光武帝時之梁統與章帝時之陳寵，對於刑法各有一套見解：

> （梁）統在朝廷，數陳便宜。以為法令既輕，下姦不勝，宜重刑罰，以遵舊典，乃上疏曰：「臣竊見元哀二帝輕殊死之刑以一百二十三事，手殺人者減死一等，自是以後，著為常準，故人輕犯法，吏易殺人……刑罰在衷，無取於輕……」事下三公、廷尉，議者以為隆刑峻法，非明王急務，施行日久，豈一朝所釐。統今所定，不宜開可。《後漢書·梁統列傳》
>
> 肅宗初，（陳寵）為尚書。是時承永平故事，吏政尚嚴切，尚書決事率近於重。寵以帝新即位，宜改前世苛俗。乃上疏曰：「……而有司執事，未悉奉承，典刑用法，猶尚深刻。斷獄者急於篣格酷烈之痛，執憲者煩於詆欺放濫之文，或因公行私，逞縱威福。……」帝敬納寵言，每事務於寬厚。《後漢書·郭陳列傳》

朝廷見刑多獄滿，僅知減省其罪，而不知由建立刑律威信改革起，此為治標不治本也，故梁統欲其加重，而陳寵欲其減輕，然而刑法始終苛繁不改。〔註53〕《後漢書》記載安帝時「苛法稍繁，人不堪之」《後漢書·郭陳列傳》46/36，

〔註52〕見《漢書·高帝紀》、《後漢書·光武帝紀》。
〔註53〕梁統認為「刑罰在衷，無取於輕」，因此其主張亦非一味加重刑罰也，然其欲

可見苛法之弊，極難改善。嚴重者如王吉之流，借繁法殺人無數，正是「吏易殺人」的代表：

> （王吉）為沛相。曉達政事，能斷察疑獄，發起姦伏，多出眾議。課使郡內各舉姦吏豪人諸常有微過酒肉為臧者，雖數十年猶加貶棄，注其名籍。專選剽悍吏，擊斷非法。……視事五年，凡殺萬餘人。其餘慘毒刺刻，不可勝數。《後漢書‧酷吏列傳》

王吉雖行事慘忍，然其死殺者皆為「不法」之徒，可見法令繁多所引起之酷吏危害。

苛法苛繁造成刑多獄滿，嚴重者甚至會激起百姓叛變，若地方官吏行政有效率，令司法訴訟之事不至停頓，或許尚不足為憂。然吏治之清濁不定，且良吏難得，王符所云：「今者刺史、守相，率多怠慢，違背法律，廢忽詔令，專情務利，不卹公事。細民冤結，無所控告。」〈考績〉、「郡縣既加冤枉，州司不治，令破家活，遠詣公府。公府不能照察真偽，則但欲罷之以久困之資，故猥說一科，令此注百日，乃為移書，其不滿百日，輒更造數。」〈愛日〉百官怠慢之事，正是司法訴訟之事，而推求其因果，兩漢之律法繁多而不具威信，令人輕易犯法，實官吏怠慢之遠因也。律繁之弊，政府無改革之自覺，其減省之政策又未必切中要害，而適時之大赦，反成釋放過多刑獄之途徑。如前述王吉之事，若朝廷能適時給予犯罪之人赦免，或許能夠減少數千罪不致死的犯人。若此，豈非赦宥對於司法之補救邪？

然赦宥雖有理冤獄之功能，然真正作奸犯科之惡人，卻也因赦宥而繼續禍害。赦宥過於頻繁使罪犯無法可約束，落入了梁統所謂「人輕犯法」，是則赦宥對於漢代律法之影響實為兩面刃，王符對於赦宥頻繁便有強烈的抨擊：

> 今日賊良民之甚者，莫大於數赦。赦贖數，則惡人昌而善人傷矣。
>
> 〈述赦〉
>
> 輕薄惡子，不道凶民，思彼姦邪，起作盜賊，以財色殺人父母，戮人之子，滅人之門，取人之賄，及貪殘不軌，凶惡弊吏，掠殺不辜，侵冤小民，皆望聖帝當為誅惡治冤，以解蓄怨。反一門赦之，令惡人高會而夸詫，老盜服臧而過門，孝子見讎而不得討，亡主見物而不得取，痛莫甚焉。故將赦而先暴寒者，以其多冤結悲恨之人也。〈述赦〉

建立律法威信，使人不輕犯法之言頗是。漢法之弊在繁且苛，而朝廷減省刑罰之政策不當，梁統欲正其施政，其說亦僅止於治標而已矣。梁統之說詳見《後漢書‧梁統列傳》34/24，文字繁多，故不贅引。

……案洛陽主殺人者，高至數十，下至四五，身不死則殺不止，皆以數赦之所致也。由此觀之，大惡之資，終不可化，雖歲赦之，適勸姦耳。〈述赦〉

怨故未讎，輒逢赦令，不得復治，正士懷冤結而不得信，猾吏崇姦宄而不痛坐。〈愛日〉

王符所云，正是赦宥對於法制的負面影響。大赦破壞了原本賞善罰惡的制度，著重於述赦乃「勸姦」的王符，顯然對於刑律之效果頗為信任，而將冤獄歸罪於司法效率不彰，官吏怠慢的結果。然而曾如前言，漢法繁苛使刑獄過多，刑獄過多自然使得訴訟程序效能下降，再加上東漢地方官吏之品質日益腐敗，法律、訴訟程序、官吏不良三者皆有其失，將法治敗壞之責歸咎於其中之一是不夠全面的。

因此，王符對於赦宥之批評，其精神實與梁統批評「法令既輕，下姦不勝」是一樣的，故有類似「人輕犯法，吏易殺人」之言論：

論者多曰：「久不赦則姦宄熾，而吏不制，故赦贖以解之。」此乃招亂之本原，不察禍福之所生者之言也。凡民之所以輕為盜賊，吏之所以易作姦匿者，以赦贖數而有僥望也。若使犯罪之人終身被命，得而必刑，則計姦之謀破，而慮惡之心絕矣。〈述赦〉

赦宥對於律法之影響優劣並存，然輕赦罪犯，絕對是弊大於利。以下整理東漢之赦宥次數，在位過短者如少帝、質帝等略而不論，如下表：

附表六：東漢諸帝赦宥統計表〔註54〕

	在位年數	A 大赦天下	B 有條件之赦宥〔註55〕	總次數	次數／年	A／B比率
光武帝	33	9	9	18	0.54	1.00
明帝	18	3	9	12	0.66	0.33
章帝	13	3	5	8	0.62	0.60
和帝	17	5	6	11	0.65	0.83

〔註54〕依陳宗乞《兩漢赦宥制度考察》（台北：台灣大學歷史學研究所碩士論文，指導教授：韓復智，1993.06），頁155所附〈兩漢赦宥表〉整理。另外，杜欽《漢代大赦制度試釋》（台中：東海大學歷史學研究所碩士論文，指導教授：廖伯源，1993.06）亦有附〈漢代大赦年表〉，杜欽之表雖未附有條件之赦宥，亦可參看。

〔註55〕包括贖罪、減罪、地區性之赦免等。

安帝	19	9	6	15	0.79	1.50
順帝	19	8	6	14	0.74	1.33
桓帝	21	16	6	22	1.04	2.66
靈帝	22	17〔註56〕	5	25	1.14	3.40
獻帝	31	11	0	11	0.35	11.00

　　光武帝雖為開國之祖，其初年歷經兩漢之際的亂事，政治號召性質的大
赦不少，然根據此表統計，光武帝對於赦宥可謂東漢諸帝最為謹慎者，平均
一年僅有 0.54 次，獻帝大赦之頻率雖更少，一年僅 0.35 次，然其時群雄割
據，天下非劉氏所有，自然不能與前期相提並論。明、章、和三帝為東漢吏
治較佳之時期，表現在赦宥頻率上亦十分準確，一年皆不超過 0.7 次。王符
《潛夫論》所論之安帝、順帝時期，正是東漢赦宥逐漸增加的時候。當時赦
宥之次數雖不及桓靈時之氾濫，亦可稱為頻繁了。再加上吏治日益敗壞，官
吏良莠不齊，豪強藉赦贖而無懼於犯法，有識之士如王符者，自然對於政府
破壞法制的赦宥大力批判。

　　若從刑獄過多，以赦宥解司法之弊的角度來看，政府當深入瞭解刑獄過
多之原因，而視情況有條件的加以赦免。因此比較「大赦天下」與「有條件
之赦宥」之比率，亦可窺知東漢對於刑罰之關注。明帝時政史稱苛察，故慎
於赦宥，其「大赦天下」與「有條件之赦宥」的次數俱少，比率為 0.33，可
見明帝重法慎赦之意。章帝欲以寬厚，但是赦宥總數並未增加，甚至比明帝
時更少，比率為 0.6，從明、章二帝之赦宥情況亦可知東漢初年法制尚稱有
效，未被大量的赦宥破壞。安帝以後，情況開始轉變，大赦天下之舉日益增
多，其比率由和帝時之 0.83 上升至 3.4，法制敗壞可見一斑。

　　除此之外，從有條件赦宥的次數來看，從章帝到靈帝似乎皆維持 5 到 6
次，但是其中性質頗有轉變：大抵而言，前期之條件多為減罪、減死之赦宥，
而後期政府因國家財政匱乏之故，多贖罪以增加收入，由於平民百姓無力以
錢贖罪，故此政策使有錢買贖之豪強更輕法律，是則赦宥一方面敗壞法制，
另一方面又令為惡之豪強更肆無忌憚。

〔註56〕 靈帝時有黨錮之禍，建寧四年「大赦天下，黨人不涉」以及光和二年：「大赦
　　　　天下、諸黨人禁錮小功以下皆除之」本當列於有條件之赦宥，則此處當為 15
　　　　次，而有條件之赦宥當為 7 次。然黨錮為特殊之政治現象，與本文此處所論
　　　　之刑獄問題關係不大，故列入此格。

　　由以上之分析可以得知，東漢前期明、章二帝時，其赦宥多能改司法之弊，是優過於劣，而安帝以後，赦宥過於頻繁，且政府對刑獄亦不如前期能視情況而赦，是劣大於優。法制之敗壞對於社會之影響是直接的，王符云「民之所以輕爲盜賊，吏之所以易作姦匿者，以赦贖數而有僥望也」雖未必能綜觀全局，亦可謂切合時弊，更預知了桓、靈時期因赦宥所帶來的法制敗壞問題。

　　赦宥本爲法制層面之問題，然對於流民問題而言，適當的赦宥在安定社會方面實爲一有效而快速的方法。流民本身可視之爲逃脫戶籍，前往他鄉就食犯法之人，若政府能就地合法其身份，則一方面可收安定社會之效，另一方面亦可招徠原已失去之戶口名數：

> 建初元年（76）春正月，詔三州郡國：「……流人欲歸本者，郡縣其實稟，令足還到，聽過止官亭，無雇舍宿。長吏親躬，無使貧弱遺脫，小吏豪右得容姦妄。詔書既下，勿得稽留，刺史明加督察尤無狀者。」
> 《後漢書・肅宗孝章帝紀》

> （和帝永元六年）（94）詔流民所過郡國皆實稟之，其有販賣者勿出租稅，又欲就賤還歸者，復一歲田租、更賦。《後漢書・孝和孝殤帝紀》

　　章帝、和帝對於流民之處置，爲赦宥、稟貸兼而有之，而章帝更明令刺史多加督察，以免「無使貧弱遺脫，小吏豪右得容姦妄」，可謂三管其下，此亦爲章帝時地方吏治尚稱清明之實證也。和帝時吏治已露敗象，然其對流民仍有多種優惠，其轉業從商或還歸本業，皆得免稅。和帝時期社會尚稱安定，與中央政府有寬惠之流民政策不無關係。

　　流民之赦宥或許較不明顯，然由流民延伸之盜賊問題，政府若能恩威并施，對於結夥爲盜者加以寬宥，待其同於流民，則不但可平息叛亂，甚至可使變回良民，同時增加戶口以及農業生產。舉二例爲證：

> （郭）伋到（潁川）郡，招懷山賊陽夏趙宏、襄城召吳等數百人，皆束手詣伋降，悉遣歸附農。因自劾專命，帝美其策，不以咎之。後宏、吳等黨與聞伋威信，遠自江南，或從幽、冀，不期俱降，駱驛不絕。《後漢書・郭杜孔張廉王蘇羊賈陸列傳》

> 後安風賊戴風等作亂，（羊）續復擊破之，斬首三千餘級，生獲渠帥，其餘黨輩原爲平民，賦與佃器，使就農業。《後漢書・郭杜孔張廉王蘇羊賈陸列傳》

赦宥反映在盜賊身上，誠如王符所云「民之所以輕爲盜賊，吏之所以易作姦匿者，以赦贖數而有僥望也」，就長遠來看，其影響未必全然正面也。郭伋任潁川太守爲光武帝建武九年（33)之事，此時爲東漢初年，中國由亂入治，北方盜賊甚多，而郭伋於北方招懷盜賊，頗收成效，可謂藉赦宥安定社會正面之明證。然羊續之事乃靈帝東漢末年之事，而安風縣處楊州廬江郡，〔註57〕是中國之南方。第三章論及流民分區時已經談過，南方地區民風剽悍，其盜賊往往因吏治敗壞而起，羊續所破之安風賊，其「黨輩原爲平民」，其作亂之原因恐怕與吏治不良有關。羊續恩威并施，是爲良策，若羊續一味以赦宥招降，對於吏治未必有正面幫助，反又破壞法制之威信，若此則不免落入王符所指責之赦宥之弊了。

赦宥在安定社會上的影響，王符並未提及，本文故從略論之。基本上，赦宥之於法制與安撫流民盜賊二者，皆如兩面刃，適時、適量、適情則有助於補司法之弊、救亂事之急；然過於頻繁，乃至於氾濫赦之，則正如其反，欲補司法之弊反令律法威信盡失；欲救亂事之急反令盜賊恣意反叛。如前所分析，東漢前期之赦宥可稱利多於弊，而後期亂象紛現，政府氾濫之赦宥則弊多於利。

第四節　王符之對策

此節本當論及政府的反應以及王符之對策，然而政府對於本身運作狀況的反應以及改良，諸如察舉、考課、監察等等，本文皆在前面討論過了，故此處便不再贅述，僅論王符對策的部分。

王符的《潛夫論》被稱爲政論之作，原因在於他有一套體系完整的政治理論，這些政治理論、對策雖非針對流民而發，卻是整治東漢政治問題的根本之道。〔註58〕

王符的政治理論是由天、民、君、吏、法、社稷等等所組成的：

> 凡人君之治，莫大於和陰陽。陰陽者，以天爲本。天心順則陰陽和，

〔註57〕《後漢書·郭杜孔張廉王蘇羊賈陸列傳》李賢注安風賊云：「安風，縣，屬廬江郡。」

〔註58〕王符的政治理論體系完整，內容繁多，此處不詳細敍述，可參見林蘭香《王符《潛夫論》政治理論研究》（台北：輔仁大學中國文學碩士論文，指導教授：王金凌，1994.05）。

天心逆則陰陽乖。天以民爲心，民安樂則天心順，民愁苦則天心逆。民以君爲統，君政善則民和治，君政惡則民冤亂。君以恤民爲本，臣忠良則君政善，臣姦枉則君政惡。得臣以選爲本，選舉實則忠賢進，選虛僞則邪黨貢。選以法令爲本，法令正則選舉實，法令詐則選虛僞。法以君爲主，君信法則法順行，君欺法則法委棄。君臣法令之功，必效於民。故君臣法令善則民安樂，民安樂則天心慰，天心慰則陰陽和，陰陽和則五穀豐，五穀豐而民眉壽，民眉壽則興於義，興於義而無姦行，無姦行則世平，而國家寧、社稷安，而君尊榮矣。是故天心陰陽、君臣、民氓、善惡相輔至而代相徵也。〈本政〉

是故民之所以不亂者，上有吏；吏之所以無姦者，官有法；法之所以順行者，國有君也；君之所以位尊者，身有義也。義者君之政也，法者君之命也。人君思正以出令，而貴賤賢愚莫得違也，則君位於上，而民氓治於下矣。人君出令而貴臣驕吏弗順也，則君幾於弒，而民幾於亂矣。〈衰制〉

漢代講究人副天數，認爲任何自然災害皆與國君之施政有關，王符也不例外，若依照漢代這種思維模式來說，則水旱風蝗所造成的流民皆爲政治因素。然而從務實的角度觀之，自然災害等造成的飢荒與流民雖未必是由政治因素所引起的，但是若政府能貫徹「君以恤民爲本」的原則，則不論天災外寇，政府理當能夠對受影響之百姓做最妥善的安排，而將自然災害對於百姓的影響降至最低。王符思想中的最大特色，在於他認爲「天以民爲心」，巧妙的把人副天數的政治觀轉化爲民本思想，[註59]若不計較他思想中所保留的漢代思潮棄臼，王符「國以民爲基」的政治思想正是解決流民問題的最高指導原則。

在王符的政治理論體系之中，存在著兩大重要成分，其一是選賢才，其二是明法令，這兩個成分若相輔相成，便能由根本解決東漢地方吏治的諸般問題，反之，便會出現前述東漢諸般政治亂象。所謂：「得臣以選爲本，選舉實則忠賢進，選虛僞則邪黨貢。選以法令爲本，法令正則選舉實，法令詐則

〔註59〕參見劉師文起〈荀子「天生人成」與王符「天道曰施，地道曰化，人道曰爲」之比較〉，載於《第二屆先秦學術研討會論文集》（高雄：國立高雄師範大學國文所系主編，1994），頁180；拙作〈王符的宇宙論與天人關係論述〉，載於《第十一屆南區六校中文所研究生論文發表會論文集》（高雄：國立中山大學中國文學研究所，2004.04.26），139～160。

選虛偽。」選舉失實、法令不明，造成東漢吏治敗壞，百姓無所適從，若再加之以各種自然災害，則百姓又不得政府救濟，則「陰陽乖」所造成的流民問題，豈非與「人君之治」密切相關乎？

先從王符選賢才的對策論起。尚賢說是王符政治理論中的重點，〔註60〕王符對於東漢所任非人的狀況十分不滿，認為選舉一定要官得其人，人任其職，審慎選舉官吏之人選，才是解決吏治敗壞的根本之道：

> 乃惟慎貢選，明必黜陟，官得其人，人任其職；欽若昊天，敬授民時，同我婦子，饁彼南畝；上務節禮，正身示下，下悅其政，各樂竭己奉戴其上。是以天地交泰，陰陽和平，民無姦匿，機衡不傾，德氣流布，而頌聲作也。〈班祿〉

> 順天心者，必先安其人；安其人者，必先審擇其人。是故國家存亡之本，治亂之機，在於明選而已矣。聖人知之，故以為黜陟之首。書曰：「爾安百姓，何擇非人？」此先王致太平而發頌聲也。〈本政〉

尤其是令長守相，威權甚大，更需謹慎任之：

> 昔先王撫世，選練明德，以統理民，建正封不過百，取法於震，以為賢人聰明不是過也；又欲德能優而所治纖，則職修理而民被澤矣。今之守相，制地千里，威權勢力，盛於列侯，材明德義，未必過古，而所治逾百里，此以所治多荒亂也。是故守相不可不審也。〈三式〉

選賢任能的主張，非王符所獨創，乃是漢世以來普遍的想法，然而東漢之所以官吏腐敗，在於人臣結黨營私，蒙蔽上聽，故王符極力主張人君之選才者，必須細察其所為，不能聽信寵臣之言；而人臣更應該戒除黨同伐異、墮公聽私的惡習，〈潛歎〉篇云：

> 書云：「謀及乃心，謀及庶人。」孔子曰：「眾好之，必察焉；眾惡之，必察焉。」故聖人之施舍也，不必任眾，亦不必專己，必察彼己之為，而度之以義，或舍人取己，故舉無遺失而政無廢滅也。或君則不然，己有所愛，則因以斷正，不稽於眾，不謀於心，苟眩於愛，惟言是從，此政之所以敗亂，而士之所以放佚者也。〈潛歎〉

> 夫賢者之為人臣，不損君以奉佞，不阿眾以取容，不墮公以聽私，

〔註60〕王符尚賢說的內容不少，由養成、進用至於考課皆有論述，參見劉師文起〈王符尚賢說析論〉，見《陳伯元先生六秩壽慶論文集》（台北：文史哲出版社，1994.03）頁83。

不撓法以吐剛，其明能照姦，而義不比黨。是以范武歸晉而國姦逃，華元反朝而魚氏亡。故正義之士與邪枉之人不兩立。人君之取士也，不能參聽民訊，斷之聰明，反徒信亂臣之說，獨用污吏之言，此所謂與仇選使，令囚擇吏者也。〈潛嘆〉

東漢選舉諸制的敗壞，正如前幾節所述，乃因豪強貴戚互相標榜，蔚爲風氣，造成賢才被蒙蔽，而官吏多任私的亂象。若爲人君者能「察彼己之爲，而度之以義」或許未必能「舉無遺失而政無廢滅」，至少能正一時之風，多晉用賢才以清明吏政。

除了選舉之外，王符還認爲必須要妥善安排賢才，明其等秩：

前哲良人，疾奢夸廓，無紀極也，乃惟度法象，明著禮秩，爲優憲藝，縣之無窮。故傳曰：「制禮，上物不過十二，天之道也。」是以先聖籍田有制，供神有度，奉己有節，禮賢有數，上下大小，貴賤親疏，皆有等威，階級衰殺，各足祿其爵位，公私達其等級，禮行德義。〈班祿〉

賢人既得進用，政府自當照顧其生活所需，因此必須要依照賢能而定其職位，應其職位而祿其爵位，讓其俸祿足以養優，方能使官吏專於政事，不須爲生計而起歹念。：

先聖籍田有制，供神有度，奉己有節，禮賢有數，上下大小，貴賤親疏，皆有等威，階級衰殺，各足祿其爵位，公私達其等級，禮行德義。〈班祿〉

其班祿也，以上農爲正，始於庶人在官者，祿足以代耕，蓋食九人。諸侯下士亦然。中士倍下士，食十八人。上士倍中士，食三十六人。大夫倍之，食七十二人。小國之卿，二於大夫。次國之卿，三於大夫。大國之卿，四於大夫，食二百八十八人。君各什其卿。天子三公采視公侯，蓋方百里。卿采視伯，方七十里。大夫視子男，方五十里。元士視附庸，方三十里。功成者封。是故官政專公，不慮私家；子弟事學，不干財利，閉門自守，不與民交爭，而無飢寒之道，君任德而不陷；臣養優而不隘，吏愛官而不貪，民安靜而強力，此則太平之基立矣。〈班祿〉

東漢俸祿之低，以如前述，若「祿足以代耕」，或許可杜絕部分貪官污吏的迫害，甚至要使其「養優而不隘」，方能杜絕人之貪念。所謂「官政專公，

不慮私家；子弟事學，不干財利，閉門自守，不與民交爭。」或許是王符的理想，然若基層官吏俸祿尚不足爲僱傭，又如何能使其「不干財利」呢？由此可知王符對於百官俸祿之看法，雖與崔寔、仲長統說法略有不同，但是其中的理念卻是相同的。

官職必須視其等第而給其俸祿，同樣的，賢才亦必須視其能力給其官職，使其名實相符：

> 聖王之建百官也，皆以承天治地，牧養萬民者也。是故有號者必稱於典，名理者必效於實，則官無廢職，位無非人。夫守相令長，效在治民；州牧刺史，在憲聰明；九卿分職，以佐三公；三公總統，典和陰陽：皆當考治以效實爲王休者也。侍中、大夫、博士、議郎，以言語爲職，諫諍爲官，及選茂才、孝廉、賢良方正、惇樸、有道、明經、寬博、武猛、治劇，此皆名自命而號自定，群臣所當盡情竭慮稱君詔也。〈考績〉

漢代官吏員額約十餘萬人〔註61〕，吏治是否清明便有賴於此十餘萬人能否維持爲官之操守。因此賢才拔取任用之後，還必須落實考課監察之制度。王符認爲考課必須由三公列侯起始，方能上行下效，令百官急竭其忠：

> 凡南面之大務，莫急於知賢；知賢之近途，莫急於考功。功誠考則治亂暴而明，善惡信則直賢不得見障蔽，而佞巧不得竄其姦矣。〈考績〉

> 三公在三載之後，宜明考績黜刺，簡練其材。其有稷、伯夷、申伯、仲山甫致治之效者，封以列侯，令受南土八蠻之賜。其尸祿素餐，無進治之效、無忠善之言者，使從渥刑。是則所謂明德慎罰，而簡練能否之術也。誠如此，則三公競思其職，而百寮急竭其忠矣。〈三式〉

> 今列侯年卅以來，宜皆試補長吏墨綬以上，關內侯補黃綬，以信其志，以旌其能。其有韓侯、邵虎之德，上有功於天子，下有益於百姓，則稍遷位益土，以彰有德。其懷姦藏惡尤無狀者，削土奪國，以明好惡。〈三式〉

王符對於考課的主張，必須與其量才任官、因賢分等的想法合而觀之，考課與選舉的原則一樣，必須要視其才而給其職，視其職而考其功，名實相符之適任官員必須加以賞賜，而名實不符，不能舉拔下位之人才者，則必須

〔註61〕《通典·職官典第十八》記西漢吏員爲 130,285 人，東漢吏員爲 152,986 人，見杜佑《通典》（北京：中華書局，1988.12），頁 986、頁 991。

加以罷黜：

> 古者諸侯貢士，一適謂之好德，載適謂之尚賢，三適謂之有功，
> 則加之賞。其不貢士也，一則黜爵，載則黜地，三黜則爵土俱畢。
> 附下罔上者死，附上罔下者刑，與聞國政而無益於民者斥，在上
> 位而不能進賢者逐。其受事而重選舉，審名實而取賞罰也如此。
> 故能別賢愚而獲多士，成教化而安民氓。三代於世，皆致太平。
> 聖漢踐祚，載祀四八，而猶未者，教不假而功不考，賞罰稽而敕
> 贖數也。諺曰：「曲木惡直繩，重罰惡明證。」此群臣所以樂總猥
> 而惡考功也。〈考績〉

> 群僚師尹，咸有典司，各居其職，以責其效；百郡千縣，各因其前，
> 以謀其後；辭言應對，各緣其文，以覈其實，則奉職不解，而陳言
> 者不得誣矣。書云：「賦納以言，明試以功，車服以庸，誰能不讓？
> 誰能不敬應？」此堯、舜所以養黎民而致時雍也。〈考績〉

值得一提的是，王符對於考課之重視，與漢代政府重視案比上計之考課制度略有不同；漢代政府以名數、墾田作爲考課的主要項目並非錯誤政策，然而其出發點卻在於政府的租稅收入，故考課之法容易由名數之多寡、墾田之度量，轉化爲歲收租稅多少，官吏欲求考最，自然多張墾田，隱匿流亡；王符雖未明言「以覈其實」之「實」爲何，然而「國以民爲基」爲王符之基本主張，且考課本當據實上計，故其「實」應該就是百姓生活之實際狀況，而非政府之租稅。政府由考課知民間疾苦，方能依民情而施政，或量災情以賑濟。百官之考殿最，若依王符之主張，恐怕不能單純以名數、墾田等數量來評判，而必須以施政或賑濟等「實際作爲」來衡量，此方可稱爲「以覈其實」之「實」，才符合王符「國以民爲基」的政治理念。

除了選賢才之外，王符對於改善政治問題的另一項重點是明法令，賢才所在的各級官吏，是法令的執行者，而法令的確實與否，則是國家治亂之樞機，因此慎選官吏之後，便是明法令賞罰：

> 牧守大臣者，誠盛衰之本原也，不可不選練也；法令賞罰者，誠治
> 亂之樞機也，不可不嚴行也。〈三式〉

> 且夫國無常治，又無常亂，法令行則國治，法令弛則國亂；法無常
> 行，亦無常弛，君敬法則法行，君慢法則法弛。〈述赦〉

王符所處的東漢和帝時期，正爲法令由「行」轉「弛」，國運由「盛」

而「衰」，社會由「治」向「亂」的關鍵時刻，〈和帝紀〉記載當時法令「頗有弛張」〔註62〕，雖然政治、社會等亂象尚未明顯浮現出來，卻已經隱隱有此趨勢。安帝之後，局勢急轉直下，雖然東漢自從立國之後表彰氣節，提倡道德頗有成效，然而此時道德觀念已然無法約束豪強百姓，士人之中仍有不少清流份子以德自處者，則漸漸與亂政之宦官外戚相對立，此爲東漢後期發生黨錮之禍之源由。由於德化漸漸失去約束能力，是以王符主張德化與刑法必須並行，方是因時變通之道：

> 夫法令者，人君之銜轡筆策也，而民者，君之輿馬也。若使人臣廢君法禁而施己政令，則是奪君之轡策，而已獨御之也。愚君闇主託坐於左，而姦臣逆道執轡於右，此齊騶馬繻所以沈胡公於具水，宋羊叔牂所以弊華元於鄭師，而莫之能御也。是故陳恆執簡公於徐州，李兌害主父於沙丘，皆以其毒素奪君之轡策也。文言故曰：「臣弒其君，子弒其父，非一朝一夕之故也，其所由來者漸矣，由變之不蚤變也。」是故妄違法之吏，妄造令之臣，不可不誅也。〈衰制〉

> 議者必將以爲刑殺當不用，而德化可獨任。此非變通者之論也，非叔世者之言也。夫上聖不過堯、舜，而放四子，盛德不過文、武，而赫斯怒。詩云：「君子如怒，亂庶遄沮；君子如祉，亂庶遄已。」是故君子之有喜怒也，蓋以止亂也。故有以誅止殺，以刑禦殘。〈衰制〉

「以誅止殺，以刑禦殘」這類近似法家言語，與王符〈德化〉篇中所云之「聖帝明王，皆敦德化而薄威刑」似乎頗有矛盾，可見王符對於東漢吏治敗壞、法令不彰的情況有深切的感觸。明法令的重要措施是減少赦宥，赦宥對於法制威權之破壞，以如上一節前述，和、安二帝之後，赦宥的破壞性已經遠遠超出其所帶來的正面效益了，因此王符認爲應該減少赦贖以伸張刑法：

> 凡民之所以輕爲盜賊，吏之所以易作姦匿者，以赦贖數而有僥望也。若使犯罪之人終身被命，得而必刑，則計姦之謀破，而慮惡之心絕矣。夫良贖可，孺子可令姐，中庸之人，可引而下，故其諺曰：「一歲載赦，奴兒噫嗟。」言王誅不行，則痛瘝之子皆輕犯，況狡乎？

〔註62〕《後漢書‧孝和孝殤帝紀》：「論曰：自中興以後，逮于永元，雖頗有弛張，而俱存不擾，是以齊民歲增，闢土世廣。偏師出塞，則漠北地空；都護西指，則通譯四萬。」

> 若誠思畏盜賊多而姦不勝故赦，則是爲國爲姦宄報也。夫天道賞善
> 而刑淫，天工人其代之，故凡立王者，將以誅邪惡而養正善，而以
> 逞邪惡逆，妄莫甚焉。〈述赦〉

　　赦宥過於頻繁的結果是法令喪失威信，結果是民輕爲盜賊、吏易作姦逆，東漢中期以後盜賊數量大增，除因國家缺乏正當管道的社會救濟管道之外，赦宥過於頻繁也是原因之一。

　　東漢政府並非不知選賢才、明法令，光武、明、章，乃至於和帝時期，皆關注於察舉、考課、明法等事，並努力約束官吏與豪強，這也是東漢前期社會安定，百姓富裕的原因。然而和帝之後，政府雖盡力維持王朝的安定，但是原本賴以約束豪強的法令卻逐漸失效，由於豪強具有的社會影響力極大，加上東漢豪強往往身兼財富與權位，一旦缺乏約束，便會形成嚴重的禍害，因此諸如土地兼併、察舉非賢，經營末業，日用奢侈等等問題便開始浮現出來。東漢政府無法及時加以打擊並重新約束豪強，使得不論是政治上、經濟上，還是社會上的問題，都因豪強的違法亂紀而逐漸增多，一旦爆發開來便一發而不可收拾。安帝時期爆發的羌患，或許可視爲東漢滅亡的前奏曲；而後期的黃巾之亂，則是漢祚之輓歌；盛衰之關鍵，或許便在東漢中期法令日漸失效一事上。

第五節　政治情勢與經濟、社會之關係

　　中國的大一統政治，歷經了西漢文、景、武帝的努力之後，在昭、宣時代形成了政治權力至上的中央集權體系，對內對外都達到了相當強大的控制力。對外的部分，西漢對四方的征伐，尤其對於匈奴的攻擊，對西域的經營，使得漢代中國面對外族始終擁有一強勢的地位。對內的部分，西漢前期打壓固有的社會勢力，並以察舉制度吸引地方的知識份子，扶植出新的士大夫階級。士大夫階級取代原本的豪強成爲新的豪強，漢政府將其納入政治權力之下，是實現中央對地方強控制的重要手段。許倬雲對於漢代政治權力吸納地方勢力的過程有精彩的論述：

> 自此之後，地方上智術之士可以期待經過正式的機構，確定的思想，
> 和定期的選拔方式，進入政治的權力結構之中，參與這個權力的運
> 行。縱然這時其他權力結構，如經濟力量，與社會力量，都已經服
> 屬在政治權力結構之下了：一條較狹，但卻遠爲穩定的上升途徑反

> 使各處的俊傑循規蹈矩的循序求上進。於是漢初的豪傑逐漸變成中
> 葉以後的士大夫……
>
> 綜合來說，西漢中葉以後的士大夫顯然已與察舉到中央的人士及地
> 方掾史羣，合成一個「三位一體」的特殊權力社羣。也就是說，士
> 大夫在中央與地方都以選拔而參預其政治結構，構成漢代政權的社
> 會基礎。〔註63〕

　　由於政治權力凌駕於其他權力結構之上，因此中國的治亂儘管原因不
一，政府運作是否順暢，肯定是盛世與亂世之間的一大關鍵。東漢中後期之
後，政府的控制力衰退，使得各項制度難以運作，原本統合在一起的各方勢
力互相衝突，如政府與豪強、豪強與其他豪強之間，或漢族與異族之間等等。
各方勢力的衝突更進一步削弱了政治權力，在此惡性循環之中，社會動盪愈
加劇烈，由於缺乏能實行社會控制的權力，流民便大量出現，更因中央大一
統政府的政治權力不可靠，百姓便逐漸前往依附較能夠給予生活保障的豪
強。此一移轉的過程便是百姓成為流民，在各郡之間移動就食，在豪強地方
勢力的吸納之下，東漢末年便逐漸形成一羣雄割據的局面。

　　從本章的論述可以發現，漢代的制度其實大多立意良善，如監察制度、
考課制度、乃至於察舉制度等等，除俸祿制度之缺失較為明顯之外，其他制
度之設立不外乎為了選拔人才、澄清吏治。然而制度之設立與執行是兩回事，
制度之規劃不論如何防弊，真正執行時總不免有隙可滲，政府腐敗之時，制
度的敗壞就更與其原始立意無關了。在政府原本的法制體系之內，豪強不至
於違法亂紀，東漢初年鄧禹曾教訓子孫「皆遵法度」〔註64〕，可見豪強之社
會勢力原本以法為界線，臣服在政治權力之下。然而豪強勢力藉由察舉制度
日漸膨脹，逐漸侵蝕政府的各項制度，結果如本章第二節所論，政治權力日
漸衰弱，東漢中後期吏治惡化；法制不行之後，豪強勢力更不受政府控制而
急速膨脹，最後成為東漢末年分解劉氏政權的關鍵因素。

　　政治權力的崩壞造成了經濟權力與社會權力脫離政府的掌握，百姓身為
被統治階層，在天災、戰亂、地方官吏的壓迫之下被迫成為流民。豪強吸納

〔註63〕許倬雲〈西漢政權與社會勢力的交互作用〉，收錄於氏著《求古編》（台北：
　　　　聯經出版社，1984.03再版），頁453）。
〔註64〕《後漢書・鄧寇列傳》：「自祖父（鄧）禹教訓子孫，皆遵法度，深戒竇氏，
　　　　檢敕宗族，闔門靜居。」

流民除了壯大本身勢力之外，亦增加了本身的生產能力，使經濟能力更進一步提高。因此政府政治權力衰弱之後，藉由流民的移動，將造成豪強在經濟上財富的集中，社會上權勢的加強。本文底下論述所欲開展的經濟問題與社會問題，其與政治問題所交纏之因果關係，或許正如此處所述。

因政治因素而直接造成的流民乃慢性、長期、逐漸擴大的，而天災與戰亂所形成的流民潮，則是快速、短期、立即爆發的，兩者都會造成百姓經濟的破產，流民若因經濟破產轉變成盜賊，則會進一步製造更多戰亂。以本文的分類來說，百姓經濟生產活動無法支持是造成流民問題的經濟因素，此為流民出現的最直接原因，而頻繁的戰亂則可視為社會因素，是流民進一步惡化的原因。政治問題雖然不會立即快速的造成大量的流民，但是其影響經濟、社會至巨，天災發生之後無法賑濟社會安撫百姓，盜賊寇亂與盜賊發生之後無法迅速平亂，皆與政治敗壞有關。對於流民而言，政治問題雖為間接因素，卻是最大元兇。

第五章　《潛夫論》反映造成東漢流民問題之經濟因素

　　百姓之所以流亡，大多因生計無法繼續，只好舉家流亡他鄉就食。東漢時代的流民多爲飢民，後期雖有許多富人爲了逃避戰亂而舉家遷徙南方的事例，但與貧民受災荒戰亂而流亡的數量遠不能比，故經濟因素實爲造成流民出現的最大直接因素。漢代以農立國，尋常百姓多爲一家五口之農戶，多數流民實產生於小農經濟破產。本章討論流民問題之經濟因素，即以小農經濟爲主軸，論其之所以脆弱而致破產之原因。

　　首先接續前章，討論賦稅與徭役在制度層面上對於農民之影響；其次討論農桑本業脆弱之原因，分先天不良以及後天失調兩個方向論述，包括東漢人地比率不相稱以及各種外力對於農業的干擾等等；再論東漢中後期末業畸形發達的狀況。本業蕭條會造成糧食生產不足，而農桑經濟脆弱則會促使百姓投入獲利較高的工商業，二者實互爲因果。種種經濟問題造成了東漢極爲嚴重的貧富差距，貧農輕易成爲流民，而流民又不得不依附豪強求生存，使貧富差距日益擴大。部分經濟問題乃《潛夫論》未言或言之不盡者，本文亦詳列史料證之，以求論述之完整。最後，討論政府以及王符對於經濟問題的反應與對策，並檢討其得失所在。

第一節　賦稅與徭役不均

　　漢代雖然田賦極低，然而其他稅目卻相當多，尤其是按人口徵收的人頭稅，對於一般百姓影響極大。除賦稅之外，徭役亦相當程度妨害了農時，東

漢之徭役雖較西漢有所減輕，但是仍有過於頻繁騷擾百姓之弊。以下便就賦稅與徭役分別論述之。

一、賦　稅

合理的賦稅制度可以使國家強盛，而百姓也可得到更多來自於國家的保護。然而賦稅過多，造成百姓巨大的負擔，則社會難免為之窮困：

> 比穀雖賤，而戶有飢色。案法當貴而今更賤者，由賦發繁數，以解縣官，寒不敢衣，飢不敢食。民有斯厄，而莫之卹。宮女無用，填積後庭，天下雖復盡力耕桑，猶不能供。《後漢書‧宦者列傳》

賦斂過重時，則會引發流民盜賊為患，如

> 中平元年，交阯屯兵反，……（賈）琮到部，訊其反狀，咸言賦斂過重，百姓莫不空單，京師遙遠，告冤無所，民不聊生，故聚為盜賊。
> 《後漢書‧郭杜孔張廉王蘇羊賈陸列傳》

賦稅繁重造成百姓流亡，王符或直接批判，或借古諷今：

> 所謂亂國之日促以短者，非謂羲和而令疾驅也，又非能減分度而損漏刻也。乃君不明則百官亂而姦宄興，法令齠而役賦繁，則希民困於吏政，仕者窮於典禮，冤民齠獄乃得直，烈士交私乃見保，姦臣肆心於上，亂化流行於下，君子載質而車馳，細民懷財而趨走，故視日短也。〈愛日〉

> 治天下，身處汙而放情，怠民事而急酒樂，近頑童而遠賢才，親諂諛而疏正直稅以賞，重賦無功，妄加喜怒以傷無辜，故能亂其政以敗其民，弊其身以喪其國者，幽、厲是也。〈德化〉

王符認為「細民懷財而趨走」的原因，與政治黑暗頗有關係，其中「役賦繁」更是重點之一。

漢代賦稅項目中，直接向一般百姓課徵的，可分為土地稅與人口稅兩種。土地稅又可分為田賦、芻稾稅、假稅等等。田賦的部分，西漢文、景時代對於田賦的調降，使得田賦大大降低到三十稅一，[註1] 東漢初年雖曾因「軍旅

〔註1〕 漢初之田租原為什五而稅一，文帝時期曾經幾次減半或全免，景帝時，田租三十稅一遂成為定制，《漢書‧食貨志》：「天下既定，……上（高帝）於是約法省禁，輕田租，什五而稅一，量吏祿，度官用，以賦於民。」；「上（文帝）復從其言，乃下詔賜民十二年租稅之半。明年，遂除民田之租稅。」；「孝景二年，令民半出田租，三十而稅一也。」

用度」的關係，短暫將稅率調高至什一，〔註2〕然兩漢之田賦大致上多爲三十而稅一，其稅率可謂相當的低。仲長統甚至認爲田賦過低使國家財政困難，是政府無力平亂賑災的原因，《昌言・損益》：

> 今通肥饒之率，計稼穡之入，令畝收三斛，斛取一斗，未爲甚多。
> 一歲之閒，則有數年之儲，雖興非法之役，恣奢侈之欲，廣愛幸之
> 賜，猶未能盡也。不循古法，規爲輕稅，及至一方有警，一面被災，
> 未逮三年，校計騫短，坐視戰士之蔬食，立望餓殍之滿道，如之何
> 爲君行此政也？二十稅一，名之曰貊，況三十稅一乎？〔註3〕

漢代田租雖輕，但是土地兼併問題極爲嚴重，貧苦百姓甚至無立錐之地。一般擁有狹窄田地的小自耕農，面對送往迎來，弔死問疾，養孤長幼尚且不足，還要面對東漢開國以來普遍的度田不實問題。〈劉隆傳〉中有記載云：

> ……天下墾田多不以實，又戶口年紀互有增減。（建武）十五年(39)，
> 詔下州郡檢覈其事，而刺史太守多不平均，或優饒豪右，侵刻羸弱，
> 百姓嗟怨，遮道號呼。《後漢書・朱景王杜馬劉傅堅馬列傳》

一般百姓所擁有的田地已經不足經用，再加上地方政府墾田不實，極有可能出現百姓田少賦多的情況。是以輕田租之政策看似優惠農民，實際上卻是便宜了兼併土地的豪強。

雖然如此，若政府於土地稅上僅收此低率的田租，對於一般百畝之地的平民仍是好事。然漢代於田租之外，又另外收芻、稾稅。西漢元帝時，貢禹便對田租之外又出芻，稾稅不滿：「農夫父子暴露中野，不避寒暑，捽屮杷土，手足胼胝，已奉穀租，又出稾稅，鄉部私求，不可勝供」《漢書・王貢兩龔鮑傳》。芻、稾稅之徵收原本爲收禾稈、草料等實物以供獸食，然而西漢末年之後演變爲折錢繳納，雖然芻、稾稅比田賦還低，但亦了加重農民之負擔。〔註4〕

〔註2〕光武帝初年曾短暫實行過什一之稅，《後漢書・光武帝紀》：「（光武帝建武六年詔曰）頃者師旅未解，用度不足，故行什一之稅。今軍士屯田，糧儲差積。其令郡國收見田租三十稅一，如舊制。」

〔註3〕見《後漢書・王充王符仲長統列傳》引。

〔註4〕《後漢書・光武帝紀》引《東觀漢記》曰：「……地皇元年十二月壬寅前租二萬六千斛，芻、稾錢若干萬。」可見芻、稾稅已經折錢繳納了。關於漢代芻、稾稅的演變，史書記載不清，不過出土之簡牘文獻有不少資料，參見高敏〈從江陵鳳凰山七號漢墓出土簡牘看西漢前期芻、稾制度的變化及其意義〉，《文史哲》（濟南：山東人民出版社），1988 年 3 期；高敏〈論西漢前期芻、稾稅

　　漢代政府擁有爲數龐大的國有土地，由於土地兼併之情況嚴重，政府常常將這些土地以租佃的形式分與無田可耕之貧窮農民，稱爲假田、假公田；而政府假田之收入，則稱爲假稅。假稅與田賦屬於不同性質的國家稅收，農民耕種自己擁有之私田者，則政府收三十稅一的田賦；而無私田之百姓，政府假公田所收取的假稅，其性質與地主將土地出租給佃農所收取的田租是一樣的，政府實際上乃國家型態的大地主。假稅之稅率甚至也與漢代私人租佃之田租相同，約爲什五之稅，是則耕種公田者實與豪強地主下的佃農無異。〔註5〕東漢時期假稅的徵收範圍擴大，於國有之山林池澤捕魚、採食之人亦要繳納假稅，是則東漢公田之徵斂較之西漢更爲兇狠。〔註6〕

　　制度的變化發展〉，收錄於《秦漢魏晉南北朝史論考》（北京：中國社會科學出版社，2004.07）。

〔註5〕假稅之稅率，史書未詳載，從相關文獻資料或許可推論其與私人租佃什五相同：《漢書・王莽傳》：「漢氏減輕田租，三十而稅一，常有更賦，罷癃咸出，而豪民侵陵，分田劫假。厥名三十稅一，實什稅五也。」又《鹽鐵論・園池》：「今縣官之多張苑囿、公田、池澤，公家有鄣假之名，而利歸權家。」另外，出土文獻《居延漢簡》中有「右第二長官二處田六十五畝，租廿六石」（303・7）條，高敏引晁錯：「百畝之收不過百石」據此條證明假稅之稅率爲什五。然畝制曾經有過變革，《說文》小徐本曰：「六尺爲步，步百爲畝，秦二百四十步爲畝」又《鹽鐵論・未通》：「古者，制田百步爲畝，民井田而耕，什而籍一。義先公而後己，民臣之職也。先帝哀憐百姓之愁苦，衣食不足，制田二百四十步而一畝，率三十而稅一。」可見秦雖改革畝制，然漢武之前，百步之小畝與二百四十步之大畝在使用上未能統一，十分混亂，晁錯所言百畝百石可能是百步之小畝，而《居延漢簡》之六十五畝爲邊郡公田，當爲新畝制，即二百四十步之大畝。由小畝換算生產量，當較接近仲長統所云之「畝收三斛」。仲長統之說一則爲東漢末年，農業生產能力較爲進步，二則邊郡之糧食產量不能與內地之農業精華區相比，居延地區六十五畝之產量不可能有「畝收三斛」的高產能。勞榦考釋此條簡文認爲六十五畝可收八十石，數據雖然合理，其然八十石之論證乃以六十五畝分三人，三人年需食粟五十四石，再加上租二十六石爲八十石而得之，此論證結果未必合於實情。蓋租稅以產量爲主，而人年食之粟以所得之餘爲主，故時有不足，而時有餘糧，總產量不能以推估人之食量相加也。以上論述可知《居延漢簡》之資料不足，難以佐證漢代假稅之稅率，本文暫從〈王莽傳〉「分田劫假」、「什稅五」推論假稅稅率與私人租佃之什五相同。參見〔漢〕桓寬編著；王利器校注《鹽鐵論校注》（北京：中華書局，1992.07），〈園池〉頁171、〈未通〉頁190；勞榦〈居延漢簡考證・屯田四〉，收錄於氏著《勞榦學術論文集甲編》（台北：藝文印書館，1976.10初版），上冊，頁387。；高敏〈秦漢賦稅制度考釋〉，收錄於氏著之《秦漢史論稿》（台北：五南出版社，2002.08），頁62；林甘泉主編《中國經濟通史——秦漢經濟卷》（北京：經濟日報出版社，1999.08），下冊第十五章，頁647。

〔註6〕參見王毓銓〈「民數」與漢代封建政權〉，收錄於《中國社會經濟史參考文獻》

　　整體而言，漢代的土地稅是相對較低的，雖然政府對於無地農民的照顧未必妥善，但至少以假公田的型態給予其必要的收入。且兩漢時常以免除土地稅的方式作為優惠農民的手段，東漢天災內亂頻繁，減免田租、芻、藁，不收假稅之舉亦十分多見，可見政府尚有照顧農民之意。相對於土地稅之輕，漢代的人口稅便重的多，且較少給予減免，故成為人民脫離名數的重要原因之一。

　　漢代的人口稅可分為算賦、口錢、更賦等等。《漢書・高帝紀》記載高帝四年「初為算賦」，其下注引如淳曰：「漢儀注民年十五以上至五十六出賦錢，人百二十為一算，為治庫兵車馬。」此為成年人口之人口稅，十五歲以上至五十六歲者，一年一人必須繳納一百二十錢的算賦。除成年人之人口稅之外，漢代還有針對未成年者的人口稅，稱為口錢。《說文・貝部》六篇下貲字云：「漢律：『民不繇，貲錢二十三』」注引《漢儀》曰：「人年十五至五十六出賦錢人百二十，為一算，又七歲至十四歲出口錢人二十，以供天子。至武帝時又口加三錢以補車騎馬。」此為未成年者之人口稅，七歲至十四歲者，一年一人必須繳納二十三錢的口錢。算賦與口錢合稱口賦，〔註7〕兩漢之制大致相同，唯偶爾有部分地區之減省。另外東漢末年有口錢起徵年齡下降至一歲之例，是否普遍性的實施一歲納口錢之政策仍待考。〔註8〕

　　除算賦、口錢之外，漢代成年男子按規定一年要戍邊三日，由於邊郡遙遠，百姓可以錢代替力役，稱為過更，或更賦，《漢書・昭帝紀》元鳳四年注引如淳曰：

　　……天下人皆直戍邊三日，亦名為更，律所謂繇戍也。雖丞相子亦

（台北：華世出版社，1984.10），頁 223；高敏〈秦漢賦稅制度考釋〉，收錄於氏著之《秦漢史論稿》（台北：五南出版社，2002.08），頁 62。

〔註7〕口賦之名稱頗有爭議，王毓銓以為口賦即口錢，而高敏反駁之，本文暫從高敏之說。見王毓銓〈「民數」與漢代封建政權〉，收錄於《中國社會經濟史參考文獻》（台北：華世出版社，1984.10），頁 223；高敏〈秦漢賦稅制度考釋〉，收錄於氏著之《秦漢史論稿》（台北：五南出版社，2002.08），頁 62。

〔註8〕《水經注・湘水》引《零陵先賢傳》：「鄭產，字景載，泉陵人也，為白土嗇夫。漢末多事，國用不足，產子一歲，輒出口錢，民多不舉子，產乃敕民務得殺子，口錢當自代出……」東漢末年戶口嚴重失實，對於人口稅最重要的人口數與人口年齡無法掌握，則算賦、口錢之徵收亦不能徹底，故產子一歲出口錢是否普具普遍性，待考。見〔後魏〕酈道元注；王國維校《水經注校》（台北：新文豐出版社，1987.06），頁1191；高敏〈秦漢賦稅制度考釋〉，收錄於氏著之《秦漢史論稿》（台北：五南出版社，2002.08），頁 62。

在戍邊之調。不可人人自行三日戍，又行者當自戍三日，不可往便

還，因便住一歲一更。諸不行者，出錢三百入官，官以給戍者，是

謂過更也。

漢代男子二十三歲之後必須著役籍，則力役起始之年齡爲二十三歲。

〔註9〕由於多數之百姓無能力自行戍邊三日，因此於十五歲之成年人，其二

十三歲後又必須繳納三百錢之更賦，故更賦亦可算是一種常態姓的人口稅。

居延漢簡中有一些居住於邊郡之百姓，亦有繳納更賦，姑且不論其是否戍

卒，更賦之實施擴及邊陲是可以肯定的。〔註10〕

算賦、口錢與更賦帶給一般農民極大的壓力。《漢書・食貨志》24 上 4

上記載了「李悝爲魏文侯作盡地力之教」，具體計算了當時農民之生活收支。

〔註11〕以漢代之情況爲準計算之，農戶擁有的土地以古代一夫百畝之理想計

算，假設漢代生產力進步，逢豐年畝可超越平均值達二石，百畝則爲二百石。

五口之家，假設父母與老人三人出算賦、父與老人二人出更賦、餘二未成年

孩童出口錢，則如下表：

〔註9〕《漢書・高帝紀》：「蕭何發關中老弱未傅者悉詣軍。」下注引曰：「孟康曰：
『古者二十而傅，三年耕有一年儲，故二十三而後役之。』如淳曰：『律，年
二十三傅之疇官，各從其父疇學之，高不滿六尺二寸以下爲罷癃。漢儀注云
民年二十三爲正，一歲爲衛士，一歲爲材官騎士，習射御騎馳戰陳。又曰年
五十六衰老，乃得免爲庶民，就田里。今老弱未嘗傅者皆發之。未二十三爲
弱，過五十六爲老。』師古曰：『傅，著也。言著名籍，給公家徭役也。服音
是。』」由此可見漢代二十三歲便入役籍。更賦爲代役錢，當與著籍同爲二十
三歲開始。

〔註10〕《居延漢簡》212・55：「況更賦給鄉里」、又《居延漢簡》505・37：「建平五
年八月戊□□□□廣明鄉嗇夫客假左玄敢言之善居里男子丘張自言與家賣課
田居延都亭欲取□□按張等更賦皆給當得檢謁移居延如律令敢言之」，則
邊郡人若非戍卒，其亦繳納更賦明矣。勞榦編《居延漢簡》（台北：中央研究
院歷史語言研究所，專刊 40 考釋之部，1985）；其他相關討論可參見高敏〈秦
漢賦稅制度考釋〉，收錄於氏著之《秦漢史論稿》（台北：五南出版社，2002.08），
頁 62。

〔註11〕《漢書・食貨志》24 上 4 上：「今一夫挾五口，治田百畝，歲收畝一石半，爲
粟百五十石，除十一之稅十五石，餘百三十五石。食，人月一石半，五人終
歲爲粟九十石，餘有四十五石。石三十，爲錢千三百五十，除社閭嘗新春秋
之祠，用錢三百，餘千五十。衣，人率用錢三百，五人終歲用千五百，不足
四百五十。不幸疾病死喪之費，及上賦斂，又未與此。此農夫所以常困，有
不勸耕之心，而令糴至於甚貴者也。」

附表七：漢代豐年一般農戶收支表

項　　目	支　　出	收　　入	餘　　額
百畝之田歲收畝兩石〔註12〕		+200 石	200 石
田租三十稅一	-7		193 石
五口之家年所食〔註13〕	-90		103 石
豐年穀價一石三十錢〔註14〕		3090 錢	
除社閭嘗新春秋之祠〔註15〕	-300		2790

〔註12〕兩漢糧食的畝產量極難推算，與秦漢時代度量橫的變動有關，本表比照李悝之說推算，故漢代畝制雖爲二百四十步之大畝，仍換算爲先秦時代之小畝以與李悝做比較。《漢書‧食貨志》晁錯云：「今農夫五口之家，其服役者不下二人，其能耕者不過百畝，百畝之收不過百石。」晁錯所用畝制當爲百步一畝之周制，與李悝百畝之田同，李悝謂畝收一石半，當爲豐年，晁錯所云強調貧農之困苦，則畝產之平均值當高於一石。漢代農業生產工具及技術皆有進步，畝產量當有提高，根據林甘泉主編《中國經濟通史——秦漢經濟卷》綜合不少史料的的計算，東漢末年仲長統所謂的「畝收三斛」，大約換算爲一小畝 1.26 石的粟，兩漢小畝／石粟的平均產量約爲 1.1 石，其中包括晁錯「百畝之收不過百石」的誇張之語。若以一小畝 1.26 石爲東漢時期之平均畝產量的話，豐年當更多產才是，本表以超出標準值甚多的畝產 2 石作爲計算標準，以得豐年農民收支之一般。參見林甘泉主編《中國經濟通史——秦漢經濟卷》（北京：經濟日報出版社，1999.08），上冊第四章，頁 187；下冊第十五章，頁 647。

〔註13〕李悝以「人月一石半」作爲標準，是不可能合乎實情的，需忙於農事之成年男子與未成年之孩童食量不可能一樣。許倬雲《漢代農業》根據文獻資料以及《居延漢簡》之記載，推算成年男子的每月的消費量是 3 斛，成年家屬的月消費量約爲 2.1 斛，孩童月 1.2 斛，則每年約需食物 143.5 斛，爲 87 石。許倬雲之估算（87）與李悝（90）極爲接近，或許並非巧合，李悝之數據可能本爲平均五口之結果，此處暫且依李悝 90 石之說。參見許倬雲著；王勇譯《漢代農業》（桂林：廣西師範大學出版社，2005.08），頁 63。

〔註14〕漢代豐年之量價約爲 1 石 30 錢，東漢明帝時有豐年，〈明帝紀〉載：「歲比登稔，百姓般富，粟斛三十，牛羊被野。」粟斛三十當爲豐年米價之底線，再低恐有穀賤傷農之害。《史記‧貨殖列傳》引春秋時計然云：「夫糶，二十病農，九十病末。末病則財不出，農病則草不辟矣。上不過八十，下不減三十，則農末俱利，平糶齊物，關市不乏，治國之道也。」糴糶斂散平抑物價的觀念起源甚早，此條資料未必與漢代相關，卻同於漢代實情。

〔註15〕許倬雲以李悝 300 錢換算爲 10 石，再以東漢糧食價格換算社活動之開銷約爲600～700 錢。漢代社的開銷理當多於先秦，然而一般平民是否有能力春、秋各舉行一次如此昂貴的社祭？許倬雲合併宗教活動與其他社會活動之開銷估算爲 1600 錢，則此項活動之開銷可能比政府徵稅之總和還多，成爲一般農民最大的負擔了。筆者以爲此項開銷不至於如此大，以農民簡約生活計算之，

衣，一人用錢三百〔註16〕	-1500		1290
算賦三人	-360		930
更賦二人	-600		330
口錢二人	-46		284
芻、稾稅〔註17〕	-9		275
不幸疾病死喪之費	未計		
儲糧	未計		
種糧	未計		
其餘雜支	未計		
其他副業收入〔註18〕		未計	
歲餘錢		275	

　　此表以豐年時期五口之家的農戶爲準，其中農地的生產量超過平均值甚多，而社祭、衣物等開銷的部分則極力簡約，且不計醫疾死喪、來年之儲糧種子等等開銷，如此一豐年的勤儉農戶，其歲餘錢仍未達 300 錢，若家中多一人口之開銷，則雖逢豐年，農民亦需借貸過多矣。

　　換個方法來計算，可能更可以突顯出漢代賦稅之重，非平民百姓可以承受的。以本表歲入 200 石計，若除去食糧 90 石之外的一切開銷，則農戶的原本的淨收入爲 3300 錢；田租 7 石爲 210 錢，加上人口稅與芻、稾稅，年需繳納總額 1015 錢之賦稅，繳納之賦稅佔淨收入的 30.7%。若非豐年，假設畝產量僅 1.1 石（亦非欠年），則年收入 110 石，扣除食糧 90 石，剩餘 20 石；非豐年之糧價較高，以石 80 錢計，則此農戶之淨收入爲 1600 錢；田租 3.7 石爲

雖社祭開銷可能增於先秦，暫且以 300 前估之。

〔註16〕衣物之年開銷較難確實計算，一來物價漲跌不一，二來一般農戶可能擁有麻布、甚至絲褐的生產能力。此處暫只計算純農戶之開銷，根據敦煌出土文獻的相關記載，漢代夏季衣物如單衣之單價，約爲 350 錢，冬季之裘袍動輒上千。以內地之平民百姓爲計，衣物之價格理當比邊郡便宜，若每隔幾年更換一次寒暑之衣物，則每年衣物之開銷略同於李悝之人年 300 錢。

〔註17〕《後漢書・光武帝紀》引《東觀漢記》曰：「……地皇元年十二月壬寅前租二萬六千斛，芻、稾錢若干萬。」假設「芻、稾錢若干萬」爲三萬，則田租、芻稾錢之比爲 26：30，此表農戶田租 7 石，按比例當繳納 9 錢左右，然實際情況可能隨芻、稾之價格而有所波動。

〔註18〕本表暫以純農業生產的農戶作爲推算標準，以見漢代農業生產之不足。參見黃今言《秦漢商品經濟研究》（北京：人民出版社，2005.03）；林甘泉主編《中國經濟通史——秦漢經濟卷》（北京：經濟日報出版社，1999.08），頁 248～250、273～275。

296 錢，人口稅不變，仍為 1006 錢，糧價上漲了 2.7 倍，則芻、稾之價格可能也隨之上漲，假設芻、稾稅為 20 錢，則農戶年需納稅 1322 錢，佔淨收入的 82.7%。賦稅佔其收入如此重的比率，若逢年穀豐登，農民尚有一線生機可以存活，平持之年，一般農民連每隔幾年換一次寒暑新裝之財力都顯不足，若遇上糧食欠收，則農戶就更難以維持生計了，非得「寒不敢衣，飢不敢食」不可，難怪王符要大嘆「法令齊而役賦繁」、「細民懷財而趨走」。

然而以上尚皆為制度下的賦稅，若政府能體諒農戶生活不易，時常復除田租口賦，則對於簡約農民之生活而言不可不謂德政。然豪強欺凌與官吏墾田之事往往令百姓平白多添賦稅；甚至地方惡吏的貪污腐敗，或橫徵暴歛，私取民間財物；或苛察無比，百姓冤屈下獄；或怠慢訴訟，影響務農之農時等等，有如上一章所述：「農人急於務而苛吏奪其時，賦發充常調而貪吏割其財」，如此，則平民百姓如何不流亡他鄉？

由於一般農民生活不易，必須縮衣節食方能艱苦保全土地，一旦有外力影響，則土地不免被豪強兼併。王符所云：「郡縣所以易侵小民，而天下所以多饑窮也。」正是繁重賦稅底下小農經濟容易破產的反映。

二、徭　役

除了賦稅之外，徭役亦影響百姓甚巨。漢代的徭役可分為地方政府的徭役與中央政府的徭役兩種，若廣義的說，則兵役亦為徭役的範圍之內。地方政府的徭役，《漢書‧昭帝紀》元鳳四年（～77）注引如淳曰：

> 更有三品，有卒更，有踐更，有過更。古者正卒無常人，皆當迭為之，一月一更，是謂卒更也。貧者欲得顧更錢者，次直者出錢顧之，月二千，是謂踐更也。天下人皆直戍邊三日，亦名為更，律所謂繇戍也。……諸不行者，出錢三百入官，官以給戍者，是謂過更也。律說，卒踐更者，居也，居更縣中五月乃更也。後從尉律，卒踐更一月，休十一月也。《漢書‧昭帝紀》注引

從上面這條資料來看，卒更與踐更雖然狀態不同，但是實際上是同一件事情的不同處理方式：卒更為親自實行之，若有錢者可以用月錢兩千雇人代役，是為踐更。〔註 19〕根據附表七的推算，五口之家的農戶根本沒有能力出

〔註 19〕 高敏〈秦漢賦稅制度考釋〉，收錄於氏著之《秦漢史論稿》（台北：五南出版社，2002.08），頁 62。

錢雇人踐更，因此卒更對於一般百姓而言，應爲普遍性的徭役。

卒踐更之役期爲「更一月，休十一月」，對於農民來說，若役期正逢一年之中的農地休耕期，則服卒更爲國家建設倒也無妨。然而役期乃輪流爲之，一個月的役期若落在收割或播種的緊要關頭，妨害農時豈不嚴重？以更錢請人代役雖不失爲一解決辦法，然而如前所計，一般農戶即使生活極爲簡約，又適逢豐年，年餘錢亦不過數百，以兩千錢雇人踐幾乎是不可能的事。因此卒踐更能否做到不害農事，則有賴於地方政府對於農時之瞭解以及官吏對百姓服役狀態之掌握，若墾田不實，名數失察，則此徭役難免影響民生。

地區性的、制度化的徭役，影響頂多及於部分農戶，而政府所興發之徭役，恐怕才是造成流民問題的元兇。以程度來分的話，前者可稱爲小徭役，而後者可稱爲大徭役。〔註20〕中央政府興發的徭役，可分爲大型公共建設、修宮室陵寢、轉漕等三大類，不論何種，皆爲勞民傷財之力役，若政府處置不當，往往激發大量的流民。所興發之徭役若有助於國計民生也罷，如公共建設一項，東漢王景修渠有成，黃河中下游長期安流，雖發卒數十萬，費錢數百億，長期以來卻是利多於弊，亦較不容易引起民怨。〔註21〕然而修宮室陵寢之事，卻正與公共建設相反，豪強競相炫耀，發國家之力役以從私人之事，舉幾事爲例：

> （中山簡王焉）永元二年（90）薨。……是時竇太后臨朝，竇憲兄弟擅權，太后及憲等，東海出也，故睦於焉而重於禮，加賜錢一億。詔濟南、東海二王皆會。大爲修冢塋，開神道，平夷吏人冢墓以千數，作者萬餘人。發常山、鉅鹿、涿郡柏黃腸雜木，三郡不能備，復調餘州郡工徒及送致者數千人。凡徵發搖動六州十八郡，制度餘國莫及。《後漢書‧光武十王列傳》

> 時帝數遣黃門常侍及中使伯榮往來甘陵……（陳）忠上疏曰：「……然臣竊聞使者所過，威權翕赫，震動郡縣，……長吏惶怖譴責，或邪諂自媚，發人修道，繕理亭傳，多設儲峙，徵役無度，老弱相隨，

〔註20〕林甘泉主編《中國經濟通史——秦漢經濟卷》（北京：經濟日報出版社，1999.08），下冊第十六章，頁723。

〔註21〕《後漢書‧循吏列傳》：「……後汴渠東侵，日月彌廣，而水門故處，皆在河中，兗、豫百姓怨歎，以爲縣官恒興佗役，不先民急。永平十二年，議修汴渠，乃引見（王）景，……夏，遂發卒數十萬，遣景與王吳脩渠築隄，自滎陽東至千乘海口千餘里。……景雖簡省役費，然猶以百億計。明年夏，渠成。」

動有萬計……《後漢書‧郭陳列傳》

（梁）冀乃大起第舍，而壽亦對街爲宅，殫極土木，互相誇競。……
又多拓林苑，禁同王家，……又起菟苑於河南城西，經互數十里，
發屬縣卒徒，繕修樓觀，數年乃成。《後漢書‧梁統列傳》

如此大興徭役，影響可分兩個方面，其一是影響百姓生產，將日力耗盡
在無助民生之事上，自然造成農地荒廢，令老幼不得不設法流亡他鄉取食；
其二是徭役難免強行徵派，又常常徵調不公，「郡縣每因徵發，輕爲姦利，詭
責羸弱，先急下貧。」，〔註22〕百姓因此苦於勞役，或流亡逃役，或起而反叛。
東漢劉陶便對徭役所造成的反叛觀察透徹：

……誠恐卒有役夫窮匠，起於板築之閒，投斤攘臂，登高遠呼，使
愁怨之民，嚮應雲合，八方分崩，中夏魚潰。雖方尺之錢，何能有
救！《後漢書‧杜欒劉李劉謝列傳》

除大興工事之外，轉漕亦爲百姓之沈重負擔。轉漕可分兩種，一種是運
送物資往中央政府，另一種是運送軍需前往軍隊。東漢定都洛陽，前者之轉
漕需求大大減低，對於減輕徭役有相當大的幫助。而轉漕軍需的部分，則視
國家是否有軍事行動而定。東漢之羌患相當嚴重，除了造成邊民死傷，國庫
耗空之外，又需大量轉漕軍需的勞役付出，故無事之內郡亦損耗嚴重：

自羌叛十餘年閒，兵連師老，不暫寧息。軍旅之費，轉運委輸，用
二百四十餘億，府帑空竭。延及內郡，邊民死者不可勝數，并涼二
州遂至虛耗。《後漢書‧西羌傳》

邊郡之百姓，除了面對羌患之外，上述諸般賦稅、徭役皆不能避免，因
此邊民之苦，不僅僅於戰禍，更在賦稅徭役之間。甚至地方官吏的徵斂、勞
役，未必能確實的平定亂事，造成屯兵十餘萬人而盜賊羌患依舊，則軍需耗
費民資數百億，比羌患爲禍更屬數倍。王符爲邊郡之民，對於濫發徭役之情
況描述極爲深切：

今羌叛久矣！傷害多矣！百姓急矣！憂禍深矣！上下相從，未見休
時。不一命大將以掃醜虜，而州稍稍興役，連連不已。若排簾障風，
探沙擁河，無所能禦，徒自盡爾。今數州屯兵十餘萬人，皆廩食縣
官，歲數百萬斛，又有月直。但此人耗，不可勝供，而反憚暫出之
費，甚非計也。〈救邊〉

〔註22〕《後漢書‧光武帝紀》，中元二年詔。

> 今邊陲搔擾，日放族禍，百姓晝夜望朝廷救己，而公卿以爲費煩不
> 可。……今但知愛見薄之錢穀，而不知未見之待民先也；知徭役之
> 難動，而不知中國之待邊寧也。〈邊議〉

> 邊郡多害而役劇，動入禍門。不爲興利除害，有以勸之，則長無與
> 復之，而内有寇戎之心。西羌北虜，必生闚欲，誠大憂也。〈實邊〉

賦稅與徭役本爲國家建設之基石，然而賦重役繁對於百姓生活之傷害，
直可令百姓破產。若亂事蜂起，百姓受盜寇抄掠之餘，還要面對政府增添賦
稅徭役，如此百姓豈不群起流亡？安帝永初元年（107）龐參上書言西北邊郡
流民擾動之原因，即歸因於徭役使農戶經濟破產之故。其說雖不夠全面，卻
顯示出了徭役、農業生產與流民三者的關係：

> 方今西州流民擾動，而徵發不絕，水潦不休，地力不復。重之以大
> 軍，疲之以遠戍，農功消於轉運，資財竭於徵發。田疇不得墾闢，
> 禾稼不得收入，搏手困窮，無望來秋。百姓力屈，不復堪命。《後漢
> 書·李陳龐陳橋列傳》

兵役制度亦可稱爲廣義徭役的一部份。漢代行徵兵制，兵種可分邊郡戍
卒、京師衛士與郡國材官騎士三種，其中邊郡戍卒的部分，原本的役期是一
歲三日，一般百姓可藉由繳納更賦由政府另外招募，已如前述。京師衛士與
郡國材官騎士的部分，役期分別是一年，《後漢書志·百官志》注引漢官儀
曰：

> 漢官儀曰：「民年二十三爲正，一歲以爲衛士，一歲爲材官騎士，習
> 射御騎馳戰陣。八月，太守、都尉、令、長、相、丞、尉會都試，
> 課殿最。水家爲樓船，亦習戰射行船。……材官、樓船年五十六老
> 衰，乃得免爲民就田。

衛士爲中央軍隊，而材官騎士則屬地方常備兵。由資料的記載來看，百
姓二十三歲之後必須輪流服中央與地方之兵役，役期各爲一歲，之後成爲隨
時受徵調的預備兵，直到五十六歲才算退役。西漢時代藉由較確實的戶口調
查以及普遍性的徵兵制度，維持了較強大的國家軍隊，用以應付各種征伐與
亂事。然而對於極需人力投入的漢代精耕農作而言，兩年的兵役對農村生產
力而言影響不言而喻。因此東漢減省兵役制度，取消了郡國材官騎士的部分，
又減少京師軍隊，對於農業經濟的生產來說有相當程度的幫助。

東漢初年繼承兩漢之際的大亂，裁減軍隊是一種必要的休養生息手段，

然而減省軍隊的結果，變成國家武備不足，若邊郡烽火起或內地亂事作，政府反而必須臨時性的徵調民力。臨時徵調往往使國家與社會皆應變不及，軍隊既不能好好訓練以平亂，百姓又要同時面對盜賊亂事與政府徵發之事，故亂事難平而百姓破產更甚，又造成了更多流民盜賊，形成惡性循環。兩漢之間兵役的變革問題，本章第五節將再詳細討論。

政府之於賦稅與徭役，與百姓之於糧食衣物一樣，是維持運作的必需品，政府將賦稅徭役加諸於農民身上，則是奪取百姓糧食衣物之外的儲蓄。農戶無儲蓄以應變天災人禍，乃東漢農桑本業脆弱，甚至是本業蕭條的主要原因之一。王符認為：「百官亂而姦宄興，法令鬻而役賦繁」會造成：「亂化流行於下，君子載質而車馳，細民懷財而趨走」〈愛日〉的結果，當屬事實。誠如本節所述，東漢時代即使農田大豐收，地方官吏循規蹈矩，墾田確實、賦役不多加添派，農民之生活開支亦僅勉強打平而已。一旦有多餘的外力損耗，或是農戶、農地本身生產不足，便會造成農戶破產，被迫舉家流亡，此亦為王符極力主張不煩民力之理由。本文下一節起，便要討論這些造成百姓破產的關鍵因素。

第二節　農桑本業脆弱

漢代以農業立國，但是由上節所計算的五口之家農戶收支情形可知，漢代一般農戶的經濟處於相當脆弱的狀態。加上東漢政府與豪強不恤農民生活，天災肆虐又不能加以賑濟，東漢中後期之所以流民四起，便在於農桑本業先天不良，又逢種種外力干擾原本脆弱的本業經濟的緣故。以下便分析農村經濟破產之原因。

一、先天不足

人民的生活必須以糧食供應穩定作為一切活動的基礎，糧食的供應則取決於農業生產順利與否，而農業生產則必須有農地與人力。根據《後漢書志》的相關記載，東漢時代之戶口與墾田比率大約是平均每戶可分得 69.3 畝至 79.2 畝之間，若扣除佔總人口數大約 17%的城市非農業人口，則每戶可分到的平均畝數可上升至 81.9 畝至 96 畝之間。〔註23〕這些數據應為每畝二百四

〔註23〕　《後漢書志‧郡國志》注引伏無忌所記。平均畝數之數據見羅彤華《漢代的

十步的大畝制，若換算成為前面本文推算農戶收支的古制，則平均每農戶可得 196.56 畝至 230.4 畝的農地。東漢的總人口不算太多，理論上可分得的農地應該不少，甚至超過古制一夫百畝的標準一倍以上，然而事實卻非如此。漢代人口分佈不均相當嚴重，關東精華區以不到全國 15%的土地，卻聚集了60%的人口，而西北邊區及北邊擁有比關東區大一倍的土地，東漢時代卻僅有不到 6%的人口。〔註24〕人口密集度差異如此懸殊，造成了內郡勞力過剩，而邊郡良田廢棄的浪費情況，曾經到過關中及洛陽一帶的王符，便說道：

> 今邊郡千里，地各有兩縣，戶財置數百，而太守周迴萬里，空無人民，美田棄而莫墾發；中州內郡，規地拓境，不能半邊，而口戶百萬，田畝一全，人眾地荒，無所容足，此亦偏枯躄痱之類也。〈實邊〉

> 周書曰：「土多人少，莫出其材，是謂虛土，可襲伐也。土少人眾，民非其民，可匱竭也。」是故土地人民必相稱也。〈實邊〉

邊郡地區人口不實，與東漢國策偏於內守有關，因此西漢時代於西北邊疆所開發的大量田地，在東漢時期往往遭受廢棄，而成為游牧民族的牧場，如南匈奴內徙於西河美稷，以及涼州羌人漢人雜處等等〔註25〕。而保守的國防政策，亦使得邊郡人口流失，往往因戰亂而死或逃亡。留下來的漢人，雖然可能可以擁有較為寬闊的土地，但是既要面對與異族游牧經濟的競爭、劫掠，以及戰禍的威脅，還要面對漢政府惡吏的騷擾。「美田棄而莫墾發」之情況，實際上正是因為戰禍惡吏騷擾不斷，而政府無力實邊之結果。

與邊郡狀況不同，內郡土少人眾，所生產之糧食用於食用、日常開銷與賦稅便已枯竭，前文所計之農戶收支，大約便是人口密集區的情況。本文之估算不論疾病死喪以及其他雜支費用已然如此，更遑論來年種糧之預留了。由於口多地少，因此農民往往因匱乏而無法繼續耕種。東漢有此記載：

> （章帝元和三年）（86）二月壬寅，告常山、魏郡、清河、鉅鹿、平原、東平郡太守、相曰：「……今肥田尚多，未有墾闢。其悉以賦貧民，給與糧種，務盡地力，勿令游手。所過縣邑，聽半入今年田租，以

流民問題》（台北：學生書局，1989.12），頁 74。城市人口佔人口總數之數據見趙岡《中國城市發展史論集》（台北：聯經出版社，1995.05），頁 53～54；趙岡、陳鍾毅《中國經濟制度史論》（台北：聯經出版社，1986.03）頁 388～391。

〔註24〕 羅彤華《漢代的流民問題》（台北：學生書局，1989.12），頁 75。

〔註25〕 見《後漢書·南匈奴傳》、《後漢書·西羌傳》。

勸農夫之勞。」《後漢書‧肅宗孝章帝紀》

(和帝永元)十六年（104）春正月己卯，詔貧民有田業而以匱乏不能
自農者，貸種糧。《後漢書‧孝和孝殤帝紀》

　　章帝所告諸郡皆爲關東精華地區，然而「肥田甚多」，地力不盡，原因便
在於貧民沒有種糧，只好遊手不耕；和帝之詔更爲明顯，貧民有田業而「匱
乏不能自農」，可見其田業不足以自給。若無相當數量的家庭副業收入，一般
農戶很難維持生計，而需要靠政府接濟種糧來維持農業生產。〔註26〕

　　由此可知，人口密度差異懸殊，人力地利浪費的情況，會使寬鄉與狹鄉
皆面臨田不能耕，人不得食的情況，東漢末年劉陶曰：「地廣而不得耕，民眾
而無所食。」〔註27〕正道出了這種現象。在政府尚稱有力，國家財政寬裕的
時候，官府可以用給予種糧的方式，對內郡貧農加以救濟，再以維繫國防來
保障邊郡農戶的生活；但安帝以後羌患大起，邊郡固然百姓流離分散，國家
財政虛耗也造成內地貧農耕種無以爲繼，兩者皆使流民四處奔走求食。東漢
政府不知正視人口密度分佈不均的根本問題，是以勸農政策收效不彰。而百

〔註26〕漢代農民經營副業之情況頗爲常見，主要原因除了增加收入之外，亦可減少
　　　　開支。如最普遍的種桑養蠶以及飼養家禽、家畜等等。對於一家五口的農戶
　　　　而言，家庭副業之生產往往由女子負責，由於勞動力與資本都相當不足，恐
　　　　怕很難擁有高品質高利潤的布匹或乳、肉品，因此做爲家人防寒之衣物以及
　　　　肉類蛋白質的補充可能性較大。小自耕農的副業收入很難估算，因爲其中大
　　　　部分可能都自產自銷，且家禽與桑蠶仍要投入一定的資本。先論畜產業，一
　　　　般貧農可能連買耕牛、耕馬的資本都沒有，更何況其他利潤較高的牲畜。如
　　　　豬，《鹽鐵論‧散不足》：「夫一豕之肉，得中年之收，十五斗粟，當丁男半月
　　　　之食。」養豬的高利潤亦可作爲買進資本高門檻的佐證，普通百姓可能僅能
　　　　飼養小型牲畜如雞、鴨等。一家五口的畜產可能僅能減少開支，或荒年可變
　　　　賣作爲緊急應變之用，而對於增加收入之助益恐怕不大。再論紡織業，紡織
　　　　業的剩餘可能較爲明顯，黃今言估算農戶收支時，於家庭紡織一項推測有相
　　　　當多的收入，相當於糧食生產的五成五。紡織品之產量與市場是否能帶給一
　　　　般農戶如此大的收益暫且不提，不過從漢人往往農桑並舉的情況看來，紡織
　　　　副業的收入對於一般農戶相當重要應該可以確定。在農田收入無法維持生計
　　　　的情況下，紡織業可能是令農戶得以過冬的關鍵。總而言之，撇除紡織業盛
　　　　行的地區如成都等地，除非是以畜牧或紡織爲主業的百姓，或是擁有較大資
　　　　本的地主豪強，一般農戶的家庭副業並不能使其年餘錢有顯著的增加。參見
　　　　〔漢〕桓寬編著：王利器校注《鹽鐵論校注》（北京：中華書局，1992.07），〈散
　　　　不足〉頁348；黃今言《秦漢商品經濟研究》（北京：人民出版社，2005.03），
　　　　頁36～39、83～84；林甘泉主編《中國經濟通史——秦漢經濟卷》（北京：經
　　　　濟日報出版社，1999.08），頁248～250、273～275。
〔註27〕《後漢書‧杜欒劉李劉謝列傳》。

姓成爲流民雖可自動抒解人口密集區糧食不足的慘況，但邊郡戰亂之問題未解，人口密度藉由流民移動所形成的平衡機制也僅能促使南方地區人口成長而已，關中流民反而流向人口更密集的關東。王符云西北邊郡「周迴萬里，空無人民」之情況，至漢末皆持續惡化，甚至土壤相當肥沃的關中地區亦毀於邊疆亂事，「人地不相稱」之情況更爲嚴重。

人地不相稱的問題與地區環境密切相關，除此之外，賦稅與徭役造成農民負擔也是使小農經濟越發脆弱的主因。小自耕農是古代農業生產的主體，然而在小自耕農經濟狀況很難維持的情況之下，變賣土地依附豪強成爲佃農，是農戶維持農業生產的途徑之一。如鄭玄：「家貧，客耕東萊。」〔註28〕又楊震：「少孤貧，獨與母居，假地種殖，以給供養，諸生嘗有助種藍者，震輒拔，更以距其後。」〔註29〕等等。由此可知佃農依附豪強之後，可能可以藉由豪強的資產而耕種較多的土地、更多樣化的生產方式，或是擁有更多副業收入，但是沈重的佃租同樣使百姓疲於生計。

秦漢時期普遍的佃租是什五之稅，西漢董仲舒曰：「或耕豪民之田，見稅什五。」又王莽之政令中有：「豪民侵陵，分田劫假，厥名三十，實什稅五也。」〔註30〕以一般農戶的經濟生活而言，什五之稅高於政府三十稅一達十五倍之多。鄭玄與楊震的例子之中，其在什五之租後尚有餘力供養父母，雖然單位土地所生產的經濟效益未必較佳，但是單位勞力所生產的經濟效益卻遠多於三十而稅一的小自耕農。然而淪爲佃農的貧民雖可藉由地主龐大的資本而擁有較具效益的生產能力，但是生產之剩餘恐怕仍在什五之租的高稅率下，幾乎全數歸於地主手中。東漢末年崔寔云：

> 故下户踦𨂂，無所跱足，乃父子低首，奴事富人，躬帥妻孥，爲之服役。故富者席餘而日熾，貧者躡短而歲踧，歷代爲虜猶不贍于衣食，生有終身之勤，死有暴骨之憂，歲小不登，流離溝壑，嫁妻賣子。其所以傷心腐藏、失生人之樂者，蓋不可勝陳。〔註31〕

崔寔雖云奴事富人，但是從「歲小不登，流離溝壑，嫁妻賣子」的情況來看，這些下戶應該不是奴隸，而是人身依附性不這麼強的佃農。豪強富人

〔註28〕《後漢書・張曹鄭列傳》。

〔註29〕《後漢書・楊震列傳》注引《續漢書》。

〔註30〕兩條資料俱見《漢書・食貨志》。

〔註31〕崔寔《政論》，見〔清〕嚴可均輯《全後漢文》(《全上古三代秦漢三國六朝文》第二冊，台北：世界書局，1968.08 三版)，卷四十六，頁十。

對待佃農，未必皆如此惡劣，然而對佃農而言，龐大的佃租率的確使得佃農的經濟生活與小自耕農一樣拮据。

自耕農與佃農雖然經濟狀況艱辛，至少還固定的維持生產活動，雖然容易破產而成為流亡飢民，但是在年歲不錯的時候，生活還有一定的穩定度。若連固定可耕種的土地也沒有，這些百姓只好選擇生活更不穩定的僱農或僱工，以出賣勞動力換取錢財與糧食為生。如第五訪：「少孤貧，常傭耕以養兄嫂。」又孟嘗：「隱處窮澤，身自耕傭。」〔註32〕等等。僱傭在兩漢時期已經十分常見了，《史記》、《後漢書》不少列傳傳主皆如第五訪一樣，曾經有因家貧而為人做傭的紀錄，而豪強地主養賓客之記載更不勝枚舉。〔註33〕

傭耕雖然仍是從事農業活動，但是農產品卻非耕農所有，而是全歸地主，僱農之生計所需則另外由地主提供必須的糧食與工錢酬勞。僱農的收入可能不至於太少，從第五訪可由傭耕「養兄嫂」的情況看來，維繫一人以上之生活尚且有餘。然而僱傭生活極不穩定，有事則來，無事則去，若以一家五口之農戶而言，如此不穩定的經濟生活可能不足以養家活口，故僱傭往往不以「戶」為單位，而以人為單位。且從事僱傭者，往往是無業者的暫時之計，因此僱傭與流民相當類似，更多時候僱傭根本屬於流民的一部份了，如《漢書‧昭帝紀》云：「比歲不登，民匱於食，流庸未盡還。」等

從自耕農、佃農到僱農，這些農民或由於本身擁有的田土不足，或由於天災人禍破其家業，其擁有之財產一個比一個少。在自耕農轉變為佃農，或自耕農、佃農轉變為僱農的中間，這些百姓可能都會有一段流離失所的流民生活。以王符所云涼州邊郡之流民為例，邊郡之自耕農歷經戰亂、天災、人禍的三重打擊下，在「逐道東走，流離分散」、「飢餓死亡，復失太半。」的過程中，若家人並未失散死亡殆盡，則可能依附於豪強成為佃農，若僅得身免，則可能為其他自耕農或豪強的耕傭。這些輾轉佃農或耕傭的農夫不可能擁有太好的新環境，因此極容易再度流離失所。內郡之農民事實上也是如此，在人多田少的情況下，整體之生產已顯不足，邊郡之流民若蜂擁而入，則使內郡之消耗更甚。在盛世豐年的時候，以上這些情況或許上可維持一個脆弱的平衡，然而一旦天災湧現、戰禍四起、吏治敗壞，東漢農業先天不足的毛

〔註32〕二人之事俱見《後漢書‧循吏列傳》。
〔註33〕參見趙岡、陳鍾毅《中國歷史上的勞動力市場》（台北：台灣商務印書館，1986.12）；高敏〈試論漢代的僱傭〉、〈兩漢時期「客」與「賓客」的階級屬性〉，二文俱見氏著之《秦漢史論稿》（台北：五南出版社，2002.08），頁199、309。

病便加倍顯現出來了。

二、後天失調

官吏對於百姓經濟的騷擾，可分為兩個部分，其一是使其生產力下降，其二是對百姓收入的侵奪。在農業生產的幾個要件之中，農時的掌握、勞力的付出，都是相當重要的關鍵。王符論農業生產，相當重視這個部分，稱之為「日力」：

> 國之所以為國者，以有民也；民之所以為民者，以有穀也；穀之所以豐殖者，以有人功也；功之所以能建者，以日力也。治國之日舒以長，故其民閒暇而力有餘；亂國之日促以短，故其民困務而力不足。〈愛日〉

> 是故禮義生於富足，盜竊起於貧窮，富足生於寬暇，貧窮起於無日。聖人深知，力者乃民之本也，而國之基，故務省役而為民愛日。〈愛日〉

王符將農業的生產力簡化為日力是否得到最大效益，是十分有見地的看法。東漢地方吏治敗壞，嚴重影響百姓從事農業生產，王符感嘆曰：「今民力不暇，穀何以生？百姓不足，君孰與足？嗟哉，可無思乎！」〈愛日〉民力不暇是日力浪費的明顯指標。王符注意到吏政敗壞，尤其是訴訟之事曠日廢時，影響生產甚巨：

> 今則不然。萬官撓民，令長自衒，百姓廢農桑而趨府庭者，非朝晡不得通，非意氣不得見，訟不訟輒連月日，舉室釋作，以相瞻視，辭人之家，輒請鄰里應對送餉，比事訖，竟亡一歲功，則天下獨有受其饑者矣，而品人俗士之司典者，曾不覺也。郡縣既加冤枉，州司不治，令破家活，遠詣公府。公府不能照察真偽，則但欲罷之以久困之資，故猥說一科，令此注百日，乃為移書，其不滿百日，輒更造數，甚違邵伯訟棠之義……〈愛日〉

> 今自三府以下，至於縣道鄉亭，及從事督郵，有典之司，民廢農桑而守之，辭訟告訴，及以官事應對吏者，一人之，日廢十萬人，人復下計之，一人有事，二人獲餉，是為日三十萬人離其業也。以中農率之，則是歲三百萬口受其饑也。然則盜賊何從消，太平何從作？〈愛日〉

訴訟之事費時，使生產力下降乃至於消失，是農業日力經濟效益被破壞的實例。吏政敗壞影響日力，不僅僅於訴訟費時，百姓不得耕作而已，更在於百姓因此無法掌握農時。對於需求大量勞力付出的精細耕作來說，農時的混亂，可能會令豐年欠收，王符云：「十種之地，膏壤雖肥，弗耕不穫」〈相列〉，影響極為巨大。訴訟之事若能不傷農時，對於農作物的生產可能還不至於「歲三百萬口受其饑」的地步，但費時動輒百日，甚至「不滿百日，輒更造數」，豈能不害農時，不傷日力？官府不為小農經濟著想，漢法又多苛察，王符云訴訟之事令歲三百萬口受其饑，殆非誇張之語。早在東漢明帝盛世之時，地方政府擾民傷農時之事便有所聞，如韋彪便上疏言此事：

> （韋）彪以世承二帝吏化之後，多以苛刻為能，又置官選職，不必以才，因盛夏多寒，上疏諫曰：「臣聞政化之本，必順陰陽。伏見立夏以來，當暑而寒，殆以刑罰刻急，郡國不奉時令之所致也。農人急於務而苛吏奪其時，賦發充常調而貪吏割其財，此其巨患也。夫欲急人所務，當先除其所患。……」《後漢書‧伏侯宋蔡馮趙牟韋列傳》

刑罰刻急，日力損耗，使農業生產受挫，在明帝時便已經如此，更何況東漢吏治每況愈下，日益敗壞？除了訴訟之事外，東漢中後期西北亂事不斷，「郡縣所以易侵小民，而天下所以多饑窮也。」不僅僅於訴訟之事而已。以生產力下降來說，前一節所論政府多發徭役，也會造成農業日力浪費，尤其戰禍發生之時，其影響甚至比訴訟之事更為嚴重。王符云西北羌患造成「今邊郡多害而役劇」，東漢末年西北、關中地區因戰亂而殘破不堪，幾乎完全喪失經濟生產能力，龐參言「農功消於轉運，資財竭於徵發。田疇不得墾闢，禾稼不得收入，搏手困窮，無望來秋。」嚴重性可見一斑。

徭役、訴訟之事使日力浪費，生產力下降尚可稱間接因素，而賦稅則是直接剝削百姓辛苦耕種之所得。前述之賦稅制度，乃政府頒佈正式的賦稅標準，然而制度的制訂與實施乃兩回事。從文獻的記載來看，一般百姓若不想辦法隱匿戶口，納稅多於制度規定的情況可能十分常見。以老人為例，東漢時政府原有敬老政策，然安帝時曾下詔指責郡國怠慢此事，且直稱郡縣不奉行案比之事：

> 安帝元初四年（110）詔曰：「……又月令『仲秋養衰老，授几杖，行糜粥。』。方今案比之時，郡縣多不奉行。雖有糜粥，糠秕相半，長吏怠事，莫有躬親，甚違詔書養老之意。其務崇仁恕，賑護寡獨，

稱朕意焉。」《後漢書·孝安帝紀》

　　案比爲漢代查驗名數的重要措施，其功能除了登記戶口數之外，還有更動百姓年齡以便政府收取稅收、調動徭役等作用，安帝此詔書背後的意義在於，許多老人年滿五十六歲卻因案比不實而未能實際收到政府養老之福利，反而可能還要依舊繳納人口稅。東漢官吏之考績以稅收多少作爲指標之一，可想而知官吏會盡量讓賦稅維持原數甚至增加，對於一般農戶而言，已經失去生產能力的老人，繳納人口稅無疑是多餘的負擔，故案比不實可能代表上計簿中的農戶必須繳納更多的、超出制度的賦稅。前面計算過五口之家農戶的收支，年餘僅 275 錢，若多一位必須繳納人口稅之老人，〔註34〕則年必須多繳 420 錢；在尚不計老人所需之食糧的情況下，此農戶在豐年時期已然破產，更何況非豐年時期，甚至水旱失調需存糧應變之年歲？

　　百姓辛苦生產之所得，除賦稅外，還要面臨盜寇侵擾的危機，然盜寇搶奪財物也罷，官府又往往趁亂劫掠百姓，其行徑往往更惡於匪徒。如羌患爆發時，政府迫邊郡百姓內遷，反成爲官吏收刮民間財物的藉口。百姓既破生業，只好流離分散，流民遍布中國，王符曰：

> 太守令長，畏惡軍事，皆以素非此土之人，痛不著身，禍不及我家，故爭郡縣以內遷。至遣吏兵，發民禾稼，發徹屋室，夷其營壁，破其生業，彊劫驅掠，與其內入，捐棄羸弱，使死其處。當此之時，萬民怨痛，泣血叫號，誠愁鬼神而感天心。然小民謹劣，不能自達闕廷，依官吏家，迫將威嚴，不敢有摯。……原禍所起，皆吏過爾。
> 〈實邊〉

　　地方吏治之敗壞，不僅僅於邊郡而已，王符所述，乃百姓慘狀之極。漢代農戶之生活本極爲艱困，年餘錢糧太少，對於外力騷擾的應變能力極低。兩漢之西北地區，在西漢時期的努力經營之下，雖稱不上人口殷實，但漢人農耕之勢力的確曾經延伸達西域、河套一帶；東漢移都洛陽，又時有棄邊之議，對於關西之控制力不若以往，西漢時期所經營的戶口墾田遂逐漸消失，到漢末甚至連關中都淪爲異族游牧之地。數十萬人口流離分散，飢餓死亡。

〔註34〕東漢時代每戶人口有所增加，甚至已經逐漸由小家庭走向同戶共籍的大家庭。即使是西漢，一戶五口的五口可能也非實際口數，而是指納稅口數。見許倬雲〈漢代家庭的大小〉，收錄於氏著之《求古編》（台北：聯經出版社，1984 再版），頁 515；邵台新〈試論漢代農戶的「一家五口」〉，《輔仁歷史學報》，1991，第 3 期。

邊疆異族之反叛，推其原始亦爲漢人統治奴役過甚。官吏擾民之甚由此可見。

　　除了官吏擾民之外，災荒與盜賊或使農民辛苦耕耘之農作物毀於一旦，是爆發大規模飢荒的導火線。先論天災，漢代小農經濟十分缺乏承受外力的彈性，因此一旦出現水、旱、蝗等自然災害，其所造成的破壞往往不是單一小自耕農戶可以承受的。若政府的賑濟不夠及時、確實，大規模的流民潮很快的就會出現。西漢時鮑宣將「陰陽不和，水旱爲災」〔註35〕列爲七亡之首，認爲其影響高於具有普遍性的賦稅、徭役、惡吏、治安不良、豪強兼併等問題，原因就在於自然災害短時間內對百姓生活所產生的巨大破壞力，遠遠高於其他層面。

　　兩漢的災害不少，西漢之自然災害以河患爲烈，東漢雖黃河安流，但是其他災害之次數則遠超過西漢。將西漢河決之水患除去不計，比較西漢與東漢發生災害之頻率，羅彤華《漢代的流民問題》統計兩漢災荒如下表：

附表八：兩漢災荒統計表〔註36〕

時　代	西漢	光武	明帝	章帝	和帝	殤帝	安帝	順帝	沖帝	質帝	桓帝	靈帝	獻帝	東漢總計
年數	214	33	18	13	17	1	19	19	1	1	21	22	31	196
有災年	87	23	8	7	15	1	19	15	1	1	20	18	11	139
平均	2.46	1.43	2.25	1.86	1.13	1	1	1.26	1	1	1.05	1.22	2.82	1.41

　　西漢之災荒頻率遠低於東漢，可能代表史書之記錄有所缺漏，雖然如此，東漢災荒的發生頻率仍然高的嚇人。從明、章三帝的治世時期以下，幾乎每不到兩年就有一次災荒。和帝時期以下尤其嚴重，除去殤帝等在位不到兩年的短命皇帝不提，和帝至靈帝時期可說是兩漢災荒最爲頻繁的時候，幾

〔註35〕　《漢書・王貢兩龔鮑傳》。

〔註36〕　見羅彤華《漢代的流民問題》（台北：學生書局，1989.12），頁 121～122。羅氏之表有「罹災率」一項，係在位時間發生災荒年的機率（災/年），本文將其改爲平均幾年會出現災荒年，更能凸顯災荒出現的頻率。另外李劍農亦對兩漢災荒有所統計，然李氏之統計有相當減省，實際文獻記載的災荒不僅如此。如和帝永元十一年（99）無災荒記錄，此後一直到順帝永和六年（141）方有無災年，此間 40 年災害連綿不斷，甚至一年數發，包括了整個安帝時期，而李氏之記錄中卻有無災年。參見《中國古代經濟史稿——先秦兩漢部分》（武漢：武漢大學出版社，2005.05），頁 160～161；陳業新《災害與兩漢社會研究》（上海：上海人民出版社，2004.01）一書所收附錄〈兩漢災害年表〉，頁 371。

乎年年都有災荒，甚至一年之中災荒數發。雖然災荒是流民潮最主要的導火線之一，然而王符對於災荒所述不多，大概是因爲王符重視人功而不輕易言災異思想的緣故。〔註37〕災荒對於百姓經濟的影響顯而易見，以安帝時期爲例：永初元年、二年（107～108），旱、大水、大風、雨雹、地震並至，《後漢書・孝安帝紀》記此二年之災害如下：

> 永初元年（107）……冬十月……辛酉，新城山泉水大出。（注引東觀記曰：「突壞人田，水深三丈。」）是歲，郡國十八地震；四十一雨水，或山水暴至；二十八大風，雨雹。

> 永初二年（108）……五月，旱。丙寅，皇太后幸洛陽寺及若盧獄，錄囚徒，賜河南尹、廷尉、卿及官屬以下各有差，即日降雨。……六月，京師及郡國四十大水，大風，雨雹。……是歲，郡國十二地震。

此二年各種災害遍及全國，再加上安帝時爆發嚴重的羌患，天災戰禍，社會經濟幾乎完全被摧毀，百姓流離分散，流民遂遍佈全國。王符曰：

> 民既奪土失業，又遭蝗旱飢饉，逐道東走，流離分散，幽、冀、兗、豫，荊、揚、蜀、漢，飢餓死亡，復失太半。邊地遂以丘荒，至今無人。〈實邊〉

王符所云之幽、冀、兗、豫，荊、揚、蜀、漢等地，再加上發生羌患、蝗旱之并、涼、司隸等地，逐道東走的流民幾乎籠罩全國。羌患與盜賊相同，都有掠奪百姓財物的行爲。羌患、盜賊四起，除令政府必須耗費大量財力物力人力與之作戰外，更嚴重影響百姓生活。羌患影響百姓經濟，王符曰：

> 前羌始反時，……令遂雲烝起，合從連橫，掃滌并、涼，內犯司隸，東寇趙、魏，西鈔蜀、漢，五州殘破，六郡削跡。此非天之災，長吏過爾。〈勸將〉

> 往者羌虜背叛，始自涼、并，延及司隸，東禍趙、魏，西鈔蜀、漢，五州殘破，六郡削跡，周迴千里，野無子遺，寇鈔禍害，晝夜不止，百姓滅沒，日月焦盡。〈救邊〉

〔註37〕 王符對於災荒著墨不多，故本文亦不一一列舉不同災害所產生的程度不一的破壞，僅以發生次數來表示。關於兩漢災荒及其與百姓、流民之關係，參見羅彤華《漢代的流民問題》（台北：學生書局，1989.12），第三章第五節；陳業新《災害與兩漢社會研究》（上海：上海人民出版社，2004.01）。

> 前羌始叛，……及百姓暴被殃禍，亡失財貨，人哀奮怒，各欲報讎，
> 而將帥皆怯劣軟弱，不敢討擊……〈實邊〉

羌患所造成的戰禍，擴及整個西北邊郡，其抄掠所及之州郡莫不殘破。羌禍、天災，加上政府處置不當，以及惡吏趁亂洗劫民間財物，原本戰爭之後存在著一絲恢復的可能也不復存在了。

以上所述之先天不良、後天失調等事，西北州郡幾乎無一倖免，百姓之經濟能力遂在安帝羌患爆發之後一蹶不振。流民逐道東走，可能沿路乞討或飢民群聚為盜，關中與關東地區本也存在著經濟先天不良的毛病，這些來自西邊流民、流寇的騷擾，便成為促使東方州郡百姓破產的原因。經濟問題加上官吏擾民的狀況，使東漢中期以後的社會經濟處於恐怖平衡狀態，羌患一起，破產之百姓流民造成連鎖反應，由西向東的崩潰。王符云：「始自涼、并，延及司隸，東禍趙、魏，西鈔蜀、漢」又云「民……逐道東走，流離分散，幽、冀、兗、豫，荊、揚、蜀、漢，飢餓死亡，復失太半。」西北涼、并州之流民未必能從家鄉一路東走至荊、揚等東南地區，王符所言，正是這種一般百姓經濟崩潰產生連鎖反應的現象。

由於一般五口之家的百姓經濟破產，這些流民因尋找生計來源而紛紛依附豪強，因此東漢中期之後貧富差距日益擴大。大量的人力在豪強的需求之下投入末業，豪強之生活因此更為奢華，形成一種本業荒蕪而末業卻異常發達的畸形狀態，本文以下便就此繼續論述。

第三節　末業畸形發展

所謂末業，是相對於農桑本業而言的，中國古代習慣將農桑本業與工商末業對舉，《漢書‧食貨志》：

> 古之人曰：「一夫不耕，或受之飢；一女不織，或受之寒。」生之有
> 時，而用之亡度，則物力必屈。古之治天下，至纖至悉也，故其畜
> 積足恃。今背本而趨末，食者甚眾，是天下之大殘也；淫侈之俗，
> 日日以長，是天下之大賊也。殘賊公行，莫之或止；大命將泛，莫
> 之振救。生之者甚少而靡之者甚多，天下財產何得不蹶！

唐顏師古注曰：

> 本，農業也。末，工商也。言人已棄農而務工商矣，其食米粟者又

甚眾。殘謂傷害也。

班固、顏師古之言為十分典型的中國本末經濟觀。事實上這樣的經濟觀對於古代糧食生產力不足的中國而言是相當正確的。在一個沒有進口糧食的封閉社會之中，每年的糧食生產必須要大於區域內所有人一年食糧的總數，如此擁有多餘的糧食才能夠擁有對於天災的應變能力，以及轉變為各項建設的剩餘資產。若糧食的生產穩定，比如說一個農戶所生產的糧食足以供應兩戶人家以上食用，這表示生產力可資助一戶人家全力從事生產以外的其他事業。〔註 38〕然而漢代時期的農業環境不佳，尤其是人多田少的問題，迫使百姓必須投入大量勞力進行精細耕種，以求增加單位土地面積產量。〔註 39〕雖然如此，人口增殖的壓力仍使得糧食生產顯得不足，為了避免工商業消耗太多勞動力以及奪取過多農業利潤，政府實行「重農抑商」的政策是相當必要的。〔註 40〕

王符的本末觀與傳統習慣農與工商對立不同，他接受了工商業所帶來的經濟效益，認為工業的「致用」與商業的「通貨」皆能創造價值並有效改善百姓生活，因此有條件的認可了工商作為「本業」的價值：

> 夫富民者，以農桑為本，以游業為末；百工者，以致用為本，以巧飾為末；商賈者，以通貨為本，以鬻奇為末：三者守本離末則民富，離本守末則民貧，貧則阨而忘善，富則樂而可教。〈務本〉

〔註 38〕漢代的農業社會具有相當程度的市場經濟特色。由於耕地不足的關係，因此農戶除了按四時耕田，農閒時還必須進行相當程度的非農業活動以增加收入，非農業活動因此帶動商業發展。漢代農戶的精細耕作與多樣化謀生方式雖然造成了經濟網路的出現，然而農業社會的本質仍然未變，是相當值得注意的部分。說見許倬雲〈漢代的精細農作與市場經濟〉，收錄於氏著之《求古編》（台北：聯經出版社，1984 再版），頁 543；許倬雲著；王勇譯《漢代農業》（桂林：廣西師範大學出版社，2005.08）。

〔註 39〕漢代農耕技術頗有進步，然而農產品的單位面積產量仍趕不上人口增值的速度，因此精細耕作的程度並不會隨著農技進步所帶來的單位面積產量提高而降低，相反的，人口增加會迫使精細耕作的技術必須更加進步。參見許倬雲〈漢代的精細農作與市場經濟〉收錄於氏著之《求古編》（台北：聯經出版社，1984 再版），頁 543；許倬雲著；王勇譯《漢代農業》（桂林：廣西師範大學出版社，2005.08）。

〔註 40〕漢代重農抑商的政策未必全然來自於經濟上的考量，政治、社會的考量也會促使政府實施重農抑商政策。本章以經濟層面的討論為主，故暫不論之。另可參見高敏〈秦漢時代重農思想蠡測〉、〈試論漢代抑商政策的實質〉，收錄於氏著之《秦漢史論稿》（台北：五南出版社，2002.08），，第四章、第五章，頁 125、165。

由於人地比失衡，內郡耕地嚴重不足的緣故，東漢的小自耕農普遍需要在農閒時經營工商副業以維持生計。王符對於百工「致用」、商賈「通貨」的肯定，實際上也反映了漢代純農業經濟難以維持農戶生計的狀況。但是，在一般農戶所經營的手工業與市場經濟之外，東漢由於豪強富人奢侈風氣的帶領，出現了相當多以「巧飾」、「鬻奇」為主的工商末業，且快速的發展，吸引百姓捨農桑本業以投入。王符比較工商本、末業之不同云：

> 今民去農桑，赴游業，披采眾利，聚之一門，雖於私家有富，然公計愈貧矣。百工者，所使備器也。器以便事為善，以膠固為上。今工好造彫琢之器巧偽飾之，以欺民取賄，雖於姦工有利，而國界愈病矣。商賈者，所以通物也，物以任用為要，以堅牢為資。今商競鬻無用之貨、淫侈之幣，以惑民取產，雖於淫商有得，然國計愈失矣。〈務本〉

這些工商末業若有厚實的本業生產作為後盾，則精巧的工藝與收藏四方珍奇異品亦可稱為文化發展的表現。然而誠如前述，東漢中後期具有生產力的農桑本業萎縮，百姓生計難以為繼，飢荒流民已經遍佈全國，此時社會不將可用之勞動力盡量投諸本業以加強生產，反蓬勃發展無用之「巧飾」、「鬻奇」工商末業，此正是王符所云「離本守末則民貧」的現象，無怪乎王符竭力倡行務本了。

東漢末業之所以蓬勃發展，與豪強奢侈之風有關，此風影響所及，一則使整個社會皆以奢侈為尚，二則令無用之末業有利可圖，故百姓捨本趨末之情況變本加厲。王符云：

> ……今京師貴戚，衣服、飲食、車輿、文飾、廬舍，皆過王制，僭上甚矣。從奴僕妾，皆服葛子升越，筩中女布，細緻綺縠，冰紈錦繡。犀象珠玉，虎魄玳瑁，石山隱飾，金銀錯鏤，獐麂履舄，文組綵褋，驕奢僭主，轉相誇詫，箕子所唏，今在僕妾。富貴嫁娶，車軿各十，騎奴侍僮，夾轂節引。富者競欲相過，貧者恥不逮及。是故一饗之所費，破終身之本業。〈浮侈〉

有如此豪奢之需求，自然會吸引百姓投入。富人「一饗之所費，破終身之本業」，可見收益之驚人。百姓窮精力於本業，不過僅得溫飽，而末業如張羅富人之一饗等，所得即與本業勞碌半生之所得相仿，本業之收入遠不如末業之速，由此可見。

農業的收益不如工商業，自春秋戰國時期便是如此，西漢時司馬遷曾道：「夫用貧求富，農不如工，工不如商，刺繡文不如倚市門。」《史記‧貨殖列傳》而東漢末年之崔寔又曰：

> 且世奢服僭，則無用之器貴，本務之業賤矣。農桑勤而利薄，工商逸而入厚，故農夫輟耒而雕鏤，工女投杼而刺繡。躬耕者少，末作者眾，生土雖皆墾矣，故地功不致，苟無力稿，焉得有年？財鬱蓄而不盡出，百姓窮匱而為姦寇，是以倉廩空而囹圄實。一穀不登，則飢餒流死；上下俱匱，無以相濟。國以民為根，民以穀為命。命盡則根拔，根拔則本顛。此最國家之毒，憂可為熱心者也。〔註41〕

兩漢之重農抑商之政策，並非沒有收到成果，然而司馬遷、崔寔所云，正點出了百姓捨本趨末的根本原因，可與王符所云：「今舉世舍農桑，趨商賈，牛馬車輿，填塞道路，游手為巧，充盈都邑，治本者少，浮食者眾。」互證之。

東漢中後期本、末業畸形發展之關係，有如上述，底下則就末業鼎盛之現象，以及末業與豪強之關係，深入討論之。

一、東漢中後期末業之情況

西漢對於戰國以來的豪富商賈嚴厲打擊，頗收成效，富商大賈的數量由西漢時代的 32 人，至東漢僅有 7 人。由政治情勢與商賈出現的狀況來看，亂世容易出現富商是相當明顯的趨勢，西漢 32 富商之中，前期有 16 人，後期有 12 人，而中期僅有 4 人；後漢 7 富商之中，前期僅有 2 人，而後期則有 5 人。〔註42〕亂世之所以容易出現商業鼎盛的情形，農桑本業因亂而難以為繼是其推力，而物價波動、豪強奢侈風氣造成末業有利可圖則是其拉力。司馬遷說道：「此言末業，貧者之資也。」由於本業難以維持生活，加上耕地狹小，末業因此成為貧者可憑藉的事業。東漢中後期雖然沒有如戰國時代以及西漢前期那樣，出現大量的豪富商賈，但是百姓「舉世舍農桑，趨商賈」的行為卻更加明顯。

先說手工業的部分。如《西京雜記》中有以下記載：

〔註41〕崔寔《政論》，見〔清〕嚴可均輯《全後漢文》（《全上古三代秦漢三國六朝文》第二冊，台北：世界書局，1968.08 三版），卷四十六，頁五。

〔註42〕侯家駒《中國經濟史》（台北：聯經出版社，2005），頁 254。

> 霍光妻遺淳于衍蒲桃錦二十四匹、散花綾二十五匹。綾出鉅鹿陳寶
> 光家，寶光妻傳其法。霍顯召入其第，使作之，機用一百二十鑷，
> 六十日成一匹，匹直萬錢。〔註43〕

> 長安巧工丁緩者。爲常滿燈，七龍五鳳，雜以芙蓉蓮藕之奇。……
> 又作九層博山香鑪，鏤爲奇禽怪獸，窮諸靈異皆自然運動。〔註44〕

《西京雜記》對於諸如此類的巧工手藝，記載甚多，此僅舉二例言之。皇宮中人，穿著織工較細緻的衣服以顯身份，本屬自然。紡織是本業之屬，然而一匹綾布值萬錢，農夫耕百畝之地，一年所得不過數千錢，王符云：「百工者，以致用爲本，以巧飾爲末」，萬錢一匹之錦綾豈非巧飾耶？又長安巧工所做器具，或「七龍五鳳。雜以芙蓉蓮藕之奇」或「鏤爲奇禽怪獸。」巧飾之工更勝致用之本。諸如此類末業，若數量不多，則可視爲漢代工業文化的極致表現，然東漢末年末業鼎盛，在於除了皇室對於奢侈品有需求之外，權貴豪強亦競相奢侈，王符云：「京師貴戚，衣服、飲食、車輿、文飾、廬舍，皆過王制，僭上甚矣。」〈浮侈〉東漢之興，豪強支持功不可沒，初時尚能僅守法度，然其後漸流於放縱。皇室之衣服飲食已多精巧之工，眾多豪強「僭上甚矣」，則奢華猶有過之，正可見末業之興勝。

東漢中後期末業經營者眾，王符有以下敘述：

> 或裁好繒，作爲疏頭，令工采畫，雇人書祝，虛飾巧言，欲邀多福。
> 或裂拆繒綵，裁廣數分，長各五寸，縫繪佩之。或紡綵絲而縻，斷
> 截以繞臂。此長無益於吉凶，而空殘滅繒絲，縈悸小民。或刓削綺
> 縠，寸竊八采，以成榆葉、無窮、水波之紋，碎刺縫絑，作爲笥囊、
> 裙襦、衣被，費繒百縑，用功十倍。此等之儔，既不助長農工女，
> 無有益於世，而坐食嘉穀，消費白日，毀敗成功，以完爲破，以牢
> 爲行，以大爲小，以易爲難，皆宜禁者也。〈浮侈〉

王符對於此類「無有益於世」的手工業相當排斥，認爲其不助良農工女，必須加以禁止。農織本業之生產已然不足，此無益之事卻十分普遍，相形之下，流民百姓之不得救助，農工織女之慘澹經營，王符見此自然要大力反對了。

〔註43〕 〔西漢〕劉歆編撰；向新陽，劉克任校注《西京雜記校註》（上海，上海古籍
　　　　出版社，1991.05），〈霍顯爲淳于衍起第贈金〉條，頁30。
〔註44〕 〔西漢〕劉歆編撰；向新陽，劉克任校注《西京雜記校註》（上海，上海古籍
　　　　出版社，1991.05），〈常滿燈、被中香鑪〉條，頁59。

　　除了手工業之外，東漢末年豪強以建築宮室自炫財富，亦使原本土木之術由「致用」流於「巧飾」。如梁冀與其妻孫壽對街相競宅第：

> （梁）冀乃大起第舍，而（孫）壽亦對街為宅，殫極土木，互相誇競。堂寢皆有陰陽奧室，連房洞戶。柱壁雕鏤，加以銅漆；窗牖皆有綺疏青瑣，圖以雲氣仙靈。臺閣周通，更相臨望；飛梁石蹬，陵跨水道。金玉珠璣，異方珍怪，充積藏室。遠致汗血名馬。又廣開園囿，採土築山，十里九阪，以像二崤，深林絕澗，有若自然，奇禽馴獸，飛走其間。冀壽共乘輦車，張羽蓋，飾以金銀，游觀第內，多從倡伎，鳴鍾吹管，酣謳竟路。或連繼日夜，以騁娛恣。客到門不得通，皆請謝門者，門者累千金。又多拓林苑，禁同王家，西至弘農，東界榮陽，南極魯陽，北達河、淇，包含山藪，遠帶丘荒，周旋封域，殆將千里。《後漢書‧梁統列傳》

　　梁冀是東漢中後期豪強貴戚流於放縱的代表人物之一。其父梁商尚能以謙恭處事，臨終時還戒子喪葬之事務必簡約，可算是僅守法度的貴戚豪強。〔註45〕梁冀卻不然，暴虐無比，又大起私人宮室，耗費民脂民膏甚鉅，順帝時天災人禍不斷，來自邊郡的流民尚未能安撫，而貴戚卻濫用民力為此無益於用之事，故王符稱此等工事皆為末業也。

　　工業如此，以鬻奇為主之商業亦不遑多讓。漢代雖然嚴屬打擊商業，但是商品經濟卻相當發達，除了農戶自產直銷之農產品以及布匹等家庭手工之外，還有不少專業商人以轉運的方式販賣遠方的商品。〔註46〕商賈將不同地區的商品轉運販賣互通有無，亦有其助國計民生之處，此為王符所云「通貨為本」之事。但是尋常之家消費能力不強，商人轉販尋常之物，獲利不多；

〔註45〕《後漢書‧梁統列傳》：「（梁）商自以戚屬居大位，每存謙柔，虛己進賢，……稱為良輔，帝委重焉。每有飢饉，輒載租穀於城門，賑與貧餒，不宣己惠。檢御門族，未曾以權盛干法。」其臨終之言曰：「六年秋，商病篤，敕子冀等曰：『吾以不德，享受多福。生無以輔益朝廷，死必耗費帑藏，衣衾飯唅玉匣珠貝之屬，何益朽骨。百僚勞擾，紛華道路，祇增塵垢，雖云禮制，亦有權時。方今邊境不寧，盜賊未息，豈宜重為國損！氣絕之後，載至冢舍，即時殯斂。斂以時服，皆以故衣，無更裁制。殯已開冢，冢開即葬。祭食如存，無用三牲。孝子善述父志，不宜違我言也。』」

〔註46〕漢代的商品經濟，可參見黃今言《秦漢商品經濟研究》（北京：人民出版社，2005.03）；對外貿易的部分，另可見余英時著，鄔文玲等譯《漢代貿易與擴張》（上海：上海古籍出版社，2005.06），二書對於漢代之商業有詳細的論述，本章此處專論王符所述之末業，故略之。

而豪強大富爲求自炫財富，往往肯高價購買奇特之物，商人獲利既多，自然捨通貨本業而就鬻奇之末了。舉喪葬所用之棺木爲例，豪強非得珍奇之木，精巧之工爲之不可，王符曰：

> ……桐木爲棺，葛采爲緘，下不及泉，上不泄臭。後世以楸梓槐柏枏樗，各取方土所出，膠漆所致，釘細要，削除鏟靡，不見際會，其堅足恃，其用足任，如此可矣。其後京師貴戚，必欲江南檽梓豫章梗柟：邊遠下土，亦競相倣傚。夫檽梓豫章，所出殊遠，又乃生於深山窮谷，經歷山岑，立千步之高，百丈之谿，傾倚險阻，崎嶇不便，求之連日然後見之，伐斫連月然後訖，會眾然後能動擔，牛列然後能致水，油漬入海，連淮逆河，行數千里，然後到雒。工匠雕治，積累日月，計一棺之成，功將千萬。夫既其終用，重且萬斤，非大眾不能舉，非大車不能輓。東至樂浪，西至敦煌，萬里之中，相競用之。此之費功傷農，可爲痛心！〈浮侈〉

「其堅足恃，其用足任」之棺木，乃致用之工，百姓平時忙於農事，一旦有死喪之事，則商人賣此桐木棺可謂「致用」；然而實際上卻非如此，一棺之成，非令商人行數千里，遠入深山窮谷求之不可，又令工人雕治，積累日月，一人之喪，功將千萬。鬻奇巧飾之工商末業有此巨利可圖，自然捨本趨末了。

除喪葬費功傷農之外，商賈末業還不僅於此，前引梁冀營造宮室，亦給予鬻奇之商人有暴利可圖，諸如：「金玉珠璣」、「異方珍怪」、「汗血名馬」、「奇禽馴獸」等等，皆非洛陽所有，乃末業之商賈至遠方求之。此奢華之風氣，由皇室、豪強而下，使稍有餘財之百姓競相仿效，於是工商背本逐末，甚至吸引農戶投入追逐暴利，若逢災荒，則糧米供應不足，糧米不足，則飢荒、流民四起。本業荒蕪而末業發達之情況，使得原本生產力便顯不足的農桑本業更加脆弱，王符云：「舉世舍農桑，趨商賈。」又云：「天下百郡千縣，市邑萬數，類皆如此，本末何足相供？則民安得不饑寒？」其言不僅僅批判現實，更憂心百姓之短視近利也。

二、末業與流民依附豪強

末業興盛之所以與東漢豪強關係密切，在於豪強往往以其較強大的經濟能力，促使百姓前往依附。這種依附關係可能有兩種型態，第一種是事業的

依附，如自耕農變成豪強所屬的佃農，或豪強本身所經營的各種事業〔註47〕；
第二種則是人力資源的依附，如百姓成爲豪強的僱傭、賓客、奴婢。這兩種
依附關係並沒有明確的分別，只是從不同方向觀察而已。從經濟的角度來說，
依附豪強的人力資源可使豪強獲得更充裕的勞力來經營事業，一方面使豪強
的經濟能力變得更加寬裕，另一方面，獲利較爲容易或者生活較能獲得保障，
則會吸引人力資源前往依附。

　　豪強所經營的事業未必全是末業，尤其是謹守法度的豪強，反而會集族
人之力努力耕耘本業，樊重便是一個例子。〔註48〕另外，崔寔的《四民月令》
則記載了當時一般豪強是如何經營莊園的，其中有民生必需品的生產，亦有
糴糶取利的商業行爲，大抵皆非巧飾鬻奇的末業。〔註49〕東漢中後期之後，
由於奢侈之風日益，因此末業便圍繞著侈靡好異物的豪強而生。豪強欲求器
物之飾，便會有百工末業前往依附；欲求宮室之美，便會有各種土木末業圍
繞而生；欲行厚葬以炫家產，便會有遠求江南檽梓豫章之商賈。前述所云之
東漢末業情況，皆是如此。而這些依附豪強的末業亦非專爲某一事而偶爾出

〔註47〕　這裡所講的事業不僅僅是經濟事業，如官吏對豪強的依附，可視爲政治事業
　　　　的依附等等。東漢之後，豪強逐漸形成割據勢力，各種事業紛紛依附豪強，
　　　　豪強甚至可以用軍事武力來保障依附民的安全。參見崔向東《漢代豪族研究》
　　　　（武漢：崇文書局，2003.10）；劉增貴《漢代豪族研究——豪族的士族化與官
　　　　僚化》（台北：國立台灣大學歷史研究所博士論文，1985）。
〔註48〕　《後漢書・樊宏陰識列傳》：「樊宏字靡卿，南陽湖陽人也，世祖之舅。其先
　　　　周仲山甫，封于樊，因而氏焉，爲鄉里著姓。父重，字君雲，世善農稼，好
　　　　貨殖。重性溫厚，有法度，三世共財，子孫朝夕禮敬，常若公家。其營理產
　　　　業，物無所棄，課役童隸，各得其宜，故能上下戮力，財利歲倍，至乃開廣
　　　　田土三百餘頃。其所起廬舍，皆有重堂高閣，陂渠灌注。又池魚牧畜，有求
　　　　必給。嘗欲作器物，先種梓漆，時人嗤之，然積以歲月，皆得其用，向之笑
　　　　者咸求假焉。貲至巨萬，而賑贍宗族，恩加鄉閭。外孫何氏兄弟爭財，重恥
　　　　之，以田二頃解其忿訟。縣中稱美，推爲三老。年八十餘終。其素所假貸人
　　　　閒數百萬，遺令焚削文契。責家聞者皆慚，爭往償之，諸子從敕，竟不肯受。」
〔註49〕　崔寔《四民月令》原書早已散佚，現在較常見的輯本見〔清〕嚴可均輯《全
　　　　後漢文》（《全上古三代秦漢三國六朝文》第二冊，台北：世界書局，1968.08
　　　　三版），卷四十七。《四民月令》記載的是一般豪強宗族的生活，或許可稱富
　　　　農，但從其記載來看，其維持整個宗族的生活亦十分辛苦，並非富甲一方之
　　　　豪富。相關論文參見楊聯陞〈從四民月令所見到的漢代家族的生產〉，《食貨
　　　　半月刊》，一卷6期，1934，頁10；許倬雲〈漢代的精細農作與市場經濟〉
　　　　收錄於氏著之《求古編》（台北：聯經出版社，1984再版），頁543；許倬雲
　　　　著；王勇譯《漢代農業》（桂林：廣西師範大學出版社，2005.08），第三章，
　　　　頁54。

現的，《後漢書》記載梁冀：「遣客出塞，交通外國，廣求異物。」《後漢書‧梁統列傳》，可見生活奢侈之豪強，身邊固定有人從事這種巧飾鬻奇的工商業。隨著東漢奢侈風氣日益蔓延整個社會，末業之經營也就更加普遍，本末失調的情況也就日益嚴重。王符云：「一夫耕，百人食之，一婦桑，百人衣之，以一奉百，孰能供之？」之情況，也就日漸明顯。

　　除了經營末業之外，人力資源的依附亦使豪強勢力更加強大，尤其是在經濟生產能力方面。豪強由於擁有大量的土地，又因依附人口而掌握大量的勞動力，是以其經濟能力遠遠高出一般平民，使豪強擁有足以支持其奢侈生活的財富。經濟上依附豪強的人力，除了見財趨利的工商人口之外，有相當數量是來自於生計無法維持的貧民，或流離失所的農民。漢代豪強本來就有很強的宗族向心力，貧困的族人往往前往依附，如侯瑾：

　　　　侯瑾字子瑜，敦煌人也。少孤貧，依宗人居。性篤學，恆傭作爲資，
　　　　暮還輒然柴以讀書。《後漢書‧文苑列傳》

　　豪強又稱豪族、大姓、強宗等，其宗族性自不待言，〔註50〕《四民月令》中記載了數條豪強照顧宗族的資料，可做爲同宗者團結於豪強之證：

　　　　（三月）是月也，冬穀或盡，椹麥未熟，乃順陽布德，振贍窮乏，務
　　　　施九族，自親者始。

　　　　（九月）存問九族孤寡老病不能自存者，分厚徹重，以救其寒。

　　　　（十月）五穀既登，家備儲蓄。乃順時令敕喪紀。同宗有貧窶久喪不
　　　　堪葬者，則糾合宗人，共與舉之，以親疏貧富爲差，正心平斂，無
　　　　相逾越。〔註51〕

　　進入東漢之後，這種宗族性更進一步擴大，將其依附人口皆置入其宗族體系內，形成一種具有社會組織性質的地方勢力。因此豪強勢力之中，除了

〔註50〕個人與宗族的緊密結合，大約從西漢中葉之後開始，劉增貴認爲有三點原因，一是由於古代農村爲聚族里居，大一統之後形成長期安定，人民安於故土；二是在儒家觀念之下，富裕的豪族往往收宗合族，使宗族之間更加結；三是東周時期原本關東地區的大族繼續發展，並藉由政府的遷徙政策而在新的地方形成豪族。見劉增貴《漢代豪族研究──豪族的士族化與官僚化》（台北：國立台灣大學歷史研究所博士論文，1985），頁23。另外可參考邢義田〈漢代的父老、僤與聚族里居〉，收錄於氏著之《秦漢史論稿》（台北：東大圖書出版社，1987.06），頁215；崔向東《漢代豪族研究》（武漢：崇文書局，2003.10），頁184。
〔註51〕崔寔《四民月令》，見〔清〕嚴可均輯《全後漢文》（《全上古三代秦漢三國六朝文》第二冊，台北：世界書局，1968.08 三版），卷四十七。

血緣關係之外，不乏相當多因經濟而結合的部分，如：

> （廉）范世在邊，廣田地，積財粟，悉以賑宗族朋友。《後漢書·郭杜孔張廉王蘇羊賈陸列傳》

> （樊重）其營理產業，物無所棄，課役童隸，各得其宜，故能上下戮力，財利歲倍，至乃開廣田土三百餘頃。……貲至巨萬，而賑贍宗族，恩加鄉閭。《後漢書·樊宏陰識列傳》

廉范與樊重都是以本業致富，除了血緣關係之外，還能夠以以其財力吸引非宗族人口依附。「賑宗族朋友」、「賑贍宗族，恩加鄉閭」等等，前者是以人緣為主，而後者是以地緣為主，依附關係由血緣擴展至社會救濟的關係十分明顯。豪強救濟貧民百姓，表面上可分擔政府賑濟之不足而起穩定社會之效，但是從政府的立場來看，人口的流亡代表名數之喪失，無名數則代表政府賦役之來源斷絕。因此豪強收留流亡人民，實際上是與政府爭奪人力資源，政府對於此類現象，一般而言是不樂見的。東漢章帝建初元年詔曰：

> 詔三州郡國：「……流人欲歸本者，郡縣其實稟，令足還到，聽過止官亭，無雇舍宿。長吏親躬，無使貧弱遺脫，小吏豪右得容姦妄。……」

《後漢書·肅宗孝章帝紀》

以政府與豪強相比，原本理當是政府所掌握得資源應該更多，然而在豪強經濟能力甚強，而政府相對弱勢的時候，就會出現這種政府與豪強爭奪人力的現象。章帝時流民不算太多，且政府尚有賑濟流民以及控制地方吏治的能力，卻仍必須下詔長吏親躬處理流民歸本郡之事，以免「小吏豪右得容姦妄」。這種政府警戒豪強爭奪人力的情況，早在西漢時代便已經出現，《鹽鐵論·復古》中，大夫甚至以豪強大家得鹽鐵之利，會造成「盡收放流人民」的狀況，來主張政府鹽鐵專營之權：

> 往者，豪強大家，得管山海之利，采鐵石鼓鑄，煮海為鹽。一家聚眾，或至千餘人，大抵盡收放流人民也。遠去鄉里，棄墳墓，依倚大家，聚深山窮澤之中，成姦偽之業，遂朋黨之權，其輕為非亦大矣！〔註52〕

西漢鹽鐵之議所論及之豪強大家，雖然與東漢豪強之經濟狀況不同，但是其因富聚眾，吸納流民等人力資源的狀況卻是一致的。尤其是東漢中後期

〔註52〕《鹽鐵論·復古》，見〔漢〕桓寬編著；王利器校注《鹽鐵論校注》（北京：中華書局，1992.07），頁78。

之後，天下漸亂，政府又缺乏社會控制之能，對撫卹流亡之事力不從心，若地方豪強稍有悲憫之心者，則傾力救濟飢民，如駱俊：

> （陳）國相會稽駱俊素有威恩，時天下飢荒，鄰郡人多歸就之，俊傾資賑贍，並得全活。《後漢書·孝明八王列傳》

此類有良心的地方豪強，數量應該不少，但是在天災人禍之中，伺機吸收流民成為徒附，或販賣奴婢，大發國難財的不法之徒，恐怕比賑濟百姓的豪強更多。王符云：

> 或孤婦女，為人奴婢，遠見販賣，至令不能自活者，不可勝數也。〈實邊〉

崔寔所處時代更晚於王符，豪強以龐大資產迫民低首之情況更為嚴重，其述此事更為痛切。崔寔之《政論》曰：

> 上家累巨億之貲，戶地侔封君之土，行苞苴以亂執政，養劍客以威黔首。專殺不辜，號無市死之子。生死之奉，多擬人主。故下戶踦跂，無所踦足，乃父子低首，奴事富人，躬帥妻孥，為之服役。〔註53〕

豪強不顧流亡百姓之苦，反在流民之中掠取更多人力資源，一般百姓不得政府賑濟，本身又無強宗可依，只好向富人低首，以謀生計了。

豪強吸收人力資源或者來自流民主動依附，或者來自於豪強強奪掠取，充足的勞力皆能使豪強變得更加富裕，使其得以恃挾強大的經濟能力從事奢侈的享受，故末業依附豪強而生，亦不足為奇也。仲長統云東漢末年之豪強「奴婢千群，徒附萬計」，其說或許有誇張之處，但是豪強擁有大量的勞動力，卻的確是其奢侈生活之基礎：

> 豪人之室，連棟數百，膏田滿野，奴婢千群，徒附萬計。船車賈販，周於四方；廢居積貯，滿於都城。琦賂寶貨，巨室不能容；馬牛羊豕，山谷不能受。妖童美妾，填乎綺室；倡謳伎樂，列乎深堂。賓客待見而不敢去，車騎交錯而不敢進。三牲之肉，臭而不可食；清醇之酎，敗而不可飲。《後漢書·王充王符仲長統列傳》

工商業發達會促進兩漢城市繁榮，對於豪強尋覓巧飾鬻奇之末業來說，更添幾分方便，因此城市之中往往聚集了許多從事末業者，也吸引了擁有大量財富的豪強前往居住。兩漢城市的繁華，在文人筆下的文學作品反應特別

〔註53〕崔寔《政論》，見〔清〕嚴可均輯《全後漢文》（《全上古三代秦漢三國六朝文》第二冊，台北：世界書局，1968.08 三版），卷四十六，頁十。

明顯，如班固的〈兩都賦〉、張衡的〈二京賦〉、左思的〈三都賦〉等等，文學作品雖難免有誇張之處，但城市興盛自不待言。〔註54〕若無戰亂干擾，由於城市人口眾多，豪強集聚，因此城市裡匯聚了大量的財富，且在商業交換之中快速的流通，故城市裡謀生較爲容易。如兩漢之際的河西地區，未受戰火波及，城市商業發達，財富累積相當快速：

> 時天下擾亂，唯河西獨安，而姑臧稱爲富邑，通貨羌胡，市日四合，
> 每居縣者，不盈數月輒致豐積。《後漢書·郭杜孔張廉王蘇羊賈陸列傳》

兩漢之間天下大亂，姑臧一偏安之城市便能如此，可見未有戰亂之時，商業都市之興盛。由於都市謀生容易，東漢中後期以後戰亂區所產生的大批流民，便大批的移入城市。不少流民在城市之中或受僱傭，或爲奴隸，或營末業以爲生，甚至成爲遊手之徒。王符曰：

> 今舉世舍農桑，趨商賈，牛馬車輿，塡塞道路，游手爲巧，充盈都
> 邑，治本者少，浮食者眾。商邑翼翼，四方是極。今察洛陽，浮末
> 者什於農夫，虛僞游手者什於浮末。是則一夫耕，百人食之，一婦
> 桑，百人衣之，以一奉百，孰能供之？天下百郡千縣，市邑萬數，
> 類皆如此，本末何足相供？則民安得不饑寒？饑寒並至，則安能不
> 爲非？〈浮侈〉

流民等人力資源依附豪強而轉爲僱傭、奴婢、經營末業等等，已如前述。這些工作雖卑賤低下，然尚能賺錢餬口；但是有更多的流民並無依附豪強的機會，便遊手好閒成爲遊民，於城市中無事生非，此爲王符所云之「浮末者什於農夫，虛僞游手者什於浮末」的狀況。遊民之來源，除了流民之外，亦包括了不事生產的尋常百姓，王符對此事深痛惡絕，曰：

> 今民奢衣服，侈飲食，事口舌，而習調欺，以相詐紿，比肩是也。
> 或以謀姦會任〔註55〕爲業，或以游敖博弈爲事；或丁夫世不傳犁鋤，
> 懷丸挾彈，攜手遨游。或取好土作丸賣之，於彈外不可以禦寇，內
> 不足以禁鼠，晉靈好之以增其惡，未嘗聞志義之士喜操以游者也。
> 惟無心之人，群豎小子，接而持之，妄彈鳥雀，百發不得一，而反

〔註54〕班固的〈兩都賦〉包括〈東都賦〉、〈西都賦〉；張衡的〈二京賦〉包括〈東京賦〉、〈西京賦〉、左思的〈三都賦〉則包括〈魏都賦〉、〈蜀都賦〉、〈吳都賦〉；以上諸賦俱見〔南朝梁〕蕭統編；〔唐〕李善注《文選》（台北：藝文印書館，宋淳熙本重雕鄱陽胡氏藏版），卷一至卷六。頁21～113。

〔註55〕原做「合任」，據汪繼培箋、胡楚生集釋改。

中面目，此最無用而有害也。或坐作竹簧，削鋭其頭，有傷害之象，

傅以蠟蜜，有甘舌之類，皆非吉祥善應。或作泥車、瓦狗、馬騎、

倡排，諸戲弄小兒之具以巧詐。〈浮侈〉

此等遊民雖未必能依附豪強，但是城市中龐大的財富使其得以維持溫飽。東漢末年之陶謙，曾大興土木建造佛寺，便吸引了不少此類遊民：

大起浮屠寺，上累金盤，下爲重樓，又堂閣周回，可容三千許人，

作黃金塗像，衣以錦綵。每浴佛，輒多設飲飯，布席於路，其有就

食及觀者且萬餘人。《後漢書・劉虞公孫瓚陶謙列傳》

陶謙於亂世之中，耗費鉅資大起佛寺，本屬末業，其多設飲飯，布席於路，更是將糧食浪費在遊民之口。東漢末年徐州號稱「百姓殷盛，穀實甚豐，流民多歸之。」但是身爲徐州牧的陶謙卻不知保護流民，使之歸農安居，反而「信用非所，刑政不理」，又大興土木，浪費糧食，無怪乎范曄論曰「徐方殲耗，實謙爲梗」了。〔註56〕

遊民遊手好閒，尚未直接對社會造成破壞，然城市之中，另一種依附豪強者，則橫行不法，比之遊民更糟。王符曰：

洛陽至有主諧合殺人者，謂之會任之家，受人十萬，謝客數千。又

重饋部吏，吏與通姦，利入深重，幡黨盤牙，請至貴戚寵臣，說聽

於上，謁行於下。是故雖嚴令、尹，終不能破壞斷絕。〈浮侈〉

今案洛陽主殺人者，高至數十，下至四五，身不死則殺不止。〈述赦〉

這種以殺人爲業的依附民，受到豪強政治上的保護，所從事的已經不只是經濟意義上的「末業」了，更是一種社會上的亂象。「會任之家」在洛陽一地即「高至數十，下至四五」，東漢其他大都市恐怕亦有類似的不法行業。這種社會亂象依附豪強而出現，獲利既高，又有豪強保障其身家安全，流民逃亡他鄉，進入城市之後，若成爲豪強爪牙，從此脱離顛沛流離之生活，亦非不可能之事。

第四節　貧富差距擴大

由以上分析農桑本業脆弱以及工商本業發達之情況，可知東漢中晚期小農本業經濟日漸萎縮蕭條，而使大量的人力資源轉而依附豪強。在這一來一

〔註56〕《後漢書・劉虞公孫瓚陶謙列傳》。

往的過程中，東漢的貧富差距日漸擴大，劉師文起云東漢貧富差距擴大，已達兩極對立的局面，實爲貼切。〔註 57〕貧富差距之所以日益擴大，以致於兩極對立的局面，一方面是歷史形勢使然，包括政府控制力衰退、制度敗壞、吏治惡化、天災頻繁等等；另一方面，富者廣求財利，而謀奪貧者之資產，更使富者富之，貧者貧之。王充曰：「富家之商，必奪貧室之財」〔註58〕，雖云富商，實則富家未必僅止於商，舉凡世宦大族，地方土豪等，莫不欲多添財富而奪貧室之財也。

富豪奪取貧室之財，莫過於土地，王符云：「苟有土地，民可富也」〈勸將〉。兩漢重農抑商，故制訂了許多打擊商業的政策，如賦稅方面，擁有市籍的商人除了市租之外，還要繳納各種雜稅，原本經商致富的商人，於是將賺來的錢財投資在土地上，由巨商型的豪強轉型爲富農型的土豪。進入後漢之後，巨商型的豪富並不多見，士大夫爲主的士族取代了純粹以商致富的豪強崛起，而新的豪強在政府嚴厲打擊商業的情況之下，多買田地往往比經營商業更能獲得保障，土地遂成爲普遍被追求的財富。〔註 59〕司馬遷云：「以末致財，用本守之」爲兩漢土地兼併問題的主因。

貧富差距的現象在土地兼併一事上表露無遺，各豪強莫不以擁有大片土地爲經營家產的目標。同樣的，擁有大片土地，則成了財富的象徵：

> 宣帝時，陰子方者，至孝有仁恩，臘日晨炊而灶神形見，子方再拜
> 受慶。家有黃羊，因以祀之。自是已後，暴至巨富，田有七百餘頃，
> 輿馬僕隸，比於邦君。《後漢書・樊宏陰識列傳》

> （廉）范世在邊，廣田地，積財粟，悉以賑宗族朋友。《後漢書・郭杜
> 孔張廉王蘇羊賈陸列傳》

〔註57〕 劉師文起云：「農桑本業萎縮，商賈末業畸形發展之外，貧富不均、兩極對立，更是東漢經濟形勢惡質化之另一標幟。富者乘堅策肥，列鼎而食，與貧者赤貧若洗，簞瓢屢空，形成強烈鮮明之對比。」見劉師《王符〈潛夫論〉所反映之東漢情勢》（台北：文史哲出版社，1995.12），第三章第三節，頁 137。

〔註58〕 《論衡・偶會》，見〔東漢〕王充；黃暉校釋《論衡校釋》（北京：中華書局，1996.11），頁 107。

〔註59〕 西漢曾經禁止商人擁有土地，《漢書・食貨志》：「賈人有市籍，及家屬，皆無得名田，以便農。敢犯令，沒入田貨。」，然而似乎實行的時間不長。參見許倬雲著；王勇譯《漢代農業》（桂林：廣西師範大學出版社，2005.08），第二章，頁33；關於商人賦稅，參見高敏〈秦漢賦稅制度考釋〉，收錄於氏著之《秦漢史論稿》（台北：五南出版社，2002.08），頁 62。

陰子方暴至巨富之後，「田有七百餘頃」，廉范「廣田地、積財粟」，莫不表示擁有田地與糧食為豪強經營家產之目標。而給予田地對於豪強宗族來說，甚至可以成為平息紛爭的手段，可見擁有田地對漢人的重要性，如樊重：

> （樊重）世善農稼，好貨殖。重性溫厚，有法度，三世共財，子孫朝夕禮敬，常若公家。其營理產業，物無所棄，課役童隸，各得其宜，故能上下戮力，財利歲倍，至乃開廣田土三百餘頃。其所起盧舍，皆有重堂高閣，陂渠灌注。又池魚牧畜，有求必給。……外孫何氏兄弟爭財，重恥之，以田二頃解其忿訟。縣中稱美，推為三老。《後漢書·樊宏陰識列傳》

樊重家族善於經營，史稱其「世善農稼，好貨殖」，然其「財利歲倍」之後，「乃開廣田土三百餘頃」，由此可知樊重所努力經營的產業，正是「以末致財，用本守之」的表現。其中值得注意的，是以「田土二頃」解決何氏兄弟爭財的問題，漢代雖然貨幣經濟發達，但是土地比貨幣更有價值，由此可見一斑。

豪強對於土地的慾望，還可以從豪強貴戚彼此之間爭奪園田窺知：

> （竇）憲恃宮掖聲勢，遂以賤直請奪沁水公主園田，主逼畏，不敢計。後肅宗駕出過園，指以問憲，憲陰喝不得對。後發覺，帝大怒，召憲切責曰：「深思前過，奪主田園時，何用愈趙高指鹿為馬？久念使人驚怖。《後漢書·竇融列傳》

竇憲請奪「沁水公主園田」，不僅僅是其囂張跋扈之反應，更足證美好的園池以及肥沃之田土，對於權勢之人的吸引力之大，足以令其用不法之行為強搶奪之。

土地既然為富人所追求的財富，若其能夠以正當方式購買或自行開墾荒地為田，如此擁有土地或許不能稱之為兼併，也未必造成東漢嚴重的經濟問題。然而漢代人地不相稱的情況相當嚴重，常有邊郡千里空無人民，而內郡人眾地荒的情況。尤其是內郡土地嚴重不足，若豪強又強行收買、搶奪百姓之土地，對於社會經濟之破壞，恐怕不亞於水旱蝗害。東漢中後期之後，豪強漸失法度，其中蓄積田土，以財力大肆購買土地者，可舉二例言之：

> （濟南安王）康遂多殖財貨，大修宮室，奴婢至千四百人，廄馬千二百匹，私田八百頃，奢侈恣欲，游觀無節。《後漢書·光武十王列傳》
> （馬）防兄弟貴盛，奴婢各千人已上，資產巨億，皆買京師膏腴美田，

又大起第觀，連閣臨道，彌亘街路，多聚聲樂，曲度比諸郊廟。《後
漢書·馬援列傳》

濟南安王「多殖財貨」以養奴、買田的例子，正可證明東漢貴戚豪強以
末業致富，而多購土地的現象。前述樊重之例，亦不過擁田三百頃，對於以
本業首支的樊重家族而言，已經足夠其整個宗族所用，甚至達到「所起廬舍，
皆有重堂高閣，陂渠灌注。又池魚牧畜，有求必給」的富裕景象。對於一般
富人而言，擁有如此財富也足以自誇了。而濟南安王所兼併之土地，竟達八
百頃之多，可見其買田地並非爲了「以本守之」，而是爲了過著奢侈恣欲的生
活，此正是前述本業不足而末業發達的畸形景況。馬防兄弟與濟南安王皆以
大量的資產兼併大批土地，卻未必能夠認眞耕作這些「膏腴美田」，反而大起
宮室第觀，蓄奴達數千人以上。這些土地與勞力的浪費，使得東漢經濟更顯
衰弱，而無法依附豪強之貧民，逢荒年非但不能得到政府救濟，僅有的存糧
餘財恐怕還要面對豪強收刮，自然流離失所，成爲流民了。

豪強兼併土地若能以錢幣購之，雖然對於原本每年能固定生產糧食的小
農來說仍是損失，但是至少有獲得爲數不一的金錢補償。但是東漢貴戚豪強
最惡劣的土地兼併行爲，乃是強奪，其行爲之惡劣，直與盜匪無異。如劉敞、
侯覽：

> 時繒侯劉敞，東海恭王之後也，所爲多不法，廢嫡立庶，傲很放恣。
> （公沙）穆到官，……乃上沒敞所侵官民田地，廢其庶子，還立嫡嗣。
> 《後漢書·方術列傳》

> 建寧二年（169），喪母還家，大起塋冢。督郵張儉因舉奏（侯）覽貪
> 侈奢縱，前後請奪人宅三百八十一所，田百一十八頃。起立第宅十
> 有六區，皆有高樓池苑，堂閣相望，飾以綺畫丹漆之屬，制度重深，
> 僭類宮省。又豫作壽冢，石槨雙闕，高廡百尺，破人居室，發掘墳
> 墓。虜奪良人，妻略婦子，及諸罪釁，請誅之。《後漢書·宦者列傳》

此類侵佔宅田的貴戚豪強，在東漢相當普遍，由此可知東漢政治問題之
嚴重。貴戚王侯，在京師便如此囂張，更何況其他州郡？王符云：

> 至遣吏兵，發民禾稼，發徹屋室，夷其營壁，破其生業，彊劫驅掠，
> 與其內入，捐棄羸弱，使死其處。當此之時，萬民怨痛，泣血叫號，
> 誠愁鬼神而感天心。〈實邊〉

此般以強烈手段強奪民土的惡霸豪強，一旦擁有更大的權力，或購或奪，

所擁有的土地往往與權力財富成正比。梁冀被質帝稱爲「跋扈將軍」〔註60〕，人君之權柄，盡落於此等惡戚之手，而其所兼併之地，亦達千里之譜：

> 梁冀又多拓林苑，禁同王家，西至弘農，東界滎陽，南極魯陽，北達河、淇，包含山藪，遠帶丘荒，周旋封域，殆將千里。《後漢書·梁統列傳》

類似梁冀這種以朝中重臣身份，大肆掠奪土地的豪強貴戚，東漢中後期之後層出不窮。宦官與外戚在政治上的角力，以及中央政府的無能腐敗，連帶的使社會經濟受到重創。〔註61〕安帝末年，楊震便對於宦官大起宅第頗爲不滿，沒想到切諫不從，反使此等貴戚更加無所顧忌：

> 中常侍樊豐及侍中周廣、謝惲等更相扇動，傾搖朝廷。（楊）震復上疏曰：「臣聞古者九年耕必有三年之儲，故堯遭洪水，人無菜色臣伏念方今災害發起，彌彌滋甚，百姓空虛，不能自贍。重以螟蝗，羌虜鈔掠，三邊震擾，戰鬥之役至今未息，兵甲軍糧不能復給。大司農帑藏匱乏，殆非社稷安寧之時。伏見詔書爲阿母興起津城門內第舍，合兩爲一，連里竟街，雕修繕飾，窮極巧伎。……」豐、惲等見震連切諫不從，無所顧忌，遂詐作詔書，調發司農錢穀、大匠見徒材木，各起家舍、園池、廬觀，役費無數。《後漢書·楊震列傳》

類似的記載尚有蘇康、管霸等：

> （劉祐）拜宗正，三轉大司農。時中常侍蘇康、管霸用事於內，遂固天下良田美業，山林湖澤，民庶窮困，州郡累氣。祐移書所在，依科品沒入之。桓帝大怒，論祐輸左校。《後漢書·黨錮列傳》

土地兼併會造成小民失其田業，原本中央政府應該站在百姓的立場來抑止土地兼併的，但是到了東漢末年，皇帝非但不能對兼併之豪強有所懲戒，反而加入了買田宅、起第觀的行列，甚至與宦官狼狽爲奸。獻帝時有此記載：

> 又還河間買田宅，起第觀。（獻）帝本侯家，宿貧，每歎桓帝不能作家居，故聚爲私臧，復寄小黃門常侍錢各數千萬。常云：「張常侍是我公，趙常侍是我母。」宦官得志，無所憚畏，並起第宅，擬則宮

〔註60〕《後漢書·梁統列傳》：「沖帝又崩，冀立質帝。帝少而聰慧，知（梁）冀驕橫，嘗朝群臣，目冀曰：『此跋扈將軍也。』冀聞，深惡之，遂令左右進鴆加煮餅，帝即日崩。」

〔註61〕參見鄺紀萬《兩漢土地問題研究》（台北：國立台灣大學出版委員會，文史叢刊之五十八，1981.06初版），第五章，頁147。

室。《後漢書·宦者列傳》

　　本章前面論述了不少農民百姓從事本業而生計困難的狀況，皆爲未考慮豪強兼併的情況。百姓原本的生活本已經不易維持，若再加上豪強多所干擾，以搶奪或強購的方式逼迫其離開所耕耘的土地，則貧者愈貧、富者愈富的趨勢更加速進行。惡劣的豪強奪取民財，所奪取者更不僅於土地，也包括其他財物：

　　　　小黃門段珪家在濟陰，與（侯）覽並立田業，近濟北界，僕從賓客侵犯百姓，劫掠行旅。《後漢書·宦者列傳》

　　　　（侯）覽兄參爲益州刺史，民有豐富者，輒誣以大逆，皆誅滅之，沒入財物，前後累億計。《後漢書·宦者列傳》

　　王符對於宦官之事雖無著墨，但是此等強奪民財之事，與邊郡太守藉邊患強徙民內遷，趁機「破其生業，彊劫驅掠」之行爲是一樣的，都使原本已經十分嚴重的貧富差距更加厲害。而百姓之財產流向豪強的速度也在這種不法行爲之中加速著，除非流亡之百姓聚爲盜匪，向豪強搶回部分財產，否則在政府衰弱的情況之下，此等惡劣豪強大富的作爲根本無法抑止。仲長統形容東漢後期這些豪強的財產云：

　　　　豪人之室，連棟數百，膏田滿野，奴婢千群，徒附萬計。船車賈販，周於四方；廢居積貯，滿於都城。琦賂寶貨，巨室不能容；馬牛羊豕，山谷不能受。妖童美妾，塡乎綺室；倡謳伎樂，列乎深堂。《後漢書·王充王符仲長統列傳》

　　　　井田之變，豪人貨殖，館舍布於州郡，田畝連於方國。身無半通青綸之命，而竊三辰龍章之服；不爲編戶一伍之長，而有千室名邑之役。《後漢書·王充王符仲長統列傳》

　　豪強坐擁大批土地財富，卻又不事生產，專營末業，造成本末業失衡。糧食本已生產不足，在大量土地淪爲宮室、園池的情況下更趨惡化。糧食生產不足會使米糧價格飆漲，一旦遇上了荒年，豪強憑藉其龐大的財力，購買高價米糧不成問題，但受災之貧民只好流亡他鄉，形成嚴重的社會問題。流民問題出現前後的一串社會變化，與經濟問題密切關連，而推其因果乃是本末失調，造成貧富差距進一步擴大的緣故。誠如王符所云：

　　　　一夫不耕，天下必受其饑者；一婦不織，天下必受其寒者。今舉世舍農桑，趨商賈，牛馬車輿，塡塞道路，游手爲巧，充盈都邑，治

本者少，浮食者眾。商邑翼翼，四方是極。今察洛陽，浮末者什於農夫，虛偽游手者什於浮末。是則一夫耕，百人食之，一婦桑，百人衣之，以一奉百，孰能供之？天下百郡千縣，市邑萬數，類皆如此，本末何足相供？則民安得不饑寒？饑寒並至，則安能不為非？為非則姦宄，姦宄繁多，則吏安能無嚴酷？嚴酷數加，則下安能無愁怨？〈浮侈〉

豪強兼併土地，累積財富，使貧者愈貧的現象，漢人並非不知，早在西漢早期，董仲舒與晁錯就曾言及於此。董仲舒分析貧民經濟困難之現象，主要在於政府之賦役以及豪強之租稅過重，以及貪暴吏妄加刑戮等等，著重點多為政府本身施政的問題，造成貧者無立錐之地的狀況：

（董仲舒）又言：「……除井田，民得賣買，富者田連仟伯，貧者亡立錐之地。又顓川澤之利，管山林之饒，荒淫越制，踰侈以相高；邑有人君之尊，里有公侯之富，小民安得不困？又加月為更卒，已復為正，一歲屯戍，一歲力役，三十倍於古；田租口賦，鹽鐵之利，二十倍於古。或耕豪民之田，見稅什五。故貧民常衣牛馬之衣，而食犬彘之食。重以貪暴之吏，刑戮妄加，民愁亡聊，亡逃山林，轉為盜賊，赭衣半道，斷獄歲以千萬數。漢興，循而未改。古井田法雖難卒行，宜少近古，限民名田，以澹不足，塞并兼之路。……」仲舒死後，功費愈甚，天下虛耗，人復相食。《漢書‧食貨志》24 上 4 上

董仲舒雖是講秦制，實際上卻是指西漢時期的問題。所謂「漢興，循而未改」就已經明白表示了董仲舒借古諷今的目的。與董仲舒不同，晁錯《論貴粟疏》則是著重點在經濟層面之消耗，陳述商賈兼併農人，造成農戶流亡他鄉的情況：

今農夫五口之家，其服役者不下二人，其能耕者不過百畝，百畝之收不過百石。春耕夏耘，秋穫冬藏，伐薪樵，治官府，給繇役；春不得避風塵，夏不得避暑熱，秋不得避陰雨，冬不得避寒凍，四時之間亡日休息；又私自送往迎來，弔死問疾，養孤長幼在其中。勤苦如此，尚復被水旱之災，急政暴賦，賦斂不時，朝令而暮改。當具有者半賈而賣，亡者取倍稱之息，於是有賣田宅鬻子孫以償責者矣。而商賈大者積貯倍息，小者坐列販賣，操其奇贏，日游都市，

> 乘上之急,所賣必倍。故其男不耕耘,女不蠶織,衣必文采,食必
> 梁肉;亡農夫之苦,有仟伯之得。因其富厚,交通王侯,力過吏勢,
> 以利相傾;千里游敖,冠蓋相望,乘堅策肥,履絲曳縞。此商人所
> 以兼并農人,農人所以流亡者也。《漢書·食貨志》24 上 4 上

　　董仲舒與晁錯所論之貧民情況為西漢初年之景象,部分問題在漢代已經有所改善,如鹽鐵收為國營,杜絕富人因此牟利等等。大商賈如此遭政府打擊,數量已經不如戰國末年、西漢初年。雖然如此,董仲舒與晁錯所指出的問題癥結,即富者兼併窮者,貧富不均,兩極對立的情況,卻始終嚴重依舊。東漢豪強地主兼併土地所採取之手段更多樣,百姓生活比之西漢更加貧困。〔註62〕貧民之生活艱困,甚至造成百姓多不養子的狀況:

> (賈彪)初仕州郡,舉孝廉,補新息長。小民困貧,多不養子,彪嚴
> 為其制,與殺人同罪。……數年閒,人養子者千數,僉曰「賈父所
> 長」,生男名為「賈子」,生女名為「賈女」。《後漢書·黨錮列傳》

　　豪強兼併造成貧富差距問題,其影響不僅於無力養子而已,由於百姓為政府收取賦稅,徵發徭役的對象,在百姓維持本身生計都相當困難情況下,逃避賦役是相當普遍的情況。民窮困至於無力生養孩子,又如何能負擔政府徵調?因此無名數日多而政府稅收日少。再加上安帝以後爆發嚴重羌患,耗費國家財力甚劇,西漢武帝征伐四方,《漢書》記其「功費愈甚,天下虛耗」,東漢雖非主動出擊,但是軍事所造成的消耗卻是一致的:

> 自羌叛十餘年閒,兵連師老,不暫寧息。軍旅之費,轉運委輸,用
> 二百四十餘億,府帑空竭。延及內郡,邊民死者不可勝數,并涼二
> 州遂至虛耗《後漢書·西羌傳》

　　東漢在中後期政府控制力減退之後,逐漸形成了一種國、民皆貧,而豪強獨富的畸形狀況,也因此逐漸走上了群雄割據的局面。雖然如此,若富人能施財富養百姓,如前述之以宗族力量賑濟本宗以及朋友流人等,承擔起一部份社會救濟的功能,則未嘗不是百姓之福。但是當時為仁不富,為富不仁的情況相當普遍,東漢早期崇尚氣節之豪強儒者已不多見,此現象亦令有識之士長嘆。王符云:

> 人皆智德,苦為利昏。行汙求榮,戴盆望天。為仁不富,為富不仁。

〔註62〕 參見韓復智〈兩漢經濟問題的癥結〉、〈東漢的土地問題〉二文,收錄於氏著之《漢史論集》(台北:文史哲出版社,1980.10),頁 1。

將修德行，必慎其原。故敘過利第三。〈敘錄〉

世人之論也，靡不貴廉讓而賤財利焉，及其行也，多釋廉甘利。
之於人徒知彼之可以利我也，而不知我之得彼，亦將為利人也。
知脂蠟之可明鐙也，而不知其甚多則冥之。知利之可娛己也，不
知其稱而必有也。前人以病，後人以競，庶民之愚而衰闇之至也。
予故嘆曰：何不察也？願鑒于道，勿鑒于水。象以齒焚身，蚌以
珠剖體；匹夫無辜，懷璧其罪。嗚呼問哉！無德而富貴者，固可
豫弔也。〈過利〉

這些為富不仁的豪強，除了強購、強奪百姓田地之外，往往又與官府合
作高利放貸。對於一般百畝之家的農戶而言，由於年餘極少，甚至入不敷出，
荒年靠借貸來維持明年度的農業生產是相當常見的，因此豪強往往藉此機會
以高利放貸，來謀奪貧家之田土財產。《漢書，食貨志》所稱之：「亡者取倍
稱之息，於是有賣田宅鬻子孫以償責者矣。」實為歷史上普遍之現象，非獨
西漢所有。在東漢土地兼併如此嚴重的情況下，類似放高利貸這種為富不仁
的行為對於百姓殺傷力更大，王符有詳細的論說：

且夫竊位之人，天奪其鑒，神惑其心。是故貧賤之時，雖有鑒明之
資，仁義之志，一旦富貴，則背親捐舊，喪其本心。皆疏骨肉而親
便辟，薄知友而厚狗馬。財貨滿於僕妾，祿賜盡於狷奴。寧見朽貫
千萬，而不忍賜人一錢；寧積粟腐倉，而不忍貸人一斗。人多驕肆，
負債不償，骨肉怨望於家，細民謗讟於道。前人以敗，後爭襲之，
誠可傷也。〈忠貴〉

又放散錢穀，殫盡府庫，乃復從民假貸，彊奪財貨。千萬之家，削
身無餘，萬民匱竭，因隨以死亡者，皆吏所餓殺也。其為酷痛，甚
於逢虜。〈實邊〉

由於豪強為富不仁，因此雖然豪強可能會有收流民以為其依附民之社會
救濟功能，但是其所聚合之流民可能還比不上其所逼出的流民、盜賊多。
〔註63〕東漢末之十常侍更是將這種為富不仁的行為放大，「多放父兄、子弟、
婚親、賓客典據州郡，辜榷財利，侵掠百姓，百姓之冤無所告訴，故謀議不

〔註63〕 羅彤華：「雖然，豪彊大家之作務『大抵盡收放流人民』，稍可舒解部分貧民
之生活壓力，但這些豪家所能聚合的流民，或許還比不上其所逼出的流民多。」
見羅彤華《漢代的流民問題》（台北：學生書局，1989.12），頁116～117。

軌,聚爲盜賊。」〔註64〕十常侍並非東漢末年之特殊例子,此類貴戚豪強在東漢中期以後相當普遍。爲富者如此強取財利,可知貧之所以益貧,而東漢中後期貧富不均之所以如此嚴重,胥即由此。

第五節　政府反應與王符對策

流民的出現無疑是經濟衰敗的現象,中國人安土重遷,非遇重大事故,輕易不肯離開家鄉,西漢元帝永光四年（-40）詔曰:「安土重遷,黎民之性;骨肉相附,人情所願也。」《漢書·元帝紀》又崔寔云:「小人之情,安土重遷,寧就飢餒,無適樂土之慮。」〔註65〕王符尤以邊郡人之切身之感,竟說出「安土重遷,戀慕墳墓,賢不肖之所同也。民之於徙,甚於伏法。」〈實邊〉這般深痛的話來。〔註66〕安土重遷雖是黎民之性,東漢中後期流民遍布全國卻是事實。之所以出現這種事與願違的狀況,與東漢政治、經濟敗壞有相當程度的關係,而其中經濟因素之影響,尤爲流民流亡之直接原因。

流民問題與經濟問題關係密切,解決流民問題亦必須從解決經濟問題下手,此非但有識之士如王符者知道,政府亦何嘗不知?因此在東漢政府尚存社會控制能力的時候,多能以稟貸或免稅等措施來賑濟平民。然而經濟問題的背後尚有政治問題以及豪強等社會問題作祟,政府若不能改善吏治,杜絕兼併,一切賑濟措施亦不過是治標而不治本而已。

王符身處東漢的由盛而衰的關鍵時期,又能以一切平民的角度觀察整個大時代的問題所在,雖未曾對於流民問題有直接、具體的批判與檢討,但對於產生流民之各種弊病,卻有其獨到的見解。以下,便就政府之反應與時效,以及王符之相關經濟對策,分別論之。

一、政府的反應與實效

對於因經濟困窘而走上流亡之途的百姓,漢政府可採取的有效措施大致上可分爲四個方向,一是減免賦稅,二是稟貸貧民,三是輕薄徭役,四是獎

〔註64〕《後漢書·宦者列傳》。
〔註65〕崔寔《政論》,見〔清〕嚴可均輯《全後漢文》(《全上古三代秦漢三國六朝文》第二冊,台北:世界書局,1968.08 三版),卷四十六,頁十。
〔註66〕參見邢義田〈從安土重遷論秦漢時代的徙民與遷徙刑〉,收錄於氏著之《秦漢史論稿》(台北:東大圖書出版社,1987.06),頁412。

勵農桑本業。這四個措施若能有效實行，對於抒解流民問題無疑會有正面的幫助，然而實際上政策的效果不彰，致使東漢後期流民問題更趨於嚴重。

先從減免賦稅徭役論起。四海昇平，輕繇薄賦，一向是社會百姓對於統治者的最高期望。漢代田賦極低，然而其他人口稅繁雜，對於田少口多的小農戶而言負擔不輕，若逢天災兵禍，往往生計陷入困境。政府若能真實的掌握百姓經濟狀況，便能針對貧民給予免稅的優待，如和帝時期災害不少，政府便時常下令減免租稅：

> （永元四年）（92）詔：「今年郡國秋稼爲旱蝗所傷，其什四以上勿收田租、芻稿；有不滿者，以實除之。」

> （永元九年）（97）六月，蝗、旱。戊辰，詔：「今年秋稼爲蝗蟲所傷，皆勿收租、更、芻稿；若有所損失，以實除之，餘當收租者亦半入。其山林饒利，陂池漁採，以贍元元，勿收假稅。」秋七月，蝗蟲飛過京師。

> （永元十三年）（101）荊州雨水。九月壬子，詔曰：「荊州比歲不節，今茲淫水爲害，餘雖頗登，而多不均決，深惟四民農食之本，慘然懷矜。其令天下半入今年田租、芻稿；有宜以實除者，如故事。貧民假種食，皆勿收責。」《後漢書・孝和孝殤帝紀》

東漢因災荒而免收賦稅有全免以及減半兩種，減免的項目則不一定，大抵農民必須繳的稅目如田租、芻稾、更賦、口賦等，都有減免的紀錄。和帝永元以後，災害頻傳，和帝、安帝、順帝三朝爲東漢中期，此時政府多能針對災荒頒佈減免負稅的詔令；然而桓帝、靈帝之後，災荒減免的次數驟減，這並不表示桓、靈二帝之後自然災害減少了，順帝時期每 1.26 年便有一年是災荒年，而桓帝時期每 1.05 年便有一年是災荒年，靈帝時期則是每 1.22 年便有一年是災荒年。以頻率來說，桓、靈二帝共 43 年，災荒更勝前朝，減免賦稅僅有兩次，增稅卻多於此數；而順帝一朝 19 年，因天災而減免賦稅便至少有六次之多。東漢末期流民問題嚴重，其原因除了天災人禍之外，國家財政枯竭以及政府漠視民生經濟問題，恐怕都是百姓流亡的幫凶。〔註67〕

〔註67〕 災荒頻率見本章第二節附表八。兩漢因災害而減免賦稅可參見羅彤華《漢代的流民問題》（台北：學生書局，1989.12），第四章，第二節，頁 185；洪淑湄《漢代復除制度研究》（國立中興大學歷史學系碩士論文，指導教授：吳昌廉先生，1997.07），附表10〈兩漢復除就荒表〉。洪氏之表頗有缺漏，如本文所引之永元十三年八月因荊州雨水而除田租、芻稾例，便未收入。

　　東漢中期雖然在賦稅一事上盡量安撫災民，然而實際之效果恐怕不大。就本文第一節所計算之農戶收支來看，豐年之收亦僅止於打平支出而已，若荒年糧食歲收大幅減少，假設畝產量不足 0.9 石，則擁百畝田之五口農戶，光是一年所需的 90 石食糧便不夠了，更何況逢災必有其他損傷，如死喪、醫藥、衣物、廬宅等雜開銷等等。對於災民來說，光是求一家溫飽就可能需要向富人借貸了，可想而知，就算政府不予減免，災民也無力繳納賦稅，逃租逋稅是正常的反應：

> （建武二十二年）（46）地震裂。制詔曰：「日者地震，南陽尤甚。……其口賦逋稅而廬宅尤破壞者，勿收責。《後漢書·光武帝紀》

> （永初四年）（110）詔以三輔比遭寇亂，人庶流冗，除三年逋租、過更、口筭、芻稿；稟上郡貧民各有差。《後漢書·孝安帝紀》

　　政府於災荒年下詔免除賦稅，就百姓經濟來看，實際上只是令這些逋稅者合法化而已，並不是真正的解決披災者的生計問題。流民與災民二者雖然指稱不同，但是經濟能力困窘卻是相同的。且流民與災民本同為一般百姓，流亡逋稅都是生計難以為繼的結果，真正要從根本解決他們的經濟問題，應當要普遍性的減稅，令農戶的餘糧率增加以應付各種不同的外力侵擾，而非逢天災人禍百姓流離失所時，方才亡羊補牢。

　　稟貸比起消極的減免賦稅，算是比較積極的救濟貧民措施。漢政府對於貧民、流民的稟與貸，二者意義略有不同。稟是賜予，受稟者可不用償還，而貸則是假借，受貸者必須在來年歸還。〔註 68〕稟與貸的意義不同，所救濟的物項也不一樣，稟給為救一時之需，因此以錢帛、穀糧為主；而賑貸則是以貸種糧為多，一方面可維持因匱乏而不能在來年繼續耕種的農戶，另一方面也可使政府的倉穀出陳易新。〔註 69〕稟與貸雖然意義與內容都不一樣，但是都是一種實際救濟貧民、流民的政策。以稟貸相當頻繁的和帝時期為例，

〔註 68〕《說文》：「稟，賜穀也。」漢政府對於貧民、流民的「稟」給措施，與「賦與」同義。「貸」為「借貸」，《漢書·元帝紀》：「賦與貲不滿千錢者賦貸種、食。」顏師古注曰：「賦，給與之也。貸，假也。」參見羅彤華《漢代的流民問題》（台北：學生書局，1989.12），第四章，第三節，頁 199～200。

〔註 69〕參見劉翠溶〈清代倉儲制度穩定功能之檢討〉，《經濟論文》（中央研究院經濟研究所，八卷一期，1980），頁 1～29；劉翠溶、費景漢〈清代倉儲制度功能初探〉，《經濟論文》（中央研究院經濟研究所，七卷一期，1980），頁 1～29；羅彤華《漢代的流民問題》（台北：學生書局，1989.12），第四章，第三節，頁 199～200。

可以看出稟與貸的社會救濟性質，是相當類似的：

> （和帝永元五年）（93）庚寅，遣使者分行貧民，舉實流冗，開倉賑稟三
> 十餘郡。《後漢書·孝和孝殤帝紀》

> （永元十三年）（101）秋八月，詔象林民失農桑業者，賑貸種糧，稟賜
> 下貧穀食。《後漢書·孝和孝殤帝紀》

> （永元十六年）（104）春正月己卯，詔貧民有田業而以匱乏不能自農者，
> 貸種糧。《後漢書·孝和孝殤帝紀》

稟給與借貸雖然不同，但是漢人往往將此二者合稱，兩漢書中常見「稟
貸」、「稟假」、「賦貸」合稱，可見這兩項社會救濟措施往往是同時並行的。
稟貸與減免賦稅的差別在於，減免賦稅之功能僅止於減輕貧戶支出，然而對
於已經無力賦稅的貧戶而言，此項減免並沒有多少作用；稟貸卻是相當實際
的支助，是直接的增加民戶的收入，對於因災荒而破其生計的貧戶流民來說，
無疑是雪中送炭的福利。漢政府之社會控制能力尚稱有效時，對於貧戶、流
民的救濟，往往並行減稅、稟貸以及醫藥等措施，同樣以和帝時期為例：

> （永元六年）（94）三月庚寅，詔流民所過郡國皆實稟之，其有販賣者
> 勿出租稅，又欲就賤還歸者，復一歲田租、更賦。《後漢書·孝和孝殤
> 帝紀》

> （永元十一年）（99）春二月，遣使循行郡國，稟貸被災害不能自存者，
> 令得漁采山林池澤，不收假稅。《後漢書·孝和孝殤帝紀》

> （永元十五年）（103）春閏月乙未，詔流民欲還歸本而無糧食者，過所實
> 稟之，疾病加致醫藥；其不欲還歸者，勿強。《後漢書·孝和孝殤帝紀》

稟貸作為一種社會救濟的措施，其實施未必待災荒發生之時，社會上不
論何時總是存在著老幼孤貧之民，而漢人將養老、撫幼、就貧之稟給入律，
實際上是一種制度化的社會救濟措施。〔註70〕政府養老撫幼之立意雖善，實
行起來卻容易出現弊端，尤其是作為社會救濟之錢糧，極容易受到鄉里貪吏、
豪強的侵佔，使得政府美意付諸流水。〔註71〕制度化的社會救濟已然如此，

〔註70〕《後漢書·孝章帝紀》：「（元和）三年春正月乙酉，詔曰：『蓋君人者，視民
　　　　如父母，有憯怛之憂，有忠和之教，匍匐之救。其嬰兒無父母親屬，及有子
　　　　不能養食者，稟給如律。』」其中有「稟給如律」之記載，可見孤兒、貧戶之
　　　　受稟乃政府律法的一部份。

〔註71〕孤兒貧戶之稟給如前注。東漢養老制度繼承自古制，武帝建元元年有詔曰「受

政府逢災稟貸的錢帛糧穀，比起原本養老之糜粥之數量更爲多且集中，因此
更容易引來貪吏豪強的染指，使得救濟政策散而不實：

> （章帝建初元年）（76）春正月，詔三州郡國：「方春東作，恐人稍受稟，
> 往來煩劇，或妨耕農。其各實覈尤貧者，計所貸并與之。流人欲歸
> 本者，郡縣其實稟，令足還到，聽過止官亭，無雇舍宿。長吏親躬，
> 無使貧弱遺脫，小吏豪右得容姦妄。詔書既下，勿得稽留，刺史明
> 加督察尤無狀者。」《後漢書·孝章帝紀》

> （和帝永元五年）（93）詔曰：「去年秋麥入少，恐民食不足。其上尤貧
> 不能自給者戶口人數。往者郡國上貧民，以衣履釜鬵爲赀，而豪右
> 得其饒利。詔書實覈，欲有以益之，而長吏不能躬親，反更徵召會
> 聚，令失農作，愁擾百姓。」《後漢書·孝和孝殤帝紀》

此條資料中「小吏豪右得容姦妄」除了表示流民被豪強所隱匿之外，恐
怕亦有侵佔稟貸錢穀之事。政府稟貸不實其來有自，早在王莽時便有政府使
者與小吏共同盜稟之事。〔註72〕東漢時代越到後期，小吏偷盜政府稟貸之錢
糧恐怕就越是普遍，因此雖有政府稟貸之良策，卻不能眞正使貧民受惠。尤
其政府地方基層官員俸祿極少，又常有減俸之舉，逢荒年糧食高漲，地方小
吏藉機盜稟也在常理之中。獻帝時有此記載：

> （獻帝興平元年）（194）三輔大旱，自四月至于是月。……是時穀一斛
> 五十萬，豆麥一斛二十萬，人相食啖，白骨委積。帝使侍御史侯汶
> 出太倉米豆，爲飢人作糜粥，經日而死者無降。帝疑賦卹有虛，乃
> 親於御坐前量試作糜，乃知非實，使侍中劉艾出讓有司。於是尚書
> 令以下皆詣省閣謝，奏收侯汶考實。詔曰：「未忍致汶于理，可杖五
> 十。」自是之後，多得全濟。《後漢書·董卓列傳》〔註73〕

鬻法」，即是養老制度施行的明證。《後漢書·孝安帝紀》：詔曰「……其武吏
以威暴下，文吏妄行苛刻，鄉吏因公生姦，爲百姓所患苦者，有司顯明其罰。
又月令『仲秋養衰老，授几杖，行糜粥。』方今案比之時，郡縣多不奉行。
雖有糜粥，糠粃相半，長吏怠事，莫有躬親，甚違詔書養老之意。其務崇仁
恕，賑護寡獨，稱朕意焉。」此條記載代表了東漢養老之制有兩大弊端，其
一是案比不實，許多年邁老人之戶籍與實際不相符，其二是所稟糜粥，糠粃
相半，可見鄉吏從中圖利。參見羅彤華《漢代的流民問題》（台北：學生書局，
1989.12），第四章，第三節，頁200～201。

〔註72〕《漢書·王莽傳》：「流民入關者數十萬人，乃置養贍官稟食之。使者監領，
與小吏共盜其稟，飢死者十七八。」

〔註73〕此事〔晉〕袁宏《後漢紀》記載更爲詳細：「於是穀貴，大豆一斛至二十萬。

穀一斛五十萬，豆麥一斛二十萬，東漢地方官吏月俸錢前不過數千，一年之俸尚不能買穀一斛，在這種情況之下「賦岬有虛」是很難阻止的事。〔註74〕稟給不實之事，相信不僅於此，史料之記載多爲皇帝、良吏發現弊端而想辦法改善之記錄，但是如獻帝細心發現賦岬有虛而親自臨檢者畢竟是少數，東漢中後期流民問題未因政府稟貸而有所減輕，恐怕原因便在於此。

除了散而不實之外，政府稟貸措施的另一項問題是斂而不散。由於對於開倉稟貸之事太過謹慎，造成災荒發生之時官吏不敢輕易開倉賑稟流民。救飢荒如救水火，等待地方官吏「上求稟貸」之公文往來，便錯過了賑濟的時機，〔註75〕因此倉廩實卻餓殍遍野、或是飢荒激起災民爲盜等等情況，往往就在地方官吏按例上報的數十天裡發生。有知之士者如韓韶、第五訪等，爲了避免這樣的慘劇發生，便擅自開倉賑災，卻都引來了其餘官吏的勸阻：

> 餘縣多被寇盜，廢耕桑，其流入縣界求索衣糧者甚眾。（韓）韶愍其飢困，乃開倉賑之，所稟贍萬餘戶。主者爭謂不可。韶曰：「長活溝壑之人，而以此伏罪，含笑入地矣。」太守素知韶名德，竟無所坐。
>
> 《後漢書·荀韓鍾陳列傳》
>
> （第五訪）遷張掖太守。歲飢，粟石數千，訪乃開倉賑給以救其敝。吏懼譴，爭欲上言。訪曰：「若上須報，是棄民也。太守樂以一身救百姓！」遂出穀賦人。順帝璽書嘉之。由是一郡得全。歲餘，官民並豐，界無姦盜。《後漢書·循吏列傳》

韓韶、第五訪的隨機應變獲得了較好的結果，但是從其他官吏的勸阻來看，輕易開倉放糧顯然是政府所不許的，竇瓌便因此獲罪：

> 竇瓌以素自修，不被逼迫，明年坐稟假貧人，徙封羅侯，不得臣吏

長安中人相食，餓死甚眾。帝遣侍御史候汶出太倉米豆，爲貧人作糜，米豆各半，大小各有差。餓死者甚眾，帝疑廩賦不實，救侍中劉艾取米豆各五升，燃火於御前，作糜得二盆。於是艾出問尚書：「米豆五升，得糜二盆，而民委頓，何也？朕甚愍之！民不能自濟，故部使者出米豆，冀有益焉。御史不加隱岬，乃如乎？」尚書以下詣省閤謝，奏收候汶考實。詔曰：「未忍致於理，可杖五十！」亟遣上親所廩人名，於是悉得全濟。」見〔晉〕袁宏《後漢紀》，《兩漢紀》（北京：中華書局，2002.06），下冊，頁529。

〔註74〕參見黃惠賢、陳鋒主編《中國俸祿制度史》（武漢：武漢大學出版社，2005.05），第二章，頁52～55。

〔註75〕《後漢書·左周黃列傳》：「（左）雄上封事曰：」……今青州飢虛，盜賊未息，民有乏絕，上求稟貸。……』」

人。《後漢書・竇融列傳》

東漢政府對於稟貸賑濟之事態度不夠積極，使稟貸之錢糧不能確實的進入貧民手中，或者使地方官吏不能迅速依百姓狀況而開倉應變，都是稟貸措施缺乏實效的原因。除此之外，東漢後期國家財政虛耗，各地倉儲嚴重不足，政府之稟貸救濟，還需向吏民有積穀者借貸：

> （桓帝永壽元年）二月，司隸、冀州飢，人相食。敕州郡賑給貧弱。若
> 王侯吏民有積穀者，一切貸十分之三，以助稟貸；其百姓吏民者，
> 以見錢雇直。王侯須新租乃償。《後漢書・孝桓帝紀》

陳蕃所言之三空之厄：「田野空，朝廷空，倉庫空」〔註76〕，是東漢後期社會的寫照。單就東漢稟貸之頻率，便可略知東漢國家財政與百姓經濟狀態。根據羅彤華的統計，東漢因特殊恩澤而賜貧不能自存者，早期有 7 次，中期有 12 次，晚期只有 1 次；而災荒之稟貸，早期僅 3 次，中期高達 40 次，晚期有 8 次：

附表九：東漢賜貧稟貸表〔註77〕

	特殊恩澤之賜貧	災 荒 稟 貸	統 計
早期	7	3	10
中期	12	40	52
晚期	1	8	9

東漢災荒頻傳，橫貫整個王朝，並不因前後期而有所不同，但是東漢中期與晚期的稟貸賑濟皆不及中期的五分之一，晚期較少稟貸的原因卻與早期不同。早期因為國泰民安，民間積蓄之財富較為充裕，對於災荒的應變力相對強於中晚期，加上政府能夠實施有效的社會控制，往往能在流民潮出現之前盡量加以預防，或是以其他方法安撫、消化流離分散的百姓，因此不需頻繁的以社會救濟的方式亡羊補牢。中期以後，政府社會控制能力下降，無力預防流民潮的發生，加上西北邊疆亂事嚴重損耗，百姓數十年來積蓄的財富幾乎消耗殆盡，國家財政也因此元氣大傷，雖然政府力圖振作，卻也只能以稟貸的方式做事後補救的工作；至於東漢後期，天下已亂，政府連事後賑濟

〔註76〕《後漢書・陳王列傳》：「蕃上疏諫曰：』當今之世，有三空之厄哉！田野空，朝廷空，倉庫空，是謂三空。」」

〔註77〕 見羅彤華《漢代的流民問題》（台北：學生書局，1989.12），頁 202。

的稟貸措施都無力施行，勉強行之尚必須貸於豪強。再加上中央政府宦官、外戚爭權奪利，罔顧國計民生的亂政，因此雖然流民奔走，盜賊滿路，餓殍遍野，政府亦不加賑濟，實際上東漢政府幾乎名存實亡矣。

　　減少徭役與兵役也是東漢政府可以減輕百姓經濟負擔的一個辦法，東漢劉陶云：「夫欲民殷財阜，要在止役禁奪，則百姓不勞而足。」《後漢書·杜欒劉李劉謝列傳》，可見減少徭役是東漢社會普遍的期待之一。由於王莽時代大興徭役導致天下大亂，〔註78〕因此東漢政府頗知輕省徭役，與民休息，從光武帝定天下之後至於安帝即位，皆盡量減輕徭役：

> 時兵革既息，天下少事，文書調役，務從簡寡，至乃十存一焉。《後漢書·光武帝紀》

> 永平中，理虖沱、石臼河，從都慮至羊腸倉，欲令通漕。太原吏人苦役，連年無成，轉運所經三百八十九隘，前後沒溺死者不可勝筭。建初三年，拜訓謁者，使監領其事。（鄧）訓考量隱括，知大功難立，具以上言。肅宗從之，遂罷其役，更用驢輦，歲省費億萬計，全活徒士數千人。《後漢書·鄧寇列傳》

> 殤帝崩，太后定策立安帝，猶臨朝政。以連遭大憂，百姓苦役，殤帝康陵方中祕藏，及諸工作，事事減約，十分居一。《後漢書·皇后紀》

　　這些減省徭役的舉動雖是良政，但是所簡約者，僅僅是減少百姓額外的付出而已，經常性的更、戍並未減少，因此不是普遍性的減免。真正完全免除徭役的方法，是漢代針對賦稅與徭役的復除制度，但是復除之對象大多是宗室、官吏，或是帝鄉所在等等，一般百姓雖可藉由買復、賜爵而復除，然而貧民生計尚無法維繫，如何花錢買復？且東漢幾乎無買復之事，只能依民爵累進，而東漢賜爵又有「不過公乘」〔註79〕之限，累進民爵復除亦緩不濟

〔註78〕如《漢書·王莽傳》：「（王）莽乃博徵天下工匠諸圖畫，以望法度算，及吏民以義入錢穀助作者，駱驛道路。壞徹城西苑中建章、承光、包陽、大臺、儲元宮及平樂、當路、陽祿館，凡十餘所，取其材瓦，以起九廟。……爲銅薄櫨，飾以金銀琱文，窮極百工之巧。帶高增下，功費數百鉅萬，卒徒死者萬數。」除此之外，又如《漢書·食貨志》：「又令公卿以下至郡縣黃綬吏，皆保養軍馬，吏盡復以與民。民搖手觸禁，不得耕桑，繇役煩劇，而枯旱蝗蟲相因。」

〔註79〕明帝之後，賜爵之級位過於公乘的部分必須轉移給兒子或兄弟，《後漢書·顯宗孝明帝紀》：「其賜天下男子爵，人二級；三老、孝悌、力田人三級；爵過公乘，得移與子若同產、同產子。」劉昭注曰：「漢制，賜爵自公士已上不得

急，百姓無法由政府賜爵而得到免役的優惠，故對於流民問題之改善可謂毫無用處。〔註80〕

整體而言，東漢的復除制度可謂僅止於官宦富人之家，而富人多復除的結果，反可能造成國家役源不足，〔註81〕對於減輕百姓賦稅、徭役之壓力非但沒有實效，反而使更戍之役期延長，更增加百姓壓力。至於政府針對災荒所實行的復除，往往僅免除田租、更賦，對於必須之徭役鮮少減免，若是災荒與戰禍並時而生，恐怕徭役徵發更甚，政府即使復除賦稅，亦不能阻止百姓逃避徭役而流亡。

對於東漢時代而言，真正減輕徭役的方法，或許不在於使民免役，而是在於不動干戈，天下太平。東漢興國之初為了減輕百姓兵役，於是罷郡國材官，因此省了百姓一年的徭役：〔註82〕：

（光武帝建武七年）（31）三月丁酉，詔曰：「今國有眾軍，並多精勇，宜且罷輕車、騎士、材官、樓船士及軍假吏，令還復民伍。」《後漢書·光武帝紀》

中興建武六年（30），省諸郡都尉，并職太守，無都試之役。省關都尉，唯邊郡往往置都尉及屬國都尉，稍有分縣，治民比郡。《後漢書志·百官志》

此舉等於是取消了各地方郡國的常備軍隊，對於減輕百姓徭役壓力有一定的正面效益，然而此項裁減亦使東漢之軍事武力嚴重不足。邊郡都尉雖然沒有隨著被裁撤，但是緊急時刻明顯不足以應付邊患，而其他各郡國武備空虛，平定內郡之盜賊作亂更顯困難。政府為求平定亂事，往往不得不緊急徵發民兵，在訓練不足的情況之下，亂事既無法平定，被強徵而戍之百姓亦可能輾轉流亡逃役，對國家社會反造成了雙重傷害。因此罷郡國材官看似減輕

過公乘，故過者得移授也。同產，同母兄弟也。」參見高敏〈論兩漢賜爵制度的歷史變遷〉，收錄於氏著之《秦漢史論稿》（台北：五南出版社，2002.08），頁35。

〔註80〕關於兩漢之復除制度，零星之研究資料甚多，可參見洪淑湄《漢代復除制度研究》（國立中興大學歷史學系碩士論文，指導教授：吳昌廉先生，1997.07）。

〔註81〕《漢書·元帝紀》：「冬，復鹽鐵官、博士弟子員。以用度不足，民多復除，無以給中外縣役。」又《漢書·食貨志》：「法既益嚴，吏多廢免。兵革數動，民多買復及五大夫、千夫，徵發之士益鮮。」

〔註82〕漢官儀：「民年二十三為正，一歲為衛士，一歲為材官騎士，習射御騎馳戰陳。」見《後漢書志·百官志》、《漢書·高帝紀》注引。

徭役，長遠影響卻是弊大於利，百姓之兵役負擔不減反增。應邵對此有痛切的批判：

> 自郡國罷材官騎士之後，官無警備，實啓寇心。一方有難，三面救之，發興雷震，煙蒸電激，一切取辦，黔首囂然。不及講其射御，用其戒誓，一旦驅之以即強敵，猶鳩鵲捕鷹鸇，豚羊弋豺虎，是以每戰常負，王旅不振。張角懷挾妖僞，遐邇搖蕩，八州并發，煙炎絳天，牧守梟裂，流血成川。爾乃遠徵三邊殊俗之兵，非我族類，忿鷙縱橫，多僵良善，以爲己功，財貨糞土。哀夫民氓遷流之咎，見出在茲，不教而戰，是謂棄之，跡其禍敗，豈虛也哉！春秋家不藏甲，所以一國咸抑私力也……《後漢書志·百官志》注引

史載東漢明帝時「天下安平，人無徭役，歲比登稔，百姓殷富」，可見天下安平是人無徭役的首要條件。然而這般太平景象對東漢時代卻是一種苛求，尤其東漢中期以後戰禍往往綿延不斷，難以平定，安帝時爆發之羌患如此，後期之黃巾之亂也是如此。這些綿延不絕的戰禍恐怕與「每戰常負，王旅不振」脫不了關係。且每有亂事，必牽連數郡，擴及全國，「一方有難，三面救之」，造成更多兵員死傷，百姓流亡。

地方武備不修的結果，是「不教而戰，是謂棄之」，故西陲介爾之羌患能拖垮了東漢之國運，不僅在於羌人侵略，更在於因羌患而濫發之徭役，兵敗潰散之殘兵流亡等等。安帝時復置右扶風都尉，〔註83〕表示羌患已由西北邊郡延伸至三輔心腹之地，此時才欲加強內郡之武備，爲時已晚了。

東漢政府減免賦稅、稟貸貧民、輕薄徭役三項措施，對於解決流民問題的成效不彰，且均爲治標不治本。流民之中絕大多數是經濟破產之農民，因此徹底的加強農民百姓經濟能力，才是根本解決流民問題的辦法。漢代以農立國，東漢亦繼承西漢重農之精神，初期常以賜公田的方式增加農地面積：

> （明帝永平九年）（66）夏四月甲辰，詔郡國以公田賜貧人各有差。《後漢書·顯宗孝明帝紀》

> （永平十三年）（70）濱渠下田，賦與貧人，無令豪右得固其利，《後漢書·顯宗孝明帝紀》

> （章帝建初元年）（76）秋七月辛亥，詔以上林池瘐田賦與貧人。《後

〔註83〕《後漢書志·百官志》：安帝以羌犯法，三輔有陵園之守，乃復置右扶風都尉，京兆虎牙都尉。」

漢書‧肅宗孝章帝紀》

光武帝前承王莽之亂，百姓裁十二三，〔註84〕田多荒蕪乏人耕種，固不需政府賜民公田，且國家社會之經濟力尚未恢復，社會救濟之事業亦無從開展，僅能消極的減省開銷與民休息；明、章二帝時期，倉廩漸實，天下安平，因此政府有餘力照顧更多貧民，將政府公田賜予百姓即是一例。〔註85〕章帝時更在賜公田之外，配合了許多僱耕傭、貸種餉、免租稅等配套措施，使得整體社會救濟之施政更爲完善，新開墾的農地得以獲得確實的利用：

> （章帝元和元年）（85）二月甲戌，詔曰：「……其令郡國募人無田欲徙它界就肥饒者，恣聽之。到在所，賜給公田，爲僱耕傭，賃種餉，貰與田器，勿收租五歲，除筭三年。其後欲還本鄉者，勿禁。」《後漢書‧肅宗孝章帝紀》

> （元和三年）（87）二月壬寅，告常山、魏郡、清河、鉅鹿、平原、東平郡太守、相曰：「朕惟巡狩之制，以宣聲教，……月令，孟春善相丘陵土地所宜。今肥田尚多，未有墾闢。其悉以賦貧民，給與糧種，務盡地力，勿令游手。所過縣邑，聽半入今年田租，以勸農夫之勞。」

《後漢書‧肅宗孝章帝紀》

明、章時期號稱治世，與當時政府有能力實施完整的勸農政策有直接關係。然而和帝之後，向這樣大規模的賜公田政策卻已經難以施行了，和、安二帝雖然勉於荒政，力圖振作，但是僅能開放山林陂池令百姓漁采，〔註86〕連假公田之措施皆不多見。〔註87〕山林漁采與賜田耕種之經濟效益恐怕相差甚遠，僅能令流民得一時之溫飽，並無恢復貧民破產之經濟能力的作用。順

〔註84〕 《後漢書志‧百官志》注引應邵《漢官》曰：「世祖中興，海內人民可得而數，裁十二三。」

〔註85〕 參見鄒紀萬《兩漢土地問題研究》（台北：國立台灣大學出版委員會，文史叢刊之五十八，1981.06 初版），第四章，頁 119。

〔註86〕 東漢中期時常開放山林陂池供百姓採補，同時配合不收假稅之政策，如《後漢書‧孝和孝殤帝紀》：「（和帝永元五年）令郡縣勸民蓄蔬食以助五穀。其官有陂池，令得采取，勿收假稅二歲。」又如：「（和帝永元九年）六月，蝗、旱。戊辰，詔：『今年秋稼爲蝗蟲所傷，皆勿收租、更、芻稿；若有所損失，以實除之，餘當收租者亦半入。其山林饒利，陂池漁採，以贍元元，勿收假稅。』」等等。參見鄒紀萬《兩漢土地問題研究》（台北：國立台灣大學出版委員會，文史叢刊之五十八，1981.06 初版），第四章，頁 123。

〔註87〕 東漢和帝之後假公田之例極少，但並非沒有，如安帝永初元年，《後漢書‧孝安帝紀》：「二月丙午，以廣成游獵地及被災郡國公田假與貧民。」

帝以後，賦民田地與山林陂池之措施更已經完全消失。這並不表示政府已經無田可賜，誠如本章前述，東漢人地比率不均的情況相當嚴重，由於政府無法平定戰亂之擾，導致許多地方土曠人稀，百姓往內郡流亡；內郡之土地又有豪強兼併、官吏侵奪的問題存在，此二者造成東漢中期以後「地廣而不得耕，民眾而不得食」〔註88〕的情況日趨嚴重。東漢政府中期以後，賜、假田地漁采之社會救濟政策停擺，亦不過是各種社會問題所造成的結果之一而已。

賜田於民等使農地面積增加的政策無法實行，故因此無法強化小農經濟。其他提高農戶經濟能力之方法，則可以從提高單位土地生產量著手，亦即開發水利設施與改良農業技術等等。水利設施方面，西漢都長安時期曾在北方地區大舉興修渠水工程，對於關中、華北地區的農業發展有一定的正面幫助。〔註89〕東漢立國以簡約爲要，連西漢末年以來的黃河水患都遲至明帝永元十二年才命王景修治，〔註90〕除此之外幾無大型的渠水灌溉事業進行。這並不表示東漢無水利建設，雖無耗費民力甚劇的大型渠水事業，但小型的渠水工程以及陂水灌溉事業仍在郡國知興水利的循吏以及豪門大族的努力之下，成果不算太差。以和帝時期爲例，如馬陵、魯丕、何敞、張禹等，〔註91〕

〔註88〕劉陶語，見《後漢書・杜欒劉李劉謝列傳》。

〔註89〕西漢渠水事業工程浩大，常常徒耗人力不得成功，良善的水利事業的確會使農業生產量提高，但是過渡開發黃河中上游流域的結果往往是上游水土流失，造成下游嚴重水患，故其綜合得失難以論斷。見譚其驤〈何以黃河在東漢以後會出現一個長期安流的局面〉，收錄於萬劍雄、華林甫主編之《歷史地理研究》（武漢：湖北教育出版社，2004.01），頁138；鄒紀萬《兩漢土地問題研究》（台北：國立台灣大學出版委員會，文史叢刊之五十八，1981.06 初版），頁81；羅彤華《漢代的流民問題》（台北：學生書局，1989.12），頁181。

〔註90〕由西漢平帝河、汴決壞至明帝永平十三年修渠完成，黃河漫而不塞近七十年：《後漢書・循吏列傳》：「初，平帝時，河、汴決壞，未及得修。……浚儀令樂俊復上言：『……新被兵革，方興役力，勞怨既多，民不堪命。宜須平靜，更議其事。』光武得此遂止。後汴渠東侵，日月彌廣，而水門故處，皆在河中，兗、豫百姓怨歎，以爲縣官恒興佗役，不先民急。」又「（永平十二年）夏，遂發卒數十萬，遣（王）景與王吳脩渠築隄，……無復潰漏之患。景雖簡省役費，然猶以百億計。明年夏，渠成。」

〔註91〕馬陵事見《後漢書・馬援列傳》：「時穀貴民飢，奏罷鹽官，以利百姓，賑貧贏，薄賦稅，興復陂湖，溉田二萬餘頃，吏民刻石頌之。」魯丕事見《後漢書・卓魯魏劉列傳》：「爲人修通溉灌，百姓殷富。」何敞事見《後漢書・朱樂何列傳》：「修理鮦陽舊渠，百姓賴其利，墾田增三萬餘頃。吏人共刻石，頌敞功德。」張禹事見《後漢書・鄧張徐張胡列傳》：「徐縣北界有蒲陽坡，傍多良田，而埋廢莫修。禹爲開水門，通引灌溉，遂成孰田數百頃。勸率吏

皆有興修水利的紀錄。雖然如此，東漢之水利設施整體而言仍遜於前代，且集中於南方江淮流域，這一方面是因爲渠水工程規模龐大，需耗費大量財力興建之，故以簡約爲主的東漢政府不願以此大興徭役；另一方面，小型的灌溉設施可由地方豪強或郡國太守經營而成，東漢建都洛陽之後，相對於西漢之於關中地區，東漢豪強較重視南方地區的經營，是故東漢之水利建設多偏重於南方。〔註92〕

北方困窘的農業經濟得不到新興水利事業的支援，甚至長期受到忽視，相反的，舊渠灌溉設施還有嚴重的廢壞情形，如和帝永元十年（98）詔曰：

> 春三月壬戌，詔曰：「隄防溝渠，所以順助地理，通利壅塞。今廢慢懈弛，不以爲負。刺史、二千石其隨宜疏導。勿因緣妄發，以爲煩擾，將顯行其罰。」《後漢書‧孝和孝殤帝紀》

可見舊渠廢壞的情形相當嚴重，安帝元初年間亦曾數度下詔整修舊渠，這除了代表關中地區的水利設施毀壞之外，亦凸顯了東漢關中地方官吏對於整修水利、強化農業生產方面的失責。〔註93〕關中地區在西北羌患爆發之後，爲東漢流民問題最爲嚴重之地區，此處的農業水利反而最不發達；南方農業雖有較多的發展，卻不足以填補關中的損失，再加上東漢都洛之後不似西漢大量向關中地區漕運物資，故水利事業雖爲促進農業生產的重要方法之一，卻絲毫無法爲東漢的流民問題帶來正面效益。

改良農技方面，西漢時代在農業耕作上取得了重大突破，牛耕與鐵製農具的使用，以及代田法、區種法的推廣，對於增加單位面積農地生產量來說均有極爲顯著的效果。東漢相對於西漢，在農技上並未有常足的進步。事實上，對於東漢之農業經濟而言，推廣已有的農業技術比起發明更爲繁複的生產工具、方法更爲重要。如章帝時代，落後的農業生產方式還相當常見：

> 明年（章帝建初八年）（83），（王景）遷盧江太守。先是百姓不知牛耕，致地力有餘而食常不足。郡界有楚相孫叔敖所起芍陂稻田。景乃驅率吏民，修起蕪廢，教用犁耕，由是墾闢倍多，境內豐給。《後漢書‧

> 民，假與種糧，親自勉勞，遂大收穀實。鄰郡貧者歸之千餘戶，室廬相屬，其下成市。後歲至墾千餘頃，民用溫給。」

〔註92〕 見鄒紀萬《兩漢土地問題研究》（台北：國立台灣大學出版委員會，文史叢刊之五十八，1981.06 初版），頁 132。

〔註93〕 羅彤華〈東漢的關中區〉，《大陸雜誌》78 卷 6 期，1989，頁 260；又羅彤華《漢代的流民問題》（台北：學生書局，1989.12），頁 182。

循吏列傳》

　　不知牛耕、用犁的地區，多爲南方新開發的田地，〔註94〕而關中與關東的農田開發時間較早，相對的耕種技術也比較進步。西漢武帝發明的代田法，改革了原本較爲粗放式的農耕方式以及耕具，使農事變得事半功倍，〔註95〕崔寔《政論》記載東漢末年三輔地區「猶賴其利」：

> 武帝以趙過爲搜粟都尉，教民耕殖。其法，三犁共一牛，一人將之，下種挽耬，皆取備焉。日種一頃，至今三輔猶賴其利。今遼東耕犁，轅長四尺，迴轉相妨，既用兩牛，兩人牽之，一人將耕，一人下種，二人挽耬，凡用兩牛六人，一日纔種二十五畝，其懸絕如此。〔註96〕

　　兩漢對代田法的推廣，使得北方農業生產勉強可供應關中、關東地區稠密的人口。〔註97〕然代田法雖可大大減省人力畜力，且相當程度的提高單位土地產量，但此項技術的成就卻比不上人口的增加。東漢明、章之際曾經爆發相當嚴重的牛疫：

> （章帝建初元年）（76）詔曰：「比年牛多疾疫，墾田減少，穀價頗貴，人以流亡。方春東作，宜及時務。二千石勉勸農桑，弘致勞來。……」

《後漢書‧肅宗孝章帝紀》

> （章帝元和元年）（89）二月甲戌，詔曰：「王者八政，以食爲本，故古

〔註94〕除了廬江郡之外，《後漢書‧第五鍾離宋寒列傳》記載第五倫爲會稽太守：「會稽俗多淫祀，好卜筮。民常以牛祭神，百姓財產以之困匱，……」又任延爲九眞太守：「九眞俗以射獵爲業，不知牛耕，民常告糴交阯，每致困乏。（任）延乃令鑄作田器，教之墾闢。」

〔註95〕趙過代田法爲中國農業史上相當重要的技術革新，相關之史料除崔寔《政論》以外，還有《漢書‧食貨志》：「（趙）過能爲代田，一畝三甽。歲代處，故曰代田，古法也。……率十二夫爲田一井一屋，故晦五頃，用耦犁，二牛三人，一歲之收常過縵田晦一斛以上，善者倍之。」由於二者記載不盡相同，學者多有論述，本文這裡不詳細討論代田法之內容。參見鄒紀萬《兩漢土地問題研究》（台北：國立台灣大學出版委員會，文史叢刊之五十八，1981.06 初版），頁 70～72；許倬雲著；王勇譯《漢代農業》（桂林：廣西師範大學出版社，2005.08），頁 108～113；李劍農《中國古代經濟史稿——先秦兩漢部分》（武漢：武漢大學出版社，2005.05），頁 164～167；羅彤華《漢代的流民問題》（台北：學生書局，1989.12），頁 182～184。

〔註96〕崔寔《政論》，見〔清〕嚴可均輯《全後漢文》（《全上古三代秦漢三國六朝文》第二冊，台北：世界書局，1968.08 三版），卷四十六，頁十一。

〔註97〕《漢書‧食貨志》：「……令命家田三輔公田，又教邊郡及居延城。是後邊城、河東、弘農、三輔、太常民皆便代田，用力少而得穀多。」可見代田法之推行遍及邊郡，在北方地區推廣相當普遍。

者急耕稼之業，致未耜之勤，節用儲蓄，以備凶災，是以歲雖不登
而人無飢色。自牛疫已來，穀食連少，良由吏教未至，刺史、二千
石不以爲負。……」《後漢書‧肅宗孝章帝紀》

　　牛隻爲漢代農業之重要生產工具，但是牛疫造成「人以流亡」、「墾田減
少」的情況，可見東漢農戶相當倚賴牛耕所帶來的龐大生產力，一旦耕牛死
亡便會造成小農經濟破產，棄田流亡。此外，農戶對於牛耕的依賴性亦顯示
出民間儲糧的嚴重不足，耕牛死亡不代表農業生產亦必須隨之停止，以人輓
犁雖然生產力較低，但還是可以維持耕作，且西漢趙過之代田法亦包括了教
民如何進行無牛耕種。〔註98〕東漢明帝時有相當長時間的豐年，理當儲糧甚
豐，然而明帝末年爆發的牛疫竟然使災情延宕十年之久，可見農業技術之進
步遠遠比不上人口滋長所帶來的耕地、儲糧不足問題。

　　牛疫問題使得東漢重新推行西漢氾勝之的區種法。區種法屬於相當集約
的精細耕作，必須耗費相當多的人力，因此推廣的成效不彰，但是區種法對
於防旱荒、牛荒頗具成效。〔註99〕明帝末年牛疫發生時，便大力推廣區種法
以彌補牛疫死亡的損失：

郡國牛疫，通使區種增耕，〔註100〕而吏下檢結，多失其實，百姓患
之。（劉）般上言：「……又郡國以牛疫、水旱，墾田多減，故詔敕
區種，增進頃畝，以爲民也。而吏舉度田，欲令多前，至於不種之
處，亦通爲租。可申敕刺史、二千石，務令實覈，其有增加，皆使

〔註98〕《漢書‧食貨志》：「民或苦少牛，亡以趨澤，故平都令光教過以人輓犁。（趙）
　　　　過奏光以爲丞，教民相與庸輓犁。率多人者田日三十畝，少者十三畝，以故
　　　　田多墾闢。過試以離宮卒田其宮壖地，課得穀皆多其旁田畝一斛以上。」
〔註99〕氾勝之著之農書《氾勝之書》早以亡佚，不過〔後魏〕賈思勰撰之《齊民要
　　　　述》之中保留了相當多的佚文，見〔後魏〕賈思勰；繆啓愉校釋《齊民要述
　　　　校釋》（台北，明文書局，1986）。其他區種法之詳細討論參見鄒紀萬《兩漢
　　　　土地問題研究》（台北：國立台灣大學出版委員會，文史叢刊之五十八，1981.06
　　　　初版），頁70～72；許倬雲著：王勇譯《漢代農業》（桂林：廣西師範大學出
　　　　版社，2005.08），頁108～113；李劍農《中國古代經濟史稿──先秦兩漢部
　　　　分》（武漢：武漢大學出版社，2005.05），頁164～167；羅彤華《漢代的流民
　　　　問題》（台北：學生書局，1989.12），頁182～184。
〔註100〕此下注引氾勝之書曰：「上農區田法，區方深各六寸，間相去七寸，一畝三千
　　　　七百區，丁男種十畝，至秋收區三升粟，畝得百斛。中農區田法，方七寸，
　　　　深六寸，間相去二尺，一畝千二十七區，丁男女種十畝，秋收粟畝得五十一
　　　　石。下農區田法，方九寸，深六寸，間相去三尺，秋收畝得二十八石。旱即
　　　　以水沃之。」

與奪田同罪。」帝悉從之。《後漢書‧劉趙淳于江劉周趙列傳》

區種法雖然成效卓越，但是其耗人工的弊病使得推廣窒礙難行，即使牛疫造成農戶嚴重的損失，區種法之推行仍「多失其實」。章帝之後是否曾經再度強制推行區種法不得而知，然而從牛疫影響長達十年來看，即使政府有此詔令，推廣亦無成效。

東漢明帝、章帝面對流民問題，治標之社會賑濟以及治本之推廣農耕皆努力實行，故大致上維持了一段盛世，流民問題雖有，也在政府與社會的努力之下減至最低。可惜的是，推廣農耕技術，增加農地產量雖是治本之策，卻無法解決東漢經濟問題中最嚴重的土地兼併以及人地比率失衡問題，在「貧者無立錐之地」的情況之下，再怎麼增加單位農地之糧食產量亦是枉然。除了技術問題之外，代田法之施行尚需新穎方便的鐵製耕具，而區種法則需要大量的勞力投入，因此不論是代田法或是區種法，最終能夠依法實行者，若非有較多資本可投資在農具上的富人，則是擁有大量勞動力依附的豪強，新式的耕作技術徒然使原本嚴重的貧富差距更趨擴大而已。〔註101〕

除獎勵農耕之外，打擊末業之政策亦值得一提。獎勵農桑與打擊工商末業本為漢代重農抑商之國策，然而誠如王符所言，工商業並非全然可視為末業，其中「致用」、「通貨」之功仍不可輕易放棄。東漢初期曾經短暫的禁民二業，意圖使百姓「歸功田畝」〔註102〕，但是此舉反而造成小農無法進行副業生產，前述之劉般除言推廣區種外，亦上言禁民二業之失：

> 是時下令禁民二業，……（劉）般上言：「郡國以官禁二業，至有田者不得漁捕。今濱江湖郡率少蠶桑，民資漁採以助口實，且以冬春閑月，不妨農事。夫漁獵之利，為田除害，有助穀食，無關二業也。……」帝悉從之。《後漢書‧劉趙淳于江劉周趙列傳》

正如劉般所言，由於流通於農戶之間的商品經濟可為農戶帶來額外的現金

〔註101〕關於中國古代農業技術的演進，可參見布瑞著；李學勇譯《中國農業史》（台北：台灣商務印書館，1994.01）。

〔註102〕東漢初期禁民二業之政策可能與桓譚有關，《後漢書‧桓譚馮衍列傳》：「（桓譚）因上疏陳時政所宜，曰：『……夫理國之道，舉本業而抑末利，是以先帝禁人二業，錮商賈不得宦為吏，此所以抑并兼長廉恥也。今富商大賈，多放錢貨，中家子弟，為之保役，趨走與臣僕等勤，收稅與封君比入，是以眾人慕效，不耕而食，至乃多通侈靡，以淫耳目。今可令諸商賈自相糾告，若非身力所得，皆以臧畀告者。如此，則專役一己，不敢以貨與人，事寡力弱，必歸功田畝。田畝修，則穀入多而地力盡矣。……』書奏，不省。」

收入,因此廢除禁民二業政策對於東漢之小農經濟反而有正面效益。事實上,誠如本章前節所述,即使是「巧飾」、「鬻奇」之末業,若存在於農桑生產等本業基礎紮實的社會之中,則巧工奇物未嘗不可視之爲文化進步的象徵;然而東漢經濟卻是具生產力之本業萎縮,無用之末業異常發達,百姓經濟基礎脆弱,造成容易因荒年糧米不足穀價大漲而淪爲流民的情況。固本培元的方法應該是恢復農業生產,並嚴懲豪富將土地、勞力資源用於末業之中。只是在東漢社會奢侈之風的影響下,政府主事者本身亦極盡奢侈之能事,如何能有雷厲風行的打擊末業政策?在抑制兼併的政策上,東漢光武帝開國沒多久即發生度田事件,豪強之政治影響力一開始就有凌駕欲勵精圖治的君主的趨勢。這是橫跨整個東漢的問題,誠如余英時云:「此一藉著士族大姓的輔助而建立起來的政權,最後還是因爲與士大夫階層之間失去了協調而歸於滅亡。」〔註 103〕豪強對於東漢王朝的影響力是遍佈各個層面的,諸如土地兼併之經濟問題,亦只是其中一隅而已。〔註 104〕

二、王符之對策

　　前面所述,皆爲政府針對流民、貧民之經濟問題所提出的實際政策,然而王符之《潛夫論》卻非專論流民問題的著作,其中雖有反映若干東漢之流民問題,卻沒有明確的流民對策可言。雖然如此,《潛夫論》所提出的經濟主張,無不針對當時經濟問題的核心而發論,而東漢中後期之所以出現大量流民,與其經濟破產關係密切,故討論王符之流民、貧民對策,亦可由其經濟思想切入。

　　王符之經濟思想,一言以蔽之,可曰「務本」二字。務本的內涵包括了政治、社會風俗等等,可說是王符《潛夫論》貫串前後的中心思想之一,〔註 105〕

〔註 103〕余英時〈東漢政權之建立與士族大姓之關係〉,收錄於《中國知識份子階層史論(古代篇)》(台北:聯經出版社,1980.08),頁 184。

〔註 104〕參見楊聯陞〈東漢的豪族〉,見《清華學報》11 卷 4 期,1936。

〔註 105〕務本說是王符之中心思想之一,然而眞正作爲王符思想的基礎者,乃是「人道曰爲」這一基本觀念,務本之主張亦是「人道曰爲」的延伸。參見胡楚生〈王符思想中一基本觀念「人道曰爲」之解析〉,見《潛夫論集釋》(台北:鼎文書局,1979)附錄三,頁 758;劉師文起〈荀子「天生人成」與王符「天道曰施,地道曰化,人道曰爲」之比較〉,載於《第二屆先秦學術研討會論文集》(高雄:國立高雄師範大學國文所系主編,1994),頁 180;拙作〈王符的宇宙論與天人關係論述〉,載於《第十一屆南區六校中文所研究生論文發表

在經濟上，王符主張富民爲本，國家之經濟必須建立在百姓富裕的基礎上：

> 且夫國以民爲基，貴以賤爲本。是以聖王養民，愛之如子，憂之如家，危者安之，亡者存之，救其災患，除其禍亂。〈救邊〉

> 易曰：「聖人養賢以及萬民。」（國以民）爲本，君以臣爲基，（基厚），然後高能可崇也；馬肥，然後遠能可致也。人君不務此而欲致太平，此猶薄趾而望高牆，驥瘠而責遠道，其不可得也必矣。〈班祿〉

國以民爲基，故治國必須以富民爲本，而富民者，又必須以農桑爲本。東漢農桑本業之困窘，已如本章第二節所述，故王符曰：

> 夫富民者，以農桑爲本，以游業爲末〈務本〉

> 夫用天之道，分地之利，六畜生於時，百物聚於野，此富國之本也。游業末事，以收民利，此貧邦之原也。忠信謹慎，此德義之基也。虛無譎詭，此亂道之根也。故力田所以富國也。〈務本〉

> 十種之地，膏壤雖肥，弗耕不穫。〈相列〉

王符相當重視農桑本業，在《潛夫論》之中處處可見，但是他卻相當認可必需的工商業發展，並主張備器致用的工業以及互通有無的商業皆爲本業，與其巧飾、鬻奇之末流不同：

> 故苟有土地，百姓可富也；苟有市列，商賈可來也；苟有士民，國家可彊也。〈勸將〉

> 夫富民者，以農桑爲本，以游業爲末；百工者，以致用爲本，以巧飾爲末；商賈者，以通貨爲本，以鬻奇爲末：三者守本離末則民富，離本守末則民貧，貧則阨而忘善，富則樂而可教。〈務本〉

王符能正視工商業之必需，與東漢發達之商品經濟時代背景有關，身爲一知識份子，王符能跳脫漢世看待工商業的窠臼，實屬不易。雖然如此，工商業由於致富容易，其末流又無助於國計民生，故王符主張對工商業嚴加督察，勿使淫僞：

> 今民去農桑，赴游業，披采眾利，聚之一門，雖於私家有富，然公計愈貧矣。百工者，所使備器也。器以便事爲善，以膠固爲上。今工好造彫琢之器巧僞飭之，以欺民取賄，雖於姦工有利，而國界愈

會論文集》（高雄：國立中山大學中國文學研究所，2004.04.26），139～160。另外，關於王符務本說之內容，可參見曾潔明《王符《潛夫論》之務本說研究》（台北：國立師範大學中國文學系碩士論文，指導教授：劉文起，1994）。

病矣。商賈者，所以通物也，物以任用爲要，以堅牢爲資。今商競
鬻無用之貨、淫侈之幣，以惑民取產，雖於淫商有得，然國計愈失
矣。此三者，外雖有勤力富家之私名，然內有損民貧國之公實。故
爲政者，明督工商，勿使淫僞，困辱游業，勿使擅利，寬假本農，
而寵遂學士，則民富國平矣。〈務本〉

守本離末則仁義興，離本守末則道德崩。愼本略末猶可也，舍本務
末則惡矣。〈務本〉

工商業雖有通物任用之功，然而一旦陷入淫僞，則「有損民貧國之公實」，
因此王符對於經濟務本之主張爲：「明督工商，勿使淫僞，困辱游業，勿使擅
利，寬假本農」。農業是其中最重要的自無疑問，工商業只要明督之勿使淫僞，
亦有存在的必要，惟遊業才是王符所摒棄的末業，此三者之先後順序在這裡
已經十分明白了。〔註 106〕

王符的務本說內容廣泛，而在經濟上主張務本的實際作爲，則可一貫之
於「愛惜日力」之精神上。所謂愛惜日力，即珍惜百姓生產之勞動力與勞動
時間，不輕易以外力干擾之：

國之所以爲國者，以有民也；民之所以爲民者，以有穀也；穀之所
以豐殖者，以有人功也；功之所以能建者，以日力也。治國之日舒
以長，故其民閒暇而力有餘；亂國之日促以短，故其民困務而力不
足。所謂治國之日舒以長者，非謁羲和而令安行也，又非能增分度
而益漏刻也。乃君明察而百官治，下循正而得其所，則民安靜而力
有餘，故視日長也。所謂亂國之日促以短者，非謁羲和而令疾驅也，
又非能減分度而損漏刻也。乃君不明則百官亂而姦宄興，法令鬻而
役賦繁，則希民困於吏政，仕者窮於典禮，冤民就獄乃得直，烈士
交私乃見保，姦臣肆心於上，亂化流行於下，君子載質而車馳，細

〔註 106〕值得注意的是，在農桑本業之上，王符還主張「學爲耕之本」，這是王符主張
尚賢說凌駕其經濟思想的緣故。如〈務本〉此段資料之中有「寵遂學士」之
語，又如〈釋難〉：「秦子問於潛夫曰：『耕種，生之本也；學問，業之末也。
老聃有言：「大丈夫處其實，不居其華。」而孔子曰：「耕也，餒在其中；學
也，祿在其中。」敢問今使舉世之人，釋耨耒而程相群於學，何如？』潛夫
曰：『善哉問！君子勞心，小人勞力。故孔子所稱，謂君子爾。今以目所見，
耕，食之本也。以心原道，即學又耕之本也。……』尚賢說爲王符政治思想
中的重要部分，參見劉師文起〈王符尚賢說析論〉，見《陳伯元先生六秩壽慶
論文集》（台北：文史哲出版社，1994.03）頁 83。

民懷財而趨走，故視日短也。〈愛日〉

東漢小農經濟極為脆弱，農民動輒生計陷入必須舉債度日的狀況，甚至群起流亡，這些慘狀本章已有詳細討論。王符對於農村剩餘嚴重不足的問題，提出：「治國之日舒以長，故其民閒暇而力有餘；亂國之日促以短，故其民困務而力不足。」的觀念，可謂一針見血。東漢人地比不稱的狀況從明章時期便是如此，此為小農經濟本先天不良的狀況，但是明章時期政風清明，豪強又頗能自行約束，社會之經濟狀況雖不見得「民閒暇而力有餘」，卻也有「百姓殷富」、「牛羊被野」的盛世景象。因此東漢中後期之所以流亡者眾，最大的原因不只是人地比率不均而已，諸如邊郡亂事蜂起、賦稅徭役加重、宦官亂政擾民等等，使得百姓無法累積足夠的積蓄以應付各種環境變化，才是中後期流民大起的主要原因。此正是王符所云「亂國之日促以短，故其民困務而力不足」的現象。

日力短促，正是本章所述各種東漢經濟問題的源頭之一。王符面對東漢中後期百姓經濟之困頓，認為必須由解決政府的政治問題著手，方能治本，如減省徭役、改善吏治及司法，並停赦宥以明法令等等：

詩云：「王事靡盬，不遑將父。」言在古閒暇而得行孝，今迫促不得養也。孔子稱庶則富之，既富則教之。是故禮義生於富足，盜竊起於貧窮，富足生於寬暇，貧窮起於無日。聖人深知，力者乃民之本也，而國之基，故務省役而為民愛日。〈愛日〉

今則不然。萬官撓民，令長自衒，百姓廢農桑而趨府庭者，非朝晡不得通，非意氣不得見，訟不訟輒連月日，舉室釋作，以相瞻視，辭人之家，輒請鄰里應對送餉，比事訖，竟亡一歲功，則天下獨有受其饑者矣，而品人俗士之司典者，曾不覺也。〈愛日〉

怨故未讎，輒逢赦令，不得復治，正士懷冤結而不得信，猾吏崇姦宄而不痛坐。郡縣所以易侵小民，而天下所以多饑窮也。〈愛日〉

東漢之政治問題，本文已經在第四章有詳細論述，此處不再贅述。除了改善吏治等解決後天失調的主張之外，王符對於人地比失衡的狀況，則是主張移民實邊，以各種誘因招募百姓前往邊郡：

周書曰：「土多人少，莫出其材，是謂虛土，可襲伐也。土少人眾，民非其民，可匱竭也。」是故土地人民必相稱也。〈實邊〉

詔書法令：二十萬口，邊郡十萬，歲舉孝廉一人；員除世舉廉吏一

人。羌反以來，戶口減少，又數易太守，至十歲不得舉。當職勤勞
而不錄，賢俊蓄積而不悉，衣冠無所覬望，農夫無所貪利，是以逐
稼中災，莫肯就外。古之利其民，誘之以利，弗脅以刑。易曰：「先
王以省方觀民設教。」是故建武初，得邊郡，戶雖數百，令歲舉孝
廉，以召來人。今誠宜權時令邊郡舉孝一人，廉吏世舉一人，益置
明經百石一人，內郡人將妻子來占著，五歲以上，與居民同均，皆
得選舉。又募運民耕邊入穀，遠郡千斛，近郡二千斛，拜爵五大夫。
可不欲爵者，使食倍貴於內郡。如此，君子小人各有所利，則雖欲
令無往，弗能止也。此均苦樂，平徭役，充邊境，安中國之要術也。

〈實邊〉

移民實邊除了可以解決人地比失衡的經濟問題之外，更大的作用還在於
充實邊郡可令西羌北虜不輕易犯邊入寇，是一舉數得的政策。移民實邊必須
先解決東漢安帝之後的羌患問題，東漢之所以邊郡空虛「周迴萬里，空無人
民，美田棄而莫墾發」〈實邊〉，實與羌患盜賊有關，故此主張必須與邊郡之羌
患合而論之，本文留待第六章再詳述。

另外，豪強兼併土地，若能全數租給農戶耕農種桑，則亦不至於本末失
調；然而東漢社會有嚴重的奢侈風氣，使豪強佔地而不耕，專行末業，故東
漢之末業經營以及土地兼併問題，與豪強所造成之社會奢侈風氣問題密切相
關，不單純是經濟問題，亦一併留待後述。

第六節　流民與經濟問題的連鎖效應

東漢中後期之經濟問題主要表現在農業生產萎縮上，這對於始終獎勵農
業經濟的漢代政府無疑是一大諷刺。而農業生產之所以在東漢中後期逐漸萎
縮，使勞動力與財富皆集中於豪強塢壁之內，原因則來自於小農經濟過於脆
弱。由於百姓普遍的對外在環境的轉變缺乏應變能力，故以農業為主的經濟
活動一旦受到外力干擾，便會放棄正常之生計活動而轉以其他方式求生存。
從明、章之際爆發牛疫所造成的影響來看，東漢之小農經濟甚至無法承受耕
牛死亡所帶來的生產損失。即使是明章治世，百姓的農業經濟依舊如此脆弱，
若有更容易謀生的方式，則農業生產之萎縮以不足怪矣。

東漢小農經濟脆弱的問題，實際上繼承自西漢時代。兩漢時代對於農業
生產不足所造成的後果有相當的認識，因此重農抑商始終是漢代的國策。但

是漢政府只知獎勵農桑，抑制工商業發展，使百姓除覓田耕種之外無其他經濟活動可言，另一方面卻又不知改善小農經濟脆弱的體質，造成小農破產、土地兼併問題始終無法根絕。嚴重失衡的人地比率使破產農民或者無田可種，或者無足以持家的收入，又無法轉從事其他行業以謀生計，只好成為流民在其他地區四處移動。羅彤華云：

> 漢代重農，卻未能找出農業弊端，對症下藥。歸咎於工商業，只能徒然造成抑末或輕商，仍無法改善農本。漢代的人口壓力不輕，精耕農業雖可將婦女、小孩，甚至部分流民亦納入生產行列，降低失業率，但若能均衡發展各業，將可吸收過剩農業人口轉投資工商業中，使本末俱得其利，並因此改善農業體質，提高農民收益，使人民不致因無地可耕或無力耕種，被迫脫籍流亡。然而終兩漢之世，政府顯然偏向勸農，農商之間始終未取得均衡，而使黎民流散的主要經濟原因，至少在表面上看，就要由農業來獨力承擔了。〔註107〕

　　小農經濟脆弱之影響還不僅止於此，表面上外力干擾農業環境只是令受災戶破產而已，實際上卻非如此。在以小農為主體的漢代社會裡，一旦有部分地區之百姓因天災戰禍而群起流亡他鄉就食，往往會造成嚴重的連鎖效應，使得未披災的地區亦被流民搶食而拖垮，此即為流民之所以為社會問題的原因。這種連鎖效應會隨著受災或戰爭地區的經濟遲遲無法恢復而持續擴大。東漢的流民問題之所以如此嚴重，便在於西方邊陲的羌患造成了邊民群起流亡內郡取食，王符云羌患流民流離分散至幽、冀、兗、豫，荊、揚、蜀、漢等地，非但關中地區因此殘破，關東之經濟亦因羌患而被拖垮，造成更多的流民問題，便是明證。

　　除此之外，政府所無法安置的龐大的流民群，亦會自行尋找可能的謀生方式，或者結夥為盜，或者依附豪強，或者從事末業，甚至進入城市乞食，成為遊手之民等等。這些流民經濟活動的不正常轉化使得其他社會問題擴大浮現出來，如本章所述的貧富不均問題，或是由豪強帶動起的奢侈風向問題，甚至東漢末年爆發的黃巾之亂，無一不與東漢中後期流民數量龐大有關。社會諸般亂象會使得原本正常的農業生產加速毀敗，促使產生流民的連鎖反應加速進行，二者互為因果，直至東漢滅亡。

〔註107〕羅彤華《漢代的流民問題》（台北：學生書局，1989.12），頁80。

第六章　《潛夫論》反映東漢流民問題與其他社會問題之關係

　　東漢中後期的流民問題，可說是政治腐敗以及百姓經濟破產二者所造成的結果，其中政治問題可稱之爲遠因，而經濟問題或許可稱之爲近因。然而此因果關係僅僅是一種粗略的分法，流民問題影響所及，不只會加速東漢政權的崩解以及國家財政的困乏，其他諸如社會風俗的敗壞，盜賊、羌患的爲禍，也都與流民問題有密切關係。

　　本章可分爲兩大部分，第一部份即第一節所討論的社會風俗問題，首先接續前章所述之經濟問題，討論社會的奢侈逐利之風，以及私鬥復仇、方術活動等等社會風俗，並分析其與流民問題之間的關連；第二節、第三節爲第二部分，分述盜賊與羌患對於社會的破壞以及影響。盜賊、羌患、流民三者之間密不可分，亦在文中加以分析闡釋。最後論述政府之反應以及王符之對策，並檢討其中得失。

第一節　社會風俗問題

　　所謂風俗，漢人對此多有解釋，〔註1〕然而大體不外乎主張聖人要辯風正

〔註1〕 這裡舉班固與應劭爲例，班固《漢書‧地理志》：「凡民函五常之性，而其剛柔緩急，音聲不同，繫水土之風氣，故謂之風；好惡取舍，動靜亡常，隨君上之情欲，故謂之俗。」應劭《風俗通義‧序》：「風者，天氣有寒煖，地形有險易，水泉有美惡，草木有剛柔也。俗者，含血之類，像之而生，故言語歌謳異聲，鼓舞動作殊形，或直或邪，或善或淫也。聖人作而均齊之，咸歸

俗，以成教化。如班固云：「孔子曰：『移風易俗，莫善於樂。』言聖王在上，統理人倫，必移其本，而易其末，此混同天下一之虖中和，然後王教成也。」又應劭：「爲政之要，辯風正俗，最其上也。」〔註2〕東漢士人、史家對於教化風俗的重視，實際上正是社會風俗敗壞的緣故，應劭在《風俗通義·序》中言道：

> ……至於俗間行語，眾所共傳，積非習貫，莫能原察。今王室大壞，九州幅裂，亂靡有定，生民無幾。私懼後進，益以迷昧，聊以不才，舉爾所知，方以類聚，凡一十卷，謂之風俗通義，言通於流俗之過謬，而事該之於義理也。

風俗一詞本有地區性的意涵，因此不同的地區聚落理當發展出不同的風俗。然而除地區性之外，風俗亦有時代性，應劭所論的重點之一，正是風俗這種時代性的表現，尤其是指東漢末年「今王室大壞，九州幅裂，亂靡有定，生民無幾」這種亂世中的社會不良風俗。風俗的時代性，西漢時代的《淮南子》曾經對於「衰世之俗」有深刻的描述，〈齊俗訓〉篇云：

> ……衰世之俗，以其知巧詐僞，飾眾無用，貴遠方之貨，珍難得之財，不積於養生之具。澆天下之淳，析天下之樸，牿服馬牛以爲牢。滑亂萬民，以清爲濁，性命飛揚，皆亂以營。貞信漫瀾，人失其情性。於是，乃有翡翠犀象、黼黻文章以亂其目，芻豢黍粱、荊吳芬馨以嗛其口，鐘鼓管簫、絲竹金石以淫其耳，趨舍行義、禮節謗議以營其心。於是，百姓糜沸豪亂，暮行逐利，煩挐澆淺，法與義相非，行與利相反。雖十管仲，弗能治也。〔註3〕

姑且不論兩漢之間的社會風氣是否有所轉變，《淮南子》所論的衰世之俗，正爲東漢中後期「衰世」的寫照。王符《潛夫論》以針砭時弊爲著述立說，自然對於各種社會不良風俗頗多著墨，這些不良風俗或使政治風氣更加敗壞，或者使本末業經濟畸形發展更甚，因此風俗問題可說是東漢流民問題

於正：聖人廢，則還其本俗。尚書：『天子巡守，至於岱宗，覲諸侯，見百年，命大師陳詩，以觀民風俗。』孝經曰：『移風易俗，莫善於樂。』傳曰：『百里不同風，千里不同俗，戶異政，人殊服。』由此言之：爲政之要，辯風正俗，最其上也。」由此可知東漢時人對於風俗的重視。見〔東漢〕應劭；王利器校注《風俗通義校注》（台北：明文書局，1982），頁8。

〔註2〕引文同前注。

〔註3〕〔西漢〕劉安等；何寧集釋《淮南子集釋·齊俗訓》（北京：中華書局，1998.10），中冊，頁823。

的源頭之一。

一、奢侈浪費與逐利之風

　　由本文第四章、第五章可以得知，東漢流民的出現可說是政治腐敗、百姓經濟破產的緣故。依照常理推斷，在一個流民四起的社會之中，理當經濟蕭條、社會凋敝才是。但是事實卻非如此，東漢中期以後流民漸增，然而尚存經濟能力的豪強貴戚們，反而生活更加奢侈，王符云：

> 今京師貴戚，衣服、飲食、車輿、文飾、廬舍，皆過王制，僭上甚矣。從奴僕妾，皆服葛子升越，筩中女布，細緻綺縠，冰紈錦繡。犀象珠玉，虎魄玳瑁，石山隱飾，金銀錯鏤，獐麂履舄，文組綵褋，驕奢僭主，轉相誇詫，箕子所唏，今在僕妾。富貴嫁娶，車軿各十，騎奴侍僮，夾轂節引。富者競欲相過，貧者恥不逮及。是故一饗之所費，破終身之本業。〈浮侈〉

　　東漢上層階級生活之淫侈奢靡，王符之描述絕無誇張之處。以飲食風俗為例，王符云：「一饗之所費，破終身之本業」便是相當直接的描述；另外，仲長統描述奢侈的飲食宴會更為詳細：「三牲之肉，臭而不可食；清醇之酎，敗而不可飲。」奢侈的飲食風俗早在西漢便開其端，東漢雖表彰氣節，卻難擋此風。如東漢初期朝廷重臣張酺，逢歲節設宴，便歷時一整日：「適會歲節，公卿罷朝，俱詣酺府奉酒上壽，極歡卒日，眾人皆慶羨之。」張酺並非窮極奢侈之貴戚，〔註 4〕逢歲節之宴尚且「極歡卒日」，更遑論《呂氏春秋》中所言之「世之貴富者，其於聲色滋味也多惑者」〈本生〉、「味眾珍則胃充」〈重己〉〔註 5〕的奢侈之輩了。由此可見東漢上層階級宴會用費之多已成常例。

　　兩漢飲食之奢侈，造成本業經濟不足供應，政府並非不知，漢哀帝時敕令官員不得奢侈過制，便有憂百姓之意：

> 上親問百姓所疾苦。記室掾史一人大音讀敕畢，遣敕曰：『……明詔憂百姓困於衣食，二千石帥勸農桑，思稱厚恩，有以賑贍之，無煩撓奪民時。今日公卿以下，務飭儉恪，奢侈過制度以益甚，二千石

〔註 4〕《後漢書・袁張韓周列傳》載張酺「為人質直，守經義，每侍講閒隙，數有匡正之辭，以嚴見憚。」《後漢書》此條下注引《東觀漢記》云：「太子家時為奢侈物，未嘗不正諫，甚見重焉。」

〔註 5〕〔秦〕呂不韋；陳其猷校釋《呂氏春秋校釋》（台北：華正書局，1985.08），〈本生〉頁 21、〈重己〉頁 34。

> 身帥有以化之。民冗食者請謹以法，養視疾病，致醫藥務治之。』
〔註6〕

漢哀帝敕令百官節儉，便是當時豪強官員奢侈的明證。然而，雖然中央政府偶爾有「憂百姓困於衣食」而主張節儉之意，但是成效不彰，尤其皇室本身未必能屬行節用。東漢和帝時，亦有類似西漢哀帝時期下令節儉的記載：

> ……減大官、導官、尚方、內者服御珍膳靡麗難成之物，自非供陵廟，稻粱米得導擇，朝夕一肉飯而已。舊大官湯官經用歲且二萬萬，（鄧）太后敕止，日殺省珍費，自是裁數千萬。《後漢書·皇后紀》

「大官」乃「主膳羞」之官，〔註7〕「舊大官湯官經用歲且二萬萬」可見和帝時期光是皇室的飲食開銷，一歲便要二萬萬錢。一般農戶歲收粟不超過二百石，以一石百錢計算，和帝皇室一歲飲食之開銷竟超過百姓農家歲收之一萬倍；若以農戶之飲食開銷與皇室相比，一般農戶一歲需要 90 石糧食，也就是需要 9000 錢，〔註8〕則皇帝一家一年之饗費足供一百戶農家吃上兩百多年，所謂「一饗之所費，破終身之本業」豈虛言哉？鄧太后雖將此數「裁數千萬」，不過顯然並非定制，東漢桓帝時襄楷批評皇帝云：「陛下婬女豔婦，極天下之麗，甘肥飲美，單天下之味」《後漢書·郎顗襄楷列傳》又呂強曰：「後宮綵女數千餘人，衣食之費，日數百金。」《後漢書·宦者列傳》可見奢侈之風並未因鄧太后之力倡簡約而抑止，反而日益嚴重。

皇室已然如此，貴戚又「皆過王制」，可見東漢奢侈之風氣乃上行下效之故。以上所舉豪強貴戚飲食之奢，僅為東漢奢侈浪費風俗之一隅，其他如衣物、車馬等日用品，無不奢侈浪費。王符云：

> 或剢削綺縠，寸竊八采，以成榆葉、無窮、水波之紋，碎刺縫紩，作為笥囊、裙襦、衣被，費繒百縑，用功十倍。此等之儔，既不助長農工女，無有益於世，而坐食嘉穀，消費白日，毀敗成功，以完為破，以牢為行，以大為小，以易為難，皆宜禁者也。〈浮侈〉

順帝時郎顗云：「方今時俗奢佚，淺恩薄義。」《後漢書·郎顗襄楷列傳》此般奢侈風氣由上而下，乃至於「上無去奢之儉，下有縱欲之敝」《後漢書·宦者列傳》，所謂「富者競欲相過，貧者恥不逮及。」則漢代之奢侈風氣，甚至擴及未必

〔註6〕《後漢書志·百官志》「司徒」條下注引《漢舊儀》。
〔註7〕見前《後漢書·皇后紀》引文注引《漢官儀》。
〔註8〕見本文第五章第一節。

有此經濟能力的百姓，王符云：

> 今民奢衣服，侈飲食，事口舌，而習調欺，以相詐紿，比肩是也。〈浮侈〉

> 古者必有命民，然後乃得衣繒綵而乘車馬。今者既不能盡復古，細民誠可不須，乃踰於古昔孝文，衣必細緻，履必獐麂，組必文采，飾襪必綃此，攷飾車馬，多畜奴婢。諸能若此者，既不生穀，又坐為蠹賊也。〈浮侈〉

「奢衣服、侈飲食」等不良風氣風行，百姓日用之奢侈由此可見。又此風由來已久，西漢之鹽鐵會議便對於常民用度過制有相當多的批判，僅以衣物為例，《鹽鐵論·散不足》云：

> 古者，庶人耋老而後衣絲，其餘則麻枲而已，故命曰布衣。及其後，則絲裏枲表，直領無褘，袍合不緣。夫羅紈文繡者，人君后妃之服也。繭紬縑練者，婚姻之嘉飾也。是以文繒薄織，不鬻於市。今富者縟繡羅紈，中者素綈冰錦。常民而被后妃之服，褻人而居婚姻之飾。夫紈素之賈倍縑，縑之用倍紈也。《鹽鐵論·散不足》〔註9〕

奢侈之風氣固然不僅僅是飲食與衣物而已，〔註10〕本文第五章曾經舉豪富經營的建築宮室之誇張浪費，自然也是東漢奢侈風氣的一部份。在此奢侈之風的影響之下，原本便不甚富裕的社會經濟，其復甦就更遙遙無期了。

比起飲食、衣物、建築的奢侈，漢代婚喪習俗的鋪張浪費，影響更為巨大。王符云：

> 富貴嫁娶，車軿各十，騎奴侍僮，夾轂節引。富者競欲相過，貧者恥不逮及。是故一饗之所費，破終身之本業。〈浮侈〉

婚禮與喪禮是生命禮儀之中的重要項目，包括皇室在內的豪強貴戚往往藉此炫耀財富。先論婚禮，皇家之例如桓帝娶梁冀女弟：

> 明年，有司奏太后曰：「春秋迎王后于紀，在塗則稱后。今大將軍冀女弟，膺紹聖善。結婚之際，有命既集，宜備禮章，時進徵幣。請

〔註9〕關於漢代的奢侈風氣，《鹽鐵論·散不足》中，對舉了古今貧富相當多的例子，篇幅甚多，故本文不一一列舉。〔漢〕桓寬編著；王利器校注《鹽鐵論校注》（北京：中華書局，1992.07），上冊，頁348。

〔註10〕關於漢代奢華風俗，可參見丁筱媛《漢代奢華風氣之研究》（台北：國立台灣師範大學歷史學系博士論文，指導教授：韓復智，2004.07）；彭衛、楊振紅著《中國風俗通史·秦漢卷》（上海：上海文藝出版社，2002.03）。

下三公、太常案禮儀。」奏可。於是悉依孝惠皇帝納后故事，聘黃
金二萬斤，納采鴈璧乘馬束帛，一如舊典。《後漢書‧皇后紀》

黃金二萬斤等等誇張的而龐大聘禮，乃孝惠皇帝以來的舊典，可見兩漢
皇室婚禮的奢華。〔註11〕皇室如此，尚可稱之為帝王世家的氣派，然而其餘
豪強貴戚卻也爭相仿效，其聘金雖不如皇家，排場卻有過之而無不及。如董
卓為相國時，欲娶皇甫規之遺孀：「娉以軒輜百乘，馬二十匹，奴婢錢帛充路。」
《後漢書‧列女傳》可見其鋪張。

與兩漢日用奢侈相同，在婚喪等大禮上，奢華浪費之風俗亦上行下效，
瀰漫社會各個階層，甚至致使百姓懼於嫁娶之花費而無力娶妻。西漢時代之
王吉便指出這樣的現象：「聘妻送女亡節，則貧人不及，故不舉子。」《漢書‧
王貢兩龔鮑傳》。嫁娶用費奢侈失節，乃至於富家妻妾成群而貧者卻懼於生子，
或是男子終身無匹，都是此風所造成的嚴重後果。〔註12〕即使強要結婚生子，
對於一般百姓而言，由於嫁娶的費用難以負擔，借貸娶妻之事應該並不罕見。
西漢陳平娶張負女兒之事雖有好的結局〔註13〕，然而富人有張負氣度者恐怕
不多，〔註14〕而男子有陳平之智慧與氣概者，亦非常見。尋常人家嫁娶之後
因負債而生計更加艱困，恐怕比陳平「資用益饒，游道日廣」更多。生男懼
於聘金之負擔，生女則對於經濟生產幫助不大，甚至會使家計陷入困境，東
漢有諺曰「盜不過五女門」，〔註15〕可見家中女性的花費可能比其生產更多，

〔註11〕孝惠皇帝納后之舊例常作為兩漢以來皇帝娶皇后給聘的標準，如王莽嫁女與
漢平帝為后，《漢書‧王莽傳》：「……有司奏『故事，聘皇后黃金二萬斤，為
錢二萬萬。』莽深辭讓，受四千萬，而以其三千三百萬予十一媵家。群臣復
言：『今皇后受聘，踰群妾亡幾。』有詔，復益二千三百萬，合為三千萬。莽
復以其千萬分予九族貧者。」

〔註12〕《鹽鐵論‧散不足》：「古者，夫婦之好，一男一女，而成家室之道。及後，
士一妾，大夫二，諸侯有姪娣九女而已。今諸侯百數，卿大夫十數，中者侍
御，富者盈室。是以女或曠怨失時，男或放死無匹。」〔漢〕桓寬編著：王利
器校注《鹽鐵論校注》（北京：中華書局，1992.07），上冊，頁348。

〔註13〕《漢書‧張陳王周傳》：「（陳）平長，可取婦，富人莫與者，貧者平亦媿之。……
張負歸，謂其子仲曰：『吾欲以女孫予陳平。』仲曰：『平貧不事事，一縣中盡
笑其所為，獨柰何予之女？』負曰：『固有美如陳平長貧者乎？』卒與女。為
平貧，乃假貸幣以聘，予酒肉之資以內婦。負戒其孫曰：『毋以貧故，事人不
謹。事兄伯如事乃父，事嫂如事乃母。』平既取張氏女，資用益饒，游道日廣。」

〔註14〕東漢亦有類似故事，如《後漢書‧列女傳》記載鮑宣妻之事：「宣嘗就少君父
學，父奇其清苦，故以女妻之，裝送資賄甚盛。」

〔註15〕東漢呂強針對皇室後宮的嬪妃有嚴苛的批評，認為其花費遠甚於生產，甚至

若再加上政府對於成年而未有婚嫁之女子課以重稅，〔註16〕則無怪乎貧者不敢舉子了。

　　奢華的婚禮風俗除使百姓之經濟問題更趨嚴重之外，嫁娶之事所帶來的龐大財貨關係，還會使人滋生貪念，則是另一層面嚴重的社會問題，王符云：

> 諸一女許數家，雖生十子，更百赦，勿令得蒙一還私家，則此姦絕矣。不則髡其夫妻，徙千里外劇縣，乃可以毒其心而絕其後，姦亂絕則太平興矣。〈斷訟〉

> 又貞絜寡婦，或男女備具，財貨富饒，欲守一醮之禮，成同穴之義，執節堅固，齊懷必死，終無更許之慮。遭值不仁世叔，無義兄弟，或利其娉幣，或貪其財賄，或私其兒子，則彊中欺嫁，處迫脅遣送，人有自縊房中，飲藥車上，絕命喪軀，孤捐童孩。此猶迫脅人命自殺也。或後夫多設人客，威力脅載，守將抱執，連日乃緩，與彊掠人為妻無異。婦人軟弱，猥為眾彊所扶與執迫，幽阨連日，後雖欲復修本志，嬰絹吞藥。〈斷訟〉

　　中國古代對於婦女史並不重視，劉向與諸史之《列女傳》僅止於宣揚教化之用，王符所述之古代婦女悲劇比起諸《列女傳》所述之貞潔烈婦恐怕更加寫實。雖然如此，《後漢書‧列女傳》之中仍記載了劉長卿妻與荀采二女自殘、自縊的事蹟，前者「乃豫刑其耳以自誓」，而後者則以衣帶自縊。范曄記此二女自殘之原因與當時的貞節觀念有關，然而其中或許有王符所謂「或利其娉幣，或貪其財賄，或私其兒子」的財貨利益在其中，亦未可知。〔註17〕

〔註16〕是水旱之困的元兇。此論固然過當，然而漢代女性生產力之不足，亦在其所引之諺語中表達出來，見《後漢書‧宦者列傳》：「……比年收斂，十傷五六，萬人飢寒，不聊生活，而采女數千，食肉衣綺，脂油粉黛，不可貲計。鄙諺言『盜不過五女門』，以女貧家也。今後宮之女，豈不貧國乎！是以傾宮嫁而天下化，楚女悲而西宮災。且聚而不御，必生憂悲之感，以致并隔水旱之困。」

〔註16〕《漢書‧惠帝紀》：「女子年十五以上至三十不嫁，五算。」注引應劭曰：「國語越王勾踐令國中女子年十七不嫁者父母有罪，欲人民繁息也。漢律人出一算，算百二十錢，唯賈人與奴婢倍算。今使五算，罪謫之也。」

〔註17〕《後漢書‧列女傳》：「沛劉長卿妻者，同郡桓鸞之女也。鸞已見前傳。生一男五歲而長卿卒，妻防遠嫌疑，不肯歸寧。兒年十五，晚又夭歿。妻慮不免，乃豫刑其耳以自誓。」又「南陽陰瑜妻者，潁川荀爽之女也，名采，字女荀。聰敏有才藝。年十七，適陰氏。十九產一女，而瑜卒。采時尚豐少，常慮為家所逼，自防禦甚固。後同郡郭奕喪妻，爽以采許之，因詐稱病篤，召采。既不得已而歸，懷刃自誓。爽令傅婢執奪其刃，扶抱載之，猶憂致憤激，敕

　　嫁娶之外，兩漢之喪葬風俗也普遍存在著厚葬之風。所謂厚葬，可分爲兩層含意，其一是喪葬禮儀是否超過墓主的身份，亦即是否僭禮；其二則是用度之花費，是否超出了墓主的經濟能力。〔註 18〕厚葬之風氣起源甚早，並非源於漢代，早在商、西周時期厚葬觀念便已經出現了，這點不獨文獻有相當記載，考古資料亦有相當程度的發現。〔註 19〕早期的厚葬與社會階層密切配合，只有擁有相當地位的人才有權力也才有能力實行厚葬。然而東周之後，一方面身份較低的貴族紛紛僭用較高的厚葬禮制，另一方面，不少擁有財富卻未必擁有地位的新興富人亦沾染厚葬風氣，使得葬禮變成經濟取向，喪葬之厚薄取決於墓主的財力。〔註 20〕這樣的轉變到了秦漢時代，由於經濟發展的快速，加上儒家政治推崇孝道的推波助瀾，厚葬風氣更擴散至平民百姓階級，甚至有約父母之養以備其終末之用者，王符云：

> 今多違志儉養，約生以待終，終沒之後，乃崇飭喪紀以言孝，盛饗賓旅以求名，誣善之徒，從而稱之，此亂孝悌之眞行，而誤後生之痛者也。〈務本〉

> 今京師貴戚，郡縣豪家，生不極養，死乃崇喪。〈浮侈〉

　　喪葬風氣演變至不厚葬不以言孝的地步，原本養生送死之孝道觀念已完全扭曲，崔寔亦曰：「念親將終，無以奉遣，乃約其供養，豫修亡歿之備。老親之飢寒，以事淫法之華稱。」〔註 21〕其對於道德教化、社會風氣之不良影

衛甚嚴。女既到郭氏，乃僞爲歡悅之色，……采因敕令左右辨浴。既入室而掩戶，權令侍人避之，以粉書扉上曰：「尸還陰。」「陰」字未及成，懼有來者，遂以衣帶自縊。左右瞷之不爲意，比視，已絕，時人傷焉。」

〔註 18〕關於喪葬之厚薄，蒲慕州云：「若舊文獻中古人的說法來看，所謂厚葬者，應包括僭禮和奢侈兩方面」；又劉師文起曰：「凡喪葬之制，逾越某一公認標準，或鋪陳其事，而非其能力所逮及者，即所謂厚葬也。」參見蒲慕州〈漢代之厚葬風氣及其批評〉，收錄於氏著之《墓葬與生死——中國古代宗教之省思》（台北：聯經出版社，1993.06）第八章，頁 227；劉師文起《王符〈潛夫論〉所反映之東漢情勢》（台北：文史哲出版社，1995.12），頁 183。

〔註 19〕漢代考古資料極其相關研究極多，此處不一一列舉，參見丁筱媛《漢代厚葬風氣之研究》（台北：中國文化大學史學研究所碩士論文，指導教授：韓復智，1986.06）；蒲慕州《墓葬與生死——中國古代宗教之省思》（台北：聯經出版社，1993.06）。

〔註 20〕關於漢代厚葬風氣的歷史前承，可參見丁筱媛《漢代厚葬風氣之研究》（台北：中國文化大學史學研究所碩士論文，指導教授：韓復智，1986.06）第二章，頁 9。

〔註 21〕崔寔《政論》，見〔清〕嚴可均輯《全後漢文》（《全上古三代秦漢三國六朝文》

響可見一斑。然而厚葬之風與其他奢侈風氣一樣，皆由皇室貴戚豪強率爲先導，尤其皇帝雖下詔喪葬務節儉，本身卻未必能落實不擾民之薄葬。西漢文帝一朝以節儉爲尚，《史記·孝文本紀》記其：「治霸陵皆以瓦器，不得以金銀銅錫爲飾，不治墳，欲爲省，毋煩民。」其遺詔亦曰：「朕聞之，蓋天下萬物之萌生，靡不有死。死者天地之理，物之自然，奚可甚哀！當今之時，世咸嘉生而惡死，厚葬以破業，重服以傷生，吾甚不取。」是西漢少數眞正欲以身作則破除厚葬歪風的皇帝。雖然如此，文帝之喪仍「發近縣卒萬六千人，發內史卒萬五千人。」這樣的排場，亦不可謂不「煩民」了。西晉末建興年間（313～316），文、宣二帝陵〔註22〕遭盜，其中珍寶不在少數：

> 時三秦人尹桓、解武等數千家，盜發漢霸、杜二陵，多獲珍寶。帝問（索）綝曰：「漢陵中物何乃多邪？」綝對曰：「漢天子即位一年而爲陵，天下貢賦，三分之一供宗廟，一供賓客，一充山陵。漢武帝饗年久長，比崩而茂陵不復容物，其樹皆已可拱。赤眉取陵中物不能減半，于今猶有朽帛委積，珠玉未盡。此二陵是儉者耳，亦百世之誡也。」《晉書·索綝傳》

漢文帝雖欲以身作儉，實際上未能爲後世立下規範，呂思勉云：「漢諸帝之葬，雖儉者亦未嘗不侈也。」〔註23〕可見其厚葬奢侈之風，所謂「儉者」不過程度差別而已。後漢立朝以簡約爲國策，皇帝之帝陵墓葬並未變本加厲，然而厚葬風氣已經形成，皇帝雖數下詔書，〔註24〕亦不能扭轉當時熾烈的厚葬之風。尤其政府之詔令對貴戚豪強幾乎無約束力，王符云：

> 今京師貴戚，郡縣豪家，生不極養，死乃崇喪。或至刻金鏤玉，檽梓楩柟，良田造塋，黃壤致藏，多埋珍寶偶人車馬，造起大冢，廣種松柏，廬舍祠堂，崇侈上僭。寵臣貴戚，州郡世家，每有喪葬，都官屬縣，各當遣吏齎奉，車馬帷帳，貧假待客之具，競爲華觀。

第二冊，台北：世界書局，1968.08 三版），卷四十六，第五頁。

〔註22〕文帝葬霸陵，宣帝葬杜陵。

〔註23〕呂思勉《秦漢史》（上海：上海古籍出版社，2005.07），頁532。

〔註24〕東漢下詔提倡薄葬多在初期與中期，如《後漢書·光武帝紀》：「（建武七年詔曰）世以厚葬爲德，薄終爲鄙，至于富者奢僭，貧者單財，法令不能禁，禮義不能止，倉卒乃知其咎。其布告天下，令知忠臣、孝子、慈兄、悌弟薄葬送終之義。」其餘如明帝永平十二年、章帝建初二年、和帝永初十一年、安帝永初元年、五年皆有類似禁止厚葬提倡薄葬的詔書。分見《後漢書》諸帝本紀，此處不一一贅引。

此無益於奉終，無增於孝行，但作煩攪擾，傷害吏民。〈浮侈〉

厚葬風氣所及，許多費功傷農的工商末業亦隨之而起，如王符所痛切陳述的貴戚求一奢侈棺木的過程：

> 其後京師貴戚，必欲江南檽梓豫章梗柟：邊遠下土，亦競相倣傚。
> 夫檽梓豫章，所出殊遠，又乃生於深山窮谷，經歷山岑，立千步之高，百丈之谿，傾倚險阻，崎嶇不便，求之連日然後見之，伐斫連月然後訖，會眾然後能動擔，牛列然後能致水，油潰入海，連淮逆河，行數千里，然後到雒。工匠雕治，積累日月，計一棺之成，功將千萬。夫既其終用，重且萬斤，非大眾不能舉，非大車不能輓。東至樂浪，西至敦煌，萬里之中，相競用之。此之費功傷農，可爲痛心！〈浮侈〉

奢侈浪費的喪葬之風，由於社會風俗的不正常發展，使得喪葬由一家的私事變爲一種社會公共活動與表演。〔註25〕因此由皇室、貴戚、豪強以下乃至於百姓，皆爭相仿效這種以喪葬作爲身份地位表徵的奢侈行爲。所謂「富者競欲相過，貧者恥不逮及」，呂強云：

> 又今外戚四姓貴倖之家，及中官公族無功德者，造起館舍，凡有萬數，樓閣連接，丹青素堊，雕刻之飾，不可單言。喪葬踰制，奢麗過禮，競相放效，莫肯矯拂。……上之化下，猶風之靡草。今上無去奢之儉，下有縱欲之敝，至使禽獸食民之甘，木土衣民之帛。《後漢書・宦者列傳》

厚葬之風除了反而造成孝道淪喪之外，對於社會經濟亦有十分明顯的影響。東漢末之崔寔家族，便因喪葬花費高於本身經濟能力而由富轉貧。崔氏世代官宦，家世顯赫，直到崔寔這一代，其從兄崔烈尚有能力入錢五百萬爲司徒：

> 靈帝時，開鴻都門榜賣官爵，公卿州郡下至黃綬各有差……（崔）烈時因傅母入錢五百萬，得爲司徒。《後漢書・崔駰列傳》

與一般平民百姓相比，能夠輕易拿出五百萬錢者亦可稱小富之家了。雖然如此，崔家之經濟狀況卻稱不上富裕，〔註26〕這與崔寔之父崔瑗的生活有

〔註25〕蒲慕州語。見〈漢代之厚葬風氣及其批評〉，收錄於氏著之《墓葬與生死——中國古代宗教之省思》（台北：聯經出版社，1993.06）第八章，頁245。

〔註26〕《後漢書・崔駰列傳》：「……（崔瑗）歸家。家貧，兄弟同居數十年，鄉邑化之。」雖曰「家貧」，但是從崔寔尚有田宅可賣，從兄尚有五百萬錢可買

關。崔瑗爲人清高，愛士好賓客，是當世清流士人代表之一，王符亦與其友善。然崔瑗雖日用節省，在社交活動上卻表現出相當奢侈的一面，再加上崔瑗以清流自處，仕宦並不順遂，因此「家無擔石儲」。〔註27〕社交奢侈而日用節儉的崔瑗，臨終之遺言爲：「夫人稟天地之氣以生，及其終也，歸精於天，還骨於地。何地不可藏形骸，勿歸鄉里。」《後漢書‧崔駰列傳》崔瑗並沒交代後人處理喪葬之事當從奢或從約，其遺言看起來雖然頗有薄葬思想之傾向，但崔寔卻顯然不這麼認爲；《後漢書》記載：

> 初，寔父卒，剽賣田宅，起冢塋，立碑頌。葬訖，資產竭盡，因窮困，以酤釀販鬻爲業。時人多以此譏之，寔終不改。亦取足而已，不致盈餘。及仕官，歷位邊郡，而愈貧薄。建寧中病卒。家徒四壁立，無以殯斂，光祿勳楊賜、太僕袁逢、少府段熲爲備棺槨葬具，大鴻臚袁隗樹碑頌德。《後漢書‧崔駰列傳》

　　由這幾條記載可知，崔瑗雖然稱不上富裕，但是祖傳的田宅土地供應崔家之生活應該仍綽綽有餘，故崔瑗得以此結交四方士人賓客；但是崔寔在當時社會風氣的影響之下，對父喪採取厚葬，因此資產竭盡，乃至於必須以酤釀販鬻勉強維持一家之的溫飽，這一點我們可以從崔寔所著的《四民月令》窺知。

　　崔寔顯然十分後悔這樣的處理方式，在崔寔另一本著作《政論》之中，便表達出深切痛恨厚葬之風的言論：

> ……送終之家，亦無法度。至用蟲梓黃腸，多藏寶貨，享牛作倡，高墳大寢。是可忍也，孰不可忍！而俗人多之，咸曰健子。天下跂慕，恥不相逮。念親將終，無以奉遣，乃約其供養，豫修亡歿之備。老親之飢寒，以事淫法之華稱。竭家盡業，甘心而不恨。窮阨既迫，起爲盜賊，拘執陷罪，爲世大戮，痛乎此俗之刑陷愚民也！且橘柚之貢，堯舜所不常御；山龍華蟲，帝王不以爲褻服。今之臣妾，皆餘黃甘而厭文繡者，蓋以萬數矣。其餘稱此，不可勝記。古者墓而不墳，文、武之兆，與平地齊。今豪民之墳，已千坊矣。欲民不匱，誠亦難矣。是以天戚戚，人汲汲，外溺奢風，

官，此貧與一般百姓之貧民應該不同，當指崔瑗家世顯赫卻餘財不多。

〔註27〕《後漢書‧崔駰列傳》：「(崔)瑗愛士，好賓客，盛脩肴膳，單極滋味，不問餘產。居常蔬食菜羹而已。家無擔石儲，當世清之。」

－183－

內憂窮竭。故在位者則犯王法以聚歛，愚民則冒罪戮以爲健。俗
之壞敗，乃至於斯。〔註29〕

崔寔並非一般擁百畝之田的小農階級，然而父喪之後，他的經濟壓力便
如此巨大，一般百姓舉債葬其父母兄弟乃至於「窮阨既迫，起爲盜賊」，自非
虛言。百姓逐厚葬之風而被迫成爲流民盜賊，與其他奢侈風氣合而觀之，便
可知奢侈之風對於百姓經濟影響之巨大。

厚葬可說是兩漢奢侈風俗的代表，然而付出了如此嚴重的代價，厚葬、
奢侈之風卻未能爲道德教化帶來正面助益，反而使百姓對其父母「約其供養，
豫修亡歿之備」。王符所云：「無益於奉終，無增於孝行」，正是東漢社會奢侈
風俗所帶來的不良影響。這些奢華無比的墓葬陵墓，徒使後人挖掘盜發其珍
寶而已，除擾先人之外，又添以財惑人入罪一弊。

各種奢侈風俗與當時普遍的逐利之風乃是一體的兩面，爲了維持奢侈的
消費習慣，漢代形成了競相逐利的社會風氣。所謂的「逐利」與追求維持生
計之生產不同，求溫飽、避凍餒乃人之常情，王符對於這種求生必然之趨勢，
給予相當的同情：

> 凍餒之所在，民不得不去也；溫飽之所在，民不得不居也。故衰闇
> 之世，本末之人，未必賢不肖也，禍福之所，勢不得無然爾。〈務本〉

> 勢有常趣，理有固然。富貴則人爭附之，此勢之常趣也；貧賤則人
> 爭去之，此理之固然也。〈交際〉

趨生避死乃百姓生存本能，王符有「民富乃可教」〈務本〉之主張，可見王
符並不反對百姓追求可維持基本生計的利益。然而漢代普遍的奢侈生活與商
品經濟的發達，使其演變成追求更多財利的慾望。奢侈之生活使百姓之消費
大大提高（尤其是豪強貴戚之屬），爲了維持生活之享受，再加上發達的商品
經濟則使百姓習於追求高於基本生計之利益，形成東漢鑽營好利的社會價值
觀，王符又云：

> 夫與富貴交者，上有稱舉之用，下有貨財之益。與貧賤交者，大有
> 賑貸之費，小有假借之損。〈交際〉

> 世人之論也，靡不貴廉讓而賤財利焉，及其行也，多釋廉甘利。
> 之於人徒知彼之可以利我也，而不知我之得彼，亦將爲利人也。

〔註29〕崔寔《政論》，見〔清〕嚴可均輯《全後漢文》（《全上古三代秦漢三國六朝文》
第二冊，台北：世界書局，1968.08 三版），卷四十六，第五頁。

知脂蠟之可明鐙也，而不知其甚多則冥之。知利之可娛己也，不知其稱而必有也。前人以病，後人以競，庶民之愚而衰闇之至也。予故嘆曰：何不察也？願鑒于道，勿鑒于水。象以齒焚身，蚌以珠剖體；匹夫無辜，懷璧其罪。嗚呼問哉！無德而富貴者，固可豫弔也。〈過利〉

由於社會瀰漫著一股追求財利的風氣，因此士人之言論雖然重視孝廉而鄙視財富，現實生活中卻正好相反，形成「世人之論也，靡不貴廉讓而賤財利焉，及其行也，多釋廉甘利。」言行不一的矛盾現象。王符嘗云：「富者乘其財力，貴者阻其勢要，以錢多爲賢，以剛強爲上。」〈考績〉可見在眞實生活中，追求利益已成爲一種準則，王符對此狀況相當痛心，批評強取過當之財利者爲「盜天」者，其言曰：

且夫利物莫不天之財也。天之制此財也，猶國君之有府庫也。賦賞奪與，各有眾寡，民豈得強取多哉？故人有無德而富貴，是凶民之竊官位盜府庫者也，終必覺，覺必誅矣。盜人必誅，況乃盜天乎？得無受禍焉？鄧通死無簪，勝、跪伐其身。是故天子不能違天富無功，諸侯不能違帝厚私勸。非違帝也，非違天也。帝以天爲制，天以民爲心，民之所欲，天必從之。是故無功庸於民而求盈者，未嘗不力顛也；有勳德於民而謙損者，未嘗不光榮也。自古於今，上以天子，下至庶人，蔑有好利而不亡者，好義而不彰者也。〈過利〉

王符雖然對於上層社會追逐利益的作爲相當不滿，但是值得注意的是，東漢逐利之風未必是肇始於皇室，光武、明、章三帝屬行簡約給民休息自不待言，東漢中期亦時常主動減少皇室開銷，如遣免宮人、珍膳之物，或減省邊遠地區之貢物等等：

（和帝）舊南海獻龍眼、荔支，十里一置，五里一候，奔騰阻險，死者繼路。時臨武長汝南唐羌，縣接南海，乃上書陳狀。帝下詔曰：「遠國珍羞，本以薦奉宗廟。苟有傷害，豈愛民之本。其敕太官勿復受獻。」由是遂省焉。《後漢書‧孝和校殤帝紀》

（殤帝延平元年）（106）郡國三十七雨水。己未，詔曰：「……昔夏后惡衣服，菲飲食，孔子曰『吾無閒然』。今新遭大憂，且歲節未和，徹膳損服，庶有補焉。其減太官、導官、尚方、內署諸服御珍膳靡麗難成之物。」《後漢書‧孝和校殤帝紀》

（延平元年）（106）詔司徒、大司農、長樂少府曰：「……自建武之初
以至于今，八十餘年，宮人歲增，房御彌廣。又宗室坐事沒入者，
猶託名公族，甚可愍焉。今悉免遣，及掖庭宮人，皆爲庶民，以抒
幽隔鬱滯之情……」《後漢書・孝和孝殤帝紀》

皇室之所以沒有明顯的追逐利益，與東漢中期以前社會安定，皇宮所得
賦稅收入穩定有關。〔註29〕皇帝之生活豐裕，做爲利祿最高層的皇室自然只
需享受奢侈生活而不必再額外逐利了。與皇室相比，同屬統治階層的豪強貴
戚，可謂漢代逐利之風的領導者，本文第四章、第五章所舉的竇憲、梁冀等
諸例，一方面是東漢違法亂紀之貴戚的代表，另一方面也是破壞法制，興起
東漢社會逐利之風的明證。

東漢中期以前雖然皇室頗能屬行簡約，然而一但社會動盪，皇室收入不
足以維持原本的奢華生活時，皇帝便與一般惡劣的豪強無異，甚至以最高之
政治權力帶頭競逐財利，與身邊之貴戚合作斂奪民財：

（張）讓、（趙）忠等說帝令斂天下田畝稅十錢，以修宮室。發太原、
河東、狄道諸郡材木及文石，每州郡部送至京師，黃門常侍輒令譴
呵不中者，因強折賤買，十分雇一，因復貨之於宦官，復不爲即受，
材木遂至腐積，宮室連年不成。刺史、太守復增私調，百姓呼嗟。《後
漢書・宦者列傳》

又造萬金堂於西園，引司農金錢繒帛，仍積其中。又還河閒買田宅，
起第觀。帝本侯家，宿貧，每歎桓帝不能作家居，故聚爲私藏，復
寄小黃門常侍錢各數千萬。常云：「張常侍是我公，趙常侍是我母。」
宦官得志，無所憚畏，並起第宅，擬則宮室。《後漢書・宦者列傳》

至於皇帝身邊之寵臣，逐利之行爲更爲乖張：

郎中中山張鈞上書曰：「竊惟張角所以能興兵作亂，萬人所以樂附之
者，其源皆由十常侍多放父兄、子弟、婚親、賓客典據州郡，辜榷
財利，侵掠百姓，百姓之冤無所告訴，故謀議不軌，聚爲盜賊。《後
漢書・宦者列傳》

逐利風氣與各種奢華風俗是一體的，因爲有這樣的消費，所以必須要逐

〔註29〕漢代之財稅收入分爲皇室收入與國家收入兩種，參見加藤繁〈漢代國家財政
和帝室財政的區別及帝室財政的一斑〉，收錄於氏著之《中國經濟史考證》（台
北：稻鄉出版社，1991.02），頁 26～134。

利以維持其花費；擁有越大的權力，代表可以擁有更多的逐利手段，來維持更奢侈的生活。上層的皇室、貴戚、豪強等等可以藉由不法手段來營利，下層的百姓只能藉由末業的經營來致富，從事末業一方面滿足了豪強一擲千金的慾望，一方面也實現了自己逐利的目的。本文第五章所述的東漢本末失衡問題，便是在奢侈風氣與逐利之風這兩個社會現象的影響之下所形成的結果。

二、私鬥復仇之風

　　兩漢另外一個影響治安的社會風俗是復私鬥仇之風，百姓常挾私怨報復，甚至殺人劫財，再亡命為盜，王符云：

> 苟崇聚酒徒無行之人，傳空引滿，啁啾罵詈，晝夜鄂鄂，慢遊是好。
> 或毆擊責主，入於死亡，群盜攻剽，劫人無異。〈斷訟〉

　　由於復仇之風甚為流行，洛陽之中甚至有以受人錢財而殺人的暴力組織，稱為「會任之家」。由於尋常百姓未必有錢得以雇人復仇，因此這類暴力組織乃附庸於豪強，由豪強利用其政治、經濟權力代為開脫，成為東漢治安的死角：

> 洛陽至有主諧合殺人者，謂之會任之家，受人十萬，謝客數千。又重饋部吏，吏與通姦，利入深重，幡黨盤牙，請至貴戚寵臣，說聽於上，謁行於下。是故雖嚴令、尹，終不能破壞斷絕。何者？凡敢為大姦者，材必有過於眾，而能自媚於上者也。多散苟得之財，奉以諂諛之辭，以轉相驅，非有第五公之廉直，孰能不為顧？今案洛陽主殺人者，高至數十，下至四五，身不死則殺不止，皆以數赦之所致也。〈述赦〉

　　與貴戚豪強結合的暴力組織在史籍中亦有類似記載，如徐齮言竇憲「悍士刺客滿城中」〔註30〕，又如梁冀「起別第於城西，以納姦亡」〔註31〕等等。

〔註30〕《後漢書・袁張韓周列傳》：及（袁）安舉奏竇景及與竇憲爭立北單于事，皆（周）榮所具草。竇氏客太尉掾徐齮深惡之，脅（周）榮曰：「子為袁公腹心之謀，排奏竇氏，竇氏悍士刺客滿城中，謹備之矣！」榮曰：「榮江淮孤生，蒙先帝大恩，以歷宰二城。今復得備宰士，縱為竇氏所害，誠所甘心。」故常敕妻子，若卒遇飛禍，無得殯斂，冀以區區腐身覺悟朝廷。及竇氏敗，榮由此顯名。

〔註31〕梁冀殺人報復之舉如：《後漢書・梁統列傳》：「父（梁）商所親客洛陽令呂放，頗與商言及（梁）冀之短，商以讓冀，冀即遣人於道刺殺放。而恐商知之，乃推疑於放之怨仇，請以放弟禹為洛陽令，使捕之，盡滅其宗親、賓客百餘

豪強違法亂紀之事，固然不勝枚舉，崔寔所云：「養劍客以威黔首，專殺不辜，號無市死之子。」〔註32〕大抵與王符所稱之會任之家性質類似。然而東漢由於社會價值觀扭曲〔註33〕，私鬥復仇之事習以爲常，不僅僅豪強復仇殺人，許多飽讀詩書之士人亦以手刃仇人爲要事，如崔瑗、魏朗等等：

　　（崔）瑗兄（崔）章爲州人所殺，瑗手刃報仇，因亡命。會赦，歸家。

《後漢書・崔駰列傳》

　　（魏朗）少爲縣吏。兄爲鄉人所殺，朗白日操刃報讎於縣中，遂亡命

　　到陳國。《後漢書・黨錮列傳》

　　而由於私鬥復仇之風瀰漫社會，東漢許多豪強之所以由謹守法度演變到目無法紀，與這種暴力的社會風氣不無關係，如馬廖一家：

　　時太后兄衛尉馬廖，謹篤自守，不訓諸子。（楊）終與廖交善，以書

　　戒之曰：「……黃門郎年幼，血氣方盛，既無長君退讓之風，而要結

　　輕狡無行之客，縱而莫誨，視成任性，鑒念前往，可爲寒心。君侯

　　誠宜以臨深履薄爲戒。」廖不納。子豫後坐縣書誹謗，廖以就國。《後

　　漢書・楊李翟應霍爰徐列傳》

　　私鬥復仇之風對於東漢法制敗壞之影響是相當明顯的，對於流民問題來說，如崔瑗、魏朗那樣手刃仇人之後成爲亡命應該尙屬相對少數，而豪強如竇憲、梁冀者，一方面招募亡命之惡徒，另一方面又迫使許多無辜百姓輾轉流亡，恐怕才是此社會風氣造成流民問題的主因。漢代雖然復仇觀念相當流行，但是百姓對於犯法還是有所顧忌的，下引郅惲的例子可以讓我們看出東漢復仇風氣與當時社會對於復仇者的態度。

　　郅惲與崔瑗、魏朗一樣，乃飽讀經書之士，《後漢書》記載其：「理韓詩、嚴氏春秋，明天文歷數。」《後漢書・申屠剛鮑永郅惲列傳》並記錄了一段他代友復仇的故事：

　　（郅）惲友人董子張者，父先爲鄉人所害。及子張病，將終，惲往

　　候之。子張垂歿，視惲，歔欷不能言。惲曰：「吾知子不悲天命，而

　　人。」引文亦見此傳。

〔註32〕崔寔《政論》，見〔清〕嚴可均輯《全後漢文》（《全上古三代秦漢三國六朝文》第二冊，台北：世界書局，1968.08 三版），卷四十六，頁十。

〔註33〕關於東漢之社會價值觀扭曲，除本文所列諸項之外，可參見劉師文起《王符〈潛夫論〉所反映之東漢情勢》（台北：文史哲出版社，1995.12），第四章第一、二、三節，頁 165～212。

痛讎不復也。子在，吾憂而不手；子亡，吾手而不憂也。」子張但
目擊而已。惲即起，將客遮仇人，取其頭以示子張。子張見而氣絕。
惲因而詣縣，以狀自首。令應之遲，惲曰：「爲友報讎，吏之私也。
奉法不阿，君之義也。虧君以生，非臣節也。」趨出就獄。令跣而
追惲，不及，遂自至獄，令拔刃自向以要惲曰：「子不從我出，敢以
死明心。」惲得此乃出，因病去。

　　郅惲的例子表達出了東漢復仇之風的幾個特點：其一，所謂父仇不共戴
天，一位將死之人念念不忘的不是兒女子孫，反而是「父先爲鄉人所害」、「痛
讎不復也」的血海深仇，可見當時復仇觀念之深植人心；其二，報仇乃是一
種社會普遍接受的觀念，其力量甚至於凌駕法律之上，乃至於奉公守法的郅
惲寧可違法亂紀也要代友行復仇之事；其三，郅惲主動自首，顯示出其在復
仇觀念與法律之間的矛盾心情，所云之：「爲友報讎，吏之私也。奉法不阿，
君之義也。虧君以生，非臣節也。」正是東漢嚴以律己之士人，對於不能同
時滿足各種社會要求的自白；其四，縣令拼死也要維護郅惲的行爲，與主動
投案的郅惲形成了兩下對比。對於縣令來說，代友復仇的行爲無疑在法律的
管轄範圍之外，身爲執法者反而必須維護殺人的郅惲，這是復仇觀念深植人
心的另一種呈現，與董子張「痛讎不復也」的精神相呼應。

　　復仇對於流民問題之影響，與其說是因爲復仇觀念風行所以導致亡命者
衆，不如說是因爲東漢法令缺乏威信的緣故。王符並未嚴屬批評復仇之人，
在復仇的議題上，王符所指責的對象是律法鬆弛的東漢政府，其言曰：

今案洛陽主殺人者，高至數十，下至四五，身不死則殺不止，皆以
數赦之所致也。由此觀之，大惡之資，終不可化，雖歲赦之，適勸
姦耳。〈述赦〉

　　王符論述的重點在於批評法令不行，赦宥過多的弊病，對於私鬥復仇之
風著墨不多。然而殺人復仇與法令刑罰是顯而易見的矛盾，東漢社會在報仇
雪恨與維護法制之中選擇了前者，再加上王符所批判的赦宥問題，更加深了
復仇風氣（如崔瑗），便形成了東漢法令威信蕩然無存的結果。桓譚便明白道
出復仇風氣對於法制的破壞：

且設法禁者，非能盡塞天下之姦，皆合眾人之所欲也，大抵取便國
利事多者，則可矣。夫張官置吏，以理萬人，縣賞設罰，以別善惡，
惡人誅傷，則善人蒙福矣。今人相殺傷，雖已伏法，而私結怨讎，

> 子孫相報，後忿深前，至於滅戶殄業，而俗稱豪健，故雖有怯弱，
>
> 猶勉而行之，此爲聽人自理而無復法禁者也。《後漢書·桓譚馮衍列傳》

聽人自理而無復法禁者，正是東漢復仇之風影響法制的最大弊病。縣令以死逼迫郅惲離開牢獄的例子顯然並不是特例。東漢的法令如此萎靡，相對言之就是百姓的生活缺乏保障，不論是殺人亡命者還是避仇遠走者，皆來自於政府不能以法令明確規範是非的緣故。

三、巫覡卜筮方術活動盛行

所謂的「巫」，大致上是「泛指一種具有某種精神特質和特殊知能，而又能交通鬼神以祈福解禍者而言」〔註34〕，故巫除了表示某些以卜筮方術爲業的巫者之外，亦表示一種神秘的技能；而巫者所從事之「方術」，在漢代乃「非理性而具神秘色彩之方技與術數之泛稱」〔註35〕。換言之，所謂的巫覡卜筮活動，即一種以具有神秘色彩的技能，爲百姓交通鬼神以祈福解禍的活動。

漢代的巫者雖然社會地位不高，但是影響力卻不小，這是因爲百姓普遍需要問卜吉凶以知行事之準則。〔註36〕王符對於巫覡卜筮之活動並未全然否定，這與王符之思想本身認可鬼神之存在有關。〈卜列〉篇開宗明義便曰：

> 天地開闢有神民，民神異業精氣通。行有招召，命有遭隨，吉凶之
>
> 期，天難諶斯。聖賢雖察不自專，故立卜筮以質神靈。〈卜列〉

王符雖不全然反對卜筮之事，然而對於東漢過於迷信的方術活動，亦嚴厲的加以批評：

> 及諸神祇太歲、豐隆、鉤陳、太陰將軍之屬，此乃天吏，非細民所
>
> 當事也。天之有此神也，皆所以奉成陰陽而利物也，若人治之有牧
>
> 守令長矣。向之何怒？背之何怨？君民道近，不宜相責，況神致貴，
>
> 與人異禮，豈可望乎？〈卜列〉

> 移風易俗之本，乃在開其心而正其精。今民生不見正道，而長於邪
>
> 淫詿惑之中，其信之也，難卒解也。惟王者能變之。〈卜列〉

〔註34〕 林富士語，見氏著之《漢代的巫者》（台北：稻鄉出版社，2004.07再版二刷），頁26。

〔註35〕 劉師文起語，見劉師之《王符〈潛夫論〉所反映之東漢情勢》（台北：文史哲出版社，1995.12），頁192。

〔註36〕 漢代巫者的社會地位，參見林富士《漢代的巫者》（台北：稻鄉出版社，2004.07再版二刷），第三章，頁27～48。

巫覡卜筮活動對於士人來說，是一種「邪淫誑惑」的風俗，然而這種活動卻相當程度的影響著百姓生活。除了請神問卜之宗教儀式之外，巫覡往往也兼有醫療的職事。〔註37〕缺乏科學的巫術參與醫療活動會嚴重的危及百姓之生命，王符對於漢代這種「信巫不信醫」〔註38〕的現象嚴加駁斥：

> 婦女羸弱，疾病之家，懷憂憒憒，皆易恐懼，至使奔走便時，去離正宅，崎嶇路側，上漏下濕，風寒所傷，姦人所利，賊盜所中，益禍益崇，以致重者不可勝數。或棄醫藥，更往事神，故至於死亡，不自知爲巫所欺誤，乃反恨事巫之晚，此熒惑細民之甚者也。〈浮侈〉

巫醫的氾濫危及百姓之生命安全，雖然是一項嚴重的社會問題，但尙不至於成爲流民問題的元凶。巫覡卜筮與流民問題之間的關係，可以先從經濟問題論起。

方術活動對於百姓經濟之影響可分爲兩個層面，其一，巫者通常不事本業生產，降低了農村的生產力，王符云：

> 詩刺「不績其麻，女也婆娑」。今多不修中饋，休其蠶織，而起學巫祝，鼓舞事神，以欺誣細民，熒惑百姓。〈浮侈〉

其二，方術活動既是無用的末業，關於卜筮祝禱的消費也是社會奢侈的虛耗品，對於社會而言是一種無必要的負擔，故王符又曰：

> 或裁好繒，作爲疏頭，令工采畫，雇人書祝，虛飾巧言，欲邀多福。或裂拆繒綵，裁廣數分，長各五寸，縫繪佩之。或紡綵絲而縻，斷截以繞臂。此長無益於吉凶，而空殘滅繒絲，縈悸小民。……此等之儔，既不助長農工女，無有益於世，而坐食嘉穀，消費白日，毀敗成功，以完爲破，以牢爲行，以大爲小，以易爲難，皆宜禁者也。
> 〈浮侈〉

此兩層面對於經濟之影響，尤其以後者爲嚴重。方術活動之奢侈消費與其他奢侈品的性質大不相同，一般奢侈品的消費乃是由慾望所驅動的，因此若外在環境如經濟狀況不允許，或許百姓能夠壓抑其消費奢侈品的慾望。方

〔註37〕關於巫者的職事，參見林富士《漢代的巫者》（台北：稻鄉出版社，2004.07再版二刷），第四章，頁49～85。

〔註38〕《史記・扁鵲倉公列傳》：「使聖人預知微，能使良醫得蚤從事，則疾可已，身可活也。人之所病，病疾多；而醫之所病，病道少。故病有六不治：驕恣不論於理，一不治也；輕身重財，二不治也；衣食不能適，三不治也；陰陽并，藏氣不定，四不治也；形羸不能服藥，五不治也；信巫不信醫，六不治也。有此一者，則重難治也。」

術活動則不然，乃是利用人民之恐懼感來驅使其消費，因此這種消費變成是一種不得不然的花用，對於社會經濟所造成的壓力不言而喻。如第五倫的拜會稽太守，便發現百姓因卜筮之事而經濟匱乏：

> 會稽俗多淫祀，好卜筮。民常以牛祭神，百姓財產以之困匱，其自食牛肉而不以薦祠者，發病且死先爲牛鳴，前後郡將莫敢禁。(第五)倫到官，移書屬縣，曉告百姓。其巫祝有依託鬼神詐怖愚民，皆案論之。有妄屠牛者，吏輒行罰。民初頗恐懼，或祝詛妄言，倫案之愈急，後遂斷絕，百姓以安。《後漢書·第五鍾離宋寒列傳》

此例明白表示出百姓對於卜筮方術的恐懼，遠大過於「財產以之困匱」的經濟破產，或「吏輒刑罰」的法律制裁。然而東漢法制威信之不足，以法令強壓百姓之恐懼並不容易，因此欒巴對於豫章郡巫覡的整頓，可視之爲另一種處理方式：

> (豫章) 郡土多山川鬼怪，小人常破貲產以祈禱。(欒) 巴素有道術，能役鬼神，乃悉毀壞房祀，翦理姦巫，於是妖異自消。百姓始頗爲懼，終皆安之。《後漢書·杜欒劉李劉謝列傳》

欒巴以「素有道術，能役鬼神」來「翦理姦巫」，仍不免影起百姓恐慌，可見方術活動利用人心之一斑。由於民間的卜筮活動往往隱而不顯，類似此二例因巫者的賦斂而使百姓經濟匱乏的例子，恐怕眞實案例比史書所載要多得多。如會稽郡好卜筮「前後郡將莫敢禁」，可見不禁卜筮方術方是常態。〔註39〕百姓經濟因方術活動而陷入困境，一但有天災人禍等外力干擾之，則不免群起流亡，此爲巫覡卜筮與流民問題的關係之一。

除此之外，在天災人禍之中，若有人以方術作爲號召的手段，則往往能吸引大批流民前往依附，尤其是在社會動盪，政府喪失其控制力的時候。兩漢之際的赤眉集團，光武時期的維汜集團等等，這些因亂事飢荒而匯集起來的流亡之眾，巫術便在其中扮演著十分重要的聚合劑的作用。東漢末年的張角的太平道、張脩的五斗米道，更是「妖巫」〔註40〕聚合流民起事的顯例，范曄嘗論曰：

> 安順以後，風威稍薄，寇攘寖橫，緣隙而生，剽人盜邑者不關時月，

〔註39〕 見林富士《漢代的巫者》(台北：稻鄉出版社，2004.07 再版二刷)，頁 140。
〔註40〕 《後漢書·孝靈帝紀》：「巴郡妖巫張脩反，寇郡縣。」其下注引劉艾紀曰：「時巴郡巫人張脩療病，愈者雇以米五斗，號爲『五斗米師』。」

假署皇王者蓋以十數。或託驗神道，或矯妄冕服。然其雄渠魁長，
未有聞焉，猶至壘盈四郊，奔命首尾。《後漢書‧張法滕馮度楊列傳》

　　方術作爲流民聚眾起事的聚合劑，是東漢巫覡卜筮之術與流民的另一個
關係，亦即范曄所云之「託驗神道」者。流民轉變爲盜賊乃政府喪失社會控
制能力的必然結果，此未必與方術活動有關。實際上，若非流民四起，社會
動盪，再怎麼厲害的巫者亦無法聚合如同黃巾、赤眉這般龐大的盜賊集團，
因此「託驗神道」不能作爲盜賊的出現的成因。關於流民與盜賊的關係，本
章下一節再詳論之。

第二節　盜賊問題及豪強塢壁

　　百姓離散成爲流民之後，有幾種比較好的結果，其一是遷徙往其他可供定
居的寬鄉，從新開始生產活動，其二是得到政府的各種輔助，重返故里恢復原
本的生活。關於前者，貧民百姓要獨立遷徙到邊陲寬鄉十分艱困，往往死於流
亡的過程之中，即王符所謂「飢餓死亡，復失太半」的狀況；而後者，流民雖
得政府各種賑濟而抒困於一時，卻未必能根本改變吏治敗壞、經濟困匱的現
象。在東漢早期，尚存在著政府主動協助流民遷徙的零星案例，〔註41〕其後除
非地方有勤政愛民的循吏，否則依靠東漢政府，流民罕有能重新安居樂業的。

　　流民無法由政府之施政得到妥善的安排與照顧，只好自行尋找出路。短
時間的自然災害如水旱蟲災等，流民可能會在災情平息後回歸故土，或重新
成爲編戶齊民，或變賣土地成爲佃農或僱傭等等。其他如耕地不足、治安敗
壞等因素，非短時間內可以改善的，流民爲求生存，只好離開本業生產，或
依附豪強從事各種末業，或行乞度日，或者落草爲寇，以強奪的方式獲取糧
食衣物等必需品。〔註42〕盜賊與流民的同質性是十分顯而易見的；退無可退
的流民爲了獲取糧食，能乞者則乞之，不能乞者則強奪之，故流民較多的時
間往往盜賊亦多，如《後漢書》記載安帝時代同時出現了大量的流民與盜賊：

自（安）帝即位以後，頻遭元二之厄，百姓流亡，盜賊並起，郡縣更

〔註41〕如《後漢書‧肅宗孝章帝紀》，元和元年二月，詔曰：「……自牛疫已來，穀
　　　　食連少，良由吏教未至，刺史、二千石不以爲負。其令郡國募人無田欲徙它
　　　　界就肥饒者，恣聽之。到在所，賜給公田，爲雇耕傭，賃種餉，貰與田器，
　　　　勿收租五歲，除筭三年。其後欲還本鄉者，勿禁。」
〔註42〕關於古代流民的困境與歸宿，可參見江立華、孫洪濤《中國流民史（古代卷）》
　　　　（合肥：安徽人民出版社，2001.06）第四章，業173～210。

相飾匿，莫肯糾發。《後漢書‧郭陳列傳》

時遭元二之災，人士荒飢，死者相望，盜賊群起，四夷侵畔。《後漢書‧鄧寇列傳》

同樣的，若某一地區因天災人禍而產生了嚴重的流民問題，大量的盜賊也會伴隨著出現。如桓帝時黃河水患造成了數十萬戶的流民問題，同時亦出現了數量不少的盜賊：

（桓帝）永興元年，河溢，漂害人庶數十萬戶，百姓荒饉，流移道路。

冀州盜賊尤多，故擢（朱）穆爲冀州刺史。《後漢書‧朱樂何列傳》

明、章之後大規模的盜賊叛亂，其發生的原因不外乎吏治敗壞官逼民反，或天災人禍飢民作亂等等。與流民的成因相當類似，本文前兩章所討論的諸般流民發生因素，實際上也是東漢大部分的盜賊之所以爲禍的原因。〔註43〕王符所云「盜竊起於貧窮」〈愛日〉，亦即認同了盜賊與流民的同質性，其又曰：

除上天感動，降災傷穀，但以人功見事言之。……是爲日三十萬人離其業也。以中農率之，則是歲三百萬口受其饑也。然則盜賊何從消，太平何從作？〈愛日〉

然而，若去除內徙之游牧民族情況特殊暫時不論，流民問題與盜賊問題二者還是有少數不相重疊的部分。蓋流民之產生多爲被迫爲之，鮮少有受其他因素吸引而主動放棄田宅土地成爲流民者；而盜賊之中，應有百姓因貪圖財利而主動結夥爲盜者。此雖仍在本文第三章所論之流民意涵之內，〔註44〕但是與其他流民實有區別。無論如何，不論盜賊的成員是貪圖財利者或殺人亡命者，都有一個明顯的共同點，即其對社會治安、國家法制的破壞是一致的。王符雖爲儒者，卻極爲重視刑法，此類因貪財好色等居心不良之心態而劫財殺人者，王符稱其爲「民無恥而多盜竊」〈班祿〉，其言曰：

輕薄惡子，不道凶民，思彼姦邪，起作盜賊，以財色殺人父母，戮人之子，滅人之門，取人之賄，及貪殘不軌，凶惡弊吏，掠殺不辜，

〔註43〕翁麗雪〈東漢盜賊考略〉一文分析東漢盜賊盛行的原因爲「田制私有與減輕賦稅」、「民去農桑與飢荒災害」、「刑法苛虐與重刑之風」、「戚宦侈虐與君主荒淫」等五項，其所分析與本文前述所論之流民現象大致相同，然而翁氏未能考慮百姓貪圖財利而結夥爲盜之事，以及內徙之游牧民族往往以劫掠農業社會作爲輔助生計之手段二者，是爲一憾。翁氏文見《嘉義農專學報》30 期，1992，頁 125～154。

〔註44〕見本文第三章第一節。

侵冤小民，皆望聖帝當爲誅惡治冤，以解蓄怨。反一門赦之，令惡
人高會而夸詫，老盜服臧而過門，孝子見讎而不得討，亡主見物而
不得取，痛莫甚焉。〈述赦〉

苟崇聚酒徒無行之人，傳空引滿，啁啾罵詈，晝夜鄂鄂，慢遊是好。
或毆擊責主，入於死亡，群盜攻剽，劫人無異。〈斷訟〉

　　危害治安乃盜賊的共通之處，此與盜賊劫人財物的心態無關，因此不僅
僅是貪圖財利者，如流民爲求生存而劫掠者，或是地方官吏爲禍鄉里致使官
逼民反者，盜賊總不免寇掠地方。順帝末年因地方首長貪暴而懷憤相聚的廣
陵盜賊張嬰集團，便寇亂揚、徐十餘年：

廣陵賊張嬰等眾數萬人，殺刺史、二千石，寇亂揚徐閒，積十餘年，
朝廷不能討。（梁）冀乃諷尚書，以（張）綱爲廣陵太守，因欲以事
中之。前遣郡守，率多求兵馬，綱獨請單車之職。既到，乃將吏卒
十餘人，徑造嬰壘，以慰安之，求得與長老相見，申示國恩。嬰初
大驚，既見綱誠信，乃出拜謁。綱延置上坐，問所疾苦。乃譬之曰：
「前後二千石多肆貪暴，故致公等懷憤相聚。二千石信有罪矣，然
爲之者又非義也。……利害所從，公其深計之。」嬰聞，泣下，曰：
「荒裔愚人，不能自通朝廷，不堪侵枉，遂復相聚偷生，若魚遊釜
中，喘息須臾閒耳。……」《後漢書‧張王种陳列傳》

　　由張綱與張嬰的對話可知，以張嬰爲首的盜賊集團之所以反覆反叛，乃
因「二千石多肆貪暴」、「不堪侵枉」，這才「懷憤相聚」。張嬰等起事之初，
其目的或許在於殺刺史、兩千石等爲禍地方的貪官暴吏，然而禍首既誅，這
些盜賊卻不會因此散夥歸田，而是在政府的剿撫之下繼續抄掠地方，對地方
治安形成極爲嚴重的破壞。東漢中期以後，南方盜賊作亂連綿不止，這些盜
賊往往皆如張嬰一般，因不堪貪官暴吏之侵枉而懷憤相聚，起事輒必先殺地
方令長。如此則地方吏治腐敗在前，盜賊抄略寇亂在後，南方地區雖然未有
因飢荒而輾轉求食他邑的流民，〔註45〕但在治安如此惡劣的情況之下，即使

〔註45〕南方的盜賊因反貪官惡吏而起事，其後抄寇地方往往獲得大量的財富，此亦
　　　　爲南方之所以盜賊不息的原因之一。如《後漢書‧張法滕馮度楊列傳》：「歷
　　　　陽賊華孟自稱『黑帝』，攻九江，殺郡守。（滕）撫乘勝進擊，破之，斬孟等
　　　　三千八百級，虜獲七百餘人，牛馬財物不可勝算。」盜賊集團抄掠地方而至
　　　　於「牛馬財物不可勝算」，若百姓多窮困飢餓則盜賊亦無所掠奪也，故亦可知
　　　　南方地區財物之豐饒。

是一般良民恐怕亦不得安居。盜賊的反叛往往加重原本便已經十分嚴重的流民問題，東漢政府雖偶爾有如張剛等循吏，能恩威並濟的收服盜匪，並維持一段時間的地方安寧，但是中央政府若不能解決其政治腐敗的根本問題，盜賊作亂的情況便始終不能平息。

東漢時南方民財豐饒，故盜賊抄掠可以獲得維持長期叛亂的資本。若除去黃巾之亂後各地大規模的盜賊起事，江、淮以北大規模的盜賊叛亂相對較少。以光武帝建武十三年滅公孫述最為起點，到靈帝光和七年黃巾亂起之前，共 147 年，這其間共有 74 起盜賊記錄，以淮水、秦嶺分為南北的話，其中北方有 25 起盜賊亂事，而南方則有 49 起之多。中平元年爆發黃巾之亂後，一直到獻帝建安二十五年東漢滅亡為止，此間僅有 36 年，其中南方有 9 起盜賊，而北方則增加至 30 起之多。以盜賊的數量計算的話，在黃巾之亂前，北方平均每 5.88 年才有一起盜賊作亂，而南方此頻率則縮短為 3 年一起；黃巾亂後，北方平均 1.2 年就出現一起盜賊，而南方大致維持平穩，4 年出現一起盜賊。將以上數據整理如下表（見次頁）：

附表十：東漢黃巾之亂前後盜賊起事次數統計表 [註 46]

	建武 13 年～光和 7 年 共 147 年	1 起／年	中平 1 年～建安 25 年 共 36 年	1 起／年	共計
北方	25	5.88	30	1.20	55
南方	49	3.00	9	4.00	58
統計	74	1.99	39	0.92	113

除了用發生次數來比較之外，尚可進一步分析東漢盜賊的組成份子。以比例而言，江、淮以北的飢民較多，由於北方百姓普遍窮困，即使是以抄掠的方式亦未必能獲得所需的糧食。且北方多平原，無山澤森林可供盜賊藏匿，故流民轉變為盜賊多為一時的現象。若無豪強大族支撐並加以利用，北方盜

[註 46] 本表根據翁麗雪〈東漢盜賊考略〉之統計改製，而將翁表之東方地區、中心地區，以及西方地區的韓遂、馬超起於關西、宋建起於枹罕兩例併入本表之北方，西方地區其餘盜賊案例皆為益州以南，則併入南方地區。以平均幾年發生一次盜賊事例作為比較盜賊發生頻率的依據是不夠確實的，因為在這之中省略了盜賊集團存活的時間長短，如前述的張嬰在南方寇亂十餘年，其代表的意義在此表格之中便表現不出來。雖然如此，不同的盜賊集團出現的頻率亦可作為一種較為簡易的參考值，本表所統濟的數據雖不夠詳實，卻亦在合理範圍之內。翁氏文見《嘉義農專學報》30 期，1992，頁 140～147。

賊較難以長久。相對的，南方地區的飢民較少而財富較多，民風剽悍的百姓較勇於反抗暴政。且南方多山林湖澤，盜賊叛亂之後隨即隱入山林湖澤之間，使政府清剿十分困難，故盜賊集團不僅數量多且長壽，甚至能夠輕易的得到比當善良百姓更多的財富。再加上即使是起事失敗，在東漢赦宥如此頻繁的情況下，群盜亦有恃無恐，此亦即王符所謂「民之所以輕爲盜賊，吏之所以易作姦匿者，以赦贖數而有僥望也」〈述赦〉的現象。

東漢法令不行的問題南北皆然，但是「民之所以輕爲盜賊」的原因，北方恐怕飢荒才是主要原因，赦宥頻繁僅是次要因素；相形之下，南方地區較不缺米糧，「赦贖數而有僥望」可能比較符合南方盜賊的狀況。王符是否到過南方不可考，或許〈述赦〉篇此處所指的並非史籍有載的大規模盜賊集團，僅僅是指法令不行而民間盜竊甚多的一般現象。

江、淮以北的盜賊雖然相對較少，然而由於北方流民數量龐大，隨時有可能轉化爲盜賊來強奪糧食，因此擁大批田宅土地糧食的豪強富人莫不小心提防盜賊來襲，此點不分南北皆然。尤其在政府無力處理流民、盜賊問題的情況之下，豪強只好自行組織軍事力量以保衛族人鄉里，因此漸漸形成了東漢末年以後內郡塢壁林立的現象。

「塢壁」是地方軍事防禦設施的慣稱，又稱爲「塢」、「壁」、「壘」、「塢堡」、「壁壘」、「營塹」、「營壁」等等，指的都是一種有烽燧、環壁而擁有軍事防衛力量的小城。其發源甚早，最遠可追溯至先秦時代。〔註 47〕塢壁本爲一種由政府經營的邊疆軍事設施，後來由於社會動盪，盜賊叢生，地方的鄉里組織遭受嚴重的破壞，因此內郡亦組織塢壁以自保。兩漢之際時天下大亂，內郡之地方豪強便紛紛建築塢壁，如：

> 光武即位，拜陽平令。時趙、魏豪右往往屯聚，清河大姓趙綱遂於
> 縣界起塢壁，繕甲兵，爲在所害。《後漢書·酷吏列傳》

> 更始立，欲以宏爲將，宏叩頭辭曰：「書生不習兵事。」竟得免歸，
> 與宗家親屬作營塹自守，老弱歸之者千餘家。《後漢書·樊宏陰識列傳》

〔註 47〕關於「塢壁」的意義以及淵源，參見〔韓〕具聖姬《兩漢魏晉南北朝的塢壁》（北京：民族出版社，2004.05）第二章，頁 7〜46；金發根〈塢壁溯源及兩漢的塢壁〉，《中央研究院歷史語言研究所集刊》第三十七本，上冊，頁 206；杜正勝〈城垣發展與國家性質的轉變——從亭障到塢壁：以軍事防衛性爲主的山城〉，收入於宋文薰等主編《考古與歷史文化——慶祝高去尋先生八十大壽論文集》（台北：正中書局，1991.06），頁 267〜303。

內郡之塢壁乃因盜賊而作，可以推論在天下太平的時候並不會有塢壁林立的現象。光武帝建立政權之後，曾經下令「壞其營壁，無使復聚」〔註48〕；明、章二帝在位時社會治安十分穩定，舊時塢壁理當棄而不用。東漢中期以後社會漸亂，尤其是黃巾之亂後盜賊連綿不斷，東漢豪強亦紛紛建塢壁以保護宗族鄉里，如杜恕：

> （杜）恕遂去京師，營宜陽一泉塢，因其壘塹之固，小大家焉。《三
> 國志‧魏書‧任蘇杜鄭倉傳》注引《杜氏新書》

又如許褚，《三國志》記載了一段其據塢壁而與盜賊互相攻防的過程：

> 漢末，聚少年及宗族數千家，共堅壁以禦寇。時汝南葛陂賊萬餘人
> 攻褚壁，褚眾少不敵，力戰疲極。兵矢盡，乃令壁中男女，聚治石
> 如杆斗者置四隅。褚飛石擲之，所值皆摧碎。賊不敢進。《三國志‧魏
> 書‧二李臧文呂許典二龐閻傳》

塢壁僅僅是一種軍事設施，其防禦力量則必須有賴人力，因此東漢末年的盜賊問題也促使豪強將其依附民轉變成為私人部曲，成為非國家所有的私人軍隊。〔註49〕部曲的來源十分複雜，其中包括了豪強之宗族子弟，另外從戰國時代即出現的養客形式亦為部曲的組成之一。〔註50〕東漢末至於三國時代，宗族、賓客、部曲之名稱雖各有其意義，然而實際上組成份子相當接近，故或連稱或混用，如《三國志》記李典：

> 李典字曼成，山陽鉅野人也。典從父乾，有雄氣，合賓客數千家
> 在乘氏。初平中，以眾隨太祖（曹操），破黃巾於壽張，又從擊袁

〔註48〕〔東晉〕袁宏《後漢紀‧光武紀》（北京：中華書局，《兩漢紀》下冊，2002.06）：「馮異西征，上敕異曰：『三輔遭王莽、更始之亂，又遇赤眉、延岑之弊，兵家縱橫，百姓塗炭。將軍今奉辭討諸不軌，兵家降者，遣其渠帥，皆詣京師；散其小民，令就農桑；壞其營壁，無使復聚。征伐非在遠戰掠地，多得城邑，要在平定安集之耳。吾諸將非不健鬥，然多好虜掠，為小民害。卿本能檢吏民，勉自修整，無為郡縣所苦。』於是異據華陰，以待赤眉。」頁58。

〔註49〕部曲原為西漢時代的軍隊編制，後漸漸演變為豪強私兵，參見楊中一〈部曲沿革畧考〉，《食貨半月刊》（1卷3期，1935.01），頁21～31。

〔註50〕「客」、「部曲」等豪強依附民的相關研究相當多，參見羅彤華〈兩漢客的演變〉，《漢學研究》，5卷8期，1987.12，頁435～477；鞠清遠〈三國時代的客〉，《食貨半月刊》，3卷4期，1936，頁15；鞠清遠〈兩晉南北朝的客、門生、故吏、義附、部曲〉《食貨半月刊》，2卷12期，1935，頁11；高敏〈兩漢時期「客」與「賓客」的階級屬性〉，收錄於氏著之《秦漢史論搞》（台北：五南出版社，2002.08）頁309～348。

術，征徐州……時太祖與袁紹相拒官渡，典率宗族及部曲輸穀帛
供軍。……典宗族部曲三千餘家，居乘氏，自請願徙詣魏郡。太
祖笑曰：「卿欲慕耿純邪？」典謝曰：「典駑怯功微，而爵寵過厚，
誠宜舉宗陳力；加以征伐未息，宜實郊遂之內，以制四方，非慕
純也。」遂徙部曲宗族萬三千餘口居鄴。《三國志·魏書·二李臧文呂
許典二龐閻傳》

此段記載先稱賓客數千家，後又稱宗族、部曲，這些依附民不論是否與
豪強宗族有血緣關係，在盜賊來襲時都是豪強的防衛武力。私屬軍隊與塢壁
一樣，都是盜賊叢生、政府無能，而諸豪強尋求以武力自保的產物。百姓被
迫流亡之後，成為盜賊與進入豪強塢壁成為其部曲，都是一種求生自保的手
段。豪強之經營塢壁、收聚部曲，雖是因與盜賊對立而出現的現象，但是不
論是盜賊還是塢壁裡的私人軍隊，其來源皆與流民密切相關：

初，南陽、三輔民數萬戶流入益州，（劉）焉悉收以為眾，名曰「東
州兵」。《後漢書·劉焉袁術呂布列傳》

時四方大有還民，關中諸將多引為部曲，（衛）覬書與荀彧曰：「關中
膏腴之地，頃遭荒亂，人民流入荊州者十萬餘家，聞本土安寧，皆
企望思歸。而歸者無以自業，諸將各競招懷，以為部曲。《三國志·魏
書·王衛二劉傳傳》

劉焉所收的東州兵，即是來自於其他地區的流亡民眾。值得注意的是，
流民雖然以流往安穩地區為主要方向，但是由於安土重遷的觀念使然，一旦
聽聞故鄉安寧，流民會有回流之趨向。故收流民以為部曲不僅僅發生在益州、
荊州等較無戰亂之地區，衛覬所述之：「歸者無以自業，諸將各競招懷，以為
部曲」則代表百姓大舉流亡之地區亦有豪強，甚至是戰亂禍首在收納流亡以
為軍事作戰之用。東漢末年關中亂事無數，這些關中諸將之行為未必優於盜
賊羌寇。故流民、盜賊、豪強部曲三者之間，實際上也未必有嚴格而明確的
分界。若豪強之行為與盜賊無異，其所在亦可能會促使其他豪強築塢壁、率
部曲以自保，如董卓及其部將李傕之行為，比之盜賊便有過之而無不及：

是時（189）洛中貴戚室第相望，金帛財產，家家殷積。（董）卓縱放
兵士，突其廬舍，淫略婦女，剽虜資物，謂之「搜牢」。人情崩恐，
不保朝夕。及何后葬，開文陵，卓悉取藏中珍物。又姦亂公主，妻
略宮人，虐刑濫罰，睚眥必死，群僚內外莫能自固。卓嘗遣軍至陽

城，時人會於社下，悉令就斬之，駕其車重，載其婦女，以頭繫車
轅，歌呼而還。《後漢書‧董卓列傳》

卓以牛輔子婿，素所親信，使以兵屯陝。輔分遣其校尉李傕、郭汜、
張濟將步騎數萬，擊破河南尹朱儁於中牟。因掠陳留、潁川諸縣，
殺略男女，所過無復遺類。《後漢書‧董卓列傳》

董卓等擁兵自重，不受朝廷節制，比東漢中期竇憲、梁冀、十常侍等豪
強貴戚更為惡劣，而李傕之軍隊正是前文所述之「關中諸將多引為部曲」者。
若有擁兵之豪強將領如董卓、李傕者，則如陳留、潁川等其他豪強必想辦法
自保。此類如土匪般的豪強雖非名之盜賊，實際上所造成的影響亦與盜賊無
異。

除了軍事武備之外，由於東漢中期之後政府漸失權柄，因此維持鄉里的
治安與經濟往往落在當地的豪強身上，故盜賊亦促使豪強之政治、經濟等事
物獨立於政府之外，在塢壁之中形成一個自給自足的體系。明顯而簡短的例
子如田疇：〔註51〕

（田）疇得北歸，率舉宗族他附從數百人，……遂入徐無山中，營深
險平敞地而居，躬耕以養父母。百姓歸之，數年間至五千餘家。……
疇乃為約束相殺傷、犯盜、諍訟之法，法重者至死，其次抵罪，二
十餘條。又制為婚姻嫁娶之禮，興舉學校講授之業，班行其眾，眾
皆便之，至道不拾遺。北邊翕然服其威信，烏丸、鮮卑並各遣譯使
致貢遺，疇悉撫納，令不為寇。《三國志‧魏書‧袁張涼國田王邴管傳》

從此段資料可以發現幾項東漢末年豪強經營塢壁之事實：其一，一個經
營完善的塢壁不但會有豪強原本的宗族以及其他附從，亦會吸引「百姓歸
之」；其二，田疇顯然是此塢壁的領主，其下所領之五千餘家依附民顯然皆非
政府、皇帝所管轄，形成一個政府之外的獨立地區；其三，為了管理為數龐
大的依附民，領主甚至必須制定一套法律、禮儀、教育、外交制度，甚至能
使「烏丸、鮮卑並各遣譯使致貢遺」，田疇有如一國之主〔註52〕，能使「北邊

〔註51〕田疇的例子是相對比較簡短的，崔寔之《四民月令》則詳細記載了一個豪強
宗族的生活，雖然記載以經濟生活為主，但是其中亦有不少關於修繕兵器、
習備戰射的記載，參見楊聯陞〈從四民月令所見到的漢代家族的生產〉，《食
貨半月刊》，一卷6期，1934，頁10。

〔註52〕許多學者認為，東漢末年之後的中國社會類似於中古歐洲的莊園體制，此非
本文重點，故從略述之。而關於東漢末年之後的塢壁與中古歐洲的莊園，侯

翕然服其威信」，想必亦有不少軍事交戰之事發生。

　　東漢盜賊叢生與塢壁林立的現象可以用黃巾之亂做爲分界，然而追溯其源頭，則王符所處之東漢中期便已顯敗象。尤其是羌患發生之後，由於政府社會控制無力，由西北向東、東南、南方所擴散開來的流民潮越演越烈，王符云：「逐道東走，流離分散，幽、冀、兗、豫，荊、揚、蜀、漢，飢餓死亡，復失太半。」只是全國爆發嚴重的盜賊亂事的前奏而已。天災人禍產生流民，流民轉變爲盜賊，盜賊破壞社會治安，一方面產生更多流民，另一方面盜賊也是促使社會被各個自治單位分割隔離的主要因素之一。東漢之滅亡雖然不能簡單的約分爲這樣單線的因果關係，然而僅此一條線索，或許便可窺知歷史變動原因之一二。

第三節　羌患問題

　　羌患除了是東漢滅亡的導火線之外，由於東漢將羌人移置塞內，胡漢雜處之本身即是嚴重的社會問題。本文曾在第三章論述過，華夏境內的羌人對於定居的漢人農業社會來說，其性質與流民十分接近，〔註53〕而本文所述的各種流民問題，幾乎亦可在中國西北的羌人活動區域內發現。換言之，羌患之始末可說是東漢流民問題的縮影，東漢政府在無法將羌人改造爲農業社會的情況下，便貿然將其移入塞內，等於是在國內製造了一群相當不穩定的流民。

　　羌患對於東漢情勢之影響，本文雖然在前面諸章節有過零星的論述，其影響層面亦不僅止於社會層次。羌患爲禍東漢中後期甚劇，且其事件具有相當的獨立性，故在這裡又立一節專論羌患，並分析其與東漢流民問題的關係。以下便就羌漢雜居之問題、羌患始末略述、羌患之影響三者分別論述之。

一、羌漢雜居之問題

　　羌漢雜居之原因有二者，其一是來自於漢人勢力的西拓，其二是羌人勢力的東遷，對於都洛之後漠視西北邊將的東漢政府而言，後者之情況顯然多過於前者，從而造成了極爲嚴重的羌患問題。

　　羌漢雜居之情況可追溯至西漢時代的擴張，不過當時漢人武備與社會控

　　　　家駒有精闢的分析比較，參見侯家駒《中國經濟史》（台北，聯經出版社，2005）第四編，第十章，頁299。
〔註53〕見本文第三章第一節。

制力都極爲強大，不但能夠有效壓制羌漢雜居所帶來的社會問題，甚至一度
將羌人趕出湟中：

> 武帝征伐四夷，開地廣境，北郤匈奴，西逐諸羌，乃度河、湟，築
> 令居塞；初開河西，列置四郡，通道玉門，隔絕羌胡，使南北不得
> 交關。於是障塞亭燧出長城外數千里。時先零羌與封養牢姐種解仇
> 結盟，與匈奴通，合兵十餘萬，共攻令居、安故，遂圍枹罕。漢遣
> 將軍李息、郎中令徐自爲將兵十萬人擊平之。始置護羌校尉，持節
> 統領焉。羌乃去湟中，依西海、鹽池左右。漢遂因山爲塞，河西地
> 空，稍徙人以實之。《後漢書·西羌傳》

西漢時代的強力擴張政策使得漢人的西陲邊疆不必忍受羌漢雜居的問
題。然而進入東漢之後，政府採取守勢，以往開疆闢土的魄力不再，取而代
之的是將羌人徙於境內，非但無法保障已經擴張至涼州一帶的漢人社會，更
進一步促使羌漢雜居。內徙的羌人大部分是東漢將領破降羌人入寇之後，將
投降的羌人部落內遷，換言之，乃漢人主動將羌人內徙於自己的國境內。如
光武帝、明帝之東漢初期：

> （建武）十一年（35）夏，先零種復寇臨洮，隴西太守馬援破降之。
> 後悉歸服，徙置天水、隴西、扶風三郡。《後漢書·西羌傳》

> （永平元年）（58）中郎將竇固、捕虜將軍馬武等擊滇吾於西邯，大破
> 之。……滇吾遠引去，餘悉散降，徙七千口置三輔。……滇吾子東
> 吾立，以父降漢，乃入居塞內，謹愿自守。而諸弟迷吾等數爲寇盜。
> 《後漢書·西羌傳》

儘管部分內徙之羌人已經造成了寇盜的社會問題，但是這種內徙降羌的
政策仍持續進行。尤其是時降時叛的燒當羌滇吾一族，除馬武徙滇吾之降眾
七千口於三輔之外，其後迷吾之子迷唐寇亂，東漢將領亦徙其種人入內：

> （和帝永元十三年）（101）迷唐復將兵向塞，周鮪與金城太守侯霸，及諸
> 郡兵、屬國湟中月氏諸胡、隴西牢姐羌，合三萬人，出塞至允川，與
> 迷唐戰。周鮪還營自守，唯侯霸兵陷陳，斬首四百餘級。羌眾折傷，
> 種人瓦解，降者六千餘口，分徙漢陽、安定、隴西。《後漢書·西羌傳》

東漢永初年間爆發的嚴重羌亂，其主角就是這些從東漢初年便逐漸內徙
的羌人，這些原本居住於河湟谷地的羌人〔註54〕不論社會組織、生活習慣、

〔註54〕漢人眼中的羌族不只是河湟一帶的土著而已，居住於漢中、蜀漢西邊的白馬

以及經濟活動的方式等等，皆與漢人格格不入。羌漢雜居造成了東漢西北地區處於十分不穩定的狀態，這種不穩定的現象不能單純的歸罪羌人反覆叛亂，而必須從其生活形態與漢人社會的分別說起。〔註55〕

羌人乃漢代中國西方的游牧民族，所謂「游牧」民族，乃指其所從事的經濟活動而言。中國北方與西方較爲乾旱，無法從事穩定而長期的農耕事業，因此居住在這裡的人們必須以畜養牲畜作爲主要生計來源，並隨著季節變化逐水草而居。由於自然資源極爲短缺且相當不穩定，游牧民族的族人必須隨時針對自然環境加以應變，利用人畜卓越的移動性，或移居有豐富水草的牧場，或逃避發生災荒的地區。這樣高度的移動性，使得游牧民族在各方面都發展出與農業社會截然不同的生活方式。在政治上，由於游牧民族必須因應自然環境微小的變化而應變，每個單位的牧團可能視水草之多寡、雨水之豐欠等狀況，分裂爲更小的群體，或與其他群體聚合爲更大的牧團，故游牧民族的社會組織相當具有彈性。〔註56〕《後漢書》描述羌人之社會組織爲：

> 不立君臣，無相長一，強則分種爲酋豪，弱則爲人附落，更相抄暴，
> 以力爲雄。殺人償死，無它禁令。《後漢書・西羌傳》

充滿彈性的社會組織使得羌人無法產生統一的政府，故羌人視集中規範的律法爲無物，更無階層等級可言，此即所謂「不立君臣，無相長一」的社會組織。而自由決策則使得每個單位群體的牧團之間相當平等，羌人並無所

羌、參狼羌等，在東漢時期亦有內徙的現象，不過這裡僅論造成東漢嚴重羌患的河湟羌人。關於羌人之認定以及相關論述，可參見王明珂《華夏邊緣——歷史記憶與族群認同》（台北，允晨文化，2001.5 初版三刷），第四章、第八章；王明珂《羌在漢藏之間——一個華夏邊緣的歷史人類學研究》（台北：聯經，2003）；何翠萍〈評王明珂《羌在漢藏之間》〉、王明珂〈邊界與反思・敬覆何翠萍教授對拙著《羌在漢藏之間》的評論〉，二文俱見《漢學研究》，22 卷 1 期，2004.06，頁 479～495、497～507。

〔註55〕關於古代羌族游牧之生活形態、社會結構、歷史淵源等，可參見王明珂《華夏邊緣——歷史記憶與族群認同》（台北，允晨文化，2001.5 初版三刷），第四章、第八章；管東貴〈漢代的羌族（上下）〉，《食貨月刊》（復刊），第一卷1、2 期，頁 15、87。

〔註56〕王明珂稱爲「分裂性結構」（segmentary structure），具有「分散」（segmentary）與「平等」（egalitarian）兩大原則，與國家組織的「集中」（centralization）與「階層化」（stratification）大不相同。參見王明珂《華夏邊緣——歷史記憶與族群認同》（台北，允晨文化，2001.5 初版三刷），頁 114～115；王明珂〈匈奴的游牧經濟：兼論游牧經濟與游牧社會政治組織的關係〉，《中央研究院歷史語言研究所集刊》第六十四本，第一分，1993.3，頁 11～12。

謂上級指揮下級的習慣，〈董卓列傳〉記載了一段資料：

> （中平）六年，徵（董）卓爲少府，不肯就，上書言：「所將湟中義從及秦胡兵皆詣臣曰：『牢直不畢，稟賜斷絕，妻子飢凍。』牽挽臣車，使不得行。羌胡敝腸狗態，臣不能禁止，輒將順安慰。增異復上。」朝廷不能制，頗以爲慮。《後漢書‧董卓列傳》

本無政府組織的羌人對於違反本身利益的決策往往採取激烈反抗的態度，所謂「不能禁止，輒將順安慰」，雖是董卓拒絕政府徵調之藉口，亦反映出了羌人社會與漢人政府之間的關係。漢政府若企圖以強烈手段干預原本分裂而平等的羌人生活，則必須建立在符合羌人利益的基礎點上，才能令羌人甘願聽其指揮。

以兩漢十分普遍的「以夷制夷」政策而言，農耕社會動員百姓組織軍隊的損耗相當龐大，除了必要的軍餉之外，還要負擔百姓離開農耕地的經濟損失。相對來說，役使本身擁有馬匹的游牧民族不但作戰力較高，對於漢人的經濟也較無損耗。然而利用游牧民族代爲作戰，同時也必須提供相當豐厚的報酬，方能順利役使經濟力量相對較爲貧困的游牧民族。單純以經濟的觀點來看，以夷制夷的政策是值得的，漢政府以各種賞賜誘使異族歸順並爲漢人所用，其開銷比起邊境戰亂要少的多。〔註 57〕東漢曾經針對是否放棄西域之議題有所辯論，其中班勇之言頗能得以夷制夷政策之眞諦：

> 太尉屬毛軫難曰：「今若置校尉，則西域駱驛遣使，求索無猒，與之則費難供，不與則失其心。一旦爲匈奴所迫，當復求救，則爲役大矣。」（班）勇對曰：「今設以西域歸匈奴，而使其恩德大漢，不爲鈔盜則可矣。如其不然，則因西域租入之饒，兵馬之眾，以擾動緣邊，是爲富仇讎之財，增暴夷之埶也。置校尉者，宣威布德，以繫諸國內向之心，以疑匈奴覬覦之情，而無財費耗國之慮也。且西域之人無它求索，其來入者，不過稟食而已。今若拒絕，埶歸北屬，夷虜并力以寇并、涼，則中國之費不止千億。置之誠便。」《後漢書‧班梁列傳》

班勇對於西域議題的見解，同樣的也適用於羌人身上。無政府組織的羌人之所以爲漢人所奴役，正是爲了「不過稟食而已」，若額外的力役或軍役超

〔註57〕 參見邢義田〈漢代的以夷制夷論〉，《史原》5 期，1974.10.31，頁 9；邢義田〈東漢的胡兵〉，《國立政治大學學報》28 期，1973.11，頁 143。

出其所得到的賞賜，漢政府便難以控制。永初年間所爆發的嚴重羌患，其初始之因便是因爲漢人奴役過甚，自主性極高的羌人本無君上的觀念，一有不滿便起而反抗，對於強調「忠君」的漢人而言，羌人反覆「犯上叛亂」，與其社會組織所養成的慣性不無關係。

除了社會組織之外，羌人的生活習俗亦與漢人之華夏文明迥然不同，東漢初年班彪對於羌漢習俗不同而雜居所造成的影響已經有清楚的見識：

> 建武九年，隗囂死，司徒掾班彪上言：「今涼州部皆有降羌，羌胡被髮左衽，而與漢人雜處，習俗既異，言語不通，數爲小吏黠人所見侵奪，窮恚無聊，故致反叛。夫蠻夷寇亂，皆爲此也……」《後漢書‧西羌傳》

語言習俗的迥異使得漢人往往歧視羌人，尤其漢人官吏對於羌人極不友善，「數爲小吏黠人所見侵奪」爲東漢時期四方諸夷皆共同面臨的狀況。羌人本爲蠻夷，《後漢書‧西羌傳》介紹羌族的習俗如下：

> 所居無常，依隨水草。地少五穀，以產牧爲業。其俗氏族無定，或以父名母姓爲種號。十二世後，相與婚姻，父沒則妻後母，兄亡則納釐嫂，故國無鰥寡，種類繁熾。不立君臣，無相長一，強則分種爲酋豪，弱則爲人附落，更相抄暴，以力爲雄。殺人償死，無它禁令。其兵長在山谷，短於平地，不能持久，而果於觸突，以戰死爲吉利，病終爲不祥。堪耐寒苦，同之禽獸。雖婦人產子，亦不避風雪。性堅剛勇猛，得西方金行之氣焉。《後漢書‧西羌傳》

除了政治組織之外，羌漢之間的各種社會風俗亦格格不入，范曄用「同之禽獸」來形容羌人，本身即具有貶意。漢人以自有文明歧視羌人，不能接納教化之，羌漢之間亦因此大小衝突連綿不斷。

羌人與漢人之間的最大差異還是在經濟型態上。原本居住在河湟谷地的羌人，長期以來都是過著以山牧季移爲主經濟生活，然而由於游牧經濟的收入既不穩定也難以自給自足，因此羌人還必須擁有相當比例的輔助性生計。與匈奴不同的是，羌人對於農業的依賴性相當大，他們春季先在河谷地整地撥種，夏季才分散至山間草原游牧，秋季則收穫麥作並準備過冬所需之糧草。對農業的依賴使得羌人不輕易讓出河谷的農業地帶，因此當農業技術遠勝於羌的漢人認爲河谷地的農業資源值得開發而移民墾田時，爭奪與衝突便在所

難免。〔註58〕

爭奪河谷農地的衝突不僅止於羌漢之間而已，對於羌人來說，即使是擁有固定的農業輔助性生計，對於過多所需之糧草仍稍嫌不足，故一個肥沃的河谷地除了漢人意圖染指之外，在羌人部落之間也是爭奪的對象。〔註 59〕擁有一個肥美的河谷會使該羌族部落變得強盛，但是相對的也必須面對來自羌人同胞以及漢人的攻伐，如大、小榆谷，便是多方爭奪的對象，先是燒當羌佔據之而得以強盛：

> 自燒當至滇良，世居河北大允谷，種小人貧。而先零、卑湳並皆強富，數侵犯之。滇良父子積見陵易，憤怒，而素有恩信於種中，於是集會附落及諸雜種，乃從大榆入，掩擊先零、卑湳，大破之，殺三千人，掠取財畜，奪居其地大榆中，由是始強。《後漢書·西羌傳》

以滇良一族爲首的羌人部落雖因肥美的谷地而盛一時，甚至幫助依附的部落劫掠漢人，〔註 60〕但是此後隨即受到漢人與其他羌人部落的攻擊而衰敗。漢人在驅逐了羌人之後，便在此地屯田養兵：

> （和帝永元十四年）（102）時西海及大、小榆谷左右無復羌寇。隃麋相曹鳳上言：「西戎爲害，前世所患，臣不能紀古，且以近事言之。自建武以來，其犯法者，常從燒當種起。所以然者，以其居大、小榆谷，土地肥美，又近塞內，諸種易以爲非，難以攻伐。南得鍾存以廣其眾，北阻大河因以爲固，又有西海魚鹽之利，緣山濱水，以廣田蓄，故能彊大，常雄諸種，恃其權勇，招誘羌胡。今者衰困，黨援壞沮，親屬離叛，餘勝兵者不過數百，亡逃棲竄，遠依發羌。臣愚以爲宜及此時，建復西海郡縣，規固二榆，廣設屯田，隔塞羌胡交關之路，遏絕狂狡窺欲之源。又殖穀富邊，省委輸之役，國家可

〔註58〕羌人的經濟生活，以及羌人與匈奴二游牧民族經濟活動的比較，參見王明珂《華夏邊緣——歷史記憶與族群認同》（台北，允晨文化，2001.5 初版三刷），頁 116～117；王明珂〈匈奴的游牧經濟：兼論游牧經濟與游牧社會政治組織的關係〉，《中央研究院歷史語言研究所集刊》第六十四本，第一分，1993.3，頁 43～44。

〔註59〕羌人不似匈奴發展出統一而強大的政府，得以大規模發動戰爭以劫掠農業社會，各部落爲求生計往往在羌人內部互相衝突，參見王明珂〈匈奴的游牧經濟：兼論游牧經濟與游牧社會政治組織的關係〉，《中央研究院歷史語言研究所集刊》第六十四本，第一分，1993.3。

〔註60〕《後漢書·西羌傳》：「時滇吾（滇良之子）附落轉盛，常雄諸羌，每欲侵邊者，滇吾轉教以方略，爲其渠帥。」

以無西方之憂。」《後漢書·西羌傳》

漢人在原羌人谷地屯田，便是漢人入侵羌人谷地的證明。

除了爭奪更多谷地之外，常感困乏的游牧經濟往往以劫掠作爲另一重要的輔助性生計來源，劫掠的對象除了羌人之間「更相抄暴，以力爲雄」的互相攻伐之外，較爲富裕的農業社會更是掠奪財物糧食的主要目標。游牧民族劫掠農業社會對於漢人而言，無疑是異族寇亂表現，然而對於羌人而言，在冬季來臨之前以掠奪補足過冬之所需，乃必要的生計方式。相對於北方的匈奴，羌人無統一之政府可資交涉，故漢人政府無法以「賞賜」、「和親」等手段幫助羌人度過難關並同時解決秋季羌人寇邊的問題，因此劫掠便成爲羌人向漢人尋求經濟補充的主要手段。〔註61〕

由經濟活動方式的角度來看東漢徙羌於內郡的政策，漢人既不給予降羌土地種糧，又不保障其遊牧之水草，若東漢政府徙降羌之目的只是爲了監視以及奴役外族，而無法提供其生活之必須的話，則羌人雖居住於漢人社會之中，仍會維持著以劫掠來獲得經濟補充的方式。換言之，原本居住於塞外的羌人對於中國而言即是盜賊；而內徙之後在涼州、三輔等地活動的羌人們，並不具有編戶齊民的身份，即使春夏時期羌民都安分守己從事分散的遊牧活動，實際上也是隨時可將盜賊行爲合理化的流民。東漢中期以後，除西方羌患延宕不止之外，居於三輔地區的羌人亦時常擄掠漢人百姓、牲畜、錢財等等，尤其董卓帶領爲數龐大的羌兵進入東漢核心地區之後，這樣的劫掠更是屢見不鮮，著名的蔡文姬故事便是在這樣的背景之下發生的。〔註62〕羌人之劫掠原只發生於邊境或邊境之外，然而羌漢雜居之後，把這樣的狀況引入了

〔註61〕 羌漢之間是否有頻繁的貿易活動從文獻記載不易判斷，東漢初年三輔之孔奮曾經在河西一帶通商致富，《後漢書·郭杜孔張廉王蘇羊賈陸列傳》：「時天下擾亂，唯河西獨安，而姑臧稱爲富邑，通貨羌胡，市日四合，每居縣者，不盈數月輒致豐積。」其中所言「通貨羌胡」似乎就是東漢中期以後造成嚴重羌患之羌人。然王明珂持不同意見，認爲一則高山峽谷之間交通不易，不適合貿易發展，二則羌人無飼養適合作爲上對貿易的駝獸，三則羌人並無要求通關市之經濟需求，故王氏主張對外貿易（主要是對漢人）並非西羌重要的經濟活動，所謂通貨「羌胡」者，乃泛指西方的異族而言。參見王明珂《華夏邊緣——歷史記憶與族群認同》（台北，允晨文化，2001.5 初版三刷），第四章、第八章；王明珂〈匈奴的游牧經濟：兼論游牧經濟與游牧社會政治組織的關係〉，《中央研究院歷史語言研究所集刊》第六十四本，第一分，1993.3，頁44～45。

〔註62〕 參見拙作〈悲憤詩史事考〉，《中山大學研究生學術論文集》第四期，2006.06。

核心地帶，誠如段熲所言，是「種枳棘於良田，養虺蛇於室內」〔註63〕。東漢早期尚能有效壓制亂事之擴散，然中期以後政府各方面之機能皆快速衰退，永初羌患之爆發，實際上可說是是東漢初年對外政策之缺失，以及中期以後治安敗壞、社會控制能力不良的綜合結果。

二、永初羌患始末略述

羌人的種號繁多，《後漢書·西羌傳》記載漢代羌族的始祖乃無弋爰劍，此後子孫分別，各自為種，以河湟谷地為中心分散開來：

> 羌無弋爰劍者，秦厲公時為秦所拘執，以為奴隸。不知爰劍何戎之別也。……共畏事之，推以為豪。河湟間少五穀，多禽獸，以射獵為事，爰劍教之田畜，遂見敬信，廬落種人依之者日益眾。羌人謂奴為無弋，以爰劍嘗為奴隸，故因名之。其後世世為豪。至爰劍曾孫忍時，秦獻公初立，……其後子孫分別，各自為種，任隨所之。或為氂牛種，越巂羌是也；或為白馬種，廣漢羌是也；或為參狼種，武都羌是也。忍及弟舞獨留湟中，並多娶妻婦。忍生九子為九種，舞生十七子為十七種，羌之興盛，從此起矣。《後漢書·西羌傳》

此為羌族的始祖傳說，兩漢西陲邊疆數量龐大的羌人族群是否皆為無弋爰劍的後代，其可信度恐怕與黃帝號稱中國人共同始祖一樣低。在號稱無弋爰劍的諸種後代之中，較早與漢人有密切接觸的是研種留何，《後漢書·西羌傳》並記載其求守隴西道的紀錄：

> 景帝時，研種留何率種人求守隴西塞，於是徙留何等於狄道、安故，至臨洮、氐道、羌道縣。《後漢書·西羌傳》

以研種留何為主的羌人部落，是文獻記載中最早內徙的一支，此後宣帝時亦有先零種「度湟水，逐人所不田處以為畜牧」的紀錄，西漢時代羌人的內徙僅止於此，不論是景帝時代的研種或是宣帝時代的先零種，其後不是被驅逐至更西邊的西海、鹽池一帶，便是遭受漢人軍隊的屠殺。由於西漢之世武備強盛，政府強力控制四方，因此即使羌人東進至漢人地界游牧，也在漢人的強勢統治之下不致為患。直到王莽敗亡，天下大亂之際，羌人仍是「遂

〔註63〕 《後漢書·皇甫張段列傳》：「（段熲）上言：『……昔先零作寇，趙充國徙令居內，煎當亂邊，馬援遷之三輔，始服終叛，至今為鯁。故遠識之士，以為深憂。今傍郡戶口單少，數為羌所創毒，而欲令降徒與之雜居，是猶種枳棘於良田，養虺蛇於室內也。……』」

還據西海爲寇」，可見終西漢之世羌人並未在中國境內掀起嚴重的寇亂。

羌人眞正開始進入漢界，乃兩漢之際隗囂利用羌人代爲作戰的時候，其後隗囂敗亡，其降羌於是留在涼州金城、隴西一帶，由於大亂方止，光武帝政府顯然無法強力控制西方邊陲，於是羌漢雜處所造成的問題便浮現出來：

> 時王莽末，四夷內侵，及莽敗，眾羌遂還據西海爲寇。更始、赤眉之際，羌遂放縱，寇金城、隴西。隗囂雖擁兵而不能討之，乃就慰納，因發其眾與漢相拒。建武九年，隗囂死，司徒掾班彪上言：「今涼州部皆有降羌，而與漢人雜處，習俗既異，言語不通，數爲小吏黠人所見侵奪，窮恚無聊，故致反叛。……」《後漢書‧西羌傳》

此爲羌患之始，即本文前文所述羌漢雜處之社會問題的開端。東漢諸羌時而互相更相抄暴，以力爲雄，又時而聯合諸種入寇中國，這些名爲羌人的諸種土著是否皆爲無弋爰劍的後代儘管存疑，然而東漢羌患之中勢力龐大的燒當羌一支，卻有相當清楚的世系表可考，如附圖二：

附圖二：燒當羌世系圖〔註64〕

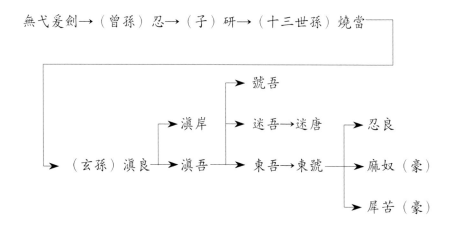

燒當之子滇良在東漢初年取得原屬先零、卑湳的肥美谷地之後，便盛極一時。〔註65〕與東漢政府之間的關係時和時戰，尤其是燒當羌旁支迷吾、迷

〔註64〕 本表依據《後漢書‧西羌傳》之記載所繪。

〔註65〕 《後漢書‧西羌傳》：「自燒當至滇良，世居河北大允谷，種小人貧。而先零、卑湳並皆強富，數侵犯之。滇良父子積見陵易，憤怒，而素有恩信於種中，於是集會附落及諸雜種，乃從大榆入，掩擊先零、卑湳，大破之，殺三千人，掠取財畜，奪居其地大榆中，由是始強。」

唐父子，反覆反叛，爲禍最烈，是東漢中期以前西方邊陲寇亂頻繁的主角。
和帝永元十四年（102），迷唐部落在長期的作戰之中元氣大傷，〈西羌傳〉記
載：「迷唐失眾，病死。有一子來降，戶不滿數十。」至此東漢前期之羌患告
一段落，〈西羌傳〉載：「時西海及大、小榆谷左右無復羌寇。」不過此時羌
漢雜居之問題並未解決，漢人之勝利不過因地廣人眾而已。幾年後永初元年
（107）爆發更爲嚴重的羌患，所謂「無復羌寇」云云，只不過維持不到五年
而已。

　　燒當羌雖在迷唐的損耗之下元氣大傷，但仍是永初羌患肇始之原因之
一，因爲燒當嫡系子孫麻奴在不堪漢人奴役征戰之下，率先帶領族人出塞，
此後羌患方才綿延不斷：

> 東號子麻奴立。初隨父降，居安定。時諸降羌布在郡縣，皆爲吏人
> 豪右所徭役，積以愁怨。安帝永初元年（107）夏，遣騎都尉王弘發
> 金城、隴西、漢陽羌數百千騎征西域，弘迫促發遣，群羌懼遠屯不
> 還，行到酒泉，多有散叛。諸郡各發兵徼遮，或覆其廬落。於是勒
> 姐、當煎大豪東岸等愈驚，遂同時奔潰。麻奴兄弟因此遂與種人俱
> 西出塞。《後漢書・西羌傳》

> 先零別種滇零與鍾羌諸種大爲寇掠，斷隴道。《後漢書・西羌傳》

　　燒當羌雖是永初羌患爆發之導火線，但是由於之前戰事的消耗，此次羌
患的眞正主力是先零羌別種滇零以及鍾羌。先零羌是一支長期以來皆十分強
盛的羌族部落，在東漢初年被燒當羌奪走榆谷之後，可能因此入寇漢朝邊境。
建武十年（34）、十一年（35）皆有先零羌入寇的紀錄：

> （建武）十年（34），先零豪與諸種相結，復寇金城、隴西，遣中郎將
> 來歙等擊之，大破。事已具歙傳。《後漢書・西羌傳》

> （建武）十一年（35）夏，先零種復寇臨洮，隴西太守馬援破降之。
> 後悉歸服，徙置天水、隴西、扶風三郡。《後漢書・西羌傳》

　　馬援破降先零羌之後，便將之徙入內郡，由隴西深入三輔，此爲河湟羌
人進入漢人農業社會的代表之一。此後八十年雖未有亂事，然前引之「時諸
降羌布在郡縣，皆爲吏人豪右所徭役，積以愁怨」之「諸降羌」，應該就是指
後來成爲羌患主力的先零羌部落。

　　鍾羌之記載甚少，《後漢書・孝安帝紀》注引《續漢書》稱：「種羌九千
餘戶，在隴西臨洮谷。」種羌疑爲鍾羌音近而訛。隴西臨洮雖在邊陲，亦在

漢人勢力之內，可能長期作爲漢人以夷制夷之羌兵來源，此次與先零羌夥同
叛亂，應該是來自於有相同的歷史遭遇。

羌人起事之後，由於起事者皆爲郡縣內之降羌，故並無器甲可供其戰爭，
之所以釀成大禍，原因之一乃東漢郡縣守相畏懦不能制，不能制其先機；

> （永初元年夏）（107）先零別種滇零與鍾羌諸種大爲寇掠，斷隴道。時
> 羌歸附旣久，無復器甲，或持竹竿木枝以代戈矛，或負板案以爲楯，
> 或執銅鏡以象兵，郡縣畏懦不能制。《後漢書‧西羌傳》

王符身爲安定人，親眼所見郡縣之軟弱，所描述更比范曄深刻三分：

> 前羌始叛，草創新起，器械未備，虜或持銅鏡以象兵，或負板案以
> 類楯，惶懼擾攘，未能相持。一城易制爾，郡縣皆大熾。及百姓暴
> 被殃禍，亡失財貨，人哀奮怒，各欲報讎，而將帥皆怯劣軟弱，不
> 敢討擊，但坐調文書，以欺朝廷。實殺民百則言一，殺虜一則言百；
> 或虜實多而謂之少，或實少而謂之多。傾側巧文，要取便身利己，
> 而非獨憂國之大計，哀民之死亡也。〈實邊〉

除此之外，羌患以星星之火而成燎原之勢，原因之二乃朝廷將領延誤戰
機，使羌人從容過多，是故雖有五萬大軍，卻於來年春天被羌人以數千人攻
其不備，奪其氣勢：

> （永初元年冬）（107）遣車騎將軍鄧騭，征西校尉任尚副，將五營及三
> 河、三輔、汝南、南陽、潁川、太原、上黨兵合五萬人，屯漢陽。
> 明年（永初二年）（108）春，諸郡兵未及至，鍾羌數千人先擊敗騭軍於
> 冀西，殺千餘人。校尉侯霸坐眾羌反叛徵免，以西域都護段禧代爲
> 校尉。《後漢書‧西羌傳》

永初羌患始於永初元年之夏，政府軍隊竟然到了隔年春天尚「諸郡兵未
及至」，原因恐怕不是距離遙遠、交通不便，導致徵集不易，而是將領不明情
勢所致。羌人乃游牧民族，倉促起事，連兵甲器械都未及準備，更何況軍隊
過多之所需？農業社會可以依靠倉廩存粟過多，然而羌人畜養牛羊所需之水
草，以及軍士所需之乳、肉品等，卻都有保存時間的限制，故初起事之冬乃
叛羌最脆弱的時候。此即段熲所云：「自冬踐春，屯結不散，人畜疲羸，自亡
之埶」《後漢書‧皇甫張段列傳》也。撐過這個冬天，羌人便有足夠時間聯合諸種，
收集糧食（或劫掠四方，因糧於漢），王符痛斥將領延誤戰機曰：

> 軍起以來，暴師五年，典兵之吏，將以千數，大小之戰，歲十百合，

而希有功。歷察其敗，無他故焉，皆將不明於變勢，而士不勸於死敵也。〈勸將〉

錯失先機之後，東漢軍隊便節節敗退。羌人勇悍，史雖稱其：「兵長在山谷，短於平地」，然而即使是平地，羌人戰馬亦可於平地衝殺。漢人兵士之戰鬥力遠不及羌人，故羌人聯合武都、參狼、上郡、西河等諸羌之後，漢軍便屢戰屢敗，涼、并、益、三輔等州郡縣均遭嚴重破壞，農桑等經濟生產全面停頓：

（永初二年）（108）其冬，（鄧）騭使任尚及從事中郎司馬鈞率諸郡兵與滇零等數萬人戰於平襄，尚軍大敗，死者八千餘人。於是滇零等自稱「天子」於北地，招集武都、參狼、上郡、西河諸雜種，眾遂大盛，東犯趙、魏，南入益州，殺漢中太守董炳，遂寇鈔三輔，斷隴道。湟中諸縣粟石萬錢，百姓死亡不可勝數。朝廷不能制，而轉運難劇，遂詔騭還師，留任尚屯漢陽，為諸軍節度。《後漢書·西羌傳》

（永初）三年（109）春，復遣騎都尉任仁督諸郡屯兵救三輔。仁戰每不利，眾羌乘勝，漢兵數挫。當煎、勒姐種攻沒破羌縣，鍾羌又沒臨洮縣，生得隴西南部都尉。《後漢書·西羌傳》

明年（永初四年）（110）春，滇零遣人寇褒中，燔燒郵亭，大掠百姓。於是漢中太守鄭勤移屯褒中。軍營久出無功，有廢農桑……《後漢書·西羌傳》

（永初）五年（111）春，任尚坐無功徵免。羌遂入寇河東，至河內，百姓相驚，多奔南度河。《後漢書·西羌傳》

羌患之發生，乃因羌漢雜居、漢人奴役使然，然而之所以五年間摧殘中國西北，無非是郡縣長吏失職，軍事將領無能所致。中國以相對較為強大的經濟、軍事力量，竟不能消滅一群手無寸鐵的羌蠻，故王符曰：

前羌始反時，將帥以定令之群，藉富厚之蓄，據列城而氣利勢，權十萬之眾，將勇傑之士，以誅草創新叛散亂之弱虜，擊自至之小寇，不能擒滅，輒為所敗，令遂雲烝起，合從連橫，掃滌并、涼，內犯司隸，東寇趙、魏，西鈔蜀、漢，五州殘破，六郡削跡。此非天之災，長吏過爾。〈勸將〉

羌患擴大之後，由於官僚的自私與懦弱，又出現了將邊郡百姓內徙的錯誤政策，而徙民政策所出現的大批流民，則又加深了對西北的破壞。羌患之

外，部分豪強欲趁亂而起，漢陽人杜琦、杜季貢兄弟便是如此：

> （永初五年）（111）其秋，漢陽人杜琦及弟季貢、同郡王信等與羌通謀，
> 聚眾入上邽城，琦自稱安漢將軍。於是詔購募得琦首者，封列侯，賜
> 錢百萬，羌胡斬琦者賜金百斤，銀二百斤。漢陽太守趙博遣刺客杜習
> 刺殺琦，封習討姦侯，賜錢百萬。而杜季貢、王信等將其眾據樗泉營。
> 侍御史唐喜領諸郡兵討破之，斬王信等六百餘級，沒入妻子五百餘
> 人，收金銀綵帛一億巳上。杜季貢亡從滇零。《後漢書·西羌傳》

> （永初六年）（112）滇零死，子零昌代立，年尚幼少，同種狼莫爲其計
> 策，以杜季貢爲將軍，別居丁奚城。《後漢書·西羌傳》

杜琦兄弟雖快速敗亡，然而杜季貢亡從滇零之後，卻多次率羌人與漢人
作戰得到勝利。滇零死後，其子零昌與狼莫、杜季貢三人成爲羌亂裡的領導
人物，此後漢羌各有勝敗，而漢軍敗多勝少：

> （永初）七年（113）夏，騎都尉馬賢與侯霸掩擊零昌別部牢羌於安定，
> 首虜千人，得驢騾駱駝馬牛羊二萬餘頭，以畀得者。《後漢書·西羌傳》

> 元初元年（114）春，遣兵屯河內，通谷衝要三十三所，皆作塢壁，
> 設鳴鼓。零昌遣兵寇雍城，又號多與當煎、勒姐大豪共脅諸種，分
> 兵鈔掠武都、漢中。巴郡板楯蠻將兵救之，漢中五官掾程信率壯士
> 與蠻共擊破之。號多退走，還斷隴道，與零昌通謀。侯霸、馬賢將
> 湟中吏人及降羌胡於枹罕擊之，斬首二百餘級。涼州刺史皮楊擊羌
> 於狄道，大敗，死者八百餘人，楊坐徵免。《後漢書·西羌傳》

漢人較重要的優勢，乃燒當羌之號多率眾七千餘人受龐參招降，暫時少
了一股強大的勢力：

> （元初元年）（114）侯霸病卒，漢陽太守龐參代爲校尉。參以恩信招誘
> 之。《後漢書·西羌傳》

> 元初元年（114），（龐參）遷護羌校尉，畔羌懷其恩信。明年，燒當羌
> 種號多等皆降，《後漢書·李陳龐陳橋列傳》

> （元初）二年（115）春，號多等率眾七千餘人詣參降，遣詣闕，賜
> 號多侯印綬遣之。參紿還居令居，通河西道。而零昌種眾復分寇益
> 州，遣中郎將尹就將南陽兵，因發益部諸郡屯兵擊零昌黨呂叔都
> 等。《後漢書·西羌傳》

雖然燒當羌之號多率眾而降，然燒當羌畢竟非羌患主力，以零昌為首的先零羌寇亂依舊。元初二年（115）東漢政府一次大規模的進軍，聯合西北諸郡將兵以及羌胡兵共萬餘人，卻先後兩次被杜季貢所敗，兵死將亡，死傷慘重：

（元初二年秋）使屯騎校尉班雄屯三輔，遣左馮翊司馬鈞行征西將軍，督右扶風仲光、安定太守杜恢、北地太守盛包、京兆虎牙都尉耿溥、右扶風都尉皇甫旗等，合八千餘人，又龐參將羌胡兵七千餘人，與鈞分道並北擊零昌。參兵至勇士東，為杜季貢所敗，於是引退。鈞等獨進，攻拔丁奚城，大克獲。杜季貢率眾偽逃。鈞令光、恢、包等收羌禾稼、光等違鈞節度，散兵深入，羌乃設伏要擊之。鈞在城中，怒而不救，光等並沒，死者三千餘人。鈞乃遣還，坐徵自殺。龐參以失期軍敗抵罪，以馬賢代領校尉事。《後漢書‧西羌傳》

永初羌患以來，漢人始終處於劣勢，原因在於漢軍行山谷既不如羌人，平地對陣步卒又不如戰馬，故無法發揮漢朝的人數優勢。直到任尚採用虞詡獻策，捨甲冑，馳輕兵，這才將局勢扭轉過來：

（元初二年）（115）後遣任尚為中郎將，將羽林、緹騎、五營子弟三千五百人，代班雄屯三輔。尚臨行，懷令虞詡說尚曰：「使君頻奉國命討逐寇賊，三州屯兵二十餘萬人，棄農桑，疲苦徭役，而未有功效，勞費日滋。若此出不克，誠為使君危之。」尚曰：「憂惶久矣，不知所如。」詡曰：「兵法弱不攻強，走不逐飛，自然之執也。今虜皆馬騎，日行數百，來如風雨，去如絕弦，以步追之，執不相及，所以曠而無功也。為使君計者，莫如罷諸郡兵，各令出錢數千，二十人共市一馬，如此，可捨甲冑，馳輕兵，以萬騎之眾，逐數千之虜，追尾掩截，其道自窮。便人利事，大功立矣。」尚大喜，即上言用其計。乃遣輕騎鈔擊杜季貢於丁奚城，斬首四百餘級，獲牛馬羊數千頭。《後漢書‧西羌傳》

明年（元初三年）（116）夏，度遼將軍鄧遵率南單于及左鹿蠡王須沈萬騎，擊零昌於靈州，斬首八百餘級，封須沈為破虜侯，金印紫綬，賜金帛各有差。任尚遣兵擊破先零羌於丁奚城。秋，築馮翊北界候塢五百所。任尚又遣假司馬募陷陳士，擊零昌於北地，殺其妻子，得牛馬羊二萬頭，燒其廬落，斬首七百餘級，得僭號文書及所沒諸

將印綬。《後漢書‧西羌傳》

漢人得輕騎作戰之法後，再加上連年戰亂，西北地區塢壁林立，羌人較無法以劫掠獲得糧草，羌患終於被壓制下來。元初四年（117）之後，杜季貢、零昌、狼莫先後招到刺殺，餘眾或敗或亡：

（元初四年春）（117）尚遣當闐種羌榆鬼等五人刺殺杜季貢，封榆鬼為破羌侯。其夏，尹就以不能定益州，坐徵抵罪，以益州刺史張喬領尹就軍屯。招誘叛羌，稍稍降散。《後漢書‧西羌傳》

（元初四年秋）（117）任尚復募效功種號封刺殺零昌，封號封為羌王。《後漢書‧西羌傳》

（元初四年東）（117）任尚將諸郡兵與馬賢並進北地擊狼莫，賢先至安定青石岸，狼莫逆擊敗之。會尚兵到高平，因合勢俱進，狼莫等引退，乃轉營迫之，至北地，相持六十餘日，戰於富平上河，大破之，斬首五千級，還得所略人男女千餘人，牛馬驢羊駱馳十餘萬頭，狼莫逃走，於是西河虔人種羌萬一千口詣鄧遵降。《後漢書‧西羌傳》

（元初五年）（118）鄧遵募上郡全無種羌雕何等刺殺狼莫，賜雕何為羌侯。……自零昌、狼莫死後，諸羌瓦解，三輔、益州無復寇儌。《後漢書‧西羌傳》

由先零羌滇零、零昌父子等為首的永初羌患，至此暫時退出三輔、益州等漢朝核心地帶。雖然涼、并尚未肅清，不過十年來漢朝耗費人力財力物力極為巨大，《後漢書》云：

自羌叛十餘年間，兵連師老，不暫寧息。軍旅之費，轉運委輸，用二百四十餘億，府帑空竭。延及內郡，邊民死者不可勝數，并涼二州遂至虛耗。《後漢書‧西羌傳》

自永初以來，將出不少，覆軍有五，動資巨億。《後漢書‧皇甫張段列傳》

羌患雖退出三輔、益州，但涼州、并州兵禍尚未止息。安帝至順帝年間，西垂始終有綿延不斷的羌患亂事，而順帝永和四年（139）則再度爆發了因官吏擾發而產生的嚴重的羌患，三輔、關中地區再度淪為戰場：

（永和五年夏）（140）且凍、傅難種羌等遂反叛，攻金城，與西塞及湟中雜種羌胡大寇三輔，殺害長吏。……且凍分遣種人寇武都，燒隴

關，掠苑馬。《後漢書・西羌傳》

（永和六年春）（141）於是東西羌遂大合。鞏唐種三千餘騎寇隴西，又
燒園陵，掠關中，殺傷長吏……《後漢書・西羌傳》

永和羌患之後，三輔、益州又戰禍連連，東漢政府則更加衰弱無力平復。
西北雖有大量的塢壁可資防守，但仍耗費鉅資，其中人禍更不亞於兵災：

自永和羌叛，至乎是歲，十餘年間，費用八十餘億。諸將多斷盜牢
稟，私自潤入，皆以珍寶貨賂左右，上下放縱，不恤軍事，士卒不
得其死者，白骨相望於野。《後漢書・西羌傳》

永初羌患爲拖垮東漢國運的元兇之一，影響所及，除造成西北羌患延宕
不止之外，對於東漢之經濟、治安、社會均造成嚴重的破壞，本文下文將再
詳述。

三、羌患之影響

羌患之影響，最爲直接的莫過於生命與財產的損失了。永初羌患爆發之
後，邊境百姓在戰亂中死亡無數，僥倖逃亡者，則財產都必須放棄，糧食作
物的收成自然毀於一旦。僅有的存糧還要面對各方的抄掠，故糧價會隨著戰
禍而飆漲，大兵之後，必有兇年：

於是滇零等自稱「天子」於北地，招集武都、參狼、上郡、西河諸
雜種，眾遂大盛，東犯趙、魏，南入益州，殺漢中太守董炳，遂寇
鈔三輔，斷隴道。湟中諸縣粟石萬錢，百姓死亡不可勝數。《後漢書・
西羌傳》

對於戰亂所造成的生命財產損失，王符乃親眼所見，故所言比之范曄更
爲眞切，其言曰：

今吏從軍敗沒死公事者，以十萬數，上不聞弔唁嗟歎之榮名，下又
無祿賞之厚實，節士無所勸慕，庸夫無所貪利。此其所以人懷沮解，
不肯復死者也。〈勸將〉

百姓暴被殃禍，亡失財貨，人哀奮怒，各欲報讎，而將帥皆怯劣軟
弱，不敢討擊，但坐調文書，以欺朝廷。實殺民百則言一，殺虜一
則言百；或虜實多而謂之少，或實少而謂之多。傾側巧文，要取便
身利己，而非獨憂國之大計，哀民之死亡也。〈實邊〉

往者羌虜背叛，始自涼、并，延及司隸，東禍趙、魏，西鈔蜀、漢，

> 五州殘破，六郡削跡，周迴千里，野無孑遺，寇鈔禍害，晝夜不止，
> 百姓滅沒，日月焦盡。〈救邊〉

> 一人吁嗟，王道為虧，況百萬之眾，叫號哭泣，感天心乎？〈救邊〉

永初羌患所波及的範圍極廣，幾乎整個西北中國都在戰禍之中受到摧殘，王符所言「五州殘破，六郡削跡，周迴千里，野無孑遺」、「百萬之眾，叫號哭泣」皆為實筆，並非文學家言。然而，雖言羌人入寇，但是百姓生計之破壞，來自於政府惡吏的抄掠更甚羌蠻，王符云：

> 又放散錢穀，殫盡府庫，乃復從民假貸，彊奪財貨。千萬之家，削
> 身無餘，萬民匱竭，因隨以死亡者，皆吏所餓殺也。其為酷痛，甚
> 於逢虜。寇鈔賊虜，忽然而過，未必死傷。至吏所搜索剽奪，游踵
> 塗地，或覆宗滅族，絕無種類；或孤婦女，為人奴婢，遠見販賣，
> 至令不能自活者，不可勝數也。〈實邊〉

東漢吏治之敗壞，本文已經多有論述，其中藉羌亂而搜索剽奪者，更是令東漢失去民心的主要原因。百姓在羌人、漢軍、官吏的抄掠之下，還要面對千里無糧的經濟壓力，若非有長期武備的豪強塢壁，一般百姓恐怕連流亡他鄉的機會都沒有。所謂「周迴千里，野無孑遺」，不僅僅是指原本附籍在田的名數而已，包含無名數、敗亡士兵、羌人等流民群在逃亡過程中死亡殆盡，而戰亂中政府不加撫卹，反施暴行，導致遍地餓殍，即使是羌患平定了也無流民回歸故土，這可能是東漢後期邊郡空虛的原因之一。

由於治安敗壞，加上東漢政府仍希望減少羌人劫掠地方之損失，因此由政府下詔修建塢壁，三輔羌患等地區紛紛築塢自保，因羌患所建築起來的多達上千所之多，

> （永初五年春）（111）……羌遂入寇河東，至河內，百姓相驚，多奔南
> 度河。使北軍中候朱寵將五營士屯孟津，詔魏郡、趙國、常山、中
> 山繕作塢候六百一十六所。《後漢書・西羌傳》

> （元初元年春）（114）遣兵屯河內，通谷衝要三十三所，皆作塢壁，設
> 鳴鼓。《後漢書・西羌傳》

> （元初三年）（116）秋，築馮翊北界候塢五百所。《後漢書・西羌傳》

塢壁林立除了使豪強得以自保，部分流民得以安歇之外，也是造成日後三輔間軍閥割據的原因，如董卓、李催等流：

> （董卓）乃結壘於長安城東以自居。又築塢於郿，高厚七丈，號曰「萬
> 歲塢」。積穀爲三十年儲。自云：「事成，雄據天下；不成，守此足
> 以畢老。」《後漢書·董卓列傳》

> （興平二年）（195）二月乙亥，李傕殺樊稠而與郭汜相攻。三月丙寅，
> 李傕脅帝幸其營，焚宮室。《後漢書·孝獻帝紀》

> 山陽公載記曰：「時帝在南塢，傕在北塢。時流矢中傕左耳，乃迎帝
> 幸北塢。帝不肯從，強之乃行。」《後漢書·孝獻帝紀》注引

在羌患發生之時，塢壁對於漢人來說應該是利大於弊的，畢竟塢壁建築於漢人境內。然而羌人亦有攻陷塢壁的紀錄，如延熹三年、四年（160～161），羌人便連續兩次「覆沒營塢」：

> （延熹三年）（160）明年春，餘羌復與燒何大豪寇張掖，攻沒鉅鹿塢，
> 殺屬國吏民，又招同種千餘落，并兵晨奔（段）熲軍。《後漢書·皇甫
> 張段列傳》

> （延熹四年秋）（161）叛羌零吾等與先零別種寇鈔關中，護羌校尉段熲
> 坐徵。後先零諸種陸梁，覆沒營塢。《後漢書·皇甫張段列傳》

羌人或其他盜賊在攻沒塢壁之後，按理可以依塢壁自守，尤其豪強塢壁之內通常藏有大量財物糧食以供長期戰守之用，董卓之郿塢「積穀爲三十年儲」便是一例。幸羌人因習慣居無定所，故對所攻陷之塢壁並不留念，不過毀棄的塢壁仍可能成爲流民或盜賊的避難所，爲已經毫無治安可言的社會更添黑暗角落。塢壁一旦淪爲盜賊之據點，則雖北方平坦之地，亦會出現長期作亂的盜賊，有如南方山林大澤隱匿盜賊的效果。雖然羌人因爲經濟型態不同，並無固守一城一池的生活型態以及作戰方式，但是其餘盜賊則不然。黃巾亂後天下盜賊紛起，東漢政府雖快速平滅張角等主力，然北方盜賊仍風起雲湧，或許與塢壁林立資其據守有關。〔註66〕

除了戰亂與治安敗壞造成百姓生命財產的損失之外，長期供養軍隊、轉漕補給、建築上千所塢壁等等的軍事開銷，則對於東漢國家整體經濟也形成

〔註66〕具聖姬以組成份子分塢壁爲兩大類型，其一是豪強塢壁，其二是流民塢壁，本文這裡云盜賊據塢壁自守，其組成份子未必全是流民塢壁。若豪強行爲同於盜匪，則塢壁之軍事組織對於塢壁外的社會亦有相當大的破壞性。參見〔韓〕具聖姬《兩漢魏晉南北朝的塢壁》（北京：民族出版社，2004.05），第三章，第一節，頁47～56。

的嚴重的消耗，范曄云：

> 自羌叛十餘年閒，兵連師老，不暫寧息。軍旅之費，轉運委輸，用
> 二百四十餘億，府帑空竭。延及內郡，邊民死者不可勝數，并涼二
> 州遂至虛耗。《後漢書・西羌傳》

　　此爲永初元年至元初五年（107～118）共計十二年的耗損，不計人力損失，單純以所消耗之錢來看，便足足花費了二百四十億錢，這二百四十億的開銷，對於東漢財政的負擔有多大，我們可以用兩種方式來看待：其一：漢初全國稅收僅爲四十餘億，〔註67〕換言之，僅僅羌患一項，東漢政府便耗去了全國六年的總收入；其二：東漢中期以後政府常有減俸絕俸之舉，〔註68〕若政府能避免羌患發生，則永初羌患十二年間所花費的二百四十餘億錢，便可資發放全國大小官吏俸祿十二年，而此十二年所收於民間的賦稅，則可從容的安排於民生問題上，例如：撫卹各項天災所造成的流民問題。

　　戰爭本會造成嚴重的消耗，漢武帝時期「軍旅連出，師行三十二年，海內虛耗」《漢書・西域傳》，同樣造成殫盡府庫的狀況。然而西漢之通西域、征四夷皆確實收到了成效，因此一旦戰事平息與民修養，國力很快的就可以恢復過來。東漢政府傾全國之蓄積於西陲羌患之上，卻未能收到與所耗費等值的效果，故范曄論曰：「得不酬失，功不半勞」《後漢書・西羌傳》，羌患於西陲仍連綿不絕，甚至永和時期又再度扣亂三輔、益州，又再度消耗八十餘億：

> 自永和羌叛，至乎是歲（沖帝永憙元年），十餘年閒，費用八十餘億。
> 諸將多斷盜牢稟，私自潤入，皆以珍寶貨賂左右，上下放縱，不恤
> 軍事，士卒不得其死者，白骨相望於野。《後漢書・西羌傳》

　　「永和羌叛」若是指永和五年夏（140）且凍、傅難種羌反叛大寇三輔之事，至沖帝永憙元年（145）實際上未滿十年，此「十餘年」自然是包括了中羌、白馬羌、燒當羌等其他持續作亂的羌患而言。從所耗來看東漢之財政，則永初羌患所耗費的二百四十億雖然表面上將羌胡趕出三輔地區了，卻是治標不治本，羌患仍源源不絕。永和羌叛雖同樣是羌患深入三輔等核心地帶，卻只花費八十餘億，僅永初羌患的三分之一，這恐怕不是東漢政府通達

〔註67〕桓譚《新論》：「漢定以來，百姓賦斂，一歲爲四十餘萬萬，吏俸用其半，餘二十萬萬藏於都內爲禁財，少府所領園池作務之八十三萬以給宮室供養諸賞賜。」見〔東漢〕桓譚；〔清〕馮翼輯佚《桓子新論》（台北：中華書局，四部備要）。
〔註68〕見本文第四章，第二節。

節省之道，而是四十年來的軍事開銷已經拖垮了東漢政府的財政，因此當順帝永和年間同樣爆發嚴重羌患時，政府已無力再拿出二百餘億以供消耗了。此條資料中有將領「多斷盜牢稟，私自潤入，皆以珍寶貨賂左右」的情況，可見軍餉被扣發的狀況可能相當嚴重，拖欠餉費所造成的社會問題恐怕不亞於羌人入寇。

永初羌患雖花費二百四十餘億於軍事費用上，仍造成王符所云之：「放散錢穀，殫盡府庫，乃復從民假貸，彊奪財貨。千萬之家，削身無餘，萬民匱竭」〈實邊〉的情況，爾後政府能夠拿出的軍費更少，軍隊之素質更加低落，則百姓在羌人與漢軍之間的雙重打擊之下，慘況可想而知。

不論是羌人入寇、漢軍抄掠，或是官吏剽奪、豪強伺機作亂等等，對於百姓的生活都是百害而無一利的，因此羌患發生之後隨即產生了龐大的流民潮。因羌患而直接產生的流民大致上可分為兩種，其一是因戰亂毀家滅業而被迫流亡者，或是因為躲避戰禍而主動舉家流亡者。不論是主動或是被動流亡，都是因為戰亂的破壞而成為流民，王符描述羌患之後西北郡縣受到的破壞如下：

> 今遂雲烝起，合從連橫，掃滌并、涼，內犯司隸，東寇趙、魏，西鈔蜀、漢，五州殘破，六郡削跡。〈勸將〉

> 往者羌虜背叛，始自涼、并，延及司隸，東禍趙、魏，西鈔蜀、漢，五州殘破，六郡削跡，周迴千里，野無孑遺，寇鈔禍害，晝夜不止，百姓減沒，日月焦盡。〈救邊〉

百姓因戰亂而流亡，其情況自不需贅述。除此之外，另一種流民則來自於政府棄邊徙民的錯誤政策。由於羌患之寇掠皆為一時一地之事，如王符所言：「寇鈔賊虜，忽然而過，未必死傷」，再加上中國人根深蒂固的安土重遷的觀念，大部分的百姓只要賊寇未抵家門，或生計尚可維持，未必願意流亡他鄉。然而東漢朝廷與地方官員為了逃避羌寇，竟有主張棄邊而保三輔的錯誤政策，乃至於將涼州郡縣之百姓強行內徙：

> 羌既轉盛，而二千石、令、長多內郡人，並無守戰意，皆爭上徙郡縣以避寇難。朝廷從之，遂移隴西徙襄武，安定徙美陽，北地徙池陽，上郡徙衙。百姓戀土，不樂去舊，遂乃刈其禾稼，發徹室屋，夷營壁，破積聚。時連旱蝗飢荒，而驅蹙劫略，流離分散，隨道死亡，或棄捐老弱，或為人僕妾，喪其太半。《後漢書·西羌傳》

　　王符之故鄉安定亦爲此次政府徙邊的郡縣之一，〔註69〕王符是否亦舉家隨行遷徙不得而知，然而對於百姓不願內徙的心態，以及遷徙流民的慘狀，顯然至少是親耳所聞，親眼所見。〈邊議〉、〈救邊〉、〈實邊〉三篇多有描述，這裡引〈實邊〉中一段百姓厭惡內徙之段落如下：

> 且夫士重遷，戀慕墳墓，賢不肖之所同也。民之於徙，甚於伏法。伏法不過家一人死爾。諸亡失財貨，奪土遠移，不習風俗，不便水土，類多滅門，少能還者。代馬望北，狐死首丘，邊民謹頓，尤惡內留。雖知禍大，猶願守其緒業，死其本處，誠不欲去之極。太守令長，畏惡軍事，皆以素非此土之人，痛不著身，禍不及我家，故爭郡縣以內遷。至遣吏兵，發民禾稼，發徹屋室，夷其營壁，破其生業，彊劫驅掠，與其內入，捐棄羸弱，使死其處。當此之時，萬民怨痛，泣血叫號，誠愁鬼神而感天心。然小民謹劣，不能自達關廷，依官吏家，迫將威嚴，不敢有摯。民既奪土失業，又遭蝗旱飢匱，逐道東走，流離分散，幽、冀、兗、豫、荊、揚、蜀、漢，飢餓死亡，復失太半。邊地遂以丘荒，至今無人。原禍所起，皆吏過爾。〈實邊〉

　　羌患造成的流民問題數量極爲龐大，東漢政府之財政在整治羌患方面即告枯竭，更無力安頓流民，因此流民只好自行由西向東、由北向南流亡。或作爲乞食者、盜賊，或與內郡百姓分土耕田，或依豪強成爲佃、僱、奴等等，如此一來便又沿路加重了內地郡縣的各種經濟、政治、社會壓力。東漢雖亡於曹丕之奪篡政權，然而早在天下三分之前數十年，東漢王朝便已名存實亡，其關鍵便在於中期以後多次的羌患消耗，其影響之鉅，可見一斑。

第四節　政府反應與王符對策

　　一個社會問題的出現，鮮少來自於某單一事件的觸發，而往往與其他多項社會問題同時並發而互爲因果。如奢侈、復仇等社會風俗，一方面是促成百姓流亡的背景因素，另一方面也由於流民的加入而使這些風俗變本加厲。流民問題爲東漢諸般社會問題的一環，流民的出現多因百姓經濟破產之故，然而造成百姓經濟破產的原因除了天災之外，還包括了其他政治、社會問題，

〔註69〕　見第三章附圖一。

甚至流民問題本身也會因爲流動取食而使鄰近郡縣的百姓生計陷入困境。若流民轉變爲盜賊，這種由流民而製造更多流民的惡性循環就更爲明顯了。

本章所述的社會問題除了流民問題之外，可分爲兩大主軸，其一是社會風俗問題，其二是賊寇問題，此二者皆與流民問題關係密切，對東漢時代產生了深遠的影響，即使不論流民問題，這些社會問題本身亦十分值得討論。對社會風俗問題而言，部分狀況之出現可能遠比東漢光武帝中興漢室更早，西漢滅亡之事殷鑑不遠，東漢理當有所調整。羌患盜賊寇亂的問題，則比風俗問題更需即刻處置，政府的政策如何，往往影響數十年甚至更久，此爲本節所要論述的重點之一。王符在對時政做出批評之餘，也提供了自身的對策，以下，便就政府之反應與實效，以及王符對於各種社會問題的對策分別論述之。

一、政府的反應與實效

首先先論奢侈與逐利之風。兩漢政府對於奢侈之風早有警覺，尤其奢侈僭越是一種挑戰皇權威信的行爲。對於朝廷而言，維護皇室特權可能比防堵浪費更來的有意義，且由於先秦以來的儒家禮制思想，政府禁止奢侈多同時兼具維護儒家禮制以及防止民間財富浪費兩種功能，因此早在漢武帝時期，便有針對奢侈之風的因應措施。《漢書》記載：

> （武帝元漢元年）（～100）秋，閉城門大搜。發謫戍屯五原。《漢書·武帝紀》
>
> 臣瓚曰：「漢帝年記六月禁踰侈，七月閉城門大搜，則搜索踰侈者也。」李奇曰：「搜索巫蠱也。」師古曰：「時巫蠱未起，瓚說是也。踰侈者，踰法度而奢侈也。」《漢書·武帝紀》注引

漢朝政府對於奢侈風氣無疑是反對的，〔註70〕然而歷史上像漢武帝這般雄才大略的帝王畢竟不多，故類似這種「閉城門大搜」的強力手段並不多見，較常出現的是頒佈禁奢詔令。西漢時代便有禁奢詔令的出現，成帝永始四年（～13）六月詔曰：

> 聖王明禮制以序尊卑，異車服以章有德，雖有其財，而無其尊，不

〔註70〕中國傳統思想一項是崇尚節儉而反對奢侈的，無論漢朝政府的用意如何，禁奢的主張總是比較能獲得認同。雖然如此，還是有一些零星的學說主張奢侈，認爲奢侈的消費可以帶動經濟發展，參見楊聯陞《國史探微》（北京：新星出版社，2005.05）119～133。

得踰制，故民興行，上義而下利。方今世俗奢僭罔極，靡有厭足。
公卿列侯親屬近臣，四方所則，未聞修身遵禮，同心憂國者也。或
乃奢侈逸豫，務廣第宅，治園池，多畜奴婢，被服綺縠，設鐘鼓，
備女樂，車服嫁娶葬埋過制。吏民慕效，寖以成俗，而欲望百姓儉
節，家給人足，豈不難哉！詩不云乎？『赫赫師尹，民具爾瞻。』
其申敕有司，以漸禁之。青綠民所常服，且勿止。列侯近臣，各自
省改。司隸校尉察不變者。《漢書・成帝紀》

東漢奢侈之風亦十分嚴重，因此亦如西漢時代下詔書以禁奢侈，如建武
七年（31）、永平十二年（69）詔：

世以厚葬爲德，薄終爲鄙，至于富者奢僭，貧者單財，法令不能禁，
禮義不能止，倉卒乃知其咎。其布告天下，令知忠臣、孝子、慈兄、
悌弟薄葬送終之義。《後漢書・光武帝紀》

昔曾、閔奉親，竭觀致養，仲尼葬子，有棺無槨。喪貴致哀，禮存
寧儉。今百姓送終之制，競爲奢靡。生者無擔石之儲，而財力盡於
墳土。伏臘無糟糠，而牲牢兼於一奠。糜破積世之業，以供終朝之
費，子孫飢寒，絕命於此，豈祖考之意哉！又車服制度，恣極耳目。
田荒不耕，游食者眾。有司其申明科禁，宜於今者，宣下郡國。《後
漢書・顯宗孝明帝紀》

類似的詔書尚不僅於此，章帝建初二年（77）、和帝永元十一年（99）、
安帝永初元年（107）、永初五年（111）皆有類似的禁止奢侈的詔書。〔註71〕
從明帝詔「生者無擔石之儲，而財力盡於墳土。伏臘無糟糠，而牲牢兼於一
奠。」、「車服制度，恣極耳目。田荒不耕，游食者眾。」等言語來看，王符
諸般反對奢侈的主張並非其創見，可說是東漢政府時常推行的政令。不過，
這類詔書顯然完全沒有收到實際效果，值得注意的是，明帝詔書中有「有司
其申明科禁」，章帝以後的詔書也有「其科條制度所宜施行」、「但且申明憲
綱」、「設張法禁，懇惻分明，而有司惰任，訖不奉行。」等等字句，可見在
當時應該有一套規範生活用度、禁止奢侈的法令存在，只是落實的程度不如
理想，皇帝之詔書對於制約奢侈效果顯然有限。

政府下詔禁止奢侈之所以窒礙難行，與奢侈者多爲豪強貴戚有關。由於

〔註71〕 分見《後漢書》〈肅宗孝章帝紀〉、〈孝和孝殤帝紀〉、〈孝安帝紀〉，本文不復
贅引。

東漢政府不足以約束豪強，是否奢侈僭越必須依賴豪強本身的自我約束，因此無視政府之禁奢詔令的豪強也就十分難以懲治。此外，若東漢時代真有明文規範禁止奢侈，豪強的諸般奢侈生活無疑又是一種對於法制的破壞；反過來說，由於東漢時代普遍的法制不彰，因此無論政府多麼三令五申禁止奢侈之風，其結果與百姓漠視其他法令一樣，都是徒然無功的。〔註72〕

雖然奢侈之風無法藉由政府遏止，不過東漢中期以後卻逐漸形成一股反潮流的思想，這種思想可以用反對厚葬的薄葬論做為代表。薄葬思想可追溯於先秦墨子的節葬論，漢代雖瀰漫著厚葬奢侈之風，然而薄葬思想卻始終零星的存在著。西漢薄葬思想的代表為楊王孫，他反當時流行，堅持裸葬，及病且終時誡子曰：「死則為布囊盛尸，入地七尺，既下，從足引脫其囊，以身親土。」然而楊王孫之子以及其友人卻十分不贊同這樣的葬禮，因此楊王孫以一封書信表達了他的薄葬思想：

> 蓋聞古之聖王，緣人情不忍其親，故為制禮，今則越之，吾是以贏葬，將以矯世也。夫厚葬誠亡益於死者，而俗人競以相高，靡財單幣，腐之地下。或乃今日入而明日發，此真與暴骸於中野何異！且夫死者，終生之化，而物之歸者也。歸者得至，化者得變，是物各反其真也。……昔帝堯之葬也，窾木為櫝，葛藟為緘，其穿下不亂泉，上不泄殠。故聖王生易尚，死易葬也。不加功於亡用，不損財於亡謂。今費財厚葬，留歸鬲至，死者不知，生者不得，是謂重惑。
> 於戲！吾不為也。《漢書·楊胡朱梅云傳》

楊王孫的薄葬思想明顯是道家的立場，主張人死之後便回歸自然，所謂：「且夫死者，終生之化，而物之歸者也。歸者得至，化者得變，是物各反其真也。」然而除了道家思想的指導之外，楊王孫也提出了相當多的現實作用，包括厚葬之浪費以及厚葬所以引發的盜墓問題。楊王孫既考慮了死者之精神，也注重了生者的生活，可謂漢代薄葬論的典型。

東漢時代的厚葬之風不遜於前朝，但是可能因為社會動盪，國家社會的經濟情況大不如前，致使厚葬風氣帶來的流弊日趨明顯，因此薄葬思想遠比西漢時代要多，如東漢初年的樊宏：

> （樊）宏為人謙柔畏慎，不求苟進。……宗族染其化，未嘗犯法。帝

〔註72〕 關於漢代對奢侈風氣所採行的措施，可參見丁筱媛《漢代奢華風氣之研究》（台北：國立台灣師範大學歷史學系博士論文，指導教授：韓復智，2004.07）第四章，頁211。

甚重之。及病困，車駕臨視，留宿，問其所欲言。宏頓首自陳：「無
功享食大國，誠恐子孫不能保全厚恩，今臣魂神慚負黃泉，願還壽
張，食小鄉亭。」帝悲傷其言，而竟不許。（建武）二十七年，卒。
遺敕薄葬，一無所用，以爲棺柩一臧，不宜復見，如有腐敗，傷孝
子之心，使與夫人同墳異臧。帝善其令，以書示百官，因曰：「今不
順壽張侯意，無以彰其德。且吾萬歲之後，欲以爲式。」賻錢千萬，
布萬匹，謚爲恭侯，贈以印綬，車駕親送葬。《後漢書・樊宏陰識列傳》

　　樊宏家族在東漢初年是相當謙慎守法的豪強，所謂：「宗族染其化，未嘗
犯法」因此頗得皇帝重用。其薄葬之主張與其「爲人謙柔畏慎，不求苟進」
的個性有關。樊宏的薄葬雖無明顯反對奢侈之風的傾向，但也在某種程度上
呼應了楊王孫痛斥「俗人競以相高」的厚葬態度。東漢較爲明顯繼承楊王孫
薄葬思想者爲趙咨，他也和楊王孫一樣，留下了長長的遺書戒子薄葬：

（趙咨）將終，告其故吏朱祇、蕭建等，使薄斂素棺，籍以黃壤，欲
令速朽，早歸后土，不聽子孫改之。乃遺書敕子胤曰：「……夫亡者，
元氣去體，貞魂游散，反素復始，歸於無端。……爰暨暴秦，違道
廢德，滅三代之制，興淫邪之法，國貲糜於三泉，人力單於酈墓，
玩好窮於糞土，伎巧費於窀穸。自生民以來，厚終之敝，未有若此
者。雖有仲尼重明周禮，墨子勉以古道，猶不能禦也。是以華夏之
士，爭相陵尚，違禮之本，事禮之末，務禮之華，棄禮之實，單家
竭財，以相營赴。廢事生而營終亡，替所養而爲厚葬，豈云聖人制
禮之意乎？記曰：『喪雖有禮，哀爲主矣。』又曰：『喪與其易也寧
戚。』今則不然，并棺合槨，以爲孝愷，豐貲重襚，以昭惻隱，吾
所不取也。昔舜葬蒼梧，二妃不從。豈有匹配之會，守常之所乎？
聖主明王，其猶若斯，況於品庶，禮所不及。古人時同即會，時乖
則別，動靜應禮，臨事合宜。王孫裸葬，墨夷露骸，皆達於性理，
貴於速變。梁伯鸞父沒，卷席而葬，身亡不反其尸。彼數子豈薄至
親之恩，亡忠孝之道邪？況我鄙闇，不德不敏，薄意内昭，志有所
慕，上同古人，下不爲咎。果必行之，勿生疑異。恐爾等目覩所見，
耳諱所議，必欲改殯，以乖吾志，故遠采古聖，近揆行事，以悟爾
心。但欲制坎，令容棺槨，棺歸即葬，平地無墳。勿卜時日，葬無
設奠，勿留墓側，無起封樹。於戲小子，其勉之哉，吾蔑復有言矣！」

朱祇、蕭建送喪到家，子胤不忍父體與土并合，欲更改殯，祇、建

譬以顧命，於是奉行，時稱咨明達。《後漢書・劉趙淳于江劉周趙列傳》

趙咨雖推崇楊王孫的薄葬，甚至以「王孫裸葬，墨夷露骸」將其與墨子並列而論，然而值得注意的是，東漢在長期的儒術統治之下，對於禮制的堅持遠甚西漢，仔細分析這段遺書會發現其中蘊含了儒、道、墨三家的生死喪葬觀。思想層次之外，趙咨亦與楊王孫一樣表現出了對於在世者的關注，所謂「國貨糜於三泉，人力單於酈墓，玩好窮於糞土，伎巧費於窀穸。自生民以來，厚終之敝，未有若此者。」等等。趙咨對奢侈厚葬的指責，與楊王孫所云之「俗人競以相高，靡財單幣，腐之地下。」無疑是一致的。

樊宏、趙咨之外，東漢尚有不少主張薄葬的言論或行為，從光武帝以下，分別有祭遵、鄭弘、張霸、張輔、王充、何熙、王堂、梁商、崔瑗、馬融、張奐、范冉、羊續、盧值、鄭玄、趙岐等十數人〔註73〕，再加上同樣指責厚葬奢侈風氣的王符，這些主張薄葬的人從世家大族到平民百姓都有，則東漢的薄葬思想不可謂不多。然而在奢侈風氣如此盛行的情況之下，似乎主張薄葬者連自己的葬禮都難以堅持，本文前引崔瑗、崔寔父子之事，無疑是薄葬思想難以對抗社會風俗的明證。另外，不論是西漢的楊王孫與還是東漢的趙咨，欲貫徹自己的薄葬思想都還不得不以一封長長的遺書與子孫辯論葬禮厚薄的問題，社會厚葬的價值觀可見一斑。而樊宏的薄葬，雖看似得到了光武帝的首肯，但來自皇帝的：「賻錢千萬，布萬匹，諡為恭侯，贈以印綬，車駕親送葬。」等賞賜與親送，無疑是以實際行動來增加樊宏葬禮的排場與花費，由此亦可知政府對於喪禮制度的真正態度。

除了奢侈浪費的社會習俗之外，私鬥復仇的風氣也是東漢社會問題之一。本文曾以郅惲代友復仇之例，說明東漢地方政府對於復仇殺人一事的態度，如郅惲故事之中的地方官府，反有讚許鼓勵其復仇殺人之嫌。東漢律法全無威信，在復仇之風盛行的情況下，朝廷非但不重申法令之威信，甚至因此定為律法：

建初中，有人侮辱人父者，而其子殺之，肅宗貰其死刑而降宥之，

自後因以為比。是時遂定其議，以為輕侮法。《後漢書・鄧張徐張胡列傳》

此為東漢初年之事，輕侮法的實行等同為復仇殺人者開脫罪刑，甚至鼓

〔註73〕關於漢代的薄葬思想，本文不一一贅引，參見蒲慕州〈漢代之厚葬風氣及其批評〉，收錄於氏著之《墓葬與生死——中國古代宗教之省思》（台北：聯經出版社，1993.06）第八章，頁227。

勵百姓怨仇相報，因此和帝時張敏對輕侮法兩度上議駁斥：

> （張）敏駁議曰：「夫輕侮之法，先帝一切之恩，不有成科班之律令
> 也。夫死生之決，宜從上下，猶天之四時，有生有殺。若開相容恕，
> 著爲定法者，則是故設姦萌，生長罪隙。孔子曰：『民可使由之，不
> 可使知之。』春秋之義，子不報讎，非子也。而法令不爲之減者，
> 以相殺之路不可開故也。今託義者得減，妄殺者有差，使執憲之吏
> 得設巧詐，非所以導『在醜不爭』之義。又輕侮之比，寖以繁滋，
> 至有四五百科，轉相顧望，彌復增甚，難以垂之萬載。臣聞師言：『救
> 文莫如質。』故高帝去煩苛之法，爲三章之約。建初詔書，有改於
> 古者，可下三公、廷尉蠲除其敝。」議寢不省。敏復上疏曰：「……
> 臣伏見孔子垂經典，皋陶造法律，原其本意，皆欲禁民爲非也。未
> 曉輕侮之法將以何禁？必不能使不相輕侮，而更開相殺之路，執憲
> 之吏復容其姦枉。議者或曰：『平法當先論生。』臣愚以爲天地之性，
> 唯人爲貴，殺人者死，三代通制。今欲趣生，反開殺路，一人不死，
> 天下受敝。……」和帝從之。《後漢書・鄧張徐張胡列傳》

輕侮法毫無疑問的將使當時日益嚴重的律法鬆弛問題變本加厲，張敏此議本於法制問題而立論，所謂「若開相容恕，著爲定法者，則是故設姦萌，生長罪隙。」、「不能使不相輕侮，而更開相殺之路，執憲之吏復容其姦枉。」可謂深切時弊。較值得注意的是統治者所採取的態度，先是「議寢不省」，後乃「從之」，和帝對於廢除輕侮法的態度並不積極，且民間私鬥復仇而殺人之事仍十分多見，顯然關於復仇殺人之法制威信並未此而肅立。如桓帝時還有魏朗殺人復仇的事例出現：

> （魏朗）少爲縣吏。兄爲鄉人所殺，朗白日操刀報讎於縣中，遂亡命
> 到陳國。《後漢書・黨錮列傳》

復仇之風興盛加上東漢法制不禁，所造成的社會問題可想而知，西漢鮑宣列「怨讎相殘」爲民之七死之一，可見此風爲禍之甚。這些復仇者殺人之後往往亡命他鄉，在律法鬆弛的情況下，其原因恐怕不在於逃避官府追捕，而在於恐懼被殺者之親友又繼之而來報仇。法制淪落至此，社會焉得安定？

再論方術活動，漢代知識份子對於巫者往往採取輕蔑的態度，鄭玄注《周禮》云：

> 國語曰：「……如是則明神降之，在男曰覡，在女曰巫。是使制神之

處位次主，而爲之牲器時服。」巫既知神如此，又能居以天法，是
以聖人祭之，今之巫祝，既闇其義，何名之見？何法之行？正神不
降，或於淫厲，苟貪貨食，遂誣人神，令此道滅，痛矣！〔註74〕

　　鄭玄被認爲是兩漢經學的集大成者，其意見應能代表當時士人對於巫覡
方術的看法，再加上經學乃東漢入仕必備之學問，若以鄭玄爲代表的經學對
於當時的巫術活動感到痛心，則可見不但方術活動會受到士人的輕蔑，巫者
也不會有多高的政治、社會地位。

　　政府對於巫術與巫者的態度可以用兩個例子來表示，其一是東漢順帝時
宮崇進獻《太平清領書》：

初，順帝時，琅邪宮崇詣闕，上其師干吉於曲陽泉水上所得神書百
七十卷，皆縹白素朱介青首朱目，號太平清領書。其言以陰陽五行
爲家，而多巫覡雜語。有司奏崇所上妖妄不經，乃收藏之。後張角
頗有其書焉。《後漢書・郎顗襄楷列傳》

　　陰陽五行本爲兩漢相當普遍的觀念，然而有司卻道其「妖妄不經」，應是
因爲此書之中夾雜了大量的「巫覡雜語」的緣故，可見當時政府對於荒誕不
經的巫覡方術是採許相當敵視的態度的。其次，除了方術本身之外，巫者亦
難進入宦途，如高鳳：

(高)鳳年老，執志不倦，名聲著聞。太守連召請，恐不得免，自言
本巫家，不應爲吏。《後漢書・逸民列傳》

　　所謂「本巫家，不應爲吏」，似乎是當時的慣例。從高鳳的言詞看來，巫
者不得爲吏的慣例應該早於東漢。〔註75〕雖然兩漢之巫者未必完全退出仕宦
的領域，〔註76〕但是東漢之後，「通經」之儒生成爲官僚體系的主體是肯定的，
由於經學體系排斥當時民間的方術與巫者，〔註77〕因此東漢民間巫者進入宦

〔註74〕《周禮・春官・家宗人》卷27，鄭玄注文。
〔註75〕嚴耕望云：「按巫家不得爲吏，必甚早，不始於東漢也」，見氏著之《中國地
　　　　方行政制度史・甲部——秦漢地方行政制度》（台北：中央研究院歷史語言研
　　　　究所，專刊之四十五A，1990.05三版），頁387。
〔註76〕漢代仍存在著爲數不多的官巫，或因政府需要而被徵召的巫者，故云巫者並
　　　　未全面退出宦途，然而一般官吏任用巫者的可能性極低。參見林富士《漢代
　　　　的巫者》（台北：稻鄉出版社，2004.07再版二刷），第四章，第二節，頁38。
〔註77〕漢代的陰陽學說十分普遍，形成了一個龐大的體系，這裡所論的巫覡方術，
　　　　則是指此體系之外的民間術士，二者略有分別。由於陰陽學說是附著在兩漢
　　　　的經學之中的，因此此二者可以在外部用一個十分容易的方式加以需分，亦

途的可能性極低。高鳳受到太守的召請，應該是因爲其「名儒」的身份〔註78〕使然，其自言「本巫家，不應爲吏」雖是推託之詞，卻也是東漢時代巫者政治、社會地位極低的表示。

　　政府雖然對於方術活動採取輕蔑以及敵視的態度，然而民間方術活動仍然方興未艾，這是因爲方術的社會影響力乃獨立於政治權力之外的緣故。由於巫覡與其方術活動的社會影響力並非憑藉政治力量之幫助，因此即使政府並未對方術活動推波助瀾，其影響力仍不容忽視；相反的，由於東漢政府大部分時候對於民間方術活動是聽任其發展的，故巫者雖被排斥在官僚體系之外，其術卻有仍可能藉由龐大的庶民、奴隸階層反滲透入官場之中。第五倫任會稽太守而禁止方術活動時，非但發現「前後郡將莫敢禁」《後漢書‧第五鍾離宋寒列傳》，其禁止之政策甚至使「掾吏皆諫」〔註79〕，可見巫術活動之勢力已藉由百姓而反滲入政府之中。另外，東漢末年藉由巫術所結合的叛亂如黃巾之亂等，亦可證方術活動之影響力與政治權力無關，是以儘管地位甚低，其影響力卻十分巨大。

　　社會風俗之外，盜賊、羌患問題是本章另一個論述重點。對於盜賊，政府能採取的反應不外乎是派兵剿滅或遣使招降兩種，若派州郡兵前往剿滅，則不免發生戰禍；若攻而不克，則盜賊寇亂依舊，徒增軍事、吏人之死傷，以及加重國家軍事之開支，此自不待言。然而若順利戰勝賊寇，則可能會出現大舉屠殺的慘況。東漢時期屠殺戰敗盜賊的事例極多，如張宗、段潁之於東方盜賊：

　　　即觀以經學爲主體的士人是否以「妖妄不經」來排斥之。參見鄺芷人《陰陽五行及其體系》（台北：文津出版社，1992.12）；林富士《漢代的巫者》（台北：稻鄉出版社，2004.07 再版二刷）。

〔註78〕《後漢書‧逸民列傳》：「高鳳字文通，南陽葉人也。少爲書生，家以農畝爲業，而專精誦讀，晝夜不息。妻嘗之田，曝麥於庭，令鳳護雞。時天暴雨，而鳳持竿誦經，不覺潦水流麥。妻還怪問，鳳方悟之。其後遂爲名儒，乃教授業於西唐山中。」

〔註79〕《風俗通義‧怪神》有比《後漢書》更爲詳細的記載：「會稽俗多淫祀，好卜筮，民一以牛祭，巫祝賦斂受謝，民畏其口，懼被祟，不敢拒逆；是以財盡於鬼神，產匱於祭祀。或貧家不能以時祀，至竟言不敢食牛肉，或發病且死，先爲牛鳴，其畏懼如此。謹按：時太守司空第五倫到官，先禁絕之，掾吏皆諫……民初恐怖，頗搖動不安，或接祝妄言，倫敕之愈急，後遂斷，無復有禍祟矣。」〔東漢〕應劭；王利器校注《風俗通義校注》（台北：明文書局，1982），頁401。

> （建武）十六年（40），琅邪、北海盜賊復起，（張）宗督二郡兵討之，
> 乃設方略，明購賞，皆悉破散，於是沛、楚、東海、臨淮群賊懼其
> 威武，相捕斬者數千人，青、徐震慄。後遷琅邪相，其政好嚴猛，
> 敢殺伐。《後漢書·張法滕馮度楊列傳》

> 時太山、琅邪賊東郭竇、公孫舉等聚眾三萬人，破壞郡縣，遣兵討
> 之，連年不克。永壽二年（156），桓帝詔公卿選將有文武者，司徒尹
> 頌薦（段）熲，乃拜爲中郎將。擊竇、舉等，大破斬之，獲首萬餘級，
> 餘黨降散。《後漢書·皇甫張段列傳》

徹底的平滅盜賊對於地方郡縣的治安有一定正面的幫助，因此嚴於用兵
者爲避免放虎歸山，往往以屠殺賊寇作爲根絕其復叛的手段。對維護治安而
言，此舉或許有其必要性，然而盜賊之成員未必皆爲窮凶極惡之人，張宗、
段熲所屠殺之盜賊，其中或許有許多災荒流民，這些流民可能本爲良民，落
草爲寇實不得已。東漢初年以及桓帝時期皆有政府安民不周之處，若僅僅因
爲其身爲盜賊而加以屠殺，顯然是相當草率的作法。〔註80〕

剿滅之外，招降則是屬於兵不血刃的和平解決方式，如張綱之平廣陵盜
賊張嬰：

> 廣陵賊張嬰等眾數萬人，殺刺史、二千石，寇亂揚徐閒，積十餘年，
> 朝廷不能討。（梁）冀乃諷尚書，以（張）綱爲廣陵太守，因欲以事中
> 之。前遣郡守，率多求兵馬，綱獨請單車之職。既到，乃將吏卒十
> 餘人，徑造嬰壘，以慰安之，求得與長老相見，申示國恩。嬰初大
> 驚，既見綱誠信，乃出拜謁。綱延置上坐，問所疾苦。……綱約之
> 以天地，誓之以日月，嬰深感悟，乃辭還營。明日，將所部萬餘人
> 與妻子面縛歸降。綱乃單車入嬰壘，大會，置酒爲樂，散遣部眾，
> 任從所之；親爲卜居宅，相田疇；子弟欲爲吏者，皆引召之。人情
> 悅服，南州晏然。《後漢書·張王种陳列傳》

張綱招降張嬰，不但兵不血刃的解決爲患十餘年的盜賊集團，且其「獨
請單車之職」，不耗軍餉，亦不傷國家財政。而「卜居宅，相田疇」等對於降

〔註80〕盜賊亦未必皆爲流民組成的，尤其是南方的盜賊，往往寇掠財物不可計數，
如《後漢書·張法滕馮度楊列傳》：「歷陽賊華孟自稱『黑帝』，攻九江，殺郡
守。（滕）撫乘勝進擊，破之，斬孟等三千八百級，虜獲七百餘人，牛馬財物
不可勝算。於是東南悉平，振旅而還。以撫爲左馮翊，除一子爲郎。撫所得
賞賜，盡分於麾下。』

賊的處置，則是是將原本具破壞性質的盜賊轉爲具有生產能力的農民。成功招降盜賊，使州郡無盜，又增加農業生產的，還有郭汲：

> （郭）汲到（潁川）郡，招懷山賊陽夏趙宏、襄城召吳等數百人，皆束手詣汲降，悉遣歸附農。因自劾專命，帝美其策，不以咎之。後宏、吳等黨與聞汲威信，遠自江南，或從幽、冀，不期俱降，駱驛不絕。《後漢書·郭杜孔張廉王蘇羊賈陸列傳》

招降盜賊雖然是一種兵不血刃的方式，看似無害，實際上卻未必如此。招降盜賊必須以赦免其罪作爲最基本的交換手段，因此雖然暫時得到了安定社會以及恢復生產的正面效益，但是赦免盜賊卻明顯破壞了本不甚堅固的法制威信。盜賊之赦宥與其他赦宥不同，盜賊寇亂乃明目張膽的犯罪行爲，並非其他有隱情之冤獄，故容易導致王符所云之「民之所以輕爲盜賊，吏之所以易作姦匿者，以赦贖數而有僥望也」的情況。以前述之張綱與張嬰事而言，〈順帝紀〉繫張嬰受招降乃漢安元年（142）之事，[註81] 此時張嬰已寇亂十餘年之久，張綱卒後不過數年，永憙元年（145）張嬰又聚眾反叛：

> ……廣陵賊張嬰等復聚眾數千人反，據廣陵。朝廷博求將帥，三公舉（滕）撫有文武才，拜爲九江都尉，與中郎將趙序助馮緄合州郡兵數萬人共討之。……撫復進擊張嬰，斬獲千餘人。《後漢書·張法滕馮度楊列傳》

法制不彰，盜賊無懼於犯法，若當初張綱將其收於牢獄之中，必不至於又聚眾而叛。從另外一個方向來看，在張綱主政之下，不但張嬰「面縛歸降」，地方郡縣亦「人情悅服，南州晏然。」然張綱一死就人亡政息，不過數年又盜賊連發，可見法制不彰、吏治敗壞才是東漢盜賊政策失誤的根本原因，故不論是剿是撫，盜賊皆如野火燒不盡。左雄便對此現象上書表達意見：

> （左雄）上疏言：「宜密爲備，以俟不虞。」尋而青、冀、楊州盜賊連發，數年之閒，海內擾亂。其後天下大赦，賊雖頗解，而官猶無備，流叛之餘，數月復起。雄與僕射郭虔共上疏，以爲「寇賊連年，死亡太半，一人犯法，舉宗群亡。宜及其尚微，開令改悔。若告黨與者，聽除其罪；能誅斬者，明加其賞」。書奏，並不省。《後漢書·左周黃列傳》

〔註81〕《後漢書·孝順孝沖孝質帝紀》：「（漢安元年）廣陵盜賊張嬰等寇郡縣。……是歲，廣陵賊張嬰等詣太守張綱降。」

從「天下大赦，賊雖頗解，而官猶無備，流叛之餘，數月復起。」來看，類似張嬰集團反覆藉赦宥而復為盜賊者，應不在少數，而「官猶無備」更是東漢地方吏治敗壞的諸多現象之一。左雄企圖由加強法制來解決盜賊問題，卻不受朝廷採用，無怪乎東漢中後期盜賊如雨後春筍般出現了。

徹底屠殺剿滅盜賊有失人道，而全面招降又僅能苟安，東漢中後期的循吏既要面對大環境的腐敗，又要面對盜賊問題，最好的辦法僅有剿撫並用，恩威并施。如羊續：

> 後安風賊戴風等作亂，（羊）續復擊破之，斬首三千餘級，生獲渠帥，其餘黨輩原為平民，賦與佃器，使就農業。《後漢書‧郭杜孔張廉王蘇羊賈陸列傳》

雖然如此，由於盜賊乃流民之轉變，若東漢政府治安敗壞，流民四起的狀況無法改善，則無論如羊續般的循吏如何努力，亦與其他政府政策一樣，僅僅是治標而不治本而已。

至於羌患問題，亦與盜賊問題一樣，有反覆發作的狀況出現。先論政府之對羌政策，為了解決邊境羌漢衝突不斷的狀況，兩漢大致上都是以求安定的心態企圖使雙方相安無事。即使是漢武帝以大魄力征伐四夷時，對於西陲的羌人亦沒有像對待匈奴一般，抱勢不兩立的態度，而是設置護羌校尉，一方面隔絕羌人與匈奴，使南北不得交關，另一方面亦藉由護羌校尉治理羌漢雜處的諸般問題。《後漢書‧西羌傳》中班彪言：

> 舊制，益州部置蠻夷騎都尉，幽州部置領烏桓校尉，涼州部置護羌校尉，皆持節領護，理其怨結，歲時循行，問所疾苦。《後漢書‧西羌傳》

由於羌人並不似匈奴，有強力控制的中央政府，因此這種力圖安定的基本政策可避免漢朝陷入長期戰爭，對於雙方都不是壞事。然而由於羌漢雜處的關係，羌人為患仍十分難以避免，除了剿滅寇亂的羌人部落之外，漢代大致上曾經施行過三大政策，其一是「防」，其二是「讓」，其三是「伐」。〔註82〕

所謂「防」，可分為兩種方式，其一是屯田〔註83〕。此辦法源於西漢宣帝時趙充國的建議，其有名的屯田十二利奏：

〔註82〕 參見管東貴〈漢代處理羌族問題的辦法的檢討〉，《食貨月刊》（復刊）2 卷 3 期，1972.6，頁 129。

〔註83〕 關於漢代屯田的相關研究，可參見管東貴〈漢代的屯田與開邊〉，《中央研究院歷史語言研究所集刊》第四十五本，第一分，1973；管東貴〈漢代屯田的組織與功能〉，《中央研究院歷史語言研究所集刊》第四十八本，第四分，1977。

臣謹條不出兵留田便宜十二事。步兵九校，吏士萬人，留屯以爲武備，因田致穀，威德並行，一也。又因排折羌虜，令不得歸肥饒之墮，貧破其眾，以成羌虜相畔之漸，二也。居民得並田作，不失農業，三也。軍馬一月之食，度支田士一歲，罷騎兵以省大費，四也。至春省甲士卒，循河湟漕穀至臨羌，以眎羌虜，揚威武，傳世折衝之具，五也。以閒暇時下所伐材，繕治郵亭，充入金城，六也。兵出，乘危徼幸，不出，令反畔之虜竄於風寒之地，離霜露疾疫瘃墯之患，坐得必勝之道，七也。亡經阻遠追死傷之害，八也。內不損威武之重，外不令虜得乘間之勢，九也。又亡驚動河南大开、小开使生它變之憂，十也。治湟陿中道橋，令可至鮮水，以制西域，信威千里，從枕席上過師，十一也。大費既省，繇役豫息，以戒不虞，十二也。留屯田得十二便，出兵失十二利。臣充國材下，犬馬齒衰，不識長冊，唯明詔博詳公卿議臣採擇。《漢書‧趙充國辛慶忌傳》

　　邊防問題最大的困難在於糧草的轉輸。大軍開至邊境所需付出的勞役，除了士兵之外，**轉輸軍糧物資所需付出的勞力可能不遜於士兵將領的總數**，因此屯田政策一方面可增加糧食生產，另一方面亦可省政府軍事開銷。大軍屯於邊境，亦可示威於羌人，可謂一舉數得。東漢也曾經有兩次大規模的屯田，一次是在和帝永元末年，曹鳳建言廣設屯田：

時西海及大、小榆谷左右無復羌寇。隃麋相曹鳳上言：「……臣愚以爲宜及此時，建復西海郡縣，規固二榆，廣設屯田，隔塞羌胡交關之路，遏絕狂狡窺欲之源。又殖穀富邊，省委輸之役，國家可以無西方之憂。」於是拜鳳爲金城西部都尉，將徙士屯龍耆。後金城長史上官鴻上開置歸義、建威屯田二十七部，侯霸復上置東西邯屯田五部，增留、逢二部，帝皆從之。列屯夾河，合三十四部。其功垂立。至永初中，諸羌叛，乃罷。《後漢書‧西羌傳》

　　另一次是順帝永建四年（129）虞詡建言復置朔方、西河、上郡三郡，繼而屯田邊疆，陸續增加至十部：

（永建四年）（129）尚書僕射虞詡上疏曰：「……遭元元無妄之災，眾羌內潰，郡縣兵荒二十餘年。夫棄沃壤之饒，損自然之財，不可謂利；離河山之阻，守無險之處，難以爲固。今三郡未復，園陵單外，而公卿選懦，容頭過身，張解設難，但計所費，不圖其安。宜開聖

德，考行所長。」書奏，帝乃復三郡。使謁者郭璜督促徙者，各歸
舊縣，繕城郭，置候驛。既而激河浚渠爲屯田，省内郡費歲一億計。
遂令安定、北地、上郡及隴西、金城常儲穀粟，令周數年。《後漢書·
西羌傳》

（永建五年）（130）犀苦詣（韓）皓自言求歸故地，皓復不遣。因轉湟
中屯田，置兩河間，以逼群羌。皓復坐徵，張掖太守馬續代爲校尉。
兩河間羌以屯田近之，恐必見圖，乃解仇詛盟，各自儆備。續欲先
示恩信，乃上移屯田還湟中，羌意乃安。至陽嘉元年，以湟中地廣，
更增置屯田五部，并爲十部。《後漢書·西羌傳》

屯田之策誠如趙充國所言，既可省費，又可近逼羌人。然而屯田亦必須
有強大的實力作爲後盾，西漢時代武力軍備足以恫嚇四夷，因此趙充國僅屯
田一年，便令「羌靡忘等自詭必得」《漢書·趙充國辛慶忌傳》。但東漢時代卻不然，
和帝永元末年置屯田乃因燒當羌患初平，大小榆谷無復羌寇，然而明年卻爆
發了比之前燒當羌患更爲嚴重的永初羌患，順帝時代的屯田亦無法阻止幾年
後的永和羌叛。可見屯田政策雖對漢人而言有利無害，然而武備不修、吏治
不清，縱使有屯田良策，亦是枉然。

邊境屯田的主要功能在於威嚇羌人，倘若屯田之將官士兵不能做到此一
目的，則反而會受羌人激烈反抗。由於屯田乃於羌人之河間谷地種植糧草作
物，對於羌人而言無異是剝奪了其重要的生計來源。西漢時代的屯田由於有
強大的軍隊作爲後盾，故趙充國可以自信的說屯田有「排折羌虜，令不得歸
肥饒之墜，貧破其眾，以成羌虜相畔之漸。」的功能，由於西漢軍隊相對於
羌人部落而言，乃無法擊敗之強大，因此即使棲息地被漢人剝奪，羌人也只
能自相攻伐以取得更多的農牧資源。東漢之軍隊卻無此能力，屯田於羌人谷
地反而會造成羌人反彈，順帝時代的屯田使羌人因此「解仇詛盟，各自儆備」，
可見漢軍對其並無恫嚇力，而東漢政府竟因此而移屯田於他地。屯田政策若
不能削弱羌人勢力，反令其解仇團結，漢人軍備又不足以威嚇羌人，則趙充
國所言之屯田十二利已去其半矣。

「防」政策的另一個方式是澄清吏治，立漢人威德，東漢羌患之所以綿
延不止，主要原因便在於豪強邊吏奴役過甚，政府貪索財賄，若有循吏能夠
一清吏政，則羌人亦不至於反覆作亂。如皇甫規與張奐：

先是安定太守孫儁受取狼籍，屬國都尉李翕、督軍御史張稟多殺降

羌，涼州刺史郭閎、漢陽太守趙熹並老弱不堪任職，而皆倚恃權貴，不遵法度。（皇甫）規到州界，悉條奏其罪，或免或誅。羌人聞之，翕然反善。沈氏大豪滇昌、飢恬等十餘萬口，復詣規降。《後漢書‧皇甫張段列傳》

羌豪帥感奐恩德，上馬二十匹，先零酋長又遺金鐻八枚。（張）奐並受之，而召主簿於諸羌前，以酒酹地曰：「使馬如羊，不以入廄；使金如粟，不以入懷。」悉以金馬還之。羌性貪而貴吏清，前有八都尉率好財貨，爲所患苦，及奐正身絜己，威化大行。《後漢書‧皇甫張段列傳》

　　清吏治，立威德，乃處理羌患以及羌漢雜居的斧底抽薪之策。然而與盜賊問題一樣，東漢循吏乃可遇而不可求的，從張奐「正身絜己」而使羌人大受感動的情況看來，所謂「前八都尉率好財貨」可能只是東漢邊政的冰山一角而已。如此看來，希冀每位邊吏都能如皇甫規、張奐這般以德服人，無異是緣木求魚。

　　「讓」的對羌政策即是棄邊徙民之策。東漢國力衰弱，武備不修，由前述的屯田事便可知一斑。並由於羌患長年不止，部分大臣便以國用不足爲由，欲棄涼州，代表人物爲鄧騭、龐參：

（永初）四年（110），羌寇轉盛，兵費日廣，且連年不登，穀石萬餘。（龐）參奏記於鄧騭曰：「比年羌寇特困隴右，供徭賦役爲損日滋，官負人責數十億萬。今復募發百姓，調取穀帛，衒賣什物，以應吏求。外傷羌虜，內困徵賦。遂乃千里轉糧，遠給武都西郡。塗路傾阻，難勞百端，疾行則鈔暴爲害，遲進則穀食稍損，運糧散於曠野，牛馬死於山澤。縣官不足，輒貸於民。民已窮矣，將從誰求？名救金城，而實困三輔。三輔既困，還復爲金城之禍矣。參前數言宜棄西域，乃爲西州士大夫所笑。今苟貪不毛之地，營恤不使之民，暴軍伊吾之野，以慮三族之外，果破涼州，禍亂至今。夫拓境不寧，無益於疆；多田不耕，何救飢敝！故善爲國者，務懷其內，不求外利；務富其民，不貪廣土。三輔山原曠遠，民庶稀疏，故縣丘城，可居者多。今宜徙邊郡不能自存者，入居諸陵，田戍故縣。孤城絕郡，以權徙之；轉運遠費，聚而近之；徭役煩數，休而息之。此善之善者也。」騭及公卿以國用不足，欲從參議，眾多不同，乃止。《後

漢書·李陳龐陳橋列傳》

　　龐參此言可謂與王符之論隔空辯論，所謂「西州士大夫」者，可能就是以王符為代表人物的關西士大夫。由後來棄邊徙民政策付諸實現來看，徙民之策顯然並無「休而息之」的效果，反令流民大起，涼州、三輔之百姓經濟破敗更甚，此皆本文前論所述，此更不贅言。

　　王符既為關西士大夫的代表，其說亦是涼州民間反對徙民政策的明證。在東漢政府方面，「讓」的政策亦非一面倒的被施行，前引文云「欲從參議，眾多不同，乃止」，可見朝中反對棄邊者亦多，如虞詡、李脩可為此議之代表人物：

> 永初四年（110），羌胡反亂，殘破并、涼，大將軍鄧騭以軍役方費，事不相贍，欲棄涼州，并力北邊，乃會公卿集議。騭曰：「譬若衣敗，壞一以相補，猶有所完。若不如此，將兩無所保。」議者咸同。（虞）詡聞之，乃說李脩曰：「竊聞公卿定策當棄涼州，求之愚心，未見其便。先帝開拓土宇，勤勞後定，而今憚小費，舉而棄之。涼州既棄，即以三輔為塞；三輔為塞，則園陵單外。此不可之甚者也。諺曰：『關西出將，關東出相。』觀其習兵壯勇，實過餘州。今羌胡所以不敢入據三輔，為心腹之害者，以涼州在後故也。其土人所以推鋒執銳，無反顧之心者，為臣屬於漢故也。若棄其境域，徙其人庶，安土重遷，必生異志。如使豪雄相聚，席卷而東，雖賁、育為卒，太公為將，猶恐不足當禦。議者喻以補衣猶有所完，詡恐其疽食侵淫而無限極。棄之非計。」……脩善其言，更集四府，皆從詡議。於是辟西州豪桀為掾屬，拜牧守長吏子弟為郎，以安慰之。鄧騭兄弟以詡異其議，因此不平，欲以吏法中傷詡。《後漢書·虞傅蓋臧列傳》

　　虞詡之議雖不如王符來的清楚明白，然而棄邊可能造成西陲豪強伺機而起，卻也是真知灼見。兩漢之際時的隗囂、永初羌患時的杜琦、杜季貢兄弟、甚至東漢末年的董卓等，皆為趁國勢衰微而擁兵作亂的豪強，東漢若果真棄涼州邊郡，以杜季貢投奔羌胡之後屢敗漢軍的表現，虞詡所言之「豪雄相聚，席卷而東，雖賁、育為卒，太公為將，猶恐不足當禦」，絕非危言聳聽。

　　「讓」的對羌政策會出現種種不良影響，如徙民之流民大作，或棄邊而邊患更聚等等，其為錯誤決策有如前述，這裡不再多引文獻以為證。若對比西漢時代開疆擴土的氣度，棄邊之議出現於地廣人眾的漢人政府之中，可知

東漢一朝之格局已經遠遠不如西漢了。

除了「守」與「讓」之外，對於羌患尚有「伐」的政策。「伐」可分爲兩種，其一是被動的，即因羌人入寇而率軍討伐，此爲保家衛國之大計，並無對錯可言。然而永初羌患爆發之後，東漢軍隊與羌人交戰不能立即占得上風，與漢人作戰方式不如羌人有關。虞詡因此提出了一個關鍵的變革，即「捨甲胄，馳輕兵」的作戰方式：

> （元初二年）（115）後遣任尚爲中郎將，將羽林、緹騎、五營子弟三千
> 五百人，代班雄屯三輔。尚臨行，懷令虞詡說尚曰：「使君頻奉國命
> 討逐寇賊，三州屯兵二十餘萬人，棄農桑，疲苦徭役，而未有功效，
> 勞費日滋。若此出不克，誠爲使君危之。」尚曰：「憂惶久矣，不知
> 所如。」詡曰：「兵法弱不攻強，走不逐飛，自然之埶也。今虜皆馬
> 騎，日行數百，來如風雨，去如絕弦，以步追之，埶不相及，所以
> 曠而無功也。爲使君計者，莫如罷諸郡兵，各令出錢數千，二十人
> 共市一馬，如此，可捨甲胄，馳輕兵，以萬騎之眾，逐數千之虜，
> 追尾掩截，其道自窮。便人利事，大功立矣。」尚大喜，即上言用
> 其計。乃遣輕騎鈔擊杜季貢於丁奚城，斬首四百餘級，獲牛馬羊數
> 千頭。《後漢書·西羌傳》

作戰方式的改變使得東漢雖羌患長年不止，仍能夠有效壓制很長一段時間，永初羌患也因此局勢轉好，終將羌寇弭平於三輔、益州一帶，此爲東漢少數於軍事上的可取之處之一。

除了被動的討伐之外，東漢末年亦有短暫主動出擊羌人之政策，此爲桓、靈之際時段熲的主張：

> （永康元年）（67）西羌於此弭定。而東羌先零等，自覆沒征西將軍
> 馬賢後，朝廷不能討，遂數寇擾三輔。其後度遼將軍皇甫規、中
> 郎將張奐招之連年，既降又叛。……（段）熲因上言曰：「……臣
> 以爲狼子野心，難以恩納，埶窮雖服，兵去復動。唯當長矛挾脅，
> 白刃加頸耳。計東種所餘三萬餘落，居近塞內，路無險折，非有
> 燕、齊、秦、趙從橫之埶，而久亂并、涼，累侵三輔，西河、上
> 郡，已各內徙，安定、北地，復至單危，自雲中、五原，西至漢
> 陽二千餘里，匈奴、種羌，並擅其地，是爲癰疽伏疾，留滯脅下，
> 如不加誅，轉就滋大。今若以騎五千，步萬人，車三千兩，三冬

二夏，足以破定，無慮用費爲錢五十四億。如此，則可令群羌破

盡，匈奴長服，內徙郡縣，得反本土。……」帝許之，悉聽如所

上。《後漢書・皇甫張段列傳》

段熲的確有使「群羌破盡」的本事，《後漢書》敘其戰功云：「凡百八十
戰，斬三萬八千六百餘級，獲牛馬羊騾驢駱駝四十二萬七千五百餘頭，費用
四十四億，軍士死者四百餘人。」《後漢書・皇甫張段列傳》，若不計四十四億的
軍事支出，百八十戰、斬三萬八千級，卻僅僅戰死四百餘人，段熲之軍事才
能可謂不遜衛青、霍去病。然而段熲之後，如此類似西漢對付匈奴的羌患政
策亦不復出現。范曄對於東漢不能盡誅羌人，段熲主動發羌之政策不能貫
徹，有十分惋惜的評論，〈西羌傳論〉曰：

段熲受事，專掌軍任，資山西之猛性，練戎俗之態情，窮武思盡飆
銳以事之。被羽前登，身當百死之陳，蒙沒冰雪，經履千折之道，
始珍西種，卒定東寇。若乃陷擊之所殲傷，追走之所崩籍，頭顱斷
落於萬丈之山，支革判解於重崖之上，不可校計。其能穿竄草石，
自脫於鋒鏃者，百不一二。而張奐盛稱「戎狄一氣所生，不宜誅盡，
流血汙野，傷和致妖」。是何言之迂乎！羌雖外患，實深內疾，若攻
之不根，是養疾疴於心腹也。惜哉寇敵略定矣，而漢祚亦衰焉。《後
漢書・西羌傳》

逝者已矣，我們不能得知若貫徹段熲之策略，東漢局勢會如何，不過羌
患與匈奴問題有明顯的差異性，不能一概以主動出擊的策略對付。匈奴由於
有單于，有組織化的軍事活動，因此往往是計畫性的入侵漢朝，故漢武帝必
除之而後快；羌患不然，羌人並無政府組織，若漢人不加欺侮，並不會出現
大規模的聯合叛亂；且羌人諸種之間互相仇視，即使是秋冬之際羌人部落爲
求生計的擄掠，其內部之互相攻伐也佔了多數。故段熲之盡誅羌人與西漢之
討伐匈奴政策有根本上的差異。東漢羌患乃因吏治敗壞、奴役過甚使然，故
羌患乃漢人逼使爲寇；而西漢匈奴大舉寇邊乃爲了恐嚇漢朝，以求貿易與勒
索財物，〔註84〕故西漢主動出擊爲不得不然。段熲欲盡誅羌寇的策略，是治
末不致本，真正羌人爲患的原因恐怕依舊存在。

〔註84〕 王明珂分游牧民族的掠奪爲二種，其一爲生業性的掠奪（subsistence raids），
其二爲戰略性的掠奪（strategic raids），而匈奴則屬於後者。參見王明珂〈匈
奴的游牧經濟：兼論游牧經濟與游牧社會政治組織的關係〉，《中央研究院歷
史語言研究所集刊》第六十四本，第一分，1993.3，頁34～35。

二、王符之對策

　　東漢諸般社會問題，已如前述，王符在陳述這些社會問題的同時，也一再重申其挽救時弊的幾個基本原則。本章所討論的幾個社會問題，如社會風俗敗壞、盜賊叢生等等，雖然分屬不同層面的狀況，王符卻皆能抓住問題的核心，提出一些針對原則性的改革對策。原則性的改革爲王符「務本」說的一部份，對於本章所述的社會問題而言，此改革的方針則爲「明法令」與「興教化」。

　　首先先論風俗問題，王符與其他傳統士人一樣，認爲移風易俗乃聖王施政之重要責任，因此對於東漢社會風俗敗壞的問題，首先便是要施教化使民知正道所在，王符云：

> 移風易俗之本，乃在開其心而正其精。今民生不見正道，而長於邪淫誑惑之中，其信之也，難卒解也。惟王者能變之。〈卜列〉

> 夫貧生於富，弱生於強，亂生於治，危生於安。是故明王之養民也，憂之勞之，教之誨之，慎微防萌，以斷其邪。故易美「節以制度，不傷財，不害民」；七月詩大小教之，終而復始。由此觀之，民固不可恣也。〈浮侈〉

　　興教化爲移風易俗之本，因此面對東漢社會價值觀普遍趨於奢侈與競利時，王符強調王者教化的功能，將各種豪強、貴戚、百姓的奢侈行爲，歸咎在於亂政薄化之上。〈浮侈〉篇反覆譏諷世人因奢侈競利所造成的價值觀扭曲，其結論便強調教化的重要性，其言曰：

> ……凡諸所譏，皆非民性，而競務者，亂政薄化使之然也。王者統世，觀民設教，乃能變風易俗，以致太平。〈浮侈〉

　　雖然施政教化乃聖王的責任，但是王符同時亦主張君子必須潔身自愛，並將各種美德傳之後代。其言曰：

> 故君子曰：財賄不多，衣食不贍，聲色不妙，威勢不行，非君子之憂也。行善不多，申道不明，節志不立，德義不彰，君子恥焉。是以賢人智士之於子孫也，屬之以志，弗屬以詐；勸之以正，弗勸以詐；示之以儉，弗示以奢；貽之以言，弗貽以財。是故董仲舒終身不問家事，而疏廣不遺賜金。子孫若賢，不待多富，若其不賢，則多以徵怨。故曰：無德而賄豐，禍之胎也。〈過利〉

所謂「厲之以志，弗厲以詐；勸之以正，弗勸以詐；示之以儉，弗示以奢；貽之以言，弗貽以財。」可謂君子之家教，聖王施之於上，君子行之於下，此爲興教化的根本之道。若天下君子皆能「厲之以志」、「勸之以正」、「示之以儉」、「貽之以言」，則豪強貴戚必無奢侈之生活。又如果豪強貴戚個個都是彬彬君子的話，則百姓受之德化，必模仿其君子之道，而非效之奢侈浪費了。

興教化可使移正風俗，改善東漢社會奢侈浪費的問題。同樣的，若君子以奢侈爲務，貪於財貨，禮義教化亦會隨之衰敗，王符云：

> 凡百君子，競於驕僭，貪樂慢傲，如賈一倍，以相高。苟能富貴，雖積狡惡，爭稱譽之，終不見非；苟處貧賤，恭謹，祇爲不肖，終不見是。此俗化之所以浸敗，而禮義之所以消衰也。〈交際〉

富貴得譽者「競於驕僭，貪樂慢傲」，而眞正恭謹之君子卻不得社會接受，此即東漢社會風俗敗壞之由。若東漢政府不能由豪強貴戚著手導正風俗，施興教化的話，則不論皇帝如何下詔、立法禁止奢侈，亦是枉然。更何況東漢法制之敗壞，更甚風俗之淪喪耶？

奢侈之外，私鬥復仇之風則爲法制問題的一環，故必須明法令來改善。凶悍性惡之人，需要藉由王法加以懲治，絕不能輕赦犯法之人。此爲王符德主刑輔的思想表現，其言日：

> 今夫性惡之人，居家不孝悌，出入不恭敬，輕薄慢傲，凶悍無辨，明以威侮侵利爲行，以賊殘酷虐爲賢，故數陷王法者，此乃民之賊，下愚極惡之人也。雖脫桎梏而出圄圉，終無改悔之心，自詩以羸教頭，出獄跐踏，復犯法者何不然。〈述赦〉

犯法者乃「民之賊」，而輕赦殺人者更是政府勸姦的作法。王符云：

> 洛陽至有主諧合殺人者，謂之會任之家，受人十萬，謝客數千。……今案洛陽主殺人者，高至數十，下至四五，身不死則殺不止，皆以數赦之所致也。由此觀之，大惡之資，終不可化，雖歲赦之，適勸姦耳。〈述赦〉

值得注意的是，王符雖強烈主張明法令以誅邪惡，表面上看似全盤反對復仇殺人之犯法行爲，卻又在某些部分流露出其可能受東漢復仇風氣的影響，而爲殺人者留下一些轉圜空間。如其引尚書言「不可不殺」與「亦不可殺」二者：

　　尚書康誥：『王曰：「於戲！封，敬明乃罰。人有小罪匪省，乃惟終
　　自作不典，戒爾，有厥罪小，乃不可不殺。」』言惡人有罪雖小，然
　　非以過差爲之也，乃欲終身行之，故雖小，不可不殺也。何則？是
　　本頑凶思惡而爲之者也。「乃有大罪匪終，乃惟省哉，適爾，既道極
　　厥罪，時亦不可殺。」言殺人雖有大罪，非欲以終身爲惡，乃過誤
　　爾，是不殺也。若此者，雖曰赦之可也。金作贖刑，赦作宥罪，皆
　　謂良人吉士，時有過誤，不幸陷離者爾。〈述赦〉

　　王符云殺人者雖有大罪，但是只要是「非欲以終身爲惡」便可赦而不殺。
這樣的赦宥足以爲復仇殺人開脫其罪，是王符明法思想的一個漏洞，亦即認
爲善人「雖有一惡，未足以亡」〔註85〕的觀念。在這樣的邏輯之下，飽讀聖
賢經書的崔瑗、魏朗，雖手刃殺兄仇人，便可作爲「亦不可殺」的「善人」，
若其所報仇的仇人之子弟又前來殺崔瑗、魏朗報仇，亦有可能非欲以終身爲
惡，則亦不殺。如此，王符明法令之主張在私鬥復仇一事上便略顯薄弱了。
　　雖然王符的主張裡寬恕了部分復仇殺人之罪，但是他依舊認爲執法者應
由政府來執行，而認爲百姓不應輕易犯法：

　　反一門赦之，令惡人高會而夸詫，老盜服臧而過門，孝子見讎而不
　　得討，亡主見物而不得取，痛莫甚焉。故將赦而先暴寒者，以其多
　　冤結悲恨之人也。〈述赦〉

　　從「孝子見讎而不得討」一句來看，王符並未主張孝子應主動殺人復仇，
而是怒罵政府赦免有罪之人造成了許多冤結悲恨之人。換言之，王符仍是主
張政府當明於執法，只要法令嚴明，罪者得誅，便不至於出現百姓私下復仇
氾濫的現象。也幸虧如此，王符之法制思想便不至於因「有罪者不殺」而同
於腐儒之流。
　　私鬥復仇以外，尚有方術活動氾濫的問題。王符雖不強力反對卜筮方術
活動，然而對過於依賴卜筮者，仍表不贊同之意，其言曰：

　　且聖王之立卜筮也，不違民以爲吉，不專任以斷事。〈卜列〉

　　聖人甚重卜筮，然不疑之事，亦不問也。甚敬祭祀，非禮之祈，亦
　　不爲也。故曰：「聖人不煩卜筮」，「敬鬼神而遠之」。夫鬼神與人殊
　　氣異務，非有事故，何奈於我？故孔子善楚昭之不祀河，而惡季氏

<hr>

〔註85〕　〈慎微〉：「積善多者，雖有一惡，是爲過失，未足以亡。積惡多者，雖有一
　　　　　善，是爲誤中，未足以存。」

之旅泰山。今俗人笑於卜筮，而祭非其鬼，豈不惑哉！〈卜列〉

所謂「敬鬼神而遠之」，乃王符對於卜筮活動的基本主張。從王符引聖人之言以觀卜筮之事來看，王符不若王充以徹底破除鬼神存在作爲思想基礎，而希冀百姓能得知聖人立卜筮之用心，明白聖人對於鬼神的態度。此想法使得王符相對於王充更接近於儒者，且由王符依聖人之教來看待卜筮方術之事，亦可知王符希望藉由興教化來遏止民間方術活動過於氾濫的社會問題。

再論王符對於盜賊問題的主張。王符對於盜賊起源於貧窮與飢餓認識頗深，因此其「國以民爲基」的基本原則，亦可用於消弭盜賊問題之用：

> 除上天感動，降災傷穀，但以人功見事言之，今自三府以下，至於
> 縣道鄉亭，及從事督郵，有典之司，民廢農桑而守之，辭訟告訴，
> 及以官事應對吏者，一人之，日廢十萬人，人復下計之，一人有事，
> 二人獲餉，是爲日三十萬人離其業也。以中農率之，則是歲三百萬
> 口受其饑也。然則盜賊何從消，太平何從作？〈愛日〉

從〈愛日〉篇這段資料可以得知，王符顯然有一個「由人治問題導因至盜賊問題」的邏輯推論，亦即政治效率不彰使百姓荒廢本業，百姓荒廢本業造成飢荒，飢荒造成盜賊，盜賊則會使天下不復太平等等。盜賊本爲流民問題之一部份，因此解決盜賊問題，首要之務便是使民富足，而使民富足，則必須先由改善百姓之經濟問題著手，〈愛日〉篇云

> 是故禮義生於富足，盜竊起於貧窮，富足生於寬暇，貧窮起於無日。
>
> 〈愛日〉

富足的意義是使百姓能夠從本業生產中得到溫飽，生活溫飽方能避免盜竊之事，因此這與前述的生活奢侈意義大不相同。奢侈使人失去禮義，即所謂「禮義之所以消衰」的原因，而百姓生活溫飽則是行禮義的基本條件之一，即這裡所說的「禮義生於富足」。盜賊問題由解決百姓之生計問題著手，是爲根本之道，亦爲王符強調務本原則的表現。

除了由經濟層面著手之外，王符還強調法制的作用。由於盜賊乃犯罪之行爲無疑，因此王符主張不能輕赦之，其言曰：

> 凡民之所以輕爲盜賊，吏之所以易作姦匿者，以赦贖數而有僥望也。
> 若使犯罪之人終身被命，得而必刑，則計姦之謀破，而慮惡之心絕
> 矣。〈述赦〉

> 若誠思畏盜賊多而姦不勝故赦，則是爲國爲姦宄報也。夫天道賞善
> 而刑淫，天工人其代之，故凡立王者，將以誅邪惡而養正善，而以
> 逞邪惡逆，妄莫甚焉。〈述赦〉

　　由此，可見百姓成爲盜賊誠然有可同情之處，但是犯罪之行難以莫滅，
若輕易給予赦宥，則不免百姓輕爲盜賊；相反的，若討而必刑，則流亡之百
姓便會安分等待政府或豪強的賑濟，或另外尋找出路，而不至於用最激烈且
破壞最大的賊盜方式，危害其他安居之百姓。爲了實踐明法以擒滅盜賊的政
策，王符又認爲明法必須由選賢才開始，王符引述了明帝時的一則案例，其
言曰：

> 昔孝明帝時，制舉茂才，過闕謝恩，賜食事訖，問何異聞，對曰：「巫
> 有劇賊九人，刺史數以竊郡，訖不能得。」帝曰：「汝非部南郡從事
> 邪？」對曰：「是。」帝乃振怒，曰：「賊發部中而不能擒，然材何
> 以爲茂？」捶數百，便免官，而切讓州郡，十日之閒，賊即伏誅。
> 由此觀之，擒滅盜賊，在於明法，不在數赦。〈述赦〉

　　王符所謂「擒滅盜賊，在於明法」有幾個重點，其一，是盜賊猖獗不能
以數赦解決；其二，不能擒滅盜賊者，其材不足爲茂。換言之，也就是選賢
才與明法令兩對策必須配合施行，方能由有效治理盜賊所引發的治安問題。
　　羌患寇亂所引發的社會問題與盜賊類似，均爲破壞社會治安，強奪百姓
經濟生產等等，然而二者之根源卻大不相同。王符由於身在羌患之區，因此
極渴望政府能夠徹底平定羌人寇亂，然而東漢的地方首相卻無此平亂之心，
故王符羌患對策之首要，便在於獎勵士兵將領爲國征戰，其云：

> 夫服重上阪，出馳千里，馬之禍也。然節馬樂之者，以王良足爲盡
> 力也。先登陷陣，赴死嚴敵，民之禍也。然節士樂之者，以明君可
> 爲效死也。凡人所以肯赴死亡而不辭者，非爲趨利，則因以避害也。
> 無賢鄙愚智皆然，顧其所利害有異爾。不利顯名，則利厚賞也；不
> 避恥辱，則避禍亂也。非此四者，雖聖王不能以要其臣，慈父不能
> 以必其子。明主深知之，故崇利顯害以與下市，使親疏貴賤賢鄙愚
> 智，皆必順我令乃得其欲，是以一旦軍鼓雷震，旌旗並發，士皆奮
> 激，競於死敵者，豈其情厭久生，而樂害死哉？乃義士且以徼其名，
> 貪夫且以求其賞爾。〈勸將〉

　　今吏從軍敗沒死公事者，以十萬數，上不聞弔唁嗟歎之榮名，下又

無祿賞之厚實，節士無所勸慕，庸夫無所貪利。此其所以人懷沮解，

不肯復死者也。〈勸將〉

王符雖為儒者，但是在羌患對策上卻表現出其因地制宜的思想彈性，所謂「義士且以徼其名，貪夫且以求其賞爾」等等，是以利害關係誘使將士奮發之對策，顯然與儒家思想不甚相合。姑且不論「崇利顯害以與下市」是否真能實行，〔註86〕王符獎勵征戰，提振士氣的企圖，應該有助於提高漢軍士卒的作戰能力。有了「競於死敵」的軍隊，其次便是慎選將帥。由於王符對於軍事將領延誤戰績的表現十分不滿，故做〈勸將〉篇以明其選將之論：

孫子曰：「將者，智也，仁也，敬也，信也，勇也，嚴也。」是故智以折敵，仁以附眾，敬以招賢，信以必賞，勇以益氣，嚴以一令。故折敵則能合變，眾附愛則思力戰，賢智集則英謀得，賞罰必則士盡力，勇氣益則兵勢自倍，威令一則惟將所使。必有此六者，乃可折衝擒敵，輔主安民。

孫子曰：「將者，民之司命，而國家安危之主也。」是故諸有寇之郡，太守令長不可以不曉兵。今觀諸將，既無斷敵合變之奇，復無明賞必罰之信，然其士民又甚貧困，器械不簡習，將恩不素結，卒然有急，則吏以暴發虐其士，士以所拙遇敵巧。此為將吏驅怨以禦讎，士卒縛手以待寇也。

夫世有非常之人，然後定非常之事，必道非常之失，然後見。是故選諸有兵之長吏，宜踔躒豪厚，越取幽奇，材明權變，任將帥者。不可茍惟基序，或阿親戚，使典兵官。此所謂以其國與敵者也。〈勸將〉

東漢永初羌患爆發時，由於為將者的嚴重延誤軍機，致使羌患一發不可收拾，前文已有陳述。王符引《孫子》作為慎選將帥之法，亦不失為針砭時弊之策。

修習武備之後，方能論對羌戰略。本文前述漢代政府的三種對羌策略裡，王符對於棄邊之議，顯然是深切痛恨之，亦無徹底剿滅羌人之言論，故其主張乃為修守備以恫嚇羌人，其言曰：

〔註86〕從東漢政府傾國力於羌患軍旅之費之上，導致「府帑空竭」的情況來看，王符這種重賞之下必有勇夫的對策顯然是難以實現的，更何況王符自己亦云：「放散錢穀，殫盡府庫，乃復從民假貸，彊奪財貨。」可見軍資之缺乏，又如何提高士兵之獎勵？

今言不欲動民以煩可也。即然，當修守禦之備。必今之計，令虜不
敢來，來無所得；令民不患寇，既無所失。今則不然，苟憚民力之
煩勞，而輕使受滅亡之大禍。非人之主，非民之將，非主之佐，非
勝之主者也。〈邊議〉

　　從激勵士氣、慎選將帥以來，王符皆力圖整頓東漢軍隊低靡的作戰能力。
而此段所言，雖無明指屯田二字，但卻十分接近於西漢時代趙充國的以威德
守邊的模式。首先是「當修守禦之備」、「令虜不敢來，來無所得」等等，是
以強大軍備作為恫嚇羌人不敢來犯的策略；而反對「民力之煩勞」，則亦有節
省軍事開支的主張在其中。在漢代的對羌戰爭裡，趙充國所上的「屯田十二
利」本為較妥善的方式，而王符能隱隱與之相合，亦可謂英雄所見略同。
　　王符另外所提出的羌患對策，則是移民實邊：王符云：

今誠宜權時令邊郡舉孝一人，廉吏世舉一人，益置明經百石一人，
內郡人將妻子來占著，五歲以上，與居民同均，皆得選舉。又募運
民耕邊入穀，遠郡千斛，近郡二千斛，拜爵五大夫。可不欲爵者，
使食倍賈於內郡。如此，君子小人各有所利，則雖欲令無往，弗能
止也。此均苦樂，平徭役，充邊境，安中國之要術也。〈實邊〉

……救邊乃無患，邊無患，中國乃得安寧。〈邊議〉

　　棄邊政策的缺失本文已經一再闡述了，然而移民實邊必須建立在消弭百
姓對於戰禍恐懼的基礎上才行。反過來說，充實的邊郡人口所帶來的經濟生
產力，也可以減少軍事開支，一方面令守邊士卒糧草充腴，另一方面進一步
增加邊郡的防衛能力。故邊郡人口是否充實與邊疆之守備是互為因果的關
係，虛則兩虛，實而雙實。至於王符所提的實邊對策，無非是希望恢復西漢
時代邊郡人口充實，邊疆武備強而有力的情況，此方為消弭邊患的真正根本
之道。
　　王符移民實邊的詳細方法，是以各種優惠吸引百姓前往邊郡，所謂「君
子小人各有所利，則雖欲令無往，弗能止也」。不過，前提是羌人必須不復為
寇，而羌人不復為寇的根本之道則是澄清吏治，以及改善羌漢雜處之衝突等
等；至於澄清吏治，則又必須先舉賢才，明法令，方能產生大量如皇甫規、
張奐等守邊循吏；舉賢才、明法令則必須從改善東漢豪強干預選舉、破壞法
制的行為著手；東漢豪強由於其政治、社會、經濟之勢力穩固，依附者眾，
故難以拔除，真要減低豪強的影響力，則非要從抑制土地兼併、振興小農經

濟做起不可。所謂「邊無患，中國乃得安寧」理想，實際上尚有許許多多的先決條件必須滿足，東漢在各種互為因果的惡性循環之中，既無大刀闊斧變法中興的帝王，也無力挽狂瀾的將相，只好一步步的走向滅亡。王符所言雖真知灼見，東漢士人亦非皆耳聾目盲，然漢王朝之國祚走到永初羌患爆發之時，雖距離滅亡尚有百餘年之譜，實際上已是百足之蟲，死而不僵的情況了。

第五節　社會問題與東漢王朝的覆滅

　　流民本為東漢的社會問題，然而本文討論流民問題之成因時，卻不得不兼論東漢的政治問題與經濟問題。同樣的，流民問題作為一社會問題，亦與其他社會問題有密切的因果關係，這也是本文將其他社會問題納入討論的原因之一。一個社會問題的發生絕非獨立的存在著，本文始終強調這一點，對於流民問題而言，流民的出現表面上看似因為水旱蟲災或戰禍的關係，然而政府為何不能救民於水火之中，而令飢荒百姓四處就食？為何戰爭難以弭平，而使難民遍佈東漢半壁江山？這些問題都與流民問題一樣，背後均有複雜的政治、經濟、社會因素，一旦挖掘出整體的因果關係，便會發現東漢王朝早在王符《潛夫論》成書之時，便已經病入膏肓，難以救治了。

　　本章所述的幾個社會問題，其中社會風俗的部分明顯繼承自西漢時代。以奢華風氣為例，兩漢的奢侈逐利之風建立在大一統所帶來的繁榮的商品經濟上，在財富分配嚴重不均的情況之下，出現了一批以豪強為主力的富人消費者，他們在享受奢侈生活的同時，一方面促使更多財富流向豪強富人，另一方面又將這種奢華風氣向百姓傳達。兩漢自從出現士族化、官僚化的豪強之後，便以這種方式逐漸擴大本已經相當嚴重的貧富差距。尤其東漢時代，政府控制力與豪強之影響力恰如反比。政府益加無能，則安輯百姓的政策愈少，教化風俗的能力愈差，富者愈富，故更加奢華僭越，而貧者愈貧，又不得不進入這種奢華消費習慣的社會之中。崔瑗、崔寔父子本非豪富，然亦非窮其奢華之徒，卻仍在此奢華風氣之中面臨破產的窘境，有社會地位的崔氏父子已然如此，一般平民又如何能避免成為流民？

　　相對之下，盜賊問題並無繼承自何朝何代的狀況。光武帝在中興漢室之後便逐一消滅了王莽亂後四起的豪傑與盜賊，明、章時代更是以天下太平作為盛世的基礎。然而也就是這種非連續性的特色，盜賊便成為東漢流民問題

的一個很好的觀察點。漢代的盜賊多由流民所組成，尤其是在非南方地區，盜賊的多寡不但可以表現出當地治安的好壞，也可以表現出當地的經濟狀況，以及地方豪強與政府官吏的素質。歷史文獻如《後漢書》者，對於盜賊的記載遠詳於流民，如黃巾賊集中於中平元年（184）二月率數十萬人同日反叛，此後天下之盜賊便風起雲湧，這代表了在中平元年之前，中國理應有為數相當可觀的流民，方能令張角以及其他賊首擁有可糾結叛亂的黨徒。桓、靈時代的東漢政府已經毫無社會控制力可言，但是黃巾之亂前的桓帝時代，其對流民的記載尚不如盜賊較少的安帝時代，〔註87〕可見史籍對流民問題失載之嚴重。由於東漢的情勢乃逐年惡化，羌患雖曾經壓制於一時，卻非徹底的解決，故我們可以推論，王符所云：「逐道東走，流離分散，幽、冀、兗、豫、荊、揚、蜀、漢，飢餓死亡，復失太半。」的流民慘況，歷經安帝、順帝、桓帝三朝始終沒辦法受到妥善的安置。由於大批流民由西向東求食，可能使得其他無羌患地區也必須面臨飢荒與盜賊的威脅，而產生了更多的流民。這種以流民為主體的崩潰現象並沒有在文獻中明載，不過從靈帝爆發黃巾之亂突然出現的盜賊大軍來看，流民問題的加溫並非無跡可循，這樣的推論或許更能解釋為何盜賊能夠蜂擁而現。

羌患問題相對於以上二者，則可作為兩漢國力之鮮明對比。西漢時代並非沒有羌患，然而由於武備強悍，政策適宜，故為患並不嚴重。進入東漢之後，羌人雖然沒有變得團結而強大，但卻成為滅亡漢祚的主要因素之一，兩漢之間國力差異可見一斑。本章上一節的最後曾經略述王符「邊無患」理想的邏輯推演，由邊而內層層推進，滿是病灶，可見東漢痼疾之深。國力衰退之原因，早在東漢立國時便已見其端；武備之不修、邊事之不察、徙降羌於內地以做以夷制夷之用等等，甚至成為東漢的國策。羌人深入華夏境內，成為中國內部社會問題的一部份，所造成的禍害自然比西漢時代更為嚴重。東漢內部的羌人由於生活方式使然，性質同於流民與盜賊，只是羌患對於東漢以後歷史的影響，恐怕比流民更難以估計。

〔註87〕 參見羅彤華《漢代的流民問題》（台北：學生書局，1989.12），附表一〈兩漢流民資料簡編〉，頁 275〜293。

結　論
——《潛夫論》反映流民問題
所展現之時代意義

　　王符的思想繼承了儒家以民為重的精神，故對於東漢政局之混亂以及社會百姓生計之艱難頗多關注。或者痛心疾首的批斥時代之沈淪，又或者用心良苦的提出建言。然而，這種入世的批判思想並非王符獨有，東漢早期的桓譚，其後的王充，以及王符之後的崔寔、仲長統等，都表現著不同程度的批評精神。尤其在王符之後，這種批評精神由對學術思想的批評轉而面對現實的政治與社會，並對當朝者施以激烈而尖銳的批判，為東漢一片結黨營私的風氣，注入了少許「耿介不同於俗」的儒家知識份子風範。更值得慶幸的是，這些批評時政的言論並沒有受到當權者的壓制，漢代並未出現如其他時代或多或少的文字獄，且在歷經了近兩千年之後，雖然崔寔、仲長統的著作或散或佚，但仍有王符之《潛夫論》首尾完好的保存至今，實為吾輩治史者之萬幸。

　　東漢立國以儒術為本，在明、章二帝時期頗能達到儒家「本固邦寧」〔註1〕的民本政治理想。尤其明帝時期的大豐收，更是天下太平，百姓富足，人無流亡。文獻記載了明帝永平十二年（69）的盛世寫照：

> （永平十二年）（69）是歲，天下安平，人無徭役，歲比登稔，百姓殷
> 富，粟斛三十，牛羊被野。《後漢書·顯宗孝明帝紀》

　　這樣的景象，對於儒者而言無疑是理想中的治世。王符之《潛夫論》雖

〔註1〕《尚書·夏書·五子之歌》。

然對於東漢政局痛心疾首，卻四度引孝明帝時政來作為後期政治腐敗的反證，顯然在王符的心目中，明帝是愛民〔註2〕、明法〔註3〕、尚檢〔註4〕而足以與文帝、景帝相匹配的「上明聖主」。章帝時期雖然時有災疫，然而政府運作順暢，災荒流民亦多能得到妥善的照顧，故能承明帝之治而安天下。王符生於章帝建初年間，幼時理當聽聞許多前朝治世之盛況，然此後東漢各方面均快速衰弱，和帝、安帝、順帝三朝雖致力於稟貸賑濟流民，甚至是兩漢社會救濟最頻繁的時候，但卻仍遠遠比不上水旱蟲災以及治安敗壞所製造出的流亡飢民。羅彤華云：

> 東漢中期是流民問題很具特色的一個階段。諸帝的安民惠政創下兩漢最豐碩的紀錄，如假田苑聽入陂池漁采、災荒減免、災荒稟貸、賜貧不能自存者粟、賜流民無名數爵、亡命聽贖等項，都高居各期首位，其他各類安輯措施也很少落於人後，可見中期政府對民生仍極關切，在財政上也還有此能力來配合行動。然而中期之流冗逃荒所在多有，盜賊邊禍不絕於書，問題不僅較早期複雜的多，各惠政似乎也未見預期功效，這或許與中期災荒連綿而起，羌患久未能平，以及吏治貪污腐化，外戚宦官相繼擅權有密切關連。〔註5〕

由明、章之治進入和、安、順三朝，東漢快速的被各項天災戰禍凸顯出先天不良、後天失調的體質。雖然安民惠政連年施行，但卻皆非對症下藥之良策，流民問題更日益嚴重。羅彤華認為施政缺乏功效的原因在於災荒、羌患、吏治、外戚宦官等因素使然，此言極是。然而除此之外，我們更能夠進一步挖掘「災荒連綿而起」、「羌患久未能平」、「吏治貪污腐化」、「外戚宦官相繼」等等政治社會問題與流民問題的關係：為何這些造成流民問題的元凶

〔註2〕　〈愛日〉：「孝明皇帝嘗問：『今旦何得無上書者？』左右對曰：『反支故。』帝曰：『民既廢農遠來詣闕，而復使避反支，是則又奪其日而冤之也。』乃敕公車受章，無避反支。上明聖主為民愛日如此，而有司輕奪民時如彼，蓋所謂有君無臣，有主無佐，元首聰明，股肱怠惰者也。

〔註3〕　〈述赦〉：「昔孝明帝時，制舉茂才，過關謝恩，賜食事訖，問何異聞，對曰：『巫有劇賊九人，刺史數以竊郡，訖不能得。』帝曰：『汝非部南郡從事邪？』對曰：『是。』帝乃振怒，曰：『賊發部中而不能擒，然材何以為茂？』捶數百，便免官，而切讓州郡，十日之間，賊即伏誅。」

〔註4〕　〈浮侈〉：「文帝葬於芷陽，明帝葬於洛南，皆不藏珠寶，不造廟，不起山陵。陵墓雖卑而聖高。」又同篇云：「景帝時，武原侯衛不害坐葬過律奪國。明帝時，桑民扺陽侯坐冢過制髡削。今天下浮侈離本，僭奢過上，亦已甚矣！」

〔註5〕　羅彤華《漢代的流民問題》（台北：學生書局，1989.12），頁272。

始終不能在政府力圖振作中被掃除，反而更加侵蝕漢朝的國基？本文深入探討東漢各項弊病之成因以及政府無力改革的理由，把梳流民問題的深層歷史原因，以及流民、盜賊等在東漢王朝滅亡的過程中，扮演哪些角色。王符之《潛夫論》可作為這種深入研究的指標，且處處為東漢政府提供了原則性的改革對策，所論多為真知灼見，直指問題核心，為後世提供了強而有力的論述，此可謂《潛夫論》反映流民問題的時代意義之一。

另外，王符之《潛夫論》雖不是一本專論流民問題的著作，然而由於王符所處的時間正是以上所言東漢各項弊病浮現之時，且王符又能以其平民百姓之角色，為時代之亂象發言批評，故其所述，正是本文企圖討論流民問題深層原因的最佳參照。雖然《潛夫論》之內容遠遠比作為正史的《後漢書》來得少，然而其所處之位置及王符之身份，卻使《潛夫論》擁有相當的質量，晚出的《後漢書》甚至必須參考《潛夫論》做史。〔註6〕深具份量的原手史料價值，加上王符終身不仕的平民角色，正是《潛夫論》反映流民問題所展現出來的時代意義之二。

另外，王符對於國計民生問題的觀察，本身是東漢民本思想的再現，亦反映了以及以王符為代表的東漢批判思潮，對政治、經濟、社會問題的認識與反省。流民問題的原因、影響、以及王符所提出的對策，在《潛夫論》中無處不反映王符及東漢批判思潮的思想特質，《潛夫論》以政論之書而進入思想史的範疇，便在於此。士人關注之事由學術而民生，把目光移向百姓流民，這樣的轉變十分可貴，此可謂《潛夫論》反映流民問題所展現出來的時代意義之三。

然而《潛夫論》亦有不足之處，畢竟其內容太薄，難以容納各種錯綜複雜的歷史現象及其原因。舉例來說，《潛夫論》對於流民之描述集中在羌患一事上，最具代表性者為〈實邊〉篇：

> 又放散錢穀，殫盡府庫，乃復從民假貸，彊奪財貨。千萬之家，削身無餘，萬民匱竭，因隨以死亡者，皆吏所餓殺也。其為酷痛，甚

〔註6〕最為明顯者為永初羌患的描述，直接被范曄著《後漢書》所襲用，〈實邊〉：「前羌始叛，草創新起，器械未備，虜或持銅鏡以象兵，或負板案以類楯，惶懼擾攘，未能相持。一城易制爾，郡縣皆大熾。」對照《後漢書‧西羌傳》之文字：「先零別種滇零與鍾羌諸種大為寇掠，斷隴道。時羌歸附既久，無復器甲，或持竹竿木枝以代戈矛，或負板案以為楯，或執銅鏡以象兵，郡縣畏懦不能制。」

於逢虜。寇鈔賊虜,忽然而過,未必死傷。至吏所搜索剿奪,游踵
塗地,或覆宗滅族,絕無種類;或孤婦女,為人奴婢,遠見販賣,
至令不能自活者,不可勝數也。此之感天致災,尤逆陰陽。

民之於徙,甚於伏法。……故爭郡縣以內邊。至遣吏兵,發民禾稼,
發徹屋室,夷其營壁,破其生業,彊劫驅掠,與其內入,……民既
奪土失業,又遭蝗旱飢饉,逐道東走,流離分散,幽、冀、兗、豫,
荊、揚、蜀、漢,飢餓死亡,復失太半。邊地遂以丘荒,至今無人。
原禍所起,皆吏過爾。〈實邊〉

此段具體描述了以下關係:

1-1、流民之情況:「逐道東走,流離分散」、「飢餓死亡,復失太半」

1-2、流散之地點:「幽、冀、兗、豫,荊、揚、蜀、漢」

2-1、流民成因中的政策因素:「民之於徙,甚於伏法」、「復從民假貸」

2-2、吏治因素:「至遣吏兵,發民禾稼」、「皆吏所餓殺也」

2-3、經濟因素;「奪土失業,又遭蝗旱飢饉」、「千萬之家,削身無餘,萬
民匱竭,」

2-4、社會因素:「寇鈔賊虜,忽然而過,」

3-1、流民之影響:「邊地遂以丘荒,至今無人」、

3-2、流民之去向:「為人奴婢,遠見販賣,」

《潛夫論》反映的羌患流民與政治、經濟、社會問題之關連性,大約盡
在於此。若單純只就《潛夫論》一書論述流民問題的話,則王符顯然未明言
流民如何成為西北地區社會的不安定份子,內徙之羌人與漢人流民之間是否
有相同之處,流散四方的流民除了「為人奴婢」之外,又從何而去,有何影
響,等等與流民問題相關的狀況。

除羌患問題所造成的流民之外,王符未明言者就更多了,如愛惜日力之
說雖然對於東漢生產效率不佳的經濟問題提供了史料以及對策,然而除此之
外,東漢向有嚴重的土地兼併問題,此非生產效率不佳,而是根本無田可種。
王符在土地兼併問題上著墨甚少,雖然其本末論中痛斥奢侈而不事生產的之
人,又指出內郡邊疆之間人地比率不均的嚴重現象,但土地兼併所造成的流
民問題,顯然其他史料所呈獻出來的要比《潛夫論》更為詳細,這個部分就
必須將《潛夫論》與其他各項史料並排加以推論,方能得之,而本文也因此
花了不少篇幅介紹其他非《潛夫論》的史料。此亦為《潛夫論》的不足之處。

　　整體而言,《潛夫論》一書作為反映東漢社會問題之史料,仍有不可磨滅之價值。其書雖只三十五篇,卻對東漢一朝之沈淪有深切而廣泛的認識,非但揭露了史實,批判了腐敗,更傳達了平民百姓對於所處時代的真誠建言。在針砭時弊之餘,尚能兼顧興教化、勸學術的思想功能,故清乾隆十九年(1754)周泰元重刊《潛夫論》時序云:

　　　　余向讀其論,見其剴切詳明,無所不備,未嘗不掩卷太息,而想見
　　　　夫潛之所以為潛也。〔註7〕

　　王符雖號「潛夫」,但是在東漢時代便廣受尊敬,是所謂不求名而得名,其雖終身不仕,影響力卻深入人心,尤其是當時處污泥而不染的清流份子,更是對一介白衣的王符推崇備至。《後漢書》本傳記載王符往見擊羌名將皇甫規時,竟令自恃甚高的皇甫規「驚遽而起,衣不及帶,屣履出迎,援符手而還」,乃至於當時人為之語曰:「徒見二千石,不如一縫掖。」所以能有如此高的評價,除了王符「書生道義之可貴」外,《潛夫論》之真知灼見以及王符的學術思想,亦是其受人仰慕的主要原因。

〔註7〕 〔清〕汪繼培箋,彭鐸校正《潛夫論箋》(台北:漢京文化事業出版社,1984
　　　　年初版)附錄二,頁484。

參考書目

一、潛夫論諸版本

1. 〔明〕萬曆胡維新輯刊之《兩京遺編》本，台北：商務印書館。
2. 〔明〕程榮《漢魏叢書》本，台北：新興出版社。
3. 〔清〕錢曾述古堂所藏馮己蒼景抄宋版翻刻本，台北：商務印書館，四部叢刊子部 76。
4. 日本天明七年（1787 年，清乾隆五十二年）浪華六藝堂刊本，台北：國家圖書館館藏。
5. 〔清〕汪繼培箋本，〔清〕嘉慶陳春輯《湖海樓叢書》，台北：藝文印書館《百部叢書集成》796。
6. 胡楚生《潛夫論集釋》，台北：鼎文書局，1979。
7. 彭鐸校正《潛夫論箋》，台北：漢京文化事業出版社，又稱項淵文化事業），1984。
8. 張覺譯注《潛夫論全譯》，貴陽：貴州人民出版社，1990.10。
9. 彭丙成譯注《新譯潛夫論》，台北：三民書局，1998.05。

二、古籍文獻

（一）經部之屬

1. 《十三經注疏》，台北，藝文印書館。
2. 〔東漢〕許慎；〔清〕段玉裁注《說文解字注》，台北，洪葉文化事業出版社。

（二）史部之屬

1. 〔西漢〕司馬遷《史記》，北京：中華書局。
2. 〔東漢〕班固等《漢書》，北京：中華書局。
3. 〔東漢〕應劭等《漢官六種》，台北，台灣商務印書館，四庫備要本。
4. 〔東漢〕荀悅《漢紀》，北京：中華書局（與《後漢紀》合刊，並稱《兩漢紀》）。
5. 〔晉〕袁宏《後漢紀》，北京：中華書局（與《後漢紀》合刊，並稱《兩漢紀》）。
6. 〔晉〕陳壽《三國志》，北京：中華書局。
7. 〔南朝宋〕范曄；〔晉〕司馬彪《後漢書》，北京：中華書局。
8. 〔北魏〕酈道元注；王國維校《水經注校》，台北：新文豐出版社。
9. 〔唐〕魏徵等《隋書》，北京：中華書局。
10. 〔唐〕房玄齡等《晉書》，北京：中華書局。
11. 〔唐〕杜佑《通典》，北京：中華書局。
12. 〔宋〕司馬光等《資治通鑑》，北京：中華書局。
13. 〔宋〕鄭樵；〔明〕陳宗夔校《通志二十略》，台北，世界書局。
14. 〔宋〕徐天麟《西漢會要》台北，藝文印書館，百部叢書集成329～332。
15. 〔宋〕徐天麟《東漢會要》台北，藝文印書館，百部叢書集成332～334。
16. 〔元〕馬端臨《文獻通考》，台北，新興書局，國學基本叢書。
17. 〔清〕王夫之《讀通鑑論》，北京：中華書局。
18. 〔清〕紀昀等撰《四庫全書總目》，北京：中華書局。
19. 〔清〕趙翼；王樹民校證《廿二史劄記》，北京：中華書局。
20. 〔清〕錢大昕《廿二史考異》，台北，藝文印書館，百部叢書集成1275。

（三）子部之屬

1. 〔東周〕管仲；〔清〕戴望校正《管子校正》，台北：世界書局，諸子集成。
2. 〔東周〕墨子；〔清〕孫詒讓《墨子閒詁》，台北：華正書局。
3. 〔東周〕莊周；〔清〕郭慶藩集釋《莊子集釋》，台北：世界書局，諸子集成。
4. 〔東周〕荀況；〔清〕王先謙集解《荀子集解》，台北：世界書局，諸子集成。
5. 〔東周〕韓非；陳奇猷集釋《韓非子集釋》，台北：世界書局。
6. 〔秦〕呂不韋；許維遹集釋《呂氏春秋集釋》，台北：世界書局。
7. 〔西漢〕劉安等；于大成校釋《淮南子校釋》，台北：台灣師範大學國文

研究所博士論文。

8. 〔西漢〕桓寬編；王利器校注《鹽鐵論校注》，北京：中華書局。

9. 〔西漢〕揚雄；〔清〕汪榮寶義疏《法言義疏》，台北：世界書局。

10. 〔西漢〕劉向編撰；左松超集證《說苑集證》，台北，國立編譯館。

11. 〔西漢〕劉歆編撰；向新陽，劉克任校注《西京雜記校註》，上海，上海古籍出版社。

12. 〔東漢〕桓譚；〔清〕馮翼輯佚《桓子新論》，台北：中華書局。

13. 〔東漢〕王充；黃暉校釋《論衡校釋》，北京：中華書局。

14. 〔東漢〕應劭；王利器校注《風俗通義校注》，台北：明文書局。

15. 〔東漢〕荀悅《申鑒》，台北：世界書局，諸子集成。

16. 〔晉〕葛洪；〔清〕孫星衍校正《抱朴子》，台北：世界書局，諸子集成。

17. 〔晉〕劉徽；〔唐〕李淳風等釋《九章算經》，上海：上海古籍出版社，續修四庫全書子部天文算法類 1041。

18. 〔北魏〕賈思勰；繆啓愉校釋《齊民要述校釋》，台北，明文書局。

19. 〔唐〕魏徵《群書治要》，台北，商務印書館，四部叢刊子部 44。

20. 〔清〕俞樾《諸子平議》，台北：世界書局，諸子集成。

（四）集部之屬

1. 〔南朝梁〕蕭統編《文選》，台北：藝文印書館，宋淳熙本重雕鄱陽胡氏藏版。

2. 〔清〕嚴可均輯《全上古三代秦漢三國六朝文》，台北：世界書局。

三、近人著作（依出版時間先後排序）

1. 勞榦編《居延漢簡》台北：中央研究院歷史語言研究所，專刊之二十一圖版之部、四十考釋之部，1957、1960。

2. 陳直《兩漢經濟史料論叢》，陝西人民出版社，1958。

3. 漆俠等著《秦漢農民戰爭史》，北京，生活讀書新知三聯書店，1962。

4. 譚宗義《漢代國內陸路交通考》，香港：新亞研究所，新亞研究所專刊，1967.12。

5. 蕭璠《春秋至兩漢時期中國向南方的發展》，台北：國立台灣大學出版委員會，文史叢刊之四十一，1973。

6. 嚴靈峰《周秦漢魏諸子知見書目》，台北：正中書局，1975。

7. 楊樹藩《漢代婚喪禮俗考》，台北：華世出版社，1976。

8. 余英時《歷史與思想》，台北，聯經出版社，1976。

9. 勞榦《勞榦學術論文集甲編》，台北：藝文印書館，1976.10 初版。

10. 劉紀華《王符與潛夫論》，台北：世紀書局，1977.08。

11. 林幹等編撰《匈奴史論文選集（1919～1966）》，北京：內蒙古自治區革命委員會蒙古語言文學歷史研究所，1977。

12. 胡楚生《潛夫論集釋》，台北：鼎文書局，1979。

13. 余英時《中國知識份子階層史論（古代篇）》，台北：聯經出版社，1980.08。

14. 梁方仲《中國歷代戶口、田地、田賦統計》，上海：上海人民出版社，1980.08。

15. 韓復智《漢史論集》，台北：文史哲出版社，1980.10。

16. 李劍農《先秦兩漢經濟史稿》台北，華世出版社，1981。

17. 馬持盈《中國經濟史》（一）～（四），台北：台灣商務印書館，1981.07。

18. 安作璋編《秦漢農民戰爭史料彙編》，北京中華書局，1982。

19. 中國科學院中國自然地理編輯委員會《中國自然地理‧歷史自然地理》，北京，科學出版社，1982。

20. 鄒紀萬《兩漢土地問題研究》，台北：國立台灣大學出版委員會，文史叢刊之五十八，1981.06。

21. 黃盛雄《王符思想研究》，台北：文史哲出版社，1982.04。

22. 徐平章《王符潛夫論思想探微》，台北：文津出版社，1982.05。

23. 彭鐸校正之《潛夫論箋》，台北：漢京文化事業出版社，又稱項淵文化事業），1984。

24. 華世出版社編《中國社會經濟史參考文獻》，台北：華世出版社，1984.10。

25. 許倬雲《求古編》，台北：聯經出版社，1984.03。

26. 明文書局編《中國歷史自然地理》台北：明文書局，1985。

27. 張蓓蓓《東漢士風及其轉變》，台北：國立台灣大學出版委員會，文史叢刊之七十一，1985.06。

28. 黃留珠《秦漢仕進制度》，西安：西北大學出版社，1985.07。

29. 〔日〕池田溫於《中國古代籍帳制度研究》，台北：弘文館出版社，1985.11。

30. 趙岡、陳鍾毅《中國經濟制度史論》，台北：聯經出版社，1986.03。

31. 葛劍雄《西漢人口地理》，北京：人民出版社，1986.06。

32. 趙岡、陳鍾毅《中國歷史上的勞動力市場》，台北：台灣商務印書館，1986.12。

33. 余英時《中國思想傳統的現代詮釋》，台北，聯經出版社，1987。

34. 王步貴《王符思想研究》，蘭州：甘肅人民出版社，1987.04。

35. 邢義田《秦漢史論稿》，台北：東大圖書出版社，1987.06。

36. 金春峰《漢代思想史》，北京：中國社科院，1987。

37. 賀凌虛《西漢政治思想論集》，台北：五南出版社，1988。

38. 毛漢光《中國中古社會史論》，台北：聯經出版社，1988。

39. 黃金言《秦漢賦役制度研究》，江西教育出版社，1988.04。

40. 祝瑞開《兩漢思想史》，上海：古籍出版社，1989。

41. 上海社會科學經濟研究所經濟思想史研究室著《秦漢經濟思想史》，北京，中華書局，1989.07。

42. 羅彤華《漢代的流民問題》，台北：學生書局，1989.12。

43. 杜正勝《編戶齊民——傳統政治社會結構之形成》，台北，聯經出版社，1990。

44. 馬怡、唐宗瑜編《秦漢賦役資料輯錄》，太原，山西經濟出版社，1990。

45. 嚴耕望《中國地方行政制度史·甲部——秦漢地方行政制度》，台北：中央研究院歷史語言研究所，專刊之四十五 A，1990.05 三版。

46. 余華青、楊希文、劉文瑞著《中國古代廉政制度史》，西安：西北大學出版社，1991.07。

47. 張覺譯注《潛夫論全譯》，貴陽：貴州人民出版社，1990.10。

48. 加藤繁《中國經濟史考證》，台北：稻鄉出版社，1991.02。

49. 宋文薰等主編《考古與歷史文化——慶祝高去尋先生八十大壽論文集》，台北：正中書局，1991.06。

50. 鄺芷人《陰陽五行及其體系》，台北：文津出版社，1992.12。

51. 王步貴《王符評傳》，西安：陝西人民教育出版社，1993.02。

52. 蒲慕州《墓葬與生死——中國古代宗教之省思》，台北：聯經出版社，1993.06。

53. 劉文英《王符評傳》，南京大學：南京大學出版社，1993.09。

54. 錢穆《中國歷代政治得失》，台北：東大圖書公司，1993.09 九版。

55. 布瑞著；李學勇譯《中國農業史》，台北：台灣商務印書館，1994.01。

56. 趙岡《中國城市發展史論集》，台北：聯經出版社，1995.05。

57. 錢穆《國史大綱》，台北：台灣商務印書館，1995.07 修訂三版。

58. 張榮芳《秦漢史論集（外三篇）》，廣州，中山大學出版社，1995.11。

59. 劉師文起《王符《潛夫論》所反映之東漢情勢》，台北：文史哲出版社，1995.12。

60. 譚其驤主編《中國歷史地圖集》，北京：中國地圖出版社，1996.06 三刷

61. 余英時《史學與傳統》，台北，時報文化出版社，1997。

62. 葛劍雄主編《中國移民史》六卷，福州：福建人民出版社，1997.07。

63. 張澤咸，郭松義著《中國屯墾史》，台北：文津出版有限公司，1997.08。

64. 劉永成《中國租佃制度史》，台北：文津出版有限公司，1997.10。

65. 陳麗桂主編《兩漢諸子研究論著目錄》，台北：漢學研究中心，1998.04；（續編）2003.09。

66. 彭丙成譯注《新譯潛夫論》，台北：三民書局，1998.05。

67. 廖伯源《歷史與制度——漢代政治制度試釋》，台北，台灣商務印書館，1998.05。

68. 薩孟武《中國社會政治史（一）～（四）》，台北：三民書局，1998.10 增訂七版。

69. 李大龍《兩漢時期的邊政與邊吏》，黑龍江教育出版社，1998.12。

70. 林甘泉主編《中國經濟通史——秦漢經濟卷》，北京：經濟日報出版社，1999.08。

71. 黃今言《秦漢經濟史論考》，北京，中國社會科學，2000。

72. 金觀濤、劉青峯《興盛與危機——論中國社會超穩定結構》，台北：風雲時代出版社，2000.04 初版二刷。

73. 梁啟超《中國歷史研究法》，台北：里仁書局，2000.08。

74. 池子華《流民問題與社會控制》，南寧：廣西人民出版社，2001.01。

75. 韋政通《中國思想史》，台北：水牛出版社，2001。

76. 王明珂《華夏邊緣——歷史記憶與族群認同》，台北，允晨文化，2001.05 初版三刷。

77. 江立華、孫洪濤《中國流民史‧古代卷》，合肥：安徽人民出版社，2001.06。

78. 孟祥才《先秦秦漢史論》，濟南，山東大學出版社，2001.09。

79. 賀凌虛《東漢政治思想論集》，台北：五南出版社，2002。

80. 徐復觀《兩漢思想史》，台北：學生書局，2002。

81. 葛榮晉《儒學精蘊新釋》，濟南齊魯書社，2002。

82. 馬彪編著《秦漢豪族社會研究》，北京市，中國書店，2002。

83. 彭衛、楊振紅著《中國風俗通史‧秦漢卷》，上海：上海文藝出版社，2002.03。

84. 陳蔚松《漢代考選制度》，武漢：崇文書局，2002.04。

85. 高敏《秦漢史論稿》，台北：五南出版社，2002.08。

86. 趙沛《兩漢宗族研究》，濟南，山東大學出版社，2002.08。

87. 葛劍雄主編《中國人口史》第一卷：導論、先秦至南北朝時期，上海：復旦大學出版社，2002.12。

88. 王明珂《羌在漢藏之間——一個華夏邊緣的歷史人類學研究》，台北：聯經，2003。

89. 廖伯源《秦漢史論叢》，台北：五南出版社，2003.05。

90. 李玉福《秦漢制度史論》，濟南，山東大學出版社，2002.09。

91. 崔向東《漢代豪族研究》，武漢：崇文書局，2003.10。

92. 張澤咸《漢唐晉時期農業》，北京，中國社會科學出版社，2003.12。

93. 葛劍雄、華林甫主編之《歷史地理研究》，武漢：湖北教育出版社，2004.01。

94. 陳業新《災害與兩漢社會研究》，上海：上海人民出版社，2004.04。

95. 〔韓〕具聖姬《兩漢魏晉南北朝的塢壁》，北京：民族出版社，2004.05。

96. 林富士《漢代的巫者》，台北：稻鄉出版社，2004.07 再版二刷。

97. 高敏《秦漢魏晉南北朝史論考》，北京：中國社會科學出版社，2004.07。

98. 王勇《東周秦漢關中農業變遷研究》，長沙，岳麓書社，2004.08。

99. 侯家駒《中國經濟史（上、下）》，台北：聯經出版社，2005。

100. 李卿《秦漢魏晉南北朝時期家族、宗族關係研究》，上海，上海人民出版社，2005.02。

101. 黃今言《秦漢商品經濟研究》，北京：人民出版社，2005.03。

102. 杜維運《史學方法論》，台北：三民書局 2005.03 增訂十六版。

103. 楊聯陞《國史探微》，北京：新星出版社，2005.05。

104. 李劍農《中國古代經濟史稿——先秦兩漢部分》，武漢：武漢大學出版社，2005.05。

105. 黃惠賢、陳鋒主編《中國俸祿制度史》，武漢：武漢大學出版社，2005.05。

106. 余英時著，鄔文玲等譯《漢代貿易與擴張》，上海：上海古籍出版社，2005.06。

107. 廖伯源《簡牘與制度》，桂林：廣西師範大學出版社，2005.06 增訂版（據台北文津出版社 1998 年版增訂刊行）

108. 余英時著，侯旭東等譯《東漢生死觀》，上海：上海古籍出版社，2005。

109. 呂思勉《秦漢史》，上海：上海古籍出版社，2005.07。

110. 許倬雲著；王勇譯《漢代農業》，桂林：廣西師範大學出版社，2005.08。

111. 曹旅寧《張家山漢律研究》，北京：中華書局，2005.08。

四、單篇論文（依發表時間先後排序）

1. 楊聯陞〈從四民月令所見到的漢代家族的生產〉，《食貨半月刊》，1 卷 6 期，1934。

2. 武伯綸〈西漢奴隸考〉《食貨半月刊》，1 卷 7 期，1935.03.01。

3. 戴振輝〈兩漢奴隸制度〉，《食貨半月刊》，1 卷 7 期，1935.03.01。

4. 楮道菴〈兩漢官俸蠡測〉，《食貨半月刊》，1 卷 12 期，1935.05.16。

5. 韓克信〈兩漢貨幣制度〉，《食貨半月刊》，1 卷 12 期，1935.05.16。

6. 吳景超〈西漢奴隸制度〉，《食貨半月刊》，2 卷 6 期，1935.08.16。

7. 馬非百〈秦漢經濟史資料一～七〉，《食貨半月刊》，2 卷 8、10，3 卷 1、
   2、3、8、9，1935.09～1936.04。

8. 楊中一〈部曲沿革署考〉，《食貨半月刊》，1 卷 3 期，1935.01。

9. 鞠清遠〈兩晉南北朝的客、門生、故吏、義附、部曲〉《食貨半月刊》，2
   卷 12 期，1935。

10. 鞠清遠〈三國時代的「客」〉，《食貨半月刊》，3 卷 4 期，1936。

11. 許宏烋〈秦漢社會之土地制度與農業生產〉，《食貨半月刊》，3 卷 7 期，
    1936.03.01。

12. 黃君默〈兩漢的租稅制度〉，《食貨半月刊》，3 卷 7 期，1936.03.01。

13. 周筠溪〈西漢財政制度之一斑〉，《食貨半月刊》，3 卷 8 期，1936.03.16。

14. 楊聯陞〈東漢的豪族〉，《清華學報》，11 卷 4 期，1936。

15. 黃君默〈兩漢的租稅制度〉，《食貨半月刊》，3 卷 7 期，1936.3。

16. 傅安華〈東漢社會之史的考察〉，《食貨半月刊》，3 卷 10 期，1936.4。

17. 許宏杰〈秦漢社會的土地制度與農業生產〉，《食貨半月刊》3 卷 7 期，
    1936.3。

18. 陳致平〈東漢羌亂的檢討（上下）〉，台北，《中興評論》，1956.8～9，3
    卷 8～9 期。

19. 洪廷彥〈兩漢三國的夷兵〉，《文史哲》（濟南：山東人民出版社），1958.3
    期。

20. 馮承基〈伏無忌所記東漢戶口數字之檢討〉，《大陸雜誌》第 27 卷 2 期，
    1963，頁 43。

21. 金發根〈東漢黨錮人物的分析〉，《中央研究院歷史語言研究所集刊》第
    三十四本，下冊，1963。

22. 勞榦〈漢代豪強及其政治上的關係〉，載於《慶祝李濟先生七十歲論文集
    （上）》，台北：清華學報，1965。

23. 金發根〈塢壁溯源及兩漢的塢壁〉，《中央研究院歷史語言研究所集刊》
    第三十七本，上冊，1967.03。

24. 張春樹〈漢代河西四郡的建置年代與開拓過程的推測——兼論漢初向西
    擴張的原始與發展〉，《中央研究院歷史語言研究所集刊》第三十七本，
    下冊，1967。

25. 管東貴〈漢代的羌族（上、下）〉，見《食貨月刊》第一卷1、2期，1969。

26. 金發根〈王符生卒年歲的考證及潛夫論寫定時間的推論〉，《中央研究院歷史語言研究所集刊》第四十本下冊，1969.11。

27. 謝劍〈匈奴社會組織的初步研究——氏族、婚姻、和家族的分析〉，《中央研究院歷史語言研究所集刊》第四十本下冊，1969.11。

28. 謝劍〈匈奴政治制度的研究〉，《中央研究院歷史語言研究所集刊》第四十一本，第二分，1970。

29. 謝劍〈匈奴的生計基礎〉，《中央研究院民族研究所集刊》32期，1970。

30. 管東貴〈漢代處理羌族問題的辦法與檢討〉，《食貨月刊》（復刊），2卷3期，1972.6。

31. 邢義田〈東漢的胡兵〉，《國立政治大學學報》28期，1973.11，頁143。

32. 管東貴〈漢代的屯田與開邊〉，《中央研究院歷史語言研究所集刊》第四十五本，第一分，1973。

33. 毛漢光〈三國政權的社會基礎〉，《中央研究院歷史語言研究所集刊》第四十六本，第一分，1974。

34. 許倬雲〈漢代市場化農業經濟〉，《思與言》，12卷4期，1974。

35. 邢義田〈漢代的以夷制夷論〉，《史原》5期，1974.10.31，頁9。

36. 方清河〈西漢的災荒〉，《史原》7，1976。

37. 管東貴〈漢代屯田的組織與功能〉，《中央研究院歷史語言研究所集刊》第四十八本，第四分，1977。

38. 韓連琪〈漢代的戶籍和上計制度〉，《文史哲》（濟南：山東人民出版社），1978年3期。

39. 楊曾文〈試論東漢時期的豪強地主〉，《文史哲》（濟南：山東人民出版社），1978，3期。

40. 韓復智〈東漢大思想家王符之研究（一～三）〉，《國立台灣大學歷史學系學報》第五、六、七期1978.06～。

41. 賀凌虛〈王符的生平、著作及其基本觀念〉，載於《書目季刊》，1978.09。

42. 翦伯贊〈兩漢時期的傭傭勞動〉，《翦伯贊歷史論文選集》，北京人民出版社，1980。

43. 陳良佐〈自然環境對中國古代農業發展的影響〉，《中央研究院國際漢學會議論文集》，1981。

44. 劉翠溶、費景漢〈清代倉儲制度功能初探〉，《經濟論文》，中央研究院經濟研究所，7卷一期，1980。

45. 劉翠溶〈清代倉儲制度穩定功能之檢討〉，《經濟論文》，中央研究院經濟研究所，8卷一期，1980。

46. 趙岡，〈中國歷史上人口壓力問題〉《經濟論文》，中央研究院經濟研究所，9 卷 1 期，1981。

47. 趙岡，〈中國歷史上的人與地〉《經濟論文》，中央研究院經濟研究所，11 卷 2 期。

48. 張嘯虎〈論王符及其潛夫論〉，《甘肅社會科學》，1981.03。

49. 王鑫義〈王符哲學思想淵源探討〉，《甘肅社會科學》，1982.01。

50. 杜正勝〈傳統家庭試論〉，《大陸雜誌》，65 卷 2、3 期，1982。

51. 王步貴〈試論王符的政治思想〉，《甘肅社會科學》，1982.03。

52. 傅舉有〈從奴婢不入籍談到漢代的人口數〉，《中國史研究》，1983，4 期。

53. 趙岡〈中國歷史上的城市人口〉，《食貨月刊》（復刊）13 卷 3、4 期合刊，1983。

54. 趙岡〈中國歷史上的城鎮與市場〉，《食貨月刊》（復刊）13 卷 5、6 期合刊，1983。

55. 張守軍、蔣時宗〈論王符的農工商各有本末論〉，《中國社會經濟史研究》，第 4 期，總第 7 期，1983。

56. 趙岡〈中國歷史上的墾荒與農田水利〉，《幼獅學誌》，18 卷 1 期，1984。

57. 王步貴〈王符的貧富道德觀念略論〉，《甘肅社會科學》，1985.06。

58. 趙岡〈中國歷史上糧食單位面積產量〉，《漢學研究》，5 卷 2 期，1987。

59. 王步貴〈王符的元氣一元論探析〉，《中國哲學史》1987.01。

60. 朱紹侯〈王符經濟政治哲學思想論略〉，《河南大學學報哲學社會科學版》1987 第 1 期，總第 94 期。

61. 蒲慕州〈巫蠱之禍的政治意義〉，《中央研究院歷史語言研究所集刊》第五十七本，第三分，1987。

62. 勞榦〈對於「巫蠱之禍的政治意義」的看法〉，《中央研究院歷史語言研究所集刊》第五十七本，第三分，1987。

63. 羅彤華〈兩漢客的演變〉，《漢學研究》，5 卷 8 期，1987.12。

64. 杜正勝〈戶籍制度起源及其歷史意義〉，《食貨月刊》（復刊），17 卷，3/4，1988。

65. 劉文英〈評三十多年來的王符研究〉，《甘肅社會科學》，1988.01。

66. 葛榮晉〈王符對中國古代哲學的歷史貢獻〉，《甘肅社會科學》，1988.01。

67. 周桂鈿〈國以興賢——王符尊重人才思想述評〉，《甘肅社會科學》，1988.01。

68. 王鑫義〈關於王符游學洛陽及其師承問題的初步考察〉，《安徽大學學報（哲學社會科學版）》，1988 第 1 期總第 63 期。

69. 劉修明〈兩漢文化教育和社會發展〉,《天府新論》,1988 四期。

70. 常校珍〈王符論官吏考核〉,《甘肅社會科學》,1988.01。

71. 高敏〈從江陵鳳凰山七號漢墓出土簡牘看西漢前期奴、隸制度的變化及其意義〉,《文史哲》(濟南:山東人民出版社),1988 年 3 期。

72. 王步貴〈王符人性思想發微〉,《中國哲學史》1989.02。

73. 羅彤華〈東漢的關中區〉,《大陸雜誌》78 卷 6 期,1989,頁 260。

74. 羅傳芳〈王符的天人宇宙圖式與社會歷史觀〉,《甘肅社會科學》,1989.01。

75. 黃開國〈充滿唯物主義的唯心主義哲學體系〉,《甘肅社會科學》,1989.01。

76. 王生平〈王符夢論〉,《甘肅社會科學》,1989.01。

77. 鈕恬〈王符本末論芻議〉,《甘肅社會科學》,1989.02。

78. 邢義田〈漢代案比在縣或在鄉?〉,《中央研究院歷史語言研究所集刊》,第六十本,第二分,1989.06,頁 451。

79. 孫希國〈王符潛夫論思維模式初探〉,《甘肅社會科學》,1990.03。

80. 嚴華東〈論王符的邏輯思想及其特點〉,《甘肅社會科學》,1990.03。

81. 周天遊〈兩漢復仇盛行的原因〉,《歷史研究(雙月刊)》1991 第 1 期,總 202 期。

82. 周鼎初〈東漢後期黑暗政治考察〉,《中國史研究季刊》,1991 第 1 期,總 50 期。

83. 劉文英〈評王符的交際論〉,《甘肅社會科學》,1991.01。

84. 劉文英〈王符對中國古代經濟思想的貢獻〉,《蘭州大學學報(社會科學版)》,1991 第 19 卷第 2 期,總 57 期。

85. 邵台新〈試論漢代農戶的「一家五口」〉,《輔仁歷史學報》,1991,第 3 期。

86. 周桂鈿〈議邊、論赦──王符的民本思想的特色〉,《甘肅社會科學》,1991.03。

87. 黃開國〈論王符的人性思想〉,《甘肅社會科學》,1991.03。

88. 姜國柱〈王符的軍事思想〉,《甘肅社會科學》,1991.03。

89. 翁麗雪〈東漢盜賊考略〉《嘉義農專學報》30 期,1992。

90. 羅彤華〈鄭里廩簿試論──漢代人口依賴率與貧富差距之研究〉,《新史學》3:1,1992。

91. 王步貴〈王符的價值觀〉,《甘肅社會科學》,1992.06。

92. 徐杰舜〈東漢民族政策特點初論〉,《先秦秦漢史》,1992.7。

93. 王明珂〈匈奴的游牧經濟：兼論游牧經濟與游牧社會政治組織的關係〉，《中央研究院歷史語言研究所集刊》第六十四本，第一分，1993.3，頁11~12。

94. 孫如琦〈東漢的流民與豪族〉，《浙江學刊（雙月刊）》1993 第 3 期，總第 80 期。

95. 劉師文起〈荀子「天生人成」與王符「天道曰施，地道曰化，人道曰為」之比較〉，載於《第二屆先秦學術研討會論文集》（高雄：國立高雄師範大學國文所系主編，1994），頁 180。

96. 劉師文起〈王符尚賢說析論〉，見《陳伯元先生六秩壽慶論文集》（台北：文史哲出版社），1994.03。

97. 劉慧珍〈王符「本末觀」試論〉，《輔大中研所學刊》，1994.06。

98. 張金光〈秦戶籍制度考〉，《漢學研究》，12 卷 1 期，1994.06。

99. 雷家驥〈氐羌種姓文化及其與秦漢魏晉的關係〉，《國立中正大學學報‧人文分冊》，6 卷 1 期，1995。

100. 李少惠〈王充與王符關係發微〉，《甘肅社會科學》，1996.11。

101. 楊彥瓶、姚繼榮〈王符法治思想評議〉，《青海師範大學學報社會科學版》1997，3 期。

102. 李少惠〈王充與王符夢論之比較〉，《蘭州學刊》1997，3 期。

103. 黃今言，黃素平〈兩漢工商政策與商品經濟述略〉，《江西師範大學學報》，第 30 卷第 2 期，1997.05。

104. 黎明釗〈西漢中期之三老與豪彊〉，《新史學》8 卷 2 期，1997.06。

105. 鄭欣〈東晉南朝時期的世族莊園制度〉，《文史哲》（濟南：山東人民出版社），1998，3 期。

106. 常文昌、王斌學〈20 世紀王符思想研究概覽——王符研究匯編前言〉，《甘肅社會科學》1998，6 期。

107. 張覺〈王符《潛夫論》考〉，《古籍整理研究學刊》，1998，4、5 期合刊。（此文台灣亦刊於《孔孟月刊》36 卷 12 期，1998.08。）

108. 周舜南〈東漢後期的社會批判思潮〉，《船山學刊》，1999，2 期。

109. 朱永〈重本抑末思想研究〉，《河南大學學報（哲學社會科學版）》，26 卷 6 期，1999。

110. 黃湘陽〈王符邊防思想述評〉，《第三屆漢代文學與思想學術研討會論文集》2000。

111. 劉文起〈王符潛夫論中所展現之平民代言人意識〉，《第三屆漢代文學與思想學術研討會論文集》（台北：政治大學）2000。

112. 詹士模〈東漢末三國時期的人口移動〉，《嘉義大學學報》，71 期，2000。

113. 邱永明〈王符論職官考核制度〉,《社會科學》2000,7 期。

114. 徐山〈潛夫論詞語考釋中的誤用通假問題〉,《常熟高專學報》,2001.01。

115. 高薪民〈東漢思潮與王符思想〉,《蘭州大學學報社會科學版》2001,6 期。

116. 高岩〈王符潛夫論教育思想述評〉,《甘肅教育學院學報》2001,3 期。

117. 梁錫鋒〈潛夫論的經濟思想〉,《石家莊經濟學院學報》2001.04。

118. 王孝春〈論王符民爲國基的政治思想〉,《呼倫貝爾學院學報》2002.02。

119. 趙梅春〈王符的治邊思想〉,《中國邊疆史地研究》2002.06。

120. 李建祥〈王符職官考核思想探略〉,《甘肅高師學報》2002,4 期。

121. 李根蟠〈漢代的「大市」和「獄市」——對陳直《漢書新証》兩則論述的商榷〉,《中國社會經濟史研究》,總第 80 期,2002.03。

122. 劉瑛〈試論商品經濟對兩漢世風的影響〉,《江西師範大學學報(哲學社會科學版)》,第 35 卷第 2 期,2002.05。

123. 徐山〈漢語大辭典有關潛夫論詞語釋義及書証問題〉,《常州工學院學報》,2001.09。

124. 李進英、陳彤〈論王符的無神論思想〉,《河北青年管理幹部學院學報》2001.09。

125. 徐山〈潛夫論詞語考釋六則〉,《北京青年政治學院學報》,2002.03。

126. 徐山〈潛夫論詞語考釋中的虛詞問題〉,《蘇州大學學報哲學社會科學版》,2002.07。

127. 徐山〈潛夫論詞語考釋中的非誤字問題〉,《古籍整理研究學刊》,2002.07。

128. 姚偉鈞〈王符與潛夫論夢列〉,《古籍整理研究學刊》2002.09。

129. 黎民釗〈漢代豪族大姓的研究回顧〉,見周樑楷編《結網二編》,台北:東大圖書出版社,2003。

130. 徐山〈潛夫論詞語考釋五則〉,《重慶石油高等專科學校學報》,2003,2 期。

131. 徐山〈潛夫論詞語考釋五則〉,《青海師專學報教育科學》,2003,3 期。

132. 宋慧、張弘〈東漢時期工商管理政策與王符的工商管理思想〉,《泰山學院學報》2003.03。

133. 王德權〈古代中國體系的搏成——關於許倬雲先生「中國體系網路分析」的討論〉,《新史學》14 卷,1 期,2003.03。

134. 許倬雲〈對王德權先生「古代中國體系的搏成」的回應〉,《新史學》14 卷,1 期,2003.03。

135. 于欣〈王符德論研究〉,《聊城大學學報社會科學版》2003,5 期。

136. 徐山〈潛夫論詞語考釋中的近義詞並列複詞問題〉，《蘇州科技學院學報社會科學》，2003.05。

137. 徐山〈釋潛夫論中的項領一詞〉，《忻州師範學院學報》，2004.02。

138. 何翠萍〈評王明珂《羌在漢藏之間》〉《漢學研究》，22 卷 1 期，2004.06，頁 479～495。

139. 白品鍵〈王符的宇宙論與天人關係論述〉，載於《第十一屆南區六校中文所研究生論文發表會論文集》（高雄：國立中山大學中國文學研究所，2004.04.26），139～160。

140. 王明珂〈邊界與反思・敬覆何翠萍教授對拙著《羌在漢藏之間》的評論〉，《漢學研究》，22 卷 1 期，2004.06，頁 497～507。

141. 郭君銘、彭瀾〈潛夫論的版本分期與王符的道氣思想〉，《湖南科技大學學報社會科學版》2004.09。

142. 方軍〈王符天人之際思想略論〉，《淮北煤炭師範學院學報哲學社會科學版》2004.12。

143. 方軍〈略論王符潛夫論之經濟思想及其當代啟示〉，《安徽農業大學學報社會科學版》2005.01。

144. 王繼訓〈從經學到玄學：以王符、仲長統爲例〉，《孔子研究》2005，2 期。

145. 方軍〈略論王符的四列與志氏姓思想——整合社會和國家秩序的又一路徑〉，《佛山科學技術學院學報社會科學版》2005.03。

146. 白品鍵〈汪繼培《潛夫論箋》之「道者氣之根也」辯〉，《中國文學研究》第二十二期，2006.06。

147. 白品鍵〈悲憤詩史事考〉，《中山大學研究生學術論文集》第四期，2006.06。

148. 白品鍵〈王符《潛夫論》版本流傳考〉，《世新中文研究集刊》第七期，2011.07。

五、學位論文（依發表時間先後排序）

1. 馬先醒《漢代人口研究》，中國文化學院歷史學研究所碩士論文，1966。

2. 邢義田《漢代的以夷制夷政策》，國立臺灣大學歷史學研究所碩士論文，1973.6。

3. 徐平章《王符潛夫論研究》，國立政治大學中國文學研究所碩士論文，1974.05。

4. 劉增貴《漢代豪族研究——豪族的士族化與官僚化》，國立臺灣大學歷史學研究所博士論文，1985。

5. 陳文豪《漢代大司農研究》，中國文化大學史學研究所碩士論文，1986。

6. 丁筱媛《漢代厚葬風氣之研究》，中國文化大學史學研究所碩士論文，1986.06。

7. 洪武雄《兩漢人口移動之研究》，東海大學歷史學研究所碩士論文，1987.5。

8. 李明坤《試探東漢都洛之得失》，東海大學歷史學研究所碩士 1987。

9. 陳宗乞《兩漢赦宥制度考察，國立臺灣大學歷史學研究所碩士論文，1993.06。

10. 杜欽《漢代大赦制度試釋》，東海大學歷史學研究所碩士論文，1993.06。

11. 林蘭香《王符《潛夫論》政治理論研究》，輔仁大學中國文學研究所碩士論文，1994.05。

12. 曾潔明《王符《潛夫論》之務本說研究》，國立臺灣師範大學中國文學研究所碩士論文，1996.03。

13. 徐禮安《兩漢選舉制度演進之研究》，國立中正大學歷史學研究所碩士論文，1997.01。

14. 洪淑湄《漢代復除制度研究》國立中興大學歷史學研究所碩士論文，1997.07。

15. 劉明東《東漢士人「仕」、「隱」衝突研究》，輔仁大學中國文學研究所碩士論文，1999 年。

16. 李育靜《《潛夫論》經濟思想研究》，國立中正大學中國文學研究所碩士論文，2003.06。

17. 丁筱媛《漢代奢華風氣之研究》，國立臺灣師範大學歷史學系博士論文，2004.07。